LE

THÉATRE FRANÇAIS

AVANT LA PÉRIODE CLASSIQUE

(FIN DU XVIᵉ ET COMMENCEMENT DU XVIIᵉ SIÈCLE)

PAR

EUGÈNE RIGAL

PROFESSEUR DE LITTÉRATURE FRANÇAISE A L'UNIVERSITÉ DE MONTPELLIER
LAURÉAT DE L'ACADÉMIE FRANÇAISE

PARIS
LIBRAIRIE HACHETTE ET Cⁱᵉ
79, BOULEVARD SAINT-GERMAIN, 79

Droits de traduction et de reproduction réservés.

LE THÉATRE FRANÇAIS

AVANT LA PÉRIODE CLASSIQUE

DU MÊME AUTEUR

Victor Hugo poète épique. — Société française d'imprimerie et de librairie (ancienne maison Lecène et Oudin), un vol. in-12 (1900). . . . . 3 fr. 5o

DÉCORATION D'« AGARITE », TRAGI-COMÉDIE DE DURVAL.
(VOIR PAGE 248).

LE
THÉATRE FRANÇAIS
AVANT LA PÉRIODE CLASSIQUE

(FIN DU XVIe ET COMMENCEMENT DU XVIIe SIÈCLE)

PAR

EUGÈNE RIGAL

PROFESSEUR DE LITTÉRATURE FRANÇAISE A L'UNIVERSITÉ DE MONTPELLIER
LAURÉAT DE L'ACADÉMIE FRANÇAISE

PARIS
LIBRAIRIE HACHETTE ET Cie
79, BOULEVARD SAINT-GERMAIN, 79
—
1901

Droits de traduction et de reproduction réservés.

AVANT-PROPOS

L'ouvrage que je publie aujourd'hui réunit à l'*Esquisse d'une histoire des théâtres de Paris*, que j'ai publiée en 1887 et dont les conclusions ont été acceptées par la plupart des historiens de la littérature et du théâtre, la partie générale du livre sur *Alexandre Hardy*, publié en 1890 et accueilli avec tant de bienveillance par l'Académie Française et la critique.

Le tout a été soigneusement revu, corrigé, mis au courant des récents travaux et adapté au dessein nouveau que je me proposais.

Alexandre Hardy y est encore souvent nommé, parce qu'il représente un *moment* de notre histoire dramatique ; mais nulle part il n'est étudié pour lui-même, et de son œuvre il est à peine question. L'œuvre de ses contemporains et de ses successeurs n'est pas examinée davantage.

L'évolution de la littérature dramatique ne pouvant être bien comprise que par qui connaît les transformations du théâtre considéré dans sa constitution, dans son organisation, dans sa mise en scène, c'est à l'état du théâtre même, pendant une période obscure et, comme transition et préparation, fort importante, que ce livre est consacré.

LE THÉATRE FRANÇAIS
AVANT LA PÉRIODE CLASSIQUE

CHAPITRE Ier

LES COMÉDIENS DE CAMPAGNE ET LEURS POÈTES

I

On peut aujourd'hui faire une étude sur l'état du théâtre en France et nettement expliquer l'évolution actuelle de notre littérature dramatique sans parler de ce qui se passe dans les villes de province. C'est à Paris que les genres naissent et se modifient; à Paris que se jouent les pièces nouvelles; à Paris que se forment la plupart des acteurs marquants et que résident la plupart des dramaturges. En dehors de quelques tentatives, toutes récentes et modestes encore, de décentralisation artistique ou de théâtre populaire, la province ne fait que suivre et copier Paris. Là, quand les villes ont une troupe de comédiens à elles, ces comédiens, en imitant ceux de la capitale, représentent les pièces que le succès dans la capitale a consacrées : seulement, ils les représentent plus tard et gardent assez longtemps un répertoire que la capitale ne connaît plus. Si elles n'ont pas de troupe fixe, elles se contentent d'applaudir — et parfois de siffler ou de laisser se morfondre — les troupes nomades, les troupes *en tournée* qui viennent de Paris leur jouer dans des décors de Paris les œuvres que les théâtres de Paris ont jouées cent fois. Et ces *tournées* vont se multipliant de plus en plus au grand détriment des troupes provinciales, qui dans beaucoup de villes disparaissent et dans toutes sont éprouvées. Il n'y a de vie dramatique qu'à Paris ou par Paris.

Il n'en allait pas de même pendant une partie du xviie siècle, et surtout à la fin du xvie. Si la province était surtout amusée par des troupes nomades — on disait alors : des troupes de campagne —, comme elle commence à l'être aujourd'hui et comme elle le sera sans doute demain, ces troupes n'étaient pas de simples succédanées de celles de Paris, et elles ont joué leur rôle propre, qui était un rôle important, dans l'histoire du théâtre et de l'art dramatique même. Molière a été comédien de campagne pendant plus de douze ans, et non seulement sa troupe contenait quelques-uns des meilleurs comédiens du temps, que les Parisiens n'ont pu applaudir que par la suite, mais elle avait aussi ses pièces, faites pour elle[1], et, par *le Docteur amoureux*, par *l'Étourdi*, par *le Dépit*, par *les Précieuses* peut-être, elle préludait dans les provinces à cette réforme de la comédie dont elle devait être l'instrument si glorieux. Avant Molière ou en même temps que lui, d'autres poètes, de moindre envergure, couraient aussi les provinces avec des comédiens : Boys, Magnon, Desfontaines, Ragueneau, le pâtissier-poète que M. Rostand a rendu célèbre, Jean-Baptiste l'Hermite, sieur de Vauselles, frère de l'auteur de la *Mariane* Tristan, et, s'il faut en croire M. Chardon, l'auteur même de *Saint-Genest*, Jean de Rotrou[2]. Enfin, nous le montrerons, c'est par

---

1. Voy. Mesnard, *Notice biographique sur Molière*, p. 86-89 pour les pièces confiées à *l'Illustre théâtre*, et p. 104-107 pour les pièces postérieures.
2. Voy. H. Chardon, *La troupe du Roman comique dévoilée*, p. 124-126. Pour une période très antérieure, M. Chardon cite aussi le nom de Gringore.

des troupes de campagne, par l'une d'elles surtout et par le poète qu'elle avait à ses gages, que l'art dramatique moderne a pu pénétrer et s'établir à Paris, en y supplantant les acteurs, les pièces et l'art même du moyen âge.

« Hardy suivait une troupe errante de comédiens qu'il fournissait de pièces, dit Fontenelle [1]. Quand il leur en fallait une nouvelle, elle était prête au bout de huit jours, et le fertile Hardy suffisait à tous les besoins de son théâtre. »

Nous serions heureux que Fontenelle eût ajouté d'où lui venait ce renseignement? D'un document écrit? cela est peu probable, Fontenelle n'en citant pas et ne paraissant pas en avoir cherché. On a plutôt lieu de croire qu'il le tenait de Corneille, et l'autorité est sérieuse, Corneille ayant bien connu Hardy. D'ailleurs, tout en confirme l'exactitude. A Paris, les confrères de la Passion représentaient encore sur leur théâtre de l'hôtel de Bourgogne, et conservaient, en dépit des attaques de l'école soi-disant classique, en dépit même du goût public, les anciens genres dramatiques du moyen âge. Maîtres privilégiés du théâtre, ils empêchaient jalousement tous comédiens de s'établir à côté d'eux, et seules les représentations des collèges ou de la cour, rares en somme et improductives pour les poètes, pouvaient échapper à leur domination. Puisque les pièces de Hardy, comme il l'a déclaré lui-même, étaient pour le dramaturge un gagne-pain, puisqu'elles étaient dans le goût nouveau, tragiques ou tragi-comiques [2], elles ne peuvent avoir été faites que pour les provinces. C'est des provinces que nous verrons Hardy arriver à Paris; encore ne sera-ce pas sans peine et du premier coup qu'il parviendra à s'y établir définitivement.

1. *Vie de P. Corneille. Œuvres*, t. IV, p. 198.
2. Outre *Théagène et Cariclée*, les pièces qui composent le 2ᵉ volume du *Théâtre*: *la Mort d'Achille, Coriolan, Mariamne*... sont signalées par Hardy comme étant des œuvres de sa jeunesse.

Il ne saurait donc être inutile de chercher ce qu'étaient et comment vivaient les troupes de campagne, quelles épreuves avaient à subir leurs poètes et quelles ressources ils devaient montrer.

II

Les moyens ne manquent pas de faire la reconstruction que nous désirons.

En 1603, un comédien espagnol, Rojas, publie à Madrid *el Viage entretenido*[1], « le voyage où l'on s'amuse », où nous trouvons des portraits d'acteurs peu flattés et de piquantes scènes de la vie comique. En 1651 et en 1657, Scarron donne à Paris les deux parties de son *Roman comique*. En 1674, Chappuzeau consacre quelques lignes aux troupes de campagne dans son *Théâtre françois* et donne sur elles quelques renseignements précieux. Enfin nous possédons des détails authentiques sur un certain nombre de troupes nomades, notamment sur celles dont MM. Mentzel et Trautmann[2] ont signalé les voyages en Allemagne depuis 1572 jusqu'aux environs de 1630. En voilà assez sans doute pour nous donner une idée de l'existence de nos comédiens; et nous pouvons laisser de côté d'autres sources d'informations, plus tardives et plus suspectes, comme les diverses suites du *Roman comique* et le *Voyage de Guibray*, analysé par M. Chardon[3].

Ajouterai-je qu'il y a lieu de choisir entre les traits que nous fournissent les originaux étudiés par nous? Les co-

---

1. Voy. à l'*Index bibliographique*; c'est là qu'il faudra chercher des indications complètes sur les ouvrages que, pour ne pas nous répéter, nous mentionnerons d'une façon abrégée.
2. Voy. à l'*Index* K. Trautmann, *Französische Schauspieler am bayrischen Hofe*.
3. *La Troupe du Roman comique*, p. 129 à 144. C'est une imitation de Scarron, mais fort romanesque, et où la part de la réalité est difficile à démêler; elle parut en 1704.

médiens du *Viage entretenido* sont des contemporains de Hardy, ou peu s'en faut; mais ce sont aussi des Espagnols, qui ont leur physionomie particulière et dont les mœurs et l'existence s'expliquent par le milieu où ils se meuvent. — Pour le *Roman comique*, il faut tenir compte de sa date et de son caractère d'œuvre d'imagination, en prenant garde toutefois de n'exagérer pas l'importance de l'une comme de l'autre. Certains portraits de ce livre sont évidemment fidèles, certains récits en sont véridiques, et nulle part Scarron n'a complètement perdu de vue ce qu'il avait observé, quand des troupes d'acteurs parcouraient le Maine. De plus, les événements qui forment l'action sont compris par M. Chardon dans une période allant de 1634 environ à 1641 au plus tard[1], ce qui les rapproche du temps qui nous occupe; et ceux que Scarron fait raconter par certains de ses héros remontent encore beaucoup plus haut: la Rancune et la Caverne ont joué des pièces de Hardy quand ils étaient jeunes et nous parlent volontiers de cet heureux temps. — Chappuzeau enfin est de beaucoup postérieur, mais il donne quelques renseignements rétrospectifs, et, de plus, dans les faits contemporains qu'il cite, comme dans ceux que nous savons d'autre part touchant certaines troupes de campagne, il en est qui sont de tous les temps, parce qu'ils résultent de la nature même des choses, et nous pouvons en faire notre profit.

Avouons-le cependant : l'époque qui nous intéresse le plus étant celle où couraient la province les troupes qui ont établi à Paris le théâtre moderne, c'est-à-dire les années qui ont immédiatement précédé ou suivi 1600, l'esquisse que nous allons tracer ne sera peut-être qu'à moitié ressemblante, car il y faudrait marquer avec netteté deux traits que nous ne trouvons dans aucun de nos modèles, et qui la modifieraient, — nous ne savons au juste jusqu'à quel point.

1. Chardon, *le Roman comique dévoilé*, p. 19-20.

Au xviie siècle, les troupes de campagne donnent des représentations, sinon identiques, du moins analogues à celles des comédiens de Paris; les genres qu'elles portent sur la scène sont depuis longtemps connus et acceptés de tous. Il en était autrement à la fin du xvie siècle, surtout lorsqu'une troupe ambulante était pourvue d'un poète comme Hardy. Si elle donnait au public la farce qu'il aimait, et parfois peut-être quelque mystère ou quelque moralité, le fond de son répertoire n'en était pas moins nouveau, et les genres qu'elle cultivait, connus des lettrés, n'étaient encore ni bien acceptés ni peut-être bien compris par le peuple; ils différaient des genres en honneur à l'Hôtel de Bourgogne, et la province ici, fait rare et notable, était bon gré mal gré en avance sur Paris.

En second lieu, et ceci est plus important, les publics provinciaux du xviie siècle avaient souvent vu des comédiens; ils trouvaient naturel et fort agréable que des hommes, uniquement occupés à amuser les autres, transportassent de ville en ville leurs jeux plaisants ou sérieux. A peine se souvenaient-ils qu'il y avait eu un temps où l'on ne voyait pas de comédiens étrangers, mais où les représentations théâtrales étaient données par des Basochiens, des sociétés joyeuses, des bourgeois volontairement associés. Il n'en était pas ainsi vers 1593, date où paraît avoir commencé la carrière de Hardy. Alors les mœurs du moyen âge subsistaient encore en partie, ou le souvenir du moins en était resté vivace. Alors, il n'y avait guère plus de quarante ans que des troupes de comédiens avaient commencé à courir les provinces, et ce laps de temps n'avait pu suffire à changer tout à fait les sentiments fort peu sympathiques que leur apparition avait fait naître.

Petit de Julleville a très bien expliqué[1] « comment

---

1. Dans *les Comédiens en France au moyen âge*, p. 349-350; voy. tout le chapitre x : *les Comédiens*.

les autorités locales, longtemps si favorables ou du moins si indulgentes aux spectacles, étaient devenues tout à coup si hostiles aux mêmes représentations, depuis qu'elles étaient données par des comédiens. Tant que les joueurs de mystères ou de farces avaient été des gens du cru, bons bourgeois de la paroisse et du quartier, bien connus de leur maire, de leur curé, qui les hantaient familièrement, savaient leur vie et leurs habitudes, se mêlaient même à leurs plaisirs et assistaient à leurs jeux, tout alla bien, et l'autorité civile et religieuse ferma les yeux sur les petites incartades que se permettaient de si braves gens, de si bons compères. Mais il en fut tout autrement, quand le théâtre vint aux mains des comédiens de métier, ces vagabonds inconnus dont le passé était ignoré, la moralité douteuse et la personne à tous les points de vue suspecte. À quel signe distinguer ces passants des bateleurs, fameux de tout temps pour leurs mœurs effrontées et le désordre de leur vie? Tandis que jusque-là le personnage le plus grave d'une ville avait pu, dans un mystère ou même dans une farce, tenir un rôle parfois licencieux, sans compromettre en rien sa considération, l'on vit tout à coup le mépris public s'attacher, d'une façon brutale et peut-être injuste, au comédien de métier, qui jouait le même rôle dans la même pièce. On affecta de mettre fort au-dessus de lui tels autres acteurs comiques, tels que les Basochiens qui jouaient les mêmes pièces, également en public, et faisaient le même métier, au moins à certains jours, mais qui n'en vivaient pas exclusivement. »

Telle fut l'hostilité qui accueillit les premières troupes d'acteurs nomades. Que ce sentiment se soit affaibli pendant la seconde partie du xvie siècle, la chose est probable, sinon certaine, et les genres nouveaux qu'apportaient le plus souvent les comédiens, comme ils excitaient la curiosité des lettrés et l'étonnement naïf du vulgaire, durent contribuer à leur concilier plus de respect. Mais quelques pas à peine avaient été faits dans cette voie, et l'esprit public, quand parut Hardy, était toujours défavorable aux gens de théâtre, à ces hommes

> Qui n'ont métier autre que farcerie...
> Et bien souvent meurent ès hôpitaux
> Après avoir gaudi par monts et par vaux,
> Par le défaut d'un petit de pécune [1].

Ces observations faites, et le lecteur voudra bien ne pas les oublier, étudions l'existence des troupes de campagne et de leurs poètes.

III

Les troupes de campagne se formaient généralement à Paris. C'est là que se réunissaient les acteurs disponibles, et il n'en manquait pas pendant le carême, alors que les représentations théâtrales étaient presque partout interdites, et que la plupart des troupes de l'année précédente, forcées de chômer, s'étaient dissoutes, laissant à chacun de ses membres le soin de gagner sa vie [2]. A l'approche de Pâques, de nouvelles expéditions étaient résolues et de nouvelles bandes se formaient. Souvent un contrat dans les formes unissait les nouveaux camarades, donnant plus de solennité et de garantie à leur association. Les associés, dit un de ces contrats [3], « s'obligent à se rendre dans le jour et fête de Pâques prochain dans la ville d'Abbeville en Picardie, avec leurs hardes, bagages et paquets, pour commencer la représentation des pièces qui seront convenues entre eux du jour de Pâques prochain jusqu'au mercredi

---

1. *Épîtres familières* de Jean Bouchet, ép. XXIII (cité dans Petit de Julleville, p. 350).

2. Chappuzeau, *le Théâtre françois*, p. 144. Voy. aussi p. 215.

3. Du 5 avril 1664. Voy. Eud. Soulié, *Recherches sur Molière*, p. 210-212. Cf. le contrat de société de *l'Illustre Théâtre* dans Mesnard, p. 462.

des Cendres aussi prochain ensuivant..., et les voyages se feront dans les villes et lieux qui seront accordés entre eux à la pluralité des voix, pour y représenter la comédie... »

Le nombre de membres que comprenaient les troupes était variable, mais ne dépassait guère 10 ou 11. Celle du *Roman comique* comprend 10 acteurs (encore comptons-nous Roquebrune), et Destin déclare fièrement qu'elle « est aussi complète que celle du prince d'Orange ou de Son Altesse d'Épernon[1] ». Celle de Filandre, dont M. Chardon s'est fait l'historien, comprenait 11 comédiens, si l'on compte deux enfants; celle de Molière comptait 10 acteurs et 1 gagiste, lorsqu'elle est rentrée à Paris en 1658; celle de Jean Floran (ou Florian), de Lyon, se composait d'abord de huit, puis de 10 personnes, lorsqu'elle s'est présentée à Strasbourg en 1615[2]. Mais souvent ce chiffre n'était pas atteint, et nous voyons dans l'histoire de la Caverne que la troupe dont faisaient partie ses parents ne se composait que de six personnes[3].

On comprend qu'avec un personnel aussi restreint, les troupes ne disposaient guère des *hauts* ou *bas officiers de théâtre* que s'adjoignirent plus tard les comédiens de Paris. Un portier ou un décorateur spécial constituait un luxe[4], et c'était beaucoup que de disposer du nécessaire. On im-

1. 1re partie, ch. viii, et 1re partie, ch. ii, p. 41 et 13 du t. Ier.
2. Chardon, p. 159; Trautmann, p. 206.
3. *Roman comique*, 2e partie, ch. iii, p. 269 du t. Ier. La troupe même de Destin comprenait généralement moins de comédiens que nous n'en voyons dans le *Roman comique* : « Ils n'étaient que sept ou huit quand leur troupe était bien forte. » 1re partie, ch. x, p. 82. — On peut voir dans Rojas ou dans Damas-Hinard, *Du Théâtre espagnol au siècle d'or*, § 3, 1357, une curieuse classification des troupes de campagne espagnoles selon le nombre d'acteurs qui les composaient. Cf. Ticknor, *Hist. de la litt. esp.*, t. II, p. 379.
4. Il est cependant parlé dans le *Roman comique* d'un homme « qui avait été, toute sa vie, tantôt portier et tantôt décorateur d'une troupe de comédiens ». 1re partie, ch. xviii, t. I, p. 191.

provisait donc un portier dans chaque ville ou à chaque
représentation, en ayant soin de le surveiller, puisqu'il
avait la garde de la recette[1]; quant aux décorations indispensables, elles étaient confiées à quelque acteur qui s'en
démêlait. « Le sieur Belleroche, porte l'un des contrats
cités par Soulié, promet et s'oblige de jouer les rôles comiques et de travailler aux décorations des pièces pour les
peintures qu'il y conviendra faire[2]. » Inutile d'ajouter
qu'un poète spécial était pour le moins aussi rare qu'un
décorateur spécial, et que la plupart des troupes se contentaient de jouer des pièces déjà imprimées, ou, manquant
aux règles de la bonne confraternité, ainsi qu'à des traditions qui commençaient sans doute à s'établir, enlevaient
à des troupes plus riches la propriété exclusive de nouveautés écrites pour elles[3]. Au temps de Hardy ce dut être
une rareté que la présence de ce poète dans une troupe

Ailleurs, « le décorateur des comédiens et un menuisier » s'occupent à dresser un théâtre (1re partie, ch. XIX, t. I, p. 205), mais
ce décorateur n'appartient pas à la troupe, il s'agit de quelque
artiste manceau décorateur par occasion. La troupe de Dorimond,
représentant à Chambéry et à Turin, comprenait dix comédiens,
plus un décorateur et un autre *bas-officier*, qui servait vraisemblablement de portier. Mais ceci se passait en 1659. Voy. Mugnier,
le Théâtre en Savoie, p. 33-34.

1. La Rancune « était le surveillant du portier » dans la troupe
du *Roman comique*, 1re partie, ch. V, t. Ier, p. 26.

2. Chappuzeau (p. 224) dira plus tard, après avoir parlé des
nombreux *officiers* des théâtres de Paris : « Les comédiens de
campagne, qui ne marchent pas avec grand train et qui n'ont à
ouvrir ni loges ni amphithéâtre, réduisent toutes les charges à
trois, et, usant d'épargne, se contentent de deux ou trois violons,
d'un décorateur et d'un portier. » Une telle épargne eût paru bien
luxueuse à la fin du XVIe siècle.

3. Voy., dans les *Papiers relatifs à la Comédie française*,
2 in-fol. de la Bibl. nat., fds fr., 9236 et 9237, un édit royal du
7 janvier 1674 sur ce que « quelques comédiens de campagne ont
surpris, après le décès du sieur Molière, une copie de sa comédie
du *Malade imaginaire*, qu'ils se proposent de donner au public,
*contre l'usage de tout temps observé entre tous les comédiens
du royaume, de n'entreprendre de jouer au préjudice les uns des*

de campagne, et celle-ci dut y gagner sur ses rivales une incontestable supériorité.

Chaque troupe, une fois formée, traçait son itinéraire et se mettait en route. Parfois les comédiens nomades ne se bornaient pas à parcourir les provinces; on en trouve à Nancy dès 1572, à Francfort dès 1583, à Bâle dès 1604. Ils allaient ainsi en Hollande, en Allemagne, en Piémont; on en voit même aller plus loin, en Angleterre, en Espagne, en Danemark et en Suède[1]. C'était cependant à parcourir la France que la plupart bornaient leur ambition. Certaines régions étaient particulièrement riches, certaines villes particulièrement favorables à l'art comique, comme Lyon[2], Rouen ou Bordeaux : on se réservait d'y faire un plus long séjour. Et surtout on était heureux quand un riche bourgeois, mariant une fille ou une parente, profitait de la présence des acteurs pour offrir à ses voisins ou amis le plaisir de la comédie[3]; quand un seigneur opulent les récompensait grassement de représentations données en son château, comme le duc de Longueville, qui, en 1641, s'il faut en croire Scarron, donnait à une troupe de campagne

---

autres les pièces qu'ils ont fait accommoder au théâtre à leurs frais particuliers pour se récompenser de leurs avances et en tirer les premiers avantages ». T. I, fol. 11.

1. Voy. Trautmann, *Franz. Schausp.*, p. 199. 200. 204; Chappuzeau, *le Théâtre franç.*, p. 215-224; Fr. Mugnier, *le Théâtre en Savoie*, p. 29 et 35; Scarron, *Roman comique*, 1re partie, ch. xviii, t. I, p. 191; Chardon, p. 167, etc.

2. « On sait que les troupes ambulantes de comédiens français n'apparurent guère à Lyon que vers 1640, » dit M. Brouchoud (*les Origines du théâtre de Lyon*, Appendice); c'est-à-dire que M. Brouchoud n'a guère trouvé avant 1640 de traces de leur passage, mais ce n'est pas là un argument sans réplique. — Nous trouvons l'acteur Valleran à Bordeaux dès 1592; et, l'année suivante, à Francfort, il déclarait avoir représenté à Rouen, à Strasbourg et à Angers (ou Langres?) Voy. Trautmann, p. 292 et 201.

3. *Roman comique*, 1re partie, ch. xix, t. I, p. 204.

.... Deux mille livres
En argent, vêtements et vivres,
Dont les pauvres comédiens,
Gueux comme des bohémiens,
Devinrent gras comme des moines
Et glorieux comme des chanoines [1].

Les foires et les réunions d'états provinciaux étaient aussi une bonne occasion de se produire, et les troupes nomades ne manquaient jamais d'en profiter [2].

Les seigneurs et dames qui avaient vu la comédie à la cour ou dans quelque collège de Paris, la revoyaient alors avec plaisir ; les hobereaux et plus encore les bourgeois et bourgeoises, que l'on admettait à se rapprocher de la noblesse, en étaient fiers et heureux [3] ; beaucoup allaient au spectacle « pour y trouver compagnie plutôt que pour entendre les comédiens, et il s'y passait bien d'autres amours que ceux qu'on représentait sur le théâtre [4] ». Tant de motifs disposaient à la générosité, et les comédiens remplissaient leur escarcelle ; ils ne manquaient pas

---

1. *Ép. à Mme d'Hautefort*, citée dans Chardon, p. 17. Dans le *Roman comique*, 2e partie, ch. III, t. I, p. 273 et 277, nous voyons des gentilshommes périgourdins se cotiser et retenir tout un mois une troupe de campagne au château de Sigognac. Voy. encore 2e partie, ch. XVII, t. II, p. 68, 69, 71 et 72.

2. En Allemagne, c'était surtout la foire de Francfort qui attirait les comédiens étrangers ; des Français notamment, sûrs d'y être appréciés par les réfugiés, leurs compatriotes, s'y sont montrés en 1583, 1586, 1593, 1595, 1602, etc. : et, lorsque en 1625 les éditeurs Herman et Kof Wormen donnaient à Francfort une contrefaçon du *Théâtre* de Hardy (t. I), ne peut-on pas conjecturer qu'ils y étaient encouragés par le souvenir qu'avaient laissé dans cette ville Hardy, Valleran et leurs compagnons ? En l'année 1613, une troupe dirigée par Pierre Gillet, de Paris, pousse jusqu'à Ratisbonne, où l'empereur Mathias préside la diète. Voy. Trautmann, p. 197-203 et 209. Voy. encore Chardon, *Nouveaux documents sur Molière*, p. 281-282.

3. *Roman comique*, 2e partie, ch. XVII, t. II, p. 71.

4. *Mémoires de Fléchier sur les Grands jours d'Auvergne en 1665*, p. 133.

ensuite, s'ils avaient joué devant un duc ou un prince, de s'intituler : comédiens de M. le Duc, ou comédiens de M. le Prince, et de se réclamer de lui en toute occasion. Rien d'ailleurs ne se prenait plus facilement que ces titres, dont les naïfs s'ébahissaient : deux des troupes signalées par M. Trautmann se réclamaient du roi de France lui-même, et Scudéry, plaisantant sur cette habitude en 1634, a fait inscrire en grosses lettres ces mots séduisants : « Les Comédiens du Roi » sur les affiches de la troupe de campagne à laquelle est consacrée sa *Comédie des Comédiens*[1]. « M. DE BLANDIMARE (il lit l'affiche) : Les Comédiens du roi. Ho ! cela s'entend sans le dire ; cette qualité et celle de gentilhomme de la chambre sont à bon marché maintenant ; mais aussi les gages n'en sont pas grands. »

Il ne faudrait pas trop, pour se représenter la vie de nos comédiens, songer aux *jeux* et aux *festins*, parmi lesquels Molière et les Béjart vivaient à Lyon, d'après d'Assoucy. Peut-être celui-ci exagère-t-il, « les parasites sont enclins à voir tout en beau » ; mais, surtout, quelle autre troupe nomade citerait-on, qui ait eu la fortune de l'*Illustre théâtre*, devenu la troupe de M. le duc d'Épernon d'abord, de M. le prince de Conti ensuite[2] ? A côté

---

1. *Comédie des comédiens*, acte I, sc. v, p. 19. Voy. le frontispice de cette œuvre reproduit dans l'*Histoire de la langue et de la littérature française*, t. IV, p. 248. Ajoutons, à ce propos, que M. Trautmann a sans doute eu tort de voir des pensionnaires de l'Hôtel de Bourgogne dans les « comédiens et tragédiens de S. M. le roi de France » qui représentent à Bâle, sous la direction de David Florice, en 1604 (voy. l'*Archiv. für Litteraturgeschichte*, t. XV, p. 105-106 : *Die Schauspieler des Hôtel de Bourgogne in Basel*, 1604). Jean Floran aussi se parait à Strasbourg, en 1615, de ce titre de « comédien du roi de France » ; et pourtant M. Trautmann n'ose pas avancer qu'il faisait partie de la troupe de l'Hôtel de Bourgogne. (Voy. *Franz. Schausp.*, p. 206.)

2. Voy. *les Aventures de Monsieur d'Assoucy*, éd. Colombey, Delahays (*Bibliothèque gauloise*), ch. ix, p. 97 ; cf. L.

des tableaux riants, que d'autres sombres ou tristes ! que d'occurrences où les comédiens avaient besoin de faire appel à leur gaieté naturelle et de s'empresser de rire, afin de s'empêcher de pleurer ! En Espagne, où les troupes nomades étaient nombreuses, Cervantès déclare que leur vie est plus dure que celle des bohémiens, et Rojas, que les galériens du roi de France ont une condition meilleure [1]. En France, A. Monteil dit d'eux, après avoir étudié quelques-uns des textes qui les concernent : « Je ne connais pas dans les provinces d'état plus malheureux que celui des comédiens [2] ».

C'est qu'en effet ils se heurtaient sans cesse contre des difficultés de tout ordre, et, quelque peu exigeants qu'ils fussent, ne trouvaient pas toujours à gagner leur vie. Nous avons vu qu'ils chômaient pendant le carême : vers 1666, une troupe ayant compté sur la recommandation du gouverneur de Languedoc pour s'installer à Narbonne pendant la période quadragésimale, les prédicateurs annoncent aux fidèles qu'il n'y aura plus de prédication et que le Saint-Sacrement ne sera plus exposé dans la ville ; le peuple s'émeut, la vie des comédiens est menacée, et ils partent au plus vite, justifiant sans doute le mot expressif de Bruscambille : « affamé comme un comédien de carême [3] ». Souvent on était obligé de s'abstenir aussi de représentations pendant l'Avent : en novembre 1650,

---

Moland, *Molière, sa vie et ses ouvrages*, p. 89-90, et, pour les représentations de Molière aux États de Languedoc, Mesnard, p. 123.

1. Ticknor, t. II, p. 468 ; Damas-Hinard, § 2, p. 1329.

2. A. Monteil, XVIe siècle, station LXIV, t. III, p. 339. *Histoire des Français des divers états*, 4e éd., Paris, Lecou, 1853, 5 vol. in-12.

3. Voy. G. Monval, *Chronologie Moliéresque*, Paris, Flammarion, 1897, in-16, p. VIII ; Bruscambille, *Fantaisies*, p. 55 (prologue non moins sérieux que facétieux) ; *Prologues* de 1610, p. 23, et *passim*.

une troupe, que recommandait pourtant « une personne d'autorité », ne peut obtenir l'autorisation de jouer pendant l'Avent, à Poitiers ; elle doit attendre le lendemain de Noël pour ouvrir les portes de son théâtre [1] ». Les chaleurs de la canicule, peu favorables aux représentations théâtrales, imposaient peut-être encore quelque relâche [2]. C'étaient autant de pertes à réparer. Puis, la troupe ou les pièces pouvaient déplaire, et, après avoir reçu plus de pierres que d'écus [3], on finissait par ne plus avoir de spectateurs. Il fallait partir au plus vite, non sans batailler avec l'hôtelier ou avec le propriétaire de la salle de spectacle, que l'on n'était pas en état de payer. On courait les routes en bizarre équipage [4], toujours exposés à être pris pour des bohémiens ou des malfaiteurs [5], et, en cette qualité, maltraités par les villageois et les paysans. On mangeait pauvrement dans quelque auberge amie du rire, où l'écot était remplacé par une comédie [6]. Enfin on arrivait aux portes d'une ville et on se remettait à espérer.

Tout, en effet, pouvait être réparé, et la fortune pouvait se décider à sourire. Mais que de fois aussi de nouvelles épreuves commençaient ! C'était la crainte d'un incendie qui rendait impossible l'ouverture d'une salle de spectacle : en 1632, les jurats de Bordeaux s'opposent pour ce motif aux représentations de Charles Dufresne [7]. C'était la

---

1. Bricauld de Verneuil, *Molière à Poitiers*, p. 33 et 56.
2. Chardon, *Tr. du Roman comique*, p. 111.
3. « Tandis qu'elles dansaient (les Bohémiennes), la vieille demandait l'aumône aux spectateurs, et les *ochavos* et les *cuartos* pleuvaient sur elle comme des pierres sur un plancher de théâtre ». Cervantès, *la Bohémienne de Madrid*; *Nouvelles*, p. 130.
4. Voy. l'entrée des comédiens au Mans, au début du *Roman comique*.
5. *Roman comique*, 2e partie, ch. III, t. I, p. 269.
6. Rojas, p. 96.
7. Voy. Aug. Baluffe, *Un comédien de campagne au* XVIIe

maladie d'un grand personnage qui obligeait les bourgeois au recueillement et les comédiens à la misère : en avril 1648, Molière va à Nantes et ne peut jouer de quelques jours, le maréchal de La Meilleraye étant malade[1]. C'étaient les malheurs des temps qui faisaient que l'on avait « plus besoin de prières que de divertissements » : ainsi répondent les magistrats municipaux de Dijon à une requête de comédiens en 1676, et, en 1558, le Parlement de Rouen avait absolument interdit à des comédiens de jouer, « parce que ces représentations entraînaient à de vaines et inutiles dépenses[2] ». C'étaient plus souvent des refus d'admission ou des expulsions subites, que les autorités locales ne prenaient pas la peine de motiver[3]. Que de déboires de ce genre dut éprouver la pauvre troupe de Hardy, parcourant la France troublée de la fin du XVIe siècle, au milieu des luttes civiles non encore terminées et des haines religieuses non encore éteintes !

siècle, Charles Dufresne (*Revue d'art dramatique*, 1er novembre 1887, p. 172).

1. Voy. *Molière en Province*, par Benjamin Pifteau. Paris, Willem, 1879. Moland, *Molière, sa vie et ses ouvrages*, p. 44-5.

2. Chardon, *Troupe du Rom. com.*, p. 137 ; Petit de Julleville, *les Comédiens*, p. 343. Même refus est opposé par le Conseil de la ville de Poitiers à la demande du « sieur *Morlière*, comédien », le 8 novembre 1649, « attendu la misère du temps et la cherté des blés ». Bricauld de Verneuil, p. 55.

3. Trautmann, *Franz. Schausp.*, p. 205, 206, 210 ; Chardon, *Tr. du Rom. c.*, p. 14, note ; Moland, p. 82. D'autres étaient d'autant plus longuement motivées dans la forme qu'elles l'étaient moins fortement au fond. C'est ainsi qu'en 1567 l'échevinage d'Amiens repoussait « Samuel Treslecat et ses compagnons pour obvier à toutes les noises et débats qui souvent se sont faits en pareilles assemblées, et aux maladies qui en peuvent advenir par les chaleurs où nous sommes ; attendu mêmement les édits du roi, les arrêts de la cour, la cherté des vivres, la pauvreté du menu peuple qui y pourrait perdre du temps, les troubles et levées des gens de guerre, et pour plusieurs autres bonnes raisons et considérations ». Petit de Julleville, *les Comédiens*, p. 348.

Alors même que les municipalités daignaient autoriser les comédiens à jouer leurs pièces, ce n'était pas toujours sans se montrer fort exigeantes. Sans doute peu étaient aussi ingénieuses que les échevins d'Amiens, accordant, le 3 août 1559, une permission à Roland Guibert et à ses compagnons, « à condition de jouer d'abord en la chambre du Conseil devant Messieurs », ce qui était un moyen excellent de se procurer une représentation spéciale et gratuite ; mais elles ne laissaient pas d'imposer de lourdes conditions : examen préalable du répertoire, nombre très restreint de représentations par semaine, tarif peu rémunérateur pour le prix des places, prélèvement d'une certaine somme ou représentations spéciales au bénéfice des pauvres[1]. Le 24 octobre 1609, les jurés d'Agen, auxquels on propose de faire jouer une troupe dans la maison de ville, afin d'employer à des réparations urgentes le loyer, de trois ou quatre livres par jour, payé par elle dans un jeu de paume, décident « qu'ils ne tiennent pas bon de permettre que les comédiens ni joueurs de farces et passe-temps jouent dans la présente maison commune ni même dans toute la ville, s'il est possible les en empêcher, et, où leur serait permis de jouer en quelque autre lieu particulier de la présente ville, ce doit être en payant quelque somme de deniers pour les pauvres de l'hôpital ou religieux mendiants d'icelle ou pour la réparation des œuvres pies ou publiques, non autrement[2]. » Quelques troupes résistaient ; la plupart cédaient de bonne grâce, et, d'elles-mêmes, quelque pauvres qu'elles fussent, jouaient un jour leur plus belle pièce pour en

---

1. Voy. Petit de Julleville, *les Comédiens*, p. 343-348. Cf. Trautmann, p. 199, 201, 207 ; Bricauld de Verneuil, p. 56 sqq. ; Chardon, *Tr. du R. c.*, p. 66 et 71-73, et *Nouveaux documents sur Molière*, p. 283, 320, 335 ; L. Moland, p. 45 et 82 ; Aug. Baluffe, *loc. cit.*, p. 173-174.

2. Habasque, *Documents sur le théâtre à Agen*, p. 10.

consacrer la recette entière aux hôpitaux des lieux où elles se trouvaient[1].

Une fois en règle avec les exigences administratives, et même si la troupe était capable d'attirer et de retenir le public, elle n'était pas encore assurée du succès. Il fallait compter avec les représentations des collèges, nombreuses encore et parfois protégées par les autorités locales[2], avec celle des associations de bourgeois ou d'artisans, comme les *Connards* de Rouen et d'Évreux, comme la *Mère folle* de Dijon[3], qui n'ont commencé

---

1. Voy. Chappuzeau, p. 134; Brouchoud, *les Origines du théâtre de Lyon*, Appendice: *Des représentations données au profit des pauvres par les comédiens de passage à Lyon*; J.-E. B. (Bouteillier), de Rouen: *Histoire complète et méthodique des théâtres de Rouen depuis leur origine jusqu'à nos jours*. Rouen, 1860-1880, 4 vol. in-8, t. I, p. 4-5; Fr. Mugnier, *le Théâtre en Savoie*, p. 41; Mesnard, *Molière*, p. 117. — A Francfort, en 1613, une troupe française se trouva trop pauvre et trop endettée pour donner aux pauvres ce qui leur revenait; il fallut même que les autorités locales la dispensassent de rien verser dans le trésor public. Voy. Trautmann, p. 203-204.

2. A Douai, « l'intérêt porté à ces spectacles par les échevins se manifeste en 1606 par le paiement d'une somme de douze livres au *carpentier* Antoine Bourot ayant dressé, ces jours passés, un théâtre pour représenter quelques comédies au collège du roi. » G. Lhotte, *le Théâtre à Douai*, p. 30. L'auteur cite un grand nombre de représentations scolaires de 1562 à 1628. — A Lyon, on trouve des représentations scolaires jusqu'en 1640 (Petit de Julleville, *les Comédiens*, p. 315, n. 1). — Voy. Boysse, *le Théâtre des jésuites*; Léopold Delisle, *le Théâtre au Collège de Valognes*, Saint-Lô, 1896, in-8; Faber, *le Théâtre en Belgique*, t. I, p. 39-41. Cf. pour l'Allemagne, Trautmann, p. 200-201 et 207; von Reinhardstöttner, *Zur Geschichte des Jesuitendramas in München* (Jahrbuch für Münchener Geschichte, 1889); Ch. Engel, *l'École de Strasbourg au XVIe s.* (R. internationale de l'enseignement, mai 1896, p. 449-455).

3. Voy. Petit de Julleville, *les Comédiens*, et notamment le ch. VII: *les Sociétés joyeuses*. Les Connards de Rouen et probablement ceux d'Évreux, l'*Infanterie dijonnaise*, les *Suppôts de la Coquille* de Lyon, les *Gaillardons* de Chalon-sur-Saône, les *Diables* de Chaumont, l'*Abbaye joyeuse* de Cambrai, et bien

à disparaître qu'au xviie siècle : c'était là une concurrence redoutable, puisqu'elle avait pour elle l'esprit local et l'habitude. Les jeux de marionnettes[1] et les diverses exhibitions ordinaires en temps de réjouissance attiraient le public, qui trouvait là un spectacle moins cher. On ne payait même rien devant les tréteaux des charlatans et opérateurs, pour entendre leur musique et rire aux farces qu'ils faisaient jouer par des farceurs à leur solde[2]. Contre de pareils rivaux, la lutte était pénible, la victoire toujours incertaine.

d'autres associations de ce genre existaient encore à la fin du xvie siècle. On peut voir dans *la Maison des jeux*, de Sorel (t. I, p. 456-462), le récit plaisant de diverses représentations données par « tous les garçons d'un village », celles de la tragédie du *Mauvais riche*, de l'*Histoire de l'enfant prodigue*, de *Nabuchodonosor*, des *Amours de Médor et d'Angélique*, et de la *Descente de Rodomont aux enfers*. L'ouvrage est de 1642, mais le narrateur observe lui-même que « le temps est passé » de ces plaisirs.

1. A Nantes, en 1648, des « jeux de marionnettes et représentations de machines » font grand tort à la troupe de Molière. B. Pifteau, *loc. cit.*; Moland, p. 45. M. Trautmann cite d'assez nombreux bateleurs et danseurs de corde français, qui ont parcouru l'Allemagne au commencement du xviie siècle. Combien ils devaient être plus nombreux en France ! Voy. *Franz. Schausp.*, p. 203, 207, 208.

2. En 1621, à Lyon, le charlatan François Braquette avait à sa solde la troupe italienne d'Isabelle Andreini (Éd. Fournier, *la Farce et la Chanson*, p. liv). — En 1610, Courval Sonnet faisait des opérateurs nomades le portrait suivant, que nous citons à cause de la rareté de l'ouvrage qui le contient : « Ils ont de coutume d'aller en housse par les rues des villes, vêtus de superbes et magnifiques vêtements, portant au col des chaînes d'or, qu'ils auront peut-être louées de quelque orfèvre, et montés à l'avantage sur des genêts d'Espagne, coursiers de Naples ou courtauds d'Allemagne, accompagnés d'une grande suite et caravane d'escornifleurs, batteurs de pavés, bateleurs, comédiens, farceurs et arlequins, recherchant en ce superbe équipage les carrefours et places publiques des villes et bourgades, où ils font ériger des échafauds ou théâtres, sur lesquels leurs bouffons et maîtres Gonins amusent le peuple par mille singeries, bouffonneries et tours de passe-passe,

Le pis de tout, c'était quand, malgré leurs précautions, deux troupes venaient à se rencontrer dans la même ville. Le fait, qui n'était pas rare au temps de Molière [1], devait, il est vrai, se produire plus rarement au temps de Hardy : les troupes ambulantes n'ont jamais pris en France l'extension qu'elles eurent en Espagne, où Pellicer en comptait environ 300 vers 1636 [2]; Chappuzeau n'en compte que 12 ou 15 en 1674 [3], et le nombre en devait être plus restreint à la fin du XVI° siècle. On peut admettre cependant que cette rencontre se produisait quelquefois, et alors c'était une lutte acharnée [4], dont les deux troupes rivales pâtissaient également, à moins qu'elles n'eussent la sagesse de se « mêler ensemble et de ne faire qu'un théâtre », comme « cela fut pratiqué à Saumur en 1638 [5] ».

S'ils avaient le bonheur de n'avoir point de rivaux à craindre, nos comédiens devaient toujours redouter les spectateurs turbulents, les écoliers surtout, qui troublaient les représentations et commettaient des désordres plus graves encore. Scarron nous montre un valet de la troupe de Destin tué à la porte de la comédie, à La Flèche, par des écoliers bretons : le roman, ici encore, est tout voisin de la réalité. A Chambéry, le 30 avril 1669,

---

pendant qu'ils étalent et qu'ils débitent leurs marchandises ou plutôt charlatanerie au peuple. » *Satyre contre les charlatans et pseudo-médecins empyriques...* A Paris, chez Iean Millot. M.DC.X, 8°, p. 94-95.

1. Voy. Mesnard, p. 190.
2. Dans son édition de *Don Quichotte*. Voy. Ticknor, t. II, p. 466.
3. Le *Théâtre françois*, p. 214; 18 ou 20 dans son *Europe vivante*, 3 vol. in-4, 1667, t. I, p. 316 (cité par le bibl. Jacob dans sa notice sur le *Théâtre françois*, de Chappuzeau, réimpr. Mertens, Bruxelles, 1867).
4. Voy. les détails de la lutte que la troupe de Molière soutint à Pézenas en 1653 contre la troupe de Cormier. Moland, p. 58-59, ou Mesnard, p. 152-154.
5. Chappuzeau, p. 160 à 162.

une bagarre se produit à la porte du théâtre : le portier est blessé au bras et deux comédiens sont emprisonnés [1]. Pauvres comédiens ! C'étaient toujours eux les responsables; et quand, le 25 février 1585, les Consuls d'Agen accordaient à Guillaume Marteau la permission de jouer pendant une huitaine, ils avaient soin d'ajouter : « ce sans scandale, à peine d'en répondre de sa vie et de ses compagnons [2]. »

Du moins, pour les autorités civiles, il n'y avait scandale que si les représentations étaient troublées. Mais, pour le clergé, toutes les représentations, quelles qu'elles fussent, étaient scandaleuses, et il le faisait bien voir aux comédiens. En 1599, à Tournai, des acteurs français ayant été autorisés à jouer farces, comédies et tragédies, l'évêque se présenta à l'assemblée des prévôts et jurés et déclara qu'il « n'entendait aucunement tolérer, vu qu'en leur permettant ce serait donner moyen de débauchements et ivrogneries au peuple, et que, comme Français, ils pourraient épier le pays, emportant les deniers du peuple, lequel aussi se mettrait à oisiveté, ajoutant après plusieurs propos que ce fait n'était seulement de la connaissance séculière, ains aussi ecclésiastique, et qu'on ne devait avoir donné ladite grâce et licence sans lui en avoir parlé, disant avec grande colère, chaleur et bécement, par plusieurs fois, qu'il ne permettrait lesdits jeux, ains que, s'ils jouaient, il les tirerait jus du théâtre et renverserait ledit théâtre, priant que Dieu lui en donnât la force [3]. » Les autorités civiles tenaient-elles bon et, comme à Tournai en 1599, priaient-elles l'évêque « de vivre en repos de ce côté et se mettre hors la tête tels soucis », les moyens ne manquaient pas au clergé de nuire aux

---

1. Scarron, *Roman comique*, 2ᵉ p., ch. v, t. I, p. 288 ; Mugnier, p. 141. Cf. Bricauld de Verneuil, p. 34.
2. Habasque, *Doc. sur le théâtre à Agen*, p. 9.
3. Faber, *Hist. du théâtre en Belgique*, t. I, p. 15.

représentations. En septembre 1607, à Bourges, les jésuites veulent empêcher La Porte de jouer « sur peine d'excommunication à ceux qui iront [1] ». En août 1673, à Chambéry, l'évêque de Grenoble, Etienne Le Camus, prêche contre les comédiens ainsi que contre ceux qui fréquentent le théâtre, et met « si bien les dames en scrupule de la comédie, que la troupe en souffre [2] ». Et il importe de ne pas oublier qu'encourant l'excommunication mineure de par leur profession même, les comédiens ne pouvaient normalement ni se marier, ni être parrains ou marraines dans les baptêmes, ni se faire en toute sécurité enterrer en terre chrétienne. Souvent, il est vrai, le clergé usait de tolérance, ainsi qu'on le peut voir par l'histoire de la troupe de Molière [3] ; mais, si la comédienne Isabelle Andreini eut de solennelles obsèques à Lyon en 1604, c'est qu'elle était Italienne et que les Italiens étaient en possession d'être traités avec plus d'indulgence en France, comme ils l'étaient dans leur

1. « Le mardi 2, M. du Pui m'a envoyé un écrit nouveau à la main, d'une feuille, qu'on lui venait d'envoyer de Bourges, intitulé : *Prologue de La Porte, comédien*, prononcé à Bourges le 9 septembre 1607 contre les jésuites, qui les voulaient empêcher de jouer, sur peine d'excommunication à tous ceux qui iraient. Le discours en est gauffé et mal fait, digne d'un bouffon et comédien, remarquable seulement par le sujet. » L'Estoile, octobre 1607, p. 437-438. Au 25 février 1608 (p. 448), l'Estoile annonce qu'il a pris copie du prologue de La Porte, « étant cette pièce, toute mal polie qu'elle est, une des notables de notre temps sur ce sujet, et prononcée publiquement de la façon qu'elle est écrite (ce que je ne pensais pas) ».
2. Mugnier, p. 48.
3. Ainsi, le 10 janvier 1650, Molière était parrain et Mlle de Brie marraine à Narbonne ; mais Molière prenait le titre de « tapissier et valet de chambre du roi » ; et l'on sait comment, quelques années plus tard, l'évêque d'Aleth, Nicolas Pavillon, lui fit perdre la protection si précieuse de Conti (Mesnard, 72, 170, 188). — Plusieurs actes de baptême relevés par Jal et qui datent des années qui ont suivi 1630 mentionnent des « comédiens du roi » comme ayant été parrains à Paris.

pays. Les foudres ecclésiastiques sommeillaient parfois, mais elles pouvaient toujours se réveiller, et, en 1624 encore, « Jean de Gondy, archevêque de Paris, déclarait dans son *synodicon* qu'on doit priver les comédiens des sacrements et de la sépulture ecclésiastique[1] ».

Arrêtons-nous dans cette énumération des ennuis qui assaillirent souvent les comédiens de campagne. Nous en avons assez dit pour montrer l'état précaire du théâtre dans les provinces, pour faire comprendre les plaintes de Hardy sur sa vagabonde et misérable jeunesse, pour incliner vers l'indulgence ceux qui voudront juger les œuvres composées dans cette vie errante et tourmentée. Il fallait produire vite pour retenir, par la variété, un public peu artiste et peu nombreux; et quelle appréciation éclairée pouvait-on attendre de spectateurs dont l'origine était si diverse et les goûts si différents, qui n'apportaient guère au spectacle que deux sentiments communs: de la curiosité pour les pièces, et de la défiance contre leurs interprètes!

Les encouragements que le public ne donnait pas au poète lui seraient-ils venus des comédiens? Ceux-ci ne pouvaient songer qu'à gagner leur vie et ne devaient demander au poète que de les y aider. Par quel prodige de désintéressement se seraient-ils attachés à l'art lui-même? Et quelle qualité avaient-ils le plus souvent pour cela?

Remarquons-le bien: les troupes qui nous sont le mieux connues, par l'histoire ou par le roman, couraient les provinces vers le milieu ou vers la fin du XVIIe siècle, alors que le théâtre était en faveur, que Richelieu avait déjà protégé la comédie et ses interprètes, et que Louis XIII lui-même avait publié en leur faveur le fameux édit de

---

[1]. G. Maugras, *les Comédiens hors la loi*, p. 107. Voy. Paul Olagnier, *Les incapacités des acteurs en droit romain et en droit canonique*, thèse pour le doctorat. Paris, Magnier, 1899, in-8, p. 141 et suiv. Cf. Mesnard, p. 436-438.

1641 : le personnel en doit être d'origine plus relevée, de moralité moins contestable, d'instruction plus sérieuse que celui des troupes avec lesquelles vivait Hardy. Et pourtant combien il y aurait à dire encore ! quelle bigarrure offrirait un tableau fidèle des troupes comiques de ce temps ! A côté de fils de famille et de soi-disant gentilshommes, à qui l'amour[1] ou une disgrâce de la fortune[2] avait donné tout à coup une vocation de comédiens, que d'hommes dont on ne savait d'où ils venaient, ou qui étaient nés et avaient grandi dans les tripots[3] ! — A la vérité, certaines troupes s'acquéraient une réputation d'honnêteté : dès 1618, Mlle de Rohan écrit à la duchesse de La Tremoille : « Nous avons vu à *Nantes* de fort bons comédiens qui se disent à M. votre frère. Ils sont très honnêtes, ne disant aucune mauvaise parole, non seulement devant nous, mais encore dans la ville, à ce que l'on m'a dit[4]. » Mais Tristan l'Hermite parle tout autrement des comédiens qu'il a fréquentés dans sa jeunesse[5], et nous savons par les chroniques locales ou provinciales que les troupes d'acteurs nomades avaient des démêlés fréquents avec la police[6]. Parlerons-nous du talent et du goût que les ac-

1. Comme à Léandre (*Roman comique*, 2ᵉ partie, ch. v, t. I, p. 289).
2. Comme à Destin et Léonore (*Roman comique*, 1ʳᵉ partie, ch. xviii, t. I, p. 198).
3. « Je suis née comédienne, dit la Caverne, fille d'un comédien, à qui je n'ai jamais ouï dire qu'il eût des parents d'autre profession que la sienne. » *Roman comique*, 2ᵉ partie, ch. iii, t. I, p. 268. — Sur l'origine d'un certain nombre de comédiens du xviiᵉ siècle, voy. Chardon, *Tr. du R. c.*, p. 26. Voy. encore, ci-dessous, notre ch. v.
4. Cité par M. Chardon, *Tr. du R. c.*, p. 33. Louis le Tonnelier de Breteuil, intendant du Languedoc, disait de même de la troupe de Molière, en 1647 : « Cette troupe est remplie de fort honnêtes gens et de très bons artistes, qui méritent d'être récompensés de leurs peines. » Dans Moland, p. 42.
5. Voy. plus loin, ch. iii, p. 100.
6. Voy. une note de Fournel, *Roman comique*, t. I, p. 262.

teurs devaient montrer? Comment, si la nature les en eût pourvus, auraient-ils pu les cultiver, sinon par exception, dans des circonstances aussi peu favorables? Scarron loue fréquemment la troupe de Destin, et Mme de Sévigné parle de comédiens de campagne rencontrés à Vitré, qui lui *firent pleurer plus de six larmes*[1]; mais Fléchier parle tout autrement des comédiens qui représentaient pendant les Grands jours d'Auvergne: « Ils disaient tout rôle du mieux qu'ils pouvaient, changeant l'ordre des vers et des scènes, et implorant de temps en temps le secours d'un des leurs, qui leur suggérait des vers entiers, et tâchait de soulager leur mémoire. Je vous avoue que j'avais pitié de Corneille, et que j'eusse mieux aimé, pour son honneur, que M. d'Aubignac eût fait des dissertations critiques contre ses tragédies que de les voir citer par des acteurs de cette façon[2]. »

Si tels sont les acteurs nomades en 1665, que devaient-ils être à la fin du XVIe siècle? Scarron lui-même semble avoir noté cette différence. Destin, qui est jeune, est, sinon de bonne famille, du moins honnête et instruit; mais la Rancune, qui avait joué sous le masque les nourrices de Hardy[3], quel contraste ne fait-il pas avec son camarade! Méchant, jaloux, goinfre, voleur, de quels vices n'est-il pas pourvu[4]! Ne rappelle-t-il pas ces comédiens espagnols que nous peint Rojas: durs à la fatigue, insouciants, toujours sans argent, quoique peu scrupuleux sur les moyens d'en acquérir[5]? Oui, si l'on veut se représenter

---

1. 12 août 1671; éd. des *Grands écrivains*, t. II, p. 318.
2. *Mémoires* de Fléchier, p. 132.
3. *Roman comique*, 1re partie, ch. v, t. I, p. 26.
4. Voir son portrait, 1re partie, ch. v, t. I, p. 25, 27, 28; voir aussi 2e partie, ch. II et *passim*.
5. Voy. notamment dans le *Viage entretenido*, p. 91 à 101, les aventures de Rios et de Solano, traduites par de Puibusque, *Hist. comp. des litt. fr. et espag.*, t. II, p. 175 à 183. Cf. les articles de M. Damas-Hinard, § 3, p. 1357-1358. Malgré tout, les

les comédiens de campagne aux environs de 1595, c'est moins, semble-t-il, sous les traits de Destin et de Léandre que sous ceux de ces *chevaliers du miracle*[1] ou de leur historien lui-même, né il ne savait de qui, père d'enfants qu'il ne connaissait pas, échoué au théâtre après avoir fait vingt métiers. Et leur valeur intellectuelle ne devait pas toujours être supérieure à leur valeur morale. Vers 1558, il est vrai, J.-C. Scaliger avait vanté les acteurs errants de moralités et de sotties : « admettons que le *mime* est représenté chez nous par deux genres, que promènent par toute la France, à travers villages et villes, de merveilleux artistes, la moralité et la sottie[2]. » Mais son témoignage paraît s'appliquer à ces acteurs d'occasion que le succès dans des représentations exceptionnelles entraînait parfois à courir le pays : il n'aurait plus été exact, sauf exceptions, pour les professionnels qui suivirent.

IV

Si un poète suivait les comédiens, quels étaient ses rapports avec eux? quelle était exactement la place qu'il tenait dans la troupe?

On ne peut croire qu'il en était le directeur. Même à la tête d'une troupe peu nombreuse et peu habituée au luxe, un directeur a des responsabilités qui supposent des ressources ; c'est un financier, et un pauvre hère comme Hardy ne pouvait l'être. Ajoutons qu'il n'en était pas de

---

comédiens espagnols étaient en général mieux accueillis et plus fêtés que les comédiens français.
1. Comme on appelait Rojas.
2. « Sunto quidem duo genera, quae etiam vicatim et oppidatim per universam Galliam mirificis artificibus circumferuntur, morale et ridiculum. » *Julii Cæsaris Scaligeri viri clarissimi Poetices libri septem.* Ed. tertia, 1586, l. I, ch. IX, p. 43.

la France comme de l'Espagne, où chaque troupe un peu
considérable avait à sa tête un *autor* ou directeur. En
France, ce mode d'entreprise théâtrale exista aussi, mais
surtout à l'origine, et disparut de plus en plus[1]; dans la
plupart des troupes, les acteurs ne voulaient pas de maître,
et se contentaient d'accorder une influence plus grande à
celui d'entre eux dont le talent paraissait le plus remarquable. Il en est ainsi dans la troupe du *Roman comique*[2],
et Chappuzeau dit nettement : « Si le séjour des Républiques n'est pas le fait des comédiens, le gouvernement
républicain leur plaît fort entre eux; ils n'admettent point
de supérieur, le nom seul les blesse, ils veulent tous être
égaux et se nomment camarades... Ceux d'entre eux qui
ont le plus de mérite ont aussi dans l'État le plus de
crédit[3]. »

Mais, si le poète des comédiens n'en était pas le directeur, on aimerait à penser tout au moins qu'il était traité
par eux avec quelque respect; illusion difficile à conserver,
si l'on veut tenir compte des faits et des textes. Quand le
poète était en même temps comédien, comme Desfontaines, Jean-François l'Hermite ou Ragueneau, la considération qu'on lui accordait était celle que méritait son
talent d'acteur, et elle était nulle certainement si, comme
Ragueneau, il ne s'entendait qu'à moucher les chandelles.
Si le poète ne montait pas sur la scène, ou n'y montait
qu'exceptionnellement et dans les moments difficiles pour
sa troupe, ainsi qu'a dû faire Hardy, ainsi que faisait
le Roquebrune de Scarron, quels égards pouvait-on avoir
pour lui? Les comédiens de nos jours, plus éclairés que
ceux du xvi° siècle, ont la faiblesse de regarder de haut

---

1. Petit de Julleville, *les Comédiens*, p. 337-338.
2. Comme l'a remarqué Fournel, *les Contemporains de Molière*, t. I, p. 424.
3. *Le Théâtre françois*, p. 157.

les auteurs qui n'ont pas encore un nom; et ces auteurs cependant ne dépendent pas directement d'eux, ils ne tiennent pas d'eux leur salaire. Hardy, au contraire, était aux gages des comédiens; c'est à ses ouvrages qu'ils attribuaient leurs insuccès, à eux-mêmes qu'ils faisaient revenir le mérite des triomphes. Distinguaient-ils bien leur poète de leurs valets?

Certes, il ne devait pas toujours faire bon vivre avec des comédiens malins, besoigneux, à la fois aigris par l'infortune et enflés de leurs bruyants succès. Roquebrune, qui n'est pas aux gages des comédiens, qui, au contraire, *libéral comme un poète, mange quelque argent avec eux*[1], est sans cesse en butte aux railleries cruelles de la Rancune; et Ragotin, qui paye toujours plus que son écot, n'en est pas moins récompensé de fréquenter la troupe par de pénibles et incessantes disgrâces. Il ne semble pas qu'un poète en titre ait dû être mieux traité. Cervantès nous en montre un qui lit sa pièce — une mauvaise pièce, à la vérité, — devant un *autor* et ses comédiens: « A la moitié de la première *journée*, les comédiens commencèrent à s'en aller un à un, deux à deux, et tous disparurent, excepté l'*autor* et moi[2], qui servions d'auditeurs... Tous les comédiens, qui étaient plus de douze, revinrent bientôt, empoignèrent mon poète sans dire un seul mot, et si l'*autor*, priant et menaçant, n'eût interposé son autorité, sans nul doute ils le faisaient sauter sur la couverture. » Singulier traitement, va-t-on dire, et sans doute tout espagnol! Hélas! c'est à peu près celui que subissaient nos poètes,

---

1. *Roman comique*, 1re partie, ch. xv, t. I, p. 136; 1re partie, ch. viii, t. I, p. 42.

2. « L'*autor* et moi »! C'est le chien Berganza qui parle. Voy. le *Dialogue des chiens Scipion et Berganza* dans les *Nouvelles de Cervantès*, p. 466. Sur la dureté et le dédain avec lesquels les comédiens espagnols traitaient leurs poètes, voy. Ticknor, t. II, p. 464-465.

en France même, quand ils mécontentaient les comédiens.

Nous aurons à revenir[1] sur le passage de Tristan l'Hermite auquel nous nous contentons maintenant de faire allusion. C'est à Paris, et vers 1610, que le poète des comédiens subit les humiliations et les avanies dont parle Tristan. Que devait-ce être quinze ans plus tôt et dans les provinces !

Or, quel travail n'exigeait-on pas de ce poète, si peu payé et si mal traité ! C'était à lui de fournir sa troupe de pièces[2] ; mais là ne se bornait pas sa tâche. Les pièces du répertoire demandaient à être souvent remaniées, pour s'accommoder aux situations successives de troupes peu stables et éminemment sujettes aux changements. Non seulement, en effet, elles se dispersaient presque tous les carêmes ; mais la concorde régnait rarement dans « l'ordre vagabond des comédiens de campagne[3] », et l'auteur du *Théâtre françois* fait cette remarque : « Leurs troupes ont si peu de fermeté que, dès qu'il s'en fait une, elle parle en même temps de se désunir[4] ». Certains acteurs quittaient leurs camarades ; d'autres, que l'on rencontrait, étaient enrôlés[5]. Quelquefois divers accidents contribuaient encore à l'instabilité de la compagnie, comme celui qui

---

1. Au ch. III, § 4, p. 99 et suiv.
2. Voy. ce qui sera dit plus loin de la production de Hardy et du répertoire des troupes de campagne : ch. III, § 2 et ch. IV, § 5. — Il serait utile, pour savoir ce qu'une troupe pouvait consommer de pièces, de calculer ce qu'elle restait de temps dans chaque ville ; mais les éléments de ce calcul manquent pour la fin du XVIe siècle. Une soixantaine d'années plus tard, Molière passe quinze jours à Narbonne (1656), mais il demande à passer deux mois à Poitiers (1649), et séjourne de longs mois à Lyon (1653), où il revient d'ailleurs à plusieurs reprises.
3. Expression de Scarron, *Roman comique*, 2e partie, ch. XVI, t. II, p. 55.
4. Page 144.
5. Voy. les divers changements subis par la troupe de Molière

coupe tout à coup en deux tronçons la troupe du *Roman comique*[1]. Ainsi le poète voyait varier sans cesse le nombre de ses interprètes et remaniait ses pièces en conséquence ; la chose ne pouvait être toujours facile. Si, dans une troupe « aussi complète que celle du prince d'Orange, ou de Son Altesse d'Épernon », on voyait « la Caverne représenter les reines et les mères et jouer à la farce[2], pendant que la Rancune était le surveillant du portier, jouait les rôles de confidents, ambassadeurs et recors, quand il fallait accompagner un roi, assassiner quelqu'un ou donner bataille..., chantait une méchante taille aux trios et se farinait à la farce[3] », quelle ingéniosité ne fallait-il pas montrer, quand la troupe, avec six comédiens, dont deux improvisés, jouait une pièce comme *Bradamante*, qui renferme douze rôles d'homme sans compter les ambassadeurs[4] ; ou, mieux encore, quand elle ne comprenait que trois acteurs, comme celle de Destin à son entrée au Mans, et jouait néanmoins une tragédie importante[5]. S'ils n'avaient pas de poètes, les acteurs eux-mêmes se chargeaient de retailler à leur mesure, et tant bien que mal, les pièces qu'ils devaient jouer : la Rancune en faisait bien d'autres, lui qui se chargeait de jouer des pièces tout seul[6] ! Mais si un poète accompagnait la troupe, on profitait évidemment de sa présence ; et il s'acquittait de la tâche,

---

pendant ses pérégrinations, soit dans une biographie de Molière, soit dans Chardon, *Tr. du R. c.*, p. 29.

1. 1re partie, ch. II, t. I, p. 13.
2. 1re partie, ch. VIII, t. I, p. 41.
3. 1re partie, ch. V, t. I, p. 27.
4. Voy. *R. c.*, 2e partie, ch. III, t. I, p. 273, et la note de Fournel.
5. *La Mariane* de Tristan; 1re partie, ch. II, t. I, p. 15-16.
6. *Roman comique*, 1re partie, ch. II, t. I, p. 15. — De même dans *Francion*, l. XII, p. 476-477, le signor Bergamin joue plaisamment à lui seul des pièces à plusieurs personnages. Et Scarron ni Sorel n'ont rien inventé, car, le 7 février 1611, le roi

pour lui doublement pénible, de tronquer et de déformer ses œuvres.

Que de peine pour faire apprendre les pièces aux acteurs ! Que d'efforts pour obtenir une bonne distribution des rôles, et apaiser les querelles qui s'élevaient à ce sujet ! Chappuzeau parle de ces querelles, fréquentes de tout temps parmi les comédiens, et surtout parmi les comédiennes ; et il ajoute, comme on pouvait s'y attendre : « Les troupes de campagne sont plus sujettes à ces petites émulations[1]. »

On sait combien les ennuis de ce genre sont inhérents au dur métier d'auteur dramatique ; mais, pour Hardy, ils étaient aggravés par la grossièreté de la plupart de ses interprètes et par l'état de dépendance où il se trouvait vis-à-vis d'eux.

V

Quand prirent fin ces *années d'apprentissage et de voyage*[2] de Hardy ? Rentré à Paris, y put-il rester définitivement ? et de quel théâtre devint-il le fournisseur ? Telles sont les questions qui se posent à nous maintenant, puisque, avec Hardy, ce sont les comédiens de profession et c'est l'art dramatique moderne que nous devons voir s'installer à Paris à la place de l'art du moyen âge et de la confrérie qui en était l'interprète. A ces questions aucun document précis ne répond, et, réduits aux conjectures, les historiens littéraires y ont répondu de différentes ma-

---

Louis XIII, pendant son souper, s'amusait « à voir jouer un comédien qui représentait seul plusieurs personnages ». *Journal de Jean Héroard*, t. II, p. 52.

1. *Le Théâtre françois*, p. 125 et 93.
2. Expression de M. Paul Lindau au sujet des pérégrinations de Molière.

nières. Tous s'accordent, il est vrai, pour considérer la rentrée de Hardy à Paris, une fois effectuée, comme définitive ; ils ne varient guère que sur la date de cette rentrée, qu'ils placent de 1598 à 1600. Mais les opinions sont plus différentes, quand il s'agit de savoir à quel théâtre Hardy a prêté le puissant appui de sa fécondité. Les uns tiennent pour l'Hôtel de Bourgogne[1], les autres pour « le Marais »[2] ; quelques-uns veulent que Hardy ait travaillé pour ces deux théâtres rivaux successivement ou simultanément[3] ; il en est enfin qui font honneur au dramaturge de la fondation du second théâtre : d'après eux, le succès obtenu par les pièces de Hardy aurait forcé la troupe de l'Hôtel de Bourgogne à se dédoubler, et une partie de ses membres à se transporter à l'Hôtel d'Argent[4].

En dépit de cette diversité, il semblait, avant la publication de notre livre sur Hardy, qu'une opinion dominât et qu'une tradition se fût établie. Elle remontait à Suard, et Guizot en avait été depuis le principal soutien. Une seconde troupe de comédiens, disait Suard, « moyennant des protections et une légère rétribution aux Confrères,

---

1. Sainte-Beuve, *Tableau de la poésie fr.*, p. 243 ; Tivier, *Hist. de la litt. dr. en Fr. depuis ses origines jusqu'au Cid*. Paris, Thorin, 1873, in-8, p. 571.
2. Nisard, *Hist. de la litt. fr.*, 1877, t. II, p. 95 ; Royer, t. II, p. 134 ; Fr. Godefroy, *Hist. de la litt. fr.*, t. I. Paris, Gaume, 1867, in-8, p. 409 (mais il se contredit à la p. 414, où il adopte à peu près l'opinion de Lemazurier) ; Ebert, *Entwicklungs-Gesch.*, p. 186. M. Lotheissen place Hardy tantôt à l'Hôtel de Bourgogne (t. I, p. 298), tantôt au Marais (t. I, p. 299). Enfin M. Lombard écrit : « Quelques critiques ont prétendu qu'il était directeur du théâtre du Marais. » *Zeitschrift für neufr. Spr.*, t. I, p. 171.
3. P. Lacroix, xviie *Siècle, Lettres*, p. 266 et 268 ; Bizos, *Étude sur Mairet*, p. 78 ; Moland, *Molière*, p. xl.
4. Lemazurier, *Galerie hist.*, t. I, p. 3 et 8. Ce nom était de bon augure, fait même observer Lemazurier.

obtint, en 1600, la permission de s'établir au Marais, à l'Hôtel d'Argent, et résolut de représenter trois fois par semaine. Pour effectuer ce projet, il fallait s'attacher un homme capable de le soutenir : cet homme fut Alexandre Hardy [1]. » Et le dernier biographe de Hardy écrivait encore : « Ce n'est qu'en 1600 que la troupe de Hardy vint s'établir définitivement, d'abord à l'Hôtel d'Argent, puis rue Vieille-du-Temple, et fonda ainsi le théâtre du Marais, dont la vogue ne tarda pas à égaler celle de l'Hôtel de Bourgogne [2] ».

Aux yeux de tous, on le voit, c'était un axiome que Paris, dès 1600, a eu deux scènes pour les représentations publiques. Mais l'axiome était-il incontestable? Question importante, je ne dis pas pour l'histoire de Hardy que nous ne songeons pas à faire, mais pour l'histoire même du théâtre français. S'il y a eu deux scènes publiques à Paris pendant les trente premières années du xviie siècle, il a fallu de nombreux auteurs pour les alimenter de pièces : de ces pièces et de ces auteurs il ne semble pas qu'il soit aisé de trouver des traces. De plus, ces scènes ont eu leurs troupes distinctes et ont pu avoir leurs tendances différentes, leurs types de mise en scène spéciaux : parvient-on à dresser les listes, plus ou moins incomplètes, de ces troupes? sait-on à quoi s'en tenir sur la conformité ou la diversité de leurs mises en scène et des genres dramatiques adoptés par les comédiens rivaux ?

---

1. Suard, *Coup d'œil sur l'histoire de l'ancien théâtre français*, p. 115. C'est, à peu de chose près, l'opinion de P. Lacroix, xviie *Siècle*, *Institutions*, p. 497. Voy. encore Demogeot, *Tableau de la litt. fr. au* xviie *siècle*, p. 429; Guizot, *Corneille et son temps*, p. 130; Géruzez, *Hist. de la litt. fr.*, t. II, p. 72.

2. Lombard, *Zeitschrift für neufr. Spr.*, t. I, p. 166; Kownatzki, *Essai sur Hardy*, Königl. Gymnasium zu Tilsit, Programm-Abhandlung, Ostern 1885, in-4, p. 3.

Sans vouloir rien conclure dès à présent de ces difficultés, reprenons l'examen que nous avons fait autrefois de ce problème: à quel moment y a-t-il eu vraiment deux théâtres fixes à Paris? Étudions et résumons l'histoire des théâtres parisiens depuis la Renaissance jusqu'aux débuts de la période classique, depuis 1548 jusqu'à 1635.

CHAPITRE II

LES THÉATRES DE PARIS DE 1548 A 1635

Trois causes surtout semblent avoir contribué à former et à épaissir les ténèbres qui, après tant d'efforts tentés pour les dissiper, couvrent encore pour nous l'histoire des théâtres parisiens à la fin du XVIe et au commencement du XVIIe siècle.

La plus grave, parce qu'elle est irrémédiable, est la rareté des documents. Le recueil des principaux titres de propriété de l'Hôtel de Bourgogne, publié par les confrères de la Passion en 1632 ; quelques autres pièces juridiques citées par Félibien et les frères Parfait ; le précieux mais trop sommaire *inventaire des titres et papiers de l'Hôtel de Bourgogne* donné par Eudore Soulié ; quelques mentions d'acteurs vivants ou récemment morts, dans divers écrits du temps ; c'est là tout ce dont nous disposons.

Les premiers historiens du théâtre disposaient de moins encore, et ils ont complété les renseignements sûrs qu'ils possédaient par des hypothèses fragiles qu'ils imaginaient. Renseignements et hypothèses n'ont pas été distingués avec le soin désirable par leurs successeurs ; Félibien et les frères Parfait sont devenus des autorités, et ont apporté dans une histoire obscure une nouvelle cause d'obscurité et d'erreur.

Enfin, une idée préconçue, dont les auteurs que nous venons de citer ont été les premières victimes, a continué après eux à fausser la vue des historiens et à égarer leur sens critique. On a voulu juger des théâtres sous Henri IV et Louis XIII d'après ce que l'on savait de l'Hôtel de Bourgogne et du Marais sous Mazarin et Louis XIV : on a donc admis le plus tôt possible l'existence simultanée de ces deux scènes, et à chacune on a attribué une continuité, une régularité d'existence, dont on ne puisait pas l'idée dans les documents.

Il y a vingt-cinq ans environ, Victor Fournel faisait un pas vers la vérité, quand il écrivait dans sa courte *Histoire du théâtre du Marais*[1] : « Il n'y a pas eu un seul théâtre du Marais, il y en a eu plusieurs, et même quand il se fut établi dans une salle définitive, diverses troupes s'y succédèrent. » Malheureusement, on n'a pas tenu compte depuis de cette observation, et Fournel lui-même n'est pas resté assez fidèle à sa propre doctrine.

Notre devoir est donc tout indiqué pour l'étude que nous entreprenons : n'accorder notre confiance qu'aux documents authentiques ; rejeter ou n'accepter qu'après vérification, quelle qu'en soit la date, toutes les assertions qui ne s'appuient pas sur eux.

I

La fondation du théâtre de l'Hôtel de Bourgogne date de 1548. Cinq ans auparavant, François Ier avait ordonné la vente des hôtels de Bourgogne, Artois, Flandres, Étampes, etc.[2] ; et les confrères de la Passion, forcés de quitter l'hôtel de Flandres où ils représentaient, après avoir promené çà et là dans Paris leurs mystères et leurs moralités, se décidèrent à acheter, sur l'emplacement de

---

1. En tête du t. III des *Contemporains de Molière*, p. VII.
2. *Recueil des principaux tiltres*, p. 3 à 8. Soulié, p. 162.

l'hôtel des anciens ducs de Bourgogne, un terrain de dix-sept toises de long sur seize de large, et à y bâtir un théâtre définitif[1]. Il s'éleva dans la rue Mauconseil, ou plutôt dans l'angle formé par la rue Mauconseil et la rue Française[2].

Les confrères avaient l'intention d'y reprendre leurs représentations des mystères de l'Ancien et du Nouveau Testament; mais le Parlement s'y opposa. Un arrêt du 17 novembre leur permit seulement de « jouer autres mystères profanes, honnêtes et licites », et défendit « à tous autres de jouer ou représenter dorénavant aucuns jeux ou mystères, tant en la ville, faubourgs que banlieue de Paris, sinon que sous le nom de ladite confrérie, et au profit d'icelle[3]. » Ainsi les confrères étaient tenus d'abandonner la plus importante partie de leur répertoire, mais leurs privilèges étaient confirmés, et ils le furent encore par lettres de Henri II en 1554, de François II en 1559, de Charles IX en 1563, de Henri III enfin en 1575.

Comment s'y prirent-ils pour les faire valoir, et par quoi remplacèrent-ils leurs mystères interdits? Nous ne serions pas embarrassés pour le savoir, si nous pouvions en croire le *Journal* manuscrit *du théâtre français*. L'auteur, qui ne cite aucune source, n'en était pas moins merveilleusement informé; il sait quelles pièces nouvelles ont été jouées chaque année par les confrères, il sait de

---

1. *Recueil des principaux tiltres*, p. 25.
2. Jules Bonnassies, *Notice historique sur les anciens bâtiments de la Comédie-Française.* Paris, Aubry, 1868, in-8, p. 5. — L'Hôtel de Bourgogne était par conséquent situé dans le quartier Saint-Denis, sur les confins du quartier des Halles. Voy. l'Atlas du *Tableau historique et pittoresque de Paris, depuis les Gaulois jusqu'à nos jours*, dédié au roi, par J.-B. de Saint-Victor, 2e éd., 4 vol. in-8 (8 tomes) et un atlas in-4. Paris, 1822.
3. *Recueil des principaux tiltres*, p. 34.

quelles reprises ces nouveautés ont été accompagnées. Mais cette érudition trop complète suffirait seule à nous mettre en défiance, et nous avons eu trop d'occasions de prendre le chevalier de Mouhy en flagrant délit d'erreur ou de mensonge pour lui accorder la moindre créance. Faut-il tout au moins, et d'une façon générale, admettre avec lui que les confrères jouaient les œuvres des nouveaux tragiques, des Filleul, des Grévin, des Jean et Jacques de la Taille, pendant qu'ils ne se gênaient guère, d'autre part, pour jouer les mystères et vies des saints que le Parlement avait prétendu leur défendre? La question est trop importante et trop difficile pour être traitée ici incidemment, et nous y reviendrons [1]. Disons seulement que nous ne croyons pas à la représentation par les confrères des œuvres tragiques et comiques de la nouvelle école. Ils ont dû se contenter « d'exhiber au peuple certains jeux anciens, Romans et Histoires », comme dit un arrêt du Parlement [2]; ou de revenir quelquefois à leurs mystères, sous des titres trompeurs et bien faits pour n'éveiller pas les susceptibilités, comme ceux de tragédie ou de pastorale.

C'étaient là toutefois des conditions très défavorables. Certes, les mystères avaient beaucoup perdu de leur popularité; bourgeois et artisans ne les écoutaient plus avec la foi naïve et la curiosité ardente d'autrefois. Mais ils avaient encore leurs partisans, et, joués ouvertement, régulièrement, ils auraient peut-être suffi à remplir

---

1. Au chap. IV, *le Répertoire de l'Hôtel de Bourgogne*.
2. Du 20 septembre 1577; voy. les frères Parfait, III, 234, n. — En 1557, les confrères montèrent à grands frais l'*Histoire de Huon de Bordeaux*, et la jouèrent malgré l'opposition du prévôt de Paris. Taillandier, *Revue rétrospective*, t. IV, p. 345 (cité par Petit de Julleville, *les Comédiens en France au moyen âge*, p. 75). — Dulaure, *Histoire physique, civile et morale de Paris*, t. IV, p. 341.

encore la salle des confrères : les précautions prises par ceux-ci déroutaient ce qui leur restait de leur ancien public. D'autre part, le public lettré avait vu se multiplier les représentations des collèges ; il s'était épris de la tragédie soi-disant antique, et ne prenait plus le chemin du théâtre de la Passion. Pour attirer ceux-ci et pour retenir ceux-là, les confrères n'avaient pas assez de leurs moralités, genre vieilli aussi, et de leurs farces ; et pouvaient-ils compter sur les *Romans* et les *Histoires* que préconisait le Parlement, œuvres bâtardes sans doute, écrites sans talent ni conviction, où étaient conservés avec soin les procédés et les *trucs* de l'art du moyen âge, mais où son esprit et sa naïveté ne se retrouvaient plus ?

On se lasse de l'insuccès, même quand on est une Confrérie et qu'on est attaché à ses traditions. Les confrères finirent donc par se dire qu'ils gagneraient plus d'argent en louant leur salle à des comédiens, qui pourraient la remplir, qu'en s'obstinant à jouer eux-mêmes devant de rares spectateurs ; et une concurrence redoutable qu'il fallut subir en 1577, celle des comédiens Italiens les *Gelosi*, protégés par la cour [1], acheva peut-être de les décider. Dès l'année suivante, 1578, nous voyons une vraie troupe de comédiens paraître sur le théâtre de l'hôtel de Bourgogne. « 22 juillet, dit l'*Inventaire* [2], marché fait entre lesdits maîtres et Agnan Sarat, Pierre Dubuc, et autres compagnons comédiens par devant

---

1. Armand Baschet, *les Comédiens italiens à la Cour de France*, p. 73 à 76. Les *Gelosi* représentaient à l'Hôtel de Bourbon, quoique Moland les fasse bien à tort paraître sur la scène même de l'Hôtel de Bourgogne (Voy. son intéressant ouvrage sur *Molière et la comédie italienne*). Une autre troupe italienne, celle d'Alberto Ganassa, avait déjà joué à Paris en 1571, mais le Parlement l'avait promptement expulsée ; elle reparut au service de la cour. Voy. Baschet, p. 19 sqq., qui signale vers la même époque le passage de deux autres troupes italiennes à Paris.

2. Eud. Soulié, p. 152.

Marchand et Bruguet, notaires, par lequel iceux compagnons comédiens promettent de représenter comédies moyennant le prix mentionné audit marché. » Que jouaient ces comédiens ? Probablement des pièces de l'ancien répertoire, mais qui, jouées autrement et mieux par des comédiens de profession, pouvaient attirer davantage le public [1]. Avec cela des farces : le peuple n'aurait pas pu s'en passer, et les lettrés eux-mêmes y riaient volontiers, tout en en médisant [2].

Combien de temps la troupe d'Agnan Sarat représenta-t-elle à l'hôtel de Bourgogne ? On ne le sait ; mais Agnan lui-même dut fournir sur ce théâtre une assez longue carrière, puisque une pièce des *Muses gaillardes*

---

[1]. C'est ce que semblent indiquer quelques vers d'une pièce des *Muses gaillardes, le haut de chausses du courtisan :*

> Combien de fois ta belle soie
> A revêtu le roi de Troie
> Et les chevaliers d'Amadis,
> Quand Agnan à la laide trogne
> Jouait à l'Hôtel de Bourgogne
> Quelque histoire du temps jadis.

Le roi de Troie et le chevalier Amadis sont des personnages de moralités ou de mystères profanes. (Voy. *les Muses Gaillardes recueillies des plus beaux esprits de ce temps, par A. D. B. Parisien. Seconde édition...* MDCIX. Réimpression de Mertens, Bruxelles, 1864, petit in-12, p. 184-5. — On retrouve la même pièce dans le *Cabinet satyrique*, avec une légère variante, sous le titre de : *Sur le haut de chausses d'un courtisan, par le sieur de Bouteroue.* Voy. la *nouvelle édition complète revue sur les éditions de 1618 et de 1620 et sur celle dite du Mont-Parnasse, sans date. L'an MDCCCLXIV*, 2 vol. in-12, t. II, p. 14.)

[2]. « Ayant depuis cinq jours en çà conféré avec M. Agnan, qui nous est apparu embéguiné, enfariné, tel que les sots de mon royaume l'ont vu et pratiqué en notre hôtel de Bourgogne. » Ainsi lisons-nous dans une brochure, malheureusement sans date, *le Légat testamentaire du Prince des sots, à M. C. d'Acreigne, Tullois, avocat en parlement... Ainsi signé :* Angoulevent, prince des Sots, et scellé de cire invisible. (Éd. Fournier, *Variétés historiques et littéraires*, t. III, p. 354.)

rappelle encore son nom en 1609, et puisque Tallemant se souvient de lui dans le chapitre où il nomme les principaux comédiens français » : « Agnan a été le premier, dit-il, qui ait eu de la réputation à Paris [1]. »

Ainsi des comédiens de profession s'étaient fait entendre à Paris, mais les privilèges des confrères avaient été respectés. La tentation était grande cependant pour les troupes de campagne ou celles de nationalité étrangère de se produire dans la capitale, sans donner à de grossiers artisans une bonne partie de leur gain. Une troupe italienne avait-elle cédé à cette tentation vers 1583, ou avait-elle au contraire loué leur salle aux maîtres de la Passion ? Nous ne savons ; mais c'est certainement à la suite de représentations théâtrales, que permission fut donnée « auxdits maîtres de faire saisir et arrêter ce qu'ils *pourraient* trouver appartenir à Baptiste Lazarot [2], Italien, pour sûreté de ce qu'il leur pouvait devoir, à cause de demi-écu par chacune semaine qu'il leur avait été ordonné être payé par lui [3] ». En 1584, une autre troupe, qui paraît française, s'était installée à l'hôtel de Cluny, près les Mathurins ; le Parlement mit bon ordre à ce scandale : il fit défenses aux comédiens « de jouer leurs comédies ne faire assemblée en quelque lieu de cette ville et faubourgs que ce soit, et au concierge de Cluny les y recevoir, à peine de mille écus d'amende [4]. » En 1588, nouvelles troupes, l'une française, l'autre italienne : les

1. *Les historiettes de Tallemant des Réaux*, t. VII, p. 170. — V. Fournel (*Histoire de l'Hôtel de Bourgogne*, en tête du tome Ier des *Contemporains de Molière*, p. XXXII) dit qu'Agnan était mort en 1615 ; il semble qu'il le fût depuis quelque temps en 1609.

2. C'est-à-dire Battista Lazaro. Baschet ne sait rien sur ce comédien ni sur sa troupe. Voy. *Comédiens italiens*, p. 83-4.

3. Requête présentée à M. le lieutenant civil... et de lui répondue le 12 février 1583. Eud. Soulié, p. 153.

4. Du 6 octobre 1584. Fr. Parfait, t. III, p. 236, n.

frères Parfait citent un arrêt rendu contre elles par le Parlement[1].

Cependant, sur le théâtre de l'hôtel de Bourgogne, les confrères avaient repris leurs représentations ; et il semble même qu'ils fussent revenus hardiment à leurs mystères et à leurs parodies plus ou moins pieuses des livres saints. Le moment était mal choisi, puisque la Ligue devenait toute puissante ; d'ardentes dénonciations se firent entendre, et nous en pouvons lire une dans les fameuses *Remontrances très humbles au roi de France et de Pologne*, qui datent de cette même année 1588 [2]. L'auteur y proteste contre toutes les représentations théâtrales, mais en veut surtout à la confrérie :

« Il y a un autre grand mal, dit-il, qui se commet et tolère en votre bonne ville de Paris, aux jours de dimanches et de fêtes ; ce sont les jeux et spectacles publics qui se font lesdits jours de fêtes et dimanches, tant par des étrangers Italiens que par des Français, et, par-dessus tous, ceux qui se font en une cloaque et maison de Satan, nommée l'Hôtel de Bourgogne, par ceux qui abusivement se disent les confrères de la Passion de J.-C... Sur l'échafaud l'on y dresse des autels chargés de croix et ornements ecclésiastiques, l'on y représente des prêtres revêtus de surplis, même aux farces impudiques pour

---

1. Du 10 décembre. Voy. Fr. Parfait, t. III, p. 237, et, ci-dessous, l'extrait des *Remontrances* à Henri III.
2. *Remonstrances très-humbles au roy de France et de Pologne, Henry troisiesme de ce nom, par un sien fidelle officier et subject sur les desordres et miseres de ce royaume, causes d'icelles et moyens d'y pourvoir à la gloire de Dieu et repos universel de cet estat*, 1588, in-8. Attribuées par Palma Cayet et, après lui, par la grande majorité des bibliographes, à Nic. Rolland, conseiller à la Cour des monnaies de Paris, par quelques autres à Pierre d'Espinac, archevêque de Lyon. Notre citation est faite d'après les frères Parfait, t. III, p. 238 n. et Fr. Godefroy, *Hist. de la litt. fr.*, t. I, p. 300-1.

faire mariages de risées. L'on y lit le texte de l'Évangile en chant ecclésiastique, pour (par occasion) y rencontrer un mot à plaisir qui sert au jeu. Et au surplus, il n'y a farce qui ne soit orde, sale et vilaine, au scandale de la jeunesse qui y assiste, laquelle avale à long trait ce venin et ce poison, qui se couve en sa poitrine, et en peu de temps opère les effets que chacun sait et voit trop fréquemment.

« Par ce moyen Dieu est grandement offensé, tant en ladite transgression des fêtes que par les susdits blasphèmes, jeux et impudicités qui s'y commettent. D'avantage Dieu y est courroucé en l'abus et profanation des choses saintes dont ils se servent, et le public intéressé par la débauche et jeux des artisans. Joint que telle impiété est entretenue des deniers d'une confrérie, qui devraient être employés à la nourriture des pauvres, principalement en ces temps esquels il fait si cher vivre, et esquels plusieurs meurent de faim.

« Or, Sire, toute cette ordure est maintenue par vous : car vous leur avez donné vos lettres de permission pour continuer cet abus commencé devant votre règne ; vous avez mandé à votre Cour de Parlement et Prévôt de Paris de les faire jouir du contenu en vos lettres, ce qu'ils ont très bien exécuté, ayant maintenu un tel abus contre Dieu et la défense des pasteurs ecclésiastiques, et nonobstant la clameur universelle de tous les prédicateurs de Paris, lesquels continuent encore journellement à s'en plaindre, mais en vain, n'ayant pu pour tout obtenir sinon une défense de jouer durant une année[1] pour recommencer au bout de l'an plus que devant. »

La clameur des prédicateurs et les remontrances des catholiques eurent plus d'influence en 1588 sur la Ligue qu'elles n'en avaient eu précédemment sur le roi. La

---

1. Quelle année ? Aucun document ne nous le dit.

Ligue supprima les représentations, ou, comme dit la *Satyre Ménippée*, « défendit les jeux de Bourgogne [1]. » Jusqu'en 1595, aucun document ne fait plus mention des comédiens français.

Mais, à cette date, l'entrée d'Henri IV à Paris avait sans doute rendu le courage aux confrères ; ils étaient remontés sur leur scène, et veillaient avec un soin jaloux à ce que leurs privilèges fussent respectés. Leur mécontentement fut donc grand, quand une troupe ambulante, dirigée par Jehan Courtin et Nicolas Poteau (ou Potrau), se mit à donner des représentations fort courues à la foire Saint-Germain [2]. Ils essayèrent de faire fermer leur théâtre : le public prit parti pour les acteurs forains, et le Châtelet, ayant égard aux règlements particuliers et traditionnels des foires Saint-Germain et Saint-Laurent, leur permit le 9 mai 1596 « de jouer et représenter mystères profanes, licites et honnêtes, sans offenser ou injurier aucunes personnes, ès faubourgs de Paris et pendant le temps de la foire Saint-Germain », à condition de payer pour chaque journée de représentation « deux écus soleil au profit de la confrérie ». D'autre part, défense était

---

1. « On défendit les jeux de Bourgogne et les quilles de M. Jean Rozeau... » Et les auteurs ajoutent, avec une cruelle ironie : « Ainsi fut avisé de convertir l'Hôtel de Bourgogne en un collège de jésuites, qui avaient besoin de récréation, pour la grande quantité de sang dont ils étaient boursouflés, et leur fallait un chirurgien pour les phlébotomiser. » *Satyre Ménippée*, p. 295 (épilogue). — Éd. Fournier dit qu'en supprimant le théâtre des confrères, la Ligue « favorisait celui des comédiens espagnols qui jouaient alors à Paris sans beaucoup de succès » ; mais la seule preuve qu'il donne de la présence d'Espagnols à Paris sous la Ligue, c'est qu' « ils y étaient encore au mois d'août 1604 » d'après l'Estoile (voy. plus bas, p. 50, n. 3). Or, l'Estoile ne dit pas — et il est parfaitement invraisemblable — que cette troupe fût à Paris depuis si longtemps. (*La farce et la chanson au théâtre avant 1660*, p. LIX.)

2. Voy. Ém. Campardon, *les Spectacles de la foire*, introduction, p. VIII à XI.

faite à toutes personnes, quelle que fût leur condition, « de faire aucunes insolences en ladite maison et Hôtel de Bourgogne lorsque l'on y représentera quelques jeux, ni jeter des pierres, poudres et autres choses qui puissent émouvoir le peuple à sédition, en peine de prison et de punition corporelle. »

Les confrères étaient battus et le reconnurent ; ils s'abaissèrent jusqu'à passer avec leurs vainqueurs un marché, pour les obliger, sans doute à l'issue de la foire, à venir représenter « jeux et farces à l'Hôtel de Bourgogne » ; et ce furent les forains qui rechignèrent[1].

La confrérie avait passé par une crise dangereuse et qui s'était mal terminée. Les troupes de campagne savaient maintenant comment on pouvait faire brèche à ses privilèges, et la foire suivante dut lui susciter les mêmes difficultés. Le 12 avril 1597, il fallut que le prévôt de Paris permît « de faire publier à son de trompe, même afficher, tant au dehors que dedans et contre les portes dudit Hôtel de Bourgogne, les défenses à toutes personnes de faire aucunes séditions ni empêcher les représentations des comédiens dudit Hôtel. »

La confrérie d'ailleurs ne s'endormait pas. A la même date, elle obtenait la permission « de faire comédies les jours ouvrables » ; et le même mois, elle obtenait des « Lettres de Henri IV, confirmatives des privilèges de la confrérie[2] ». Le roi, plein de bienveillance, permettait même de jouer « les mystères de la Passion et Résurrection de Notre-Seigneur, des Saints et Saintes..., ensemble autres jeux honnêtes et récréatifs ». Mais le Parlement fut moins aimable. Il se référa à son arrêt du 17 novem-

---

1. « 1596, 11 décembre. — Signification faite à la requête desdits maîtres à Nicolas Potrau et ses compagnons, comédiens français... » Eud. Soulié, p. 153.
2. Eud. Soulié, p. 153.

bre 1548, et ne permit que la représentation « des mystères et jeux profanes, honnêtes et licites, sans offenser ni injurier personne, sans pouvoir jouer les mystères sacrés¹. » C'était une nouvelle partie perdue.

La confrérie se résigna, et peut-être ne monta-t-elle plus elle-même sur le théâtre ; depuis ce moment en effet, les témoignages de marchés passés avec des troupes de comédiens se multiplient, et l'on ne trouve plus trace de représentations données par elle. En tout cas, ce n'est pas en 1588, quoi qu'en aient dit tant d'historiens du théâtre, c'est tout à la fin du xvi⁰ siècle que les confrères sont définitivement descendus de leur théâtre pour faire place à des acteurs de profession. Toutes les lettres patentes du xvi⁰ siècle, et même l'arrêt du Parlement de 1598, autorisent les confrères à *faire et jouer* leurs mystères, et parlent d'eux comme de comédiens. Au xvii⁰ siècle, les termes changent, et désormais Louis XIII les autorise à *jouer ou faire jouer et représenter les mystères dessusdits*².

II

En 1598 (25 mai), Jehan Schais, comédien anglais, loue la grande salle et le théâtre de l'Hôtel de Bourgogne, mais n'en essaie pas moins de se dérober aux obligations que lui impose son bail. Une sentence est rendue par le Châtelet le 4 juin, « tant pour raison du susdit bail que pour le droit d'un écu par jour, jouant lesdits Anglais ailleurs qu'audit Hôtel³ ».

---

1. Arrêt du 28 novembre 1598. Fr. Parfait. t. III, p. 232-3, n.
2. Voy. *Recueil des principaux tiltres*, p. 39, 40, 48, 50, 66, et 52 ; et cf. au contraire les fr. Parfait. t. III, p. 226, 237 ; Suard. t. IV, p. 111 ; Sainte Beuve. *Tableau*. p. 235 ; Ebert, *Entwicklungs-Gesch.*, p. 184 ; Petit de Julleville, *les Mystères*, t. I, p. 433 ; Maugras. *les Comédiens hors la loi*, p. 80, etc...
3. Eud. Soulié, p. 153.

La même année, d'autres comédiens, sans doute français, viennent se loger « en la maison et hôtellerie de la Bastille, près l'église Saint-Paul ». Vite, un huissier, dépêché par les confrères, court leur signifier les défenses accoutumées [1].

Le 20 avril 1599, sentence du Châtelet de Paris, entre les maîtres, d'une part, « et les soi-disant comédiens italiens du Roi, d'autre, par laquelle, entre autres choses, est fait défense tant auxdits comédiens italiens que autres, de jouer ni représenter ailleurs qu'audit Hôtel de Bourgogne, s'ils n'ont exprès pouvoir de ladite confrérie ; comme aussi est fait défenses à tous bourgeois de Paris de louer maisons à aucuns comédiens : au dos desquelles pièces sont des significations faites aux comédiens tant français que italiens [2] ».

Nous avons cité cette pièce en entier, parce que c'est elle qui a déterminé la plupart des historiens du théâtre à placer en 1599 ou en 1600 la fondation d'un nouveau théâtre fixe, celui du Marais. Voici comment s'expriment les frères Parfait : « Une troupe de comédiens de province, qui peut-être était venue à Paris pour y jouir des franchises de la foire Saint-Germain, forma le dessein de s'établir dans cette ville. Il faut croire qu'elle avait de fortes protections ; car, malgré une sentence contradictoire du 28 avril 1599, qui défendait à tous bourgeois de louer aucun lieu pour y représenter la comédie, elle ne laissa pas de paraître l'année suivante 1600 sur un théâtre

---

[1]. 15 décembre. Eud. Soulié, p. 153.
[2]. Eud. Soulié, p. 154. Nous lisons aussi dans le *Recueil des principaux tiltres*, p. 69-70 : « Par sentence contradictoire du 28 avril 1599, défenses sont faites à Léon Fournier, menuisier, et à tous autres bourgeois de louer aucunes cours ni autres lieux aux comédiens français ni étrangers pour y représenter; et à tous comédiens de représenter ailleurs qu'audit Hôtel de Bourgogne. »

qu'elle avait fait bâtir au quartier du Marais du Temple, en une maison nommée l'Hôtel d'Argent [1]. »

Certes, une assertion aussi grave demanderait à être appuyée sur quelque document. Mais les frères Parfait, qui en citent si souvent de peu importants, n'en donnent aucun ici ; Félibien n'en donnait pas davantage, et l'*Inventaire* ne porte rien de pareil. Les frères Parfait ajoutent : « Il est vrai que ces comédiens furent obligés de payer aux confrères, toutes les fois qu'ils jouaient, un écu tournois ». Et ce serait une preuve en effet, si la sentence à laquelle ils font allusion était de 1599 ou de 1600. Mais comme elle n'est que du 13 mars 1610 — et les frères Parfait l'avouent eux-mêmes —, comme elle s'expliquera naturellement à cette date [2], quel indice nous reste-t-il, en attendant, de la fondation du nouveau théâtre ?

Hâtons-nous de rétablir la vérité, puisqu'elle ressort avec netteté des documents. En mars ou avril 1599, étaient arrivées à Paris deux troupes, l'une italienne et l'autre française, qui avaient commencé par représenter leurs pièces devant la Cour. Les confrères n'avaient pas le droit de s'y opposer. Mais dès que les nouveaux venus

---

1. *Hist. du th. fr.*, t. III, p. 243-4. De Léris et d'autres abrègent le récit des frères Parfait (voy. de Léris, *Dict. portatif hist. et litt. des théâtres*, p. xiv ; Ebert, p. 186 ; Paul Lacroix, xviie s. *Lettres, sciences et arts*, p. 266 ; Petit de Julleville, *Les comédiens en Fr. au m. âge*, p. 82 ; Moland, *Molière, sa vie et ses ouvrages*, p. xl. — Fournel fait fonder le théâtre de l'Hôtel d'Argent en 1598 (*Contemp. de Mol.*, t. III, p. viii). — Félibien (t. II, p. 1025) et de Beauchamps (*Recherches sur les th. de Fr.*, I, p. 93) datent de 1600 la fondation du théâtre du Marais, mais l'expliquent par un démembrement de la troupe qui jouait à l'Hôtel de Bourgogne ; inutile d'ajouter qu'ils ne citent aucune preuve. — De Mouhy écrit dans son *Abrégé de l'hist. du th. fr.*, t. III, p. 13-15, deux pages pleines d'erreurs sur les rivaux de l'Hôtel de Bourgogne aux environs de l'an 1600. Enfin, Dulaure, qui date l'Hôtel d'Argent de 1600, en fait le théâtre particulier des troupes italiennes (t. V, p. 201).

2. Voir plus loin, p. 59.

songèrent à représenter à la ville et à installer leur théâtre chez quelque bourgeois, aussitôt les privilégiés se plaignirent, et l'ordre fut intimé aux deux troupes de se transporter bien vite à l'hôtel de Bourgogne. Toutes deux cédèrent. Dès le 28 avril, un bail est fait par la confrérie à la troupe des comédiens italiens ; trois jours plus tard, le 1er mai, un autre bail est fait à Valleran Lecomte et à ses compagnons, qui prennent déjà le titre de « comédiens français ordinaires du Roi [1] ».

Voilà donc une troupe italienne et une troupe française qui jouent concurremment sur la scène de l'Hôtel. C'était peut-être la première fois, ce ne sera pas la dernière [2].

Il semble que cette concurrence ait nui surtout aux comédiens français, et qu'ils se soient décidés bientôt à laisser le champ libre aux Italiens. Le 2 octobre, Valleran passe un accord avec les maîtres pour le rachat de son bail, et, le 6, les confrères obtiennent la permission de faire dresser des barrières au devant de la porte d'entrée de leur hôtel, « pour empêcher la pression du peuple lorsqu'on y veut jouer [3]. »

Combien de temps restèrent les Italiens ? on ne le sait, et Baschet lui-même n'a rien trouvé sur leur compte [4]. Mais, le 30 octobre 1600, les maîtres passent marché avec une nouvelle troupe de comédiens français, qui

---

1. Eud. Soulié, p. 154. — Si nous ne craignions pas d'être trop long, nous pourrions citer ici les lignes ingénieuses, où Paul Lacroix raconte l'établissement de Valleran à l'Hôtel de Bourgogne et la fondation de l'Hôtel d'Argent (xviie s. *Institutions, usages et coutumes*, p. 496-7). Jamais roman n'a été plus érudit, jamais érudition n'a été plus aventureuse.

2. Eud. Soulié mentionne cinq baux faits aux comédiens italiens ; le dernier est du 8 avril 1614 ; la date des trois autres n'est pas indiquée.

3. Eud. Soulié, p. 154.

4. Voy. *les Comédiens italiens*, p. 103.

promet de jouer pour elle des comédies. Probablement Valleran faisait encore partie de cette troupe, mais un seul comédien en est nommé : Robert Guérin, celui qui devait rendre si fameux le surnom comique de Gros-Guillaume[1].

On sait qu'à la date où nous sommes, la plupart des historiens du théâtre ont déjà installé une troupe française fixe sur le théâtre de l'hôtel de Bourgogne : leurs assertions ne s'accordent guère avec la vérité. La troupe de Robert Guérin resta tout au plus trois ans. En décembre 1603, la troupe italienne de Francesco Andreini inaugure sur le théâtre privilégié des représentations qui devaient durer jusqu'au mois d'avril suivant[2] ; en février 1604, une nouvelle troupe française s'y installe aussi, celle de Thomas Poirier, dit la Vallée, et de ses compagnons[3].

---

1. Eud. Soulié, p. 154.
2. A. Baschet, *les Com. ital.*, p. 143. L'*Inventaire* n'en parle pas, mais le bail passé par Andreini est certainement le premier des trois que Soulié n'a point datés.
3. Eud. Soulié, p. 154. La Vallée et sa troupe se trouvaient à Orléans près d'un an auparavant (voy. ci-dessous, ch. IV, p. 133). — D'ailleurs, les comédiens de toute nationalité n'ont pas manqué à Paris en 1604. Des Anglais jouent devant la cour, dans la grande salle neuve de Fontainebleau, et le dauphin Louis, qui entrait dans sa quatrième année, leur voit représenter une tragédie le 18 septembre (voy. le *Journal* du médecin Héroard, et l'*Intermédiaire des chercheurs et des curieux*, t. I, p. 85). — Le 2 août, l'Estoile parle d'une comédienne espagnole assassinée par deux Espagnols, comédiens aussi (éd. Michaud et Poujoulat, p. 378). Sur quoi, Éd. Fournier est tenté de croire que ces Espagnols faisaient partie de la troupe de l'Italien Ganassa, qui « devait se trouver à Paris à cette date. C'est, en effet, un an après, en 1605, que Vauquelin de la Fresnaye, parlant dans sa satire à Claude de Sanzé des farceurs qui ont fait le plus de bruit dans ces derniers temps, cite :

> Le bon Ganasse et les comédiens
> De Tabarin... »

(*L'Espagne et ses comédiens en Fr. au XVII° s.*, p. 496) ; mais

Quel a été son succès ? Nous ne savons, mais son séjour ne s'est pas prolongé longtemps. En 1607, Thomas Poirier a quitté l'Hôtel, et Valleran l'a remplacé. Aucun bail nouveau, il est vrai, n'est porté pour cette année à l'*Inventaire*, mais quatre baux faits à Valleran Lecomte, et dont le dernier est du 30 septembre 1628, sont inscrits en bloc à cette dernière date : le premier doit être celui que nous cherchons.

Au mois de mai 1607, Valleran est à l'Hôtel de Bourgogne, quelques lignes de l'Estoile nous l'attestent ; et, le 26 janvier précédent, une troupe estimable, qui devait être la sienne, avait joué devant le roi une farce que le même l'Estoile analyse dans son journal [1].

la satire de Vauquelin, publiée en 1605, était de rédaction très antérieure, et rien ne fait supposer que Ganassa se soit montré à Paris après 1574 (Voy. Baschet, p. 49). Il s'agit bien plutôt d'une troupe spéciale d'Espagnols.

1. Les deux passages sont curieux. Voici le premier (dernier de mai 1607) : « Duret, le général, ayant fait porter parole, en ce temps, à un secrétaire d'État de cinquante mille écus, au cas qu'il se voulût défaire de son office entre ses mains, est renvoyé à Valleran, bouffon de l'Hôtel de Bourgogne, avec lequel l'autre lui dit qu'il était en propos. » — Le second a été souvent cité : « Le vendredi 26 de ce mois (janvier 1607), fut jouée à l'Hôtel de Bourgogne, à Paris, une plaisante farce, à laquelle assistèrent le roi, la reine et la plupart des princes, seigneurs et dames de la cour. C'étaient un mari et une femme qui se querellaient ensemble... Chacun disait que de longtemps on n'avait vu à Paris farce plus plaisante, mieux jouée, ni d'une plus gentille invention, mêmement à l'Hôtel de Bourgogne, où ils sont assez bons coutumiers de ne jouer chose qui vaille. » — Dans un procès intenté en 1627 par Laffemas à Marie Venier, Buffequin, « feinteur et artificieur des comédiens », déposait « qu'il y a environ vingt ans, il aurait vu jouer des tragédies au *Sabot-d'Or*, rue Saint-Antoine, par Laffemas, lors de la compagnie de Valleran, et dudit *Sabot* ils seraient venus au petit Hôtel de Bourgogne. » Voy. Tallemant, t. V, p. 72, comment. de P. Paris. — Ce texte concorde parfaitement avec notre récit. Pourquoi Buffequin dit-il : le *petit* Hôtel de Bourgogne ? Je ne sais ; mais il ne peut s'agir que du théâtre des confrères.

Ainsi Valleran obtenait du succès, lorsqu'un dissentiment se produisit entre lui et son principal camarade, Mathieu le Febvre, dit Laporte ; et Laporte quitta l'Hôtel vers la fin de 1607[1]. Le 26 janvier suivant, nous trouvons le procès-verbal rédigé par M° Poussepin, conseiller au Châtelet de Paris, d'une comparution faite par les maîtres et Mathieu le Febvre, dit Laporte, « touchant les différends qu'ils avaient ensemble à cause de ladite grande salle dudit Hôtel de Bourgogne, que ledit Laporte avait occupée comme associé avec Valleran Lecomte[2]. » Laporte seul, on le voit, est ici en cause, et Valleran reste à l'Hôtel de Bourgogne. Nous en trouvons la preuve dans l'arrêt du Parlement qui, le 19 juillet 1608, met fin à une longue querelle entre la confrérie et le prince des Sots[3]. Valleran Lecomte, qui semble n'avoir pas paru dans les phases antérieures de la querelle, venait de se mettre du côté des confrères, ainsi qu'un sieur Jacques Resneau, qui était sans doute un de ses compagnons. L'arrêt ne s'occupe que des maîtres et du prince de la Sottise, et met Valleran et Resneau « hors de cour et de procès, sans dépens[4].

1. Le 9 septembre, Laporte était à Bourges (voy. ci-dessus, chap. I, p. 22). Sa séparation d'avec Valleran était sans doute accomplie, à moins qu'on ne suppose qu'il se trouvait à Bourges avec la troupe même de l'Hôtel de Bourgogne, en train de faire une excursion en province. Dans tous les cas, il faut admettre que Valleran et Laporte étaient arrivés ensemble à l'Hôtel, en remplacement de Thomas Poirier : il n'est pas vraisemblable que Laporte ne se fût réuni à Valleran qu'après le mois de septembre, et s'en fût déjà séparé avant le mois de janvier suivant. Voy. d'ailleurs la note précédente sur le procès intenté à Marie Venier, femme Laporte, par Laffemas.
2. Eud. Soulié, p. 155.
3. Voy. les fr. Parfait, t. III, p. 252-5.
4. Voir sur cette querelle Ad. Fabre (*Les Clercs du Palais...*, p. 264-9) ou Petit de Julleville (*Les com. en Fr. au m. âge*, p. 187-190). Mais ces auteurs, si consciencieux et si bien informés,

Ainsi Valleran dirigeait la troupe française de l'Hôtel de Bourgogne en 1608 ; la même année, la troupe italienne des *Accesi*, dirigée par Pier Maria Cecchini, dit Fritellino, joue sur le même théâtre pendant quelques mois[1].

III

Nous voici enfin arrivés au temps où moins de changements se produisent à l'Hôtel de Bourgogne, et où une troupe française, qu'on peut dire stable, y est installée. C'est la troupe même de Valleran. Mouhy, il est vrai, et bien d'autres après lui, ont dit que Valleran était passé définitivement au Marais en 1608[2] ; mais Valleran était encore à l'Hôtel en 1612, comme le prouve une mention du *Voyage de maître Guillaume en l'autre monde vers Henri le Grand*[3] ; et en 1628, au 30 septembre, l'Inven-

se trompent sur le nom et la qualité de Valleran Lecomte : « Les maîtres de la confrérie de la Passion, qui étaient alors Valérien Lecomte et Jacques Resneau, interviennent dans la cause, ainsi que les administrateurs de l'Hôtel de Bourgogne. » (Ad. Fabre, p. 267 ; cf. Petit de Julleville, p. 187.) M. Fabre n'a pas vu que les maîtres de la confrérie de la Passion étaient les mêmes personnes que les administrateurs de l'Hôtel de Bourgogne ; que Lecomte et Resneau, au contraire, en étaient tout à fait distincts. Tandis que les maîtres et administrateurs sont sévèrement condamnés, la Cour met Valleran Lecomte et Resneau « hors de cour et de procès, sans dépens ». — Quant à l'erreur de nom, elle provient de Félibien, t. V, p. 44, qui appelle les deux comédiens, tantôt *Valérien le Comte* et *Jacques Resneau*, tantôt *Valleran* et *Rameau*. Les fr. Parfait ont rétabli partout les formes *Valleran Le Comte* et *Resneau* (t. III, p. 252-5).

1. Venue à Paris en février pour le baptême de Louis XIII, elle repart au mois d'octobre. A. Baschet, p. 167, a retrouvé la minute du bail, qui est du 7 février 1608. Ce doit être le deuxième des baux non datés par Soulié. — Voy. le *Journal de Jean Héroard*, aux mois de juillet et août 1608.

2. De Mouhy, *Abrégé*, t. II, p. 481. Les fr. Parfait admettent ce passage sans en préciser la date, t. III, p. 580.

3. Cet opuscule est de 1612. On y parle, p. 62, de femmes qui

taire mentionne le dernier de quatre baux faits par les confrères à Valleran Lecomte et à ses compagnons, ce qui suppose un temps assez long passé à l'Hôtel. Est-ce à dire que Valleran n'ait jamais quitté l'Hôtel de Bourgogne? Non, sans doute, et nous espérons montrer le contraire bientôt; mais c'en est assez pour faire croire qu'il n'en est pas resté longtemps éloigné.

Sur quoi d'ailleurs s'appuie l'opinion contraire ? uniquement sur quelques lignes de l'abbé de Marolles, qui se rapportent à l'année 1616[1] : « La comédie, où on nous babillent » comme personnes qui se vont désennuyer à l'hôtel de Bourgogne pour voir jouer les bateleurs de Valleran et de Laporte. » (Cité par Monmerqué et Paris, dans Tallemant, t. VII, p. 179.)

Le samedi 7 février 1609, le dauphin Louis avait été mené pour la première fois à l'Hôtel de Bourgogne (*Journal* d'Héroard, t. I, p. 382), et A. Baschet remarque que, les *Accesi* n'étant plus à Paris, c'est aux comédiens français qu'avait certainement été faite cette visite. (*Le Roi chez la Reine ou Histoire secrète du mariage de Louis XIII et d'Anne d'Autriche*, 2e éd. Paris, Plon, 1876, in-8, p. 267.) Mais cette assertion renferme une part d'erreur et une part de vérité, comme le peut prouver une citation complète d'Héroard : — 1609, 7 février, samedi. « A cinq heures, mené à l'hôtel de Bourgogne, à la comédie; ce fut la première fois. Ramené à six heures et demie, il en récite beaucoup devant Leurs Majestés, » t. I, p. 382. — 8 février, dimanche. « A trois heures trois quarts, mené à l'hôtel de Bourgogne ; il se met à rire avec éclat et dit : *Mousseu de Souvré, je ris ainsi, afin qu'on pense que j'entends l'italien*. Ramené à six heures et demie. » t. I, p. 383. — 14 février, samedi. « A quatre heures, mené à l'hôtel de Bourgogne, ramené à huit heures, tout morfondu de froid. » t. I, p. 384. — N'est-il pas évident que, le 7 février, le dauphin a vu jouer des pièces françaises; puisqu'il « en récite beaucoup devant Leurs Majestés », mais que, le 8, il a vu jouer des pièces italiennes, puisqu'il s'est mis à rire afin de faire croire qu'il entendait l'italien ? Il y avait donc à l'Hôtel une troupe italienne, dont les représentations alternaient avec celles de Valleran. Ou c'est une troupe inconnue, qui n'a pas laissé d'autres traces de son passage, ou bien les *Accesi* sont partis plus tard que ne l'avait supposé, avec beaucoup de vraisemblance pourtant, Armand Baschet.

1. *Mémoires*, t. I, p. 58-9.

menait quelquefois, dit-il, lorsque cette fameuse comédienne, appelée Laporte, montait encore sur le théâtre, et qu'elle se faisait admirer de tout le monde avec Valleran, et que Perrine et Gaultier étaient des originaux qu'on n'a jamais depuis su imiter. »

Marie Venier, femme du comédien Laporte, ayant joué en 1610 — comme nous le verrons plus loin — sur ce qu'on veut bien appeler le théâtre du Marais, on en conclut qu'elle y jouait encore en 1616, que Valleran appartenait aussi au Marais, et qu'il n'a plus cessé de lui appartenir. Conclusions, dont les dernières sont évidemment forcées, et dont la première même est fausse, car Mademoiselle Laporte a suivi son mari dans ses pérégrinations, et celui-ci était déjà revenu à l'Hôtel de Bourgogne en 1612[1]. Il y avait rejoint son ancien camarade Valleran, et tout fait supposer qu'ils ne se sont plus quittés. Bien compris, le passage de Marolles montre, en effet, que Laporte et sa femme étaient à l'Hôtel de Bourgogne en 1616 ; ils y étaient encore le 18 janvier 1619, date où « Jacques Mabille, comédien du roi », faisant baptiser sa fille Marie, prenait pour marraine « Marie Venière (sic), femme de noble homme Mathieu le Febvre, comédien du Roi. » Enfin, Laporte mourut peu après, et Marie Venier se retira du théâtre, puisqu'on la voit, en 1627, mariée en secondes noces à un avocat au Parlement, Jean Rémond[2].

Les deux noms de Valleran et de Laporte sont volontiers associés par les acteurs qui, après eux, jouaient sur la scène de l'Hôtel de Bourgogne, et l'ombre de Gaultier Garguille, apparaissant au Gros Guillaume en 1634, lui parle à plusieurs reprises de « nos défunts et anciens prédécesseurs Valleran, Laporte », de « nos anciens maîtres

1. Voy. la n. 3 de la page 53.
2. Voy. Jal. *Diction. critique*, art. *Comédiens inconnus*; et Tallemant, t. V, p. 71, n. Cf. ci-dessous, chap. v, p. 171.

Valleran et Laporte et autres célèbres acteurs et actrices[1]. »

D'ailleurs, laissons de côté la personnalité de Valleran ; la permanence d'une troupe chez les confrères se peut établir encore par d'autres preuves.

En 1612, les comédiens qui occupent l'Hôtel trouvent leur possession assez longue pour valoir titre, et demandent qu'on abolisse les privilèges de la confrérie de la Passion[2]. Leur demande est repoussée, et le nouveau roi Louis XIII, dans des lettres patentes données en décembre 1612, enregistrées au Parlement le 30 janvier 1613, confirme tous les « privilèges, libertés, exemptions et franchises » des confrères, auxquels il permet de jouer ou faire jouer et représenter les mystères profanes « et tous autres jeux honnêtes et récréatifs... en ladite salle de la Passion, dite l'Hôtel de Bourgogne, et en tous autres

---

[1]. *Les révélations de l'ombre de Gaultier Garguille nouvellement apparue au Gros Guillaume, son bon amy, sur le Théâtre de l'Hôtel de Bourgogne...* 1634 ; à la suite des *Chansons de Gaultier Garguille*, p. p. Éd. Fournier, p. 170. 172. — En 1637, l'ombre de Turlupin parle de même « de l'agréable séjour et des félicités desquelles jouissent nos devanciers : Valleran, Laporte, Vautray, Longueval, Gaultier Garguille, le Gros Guillaume et plusieurs de nos bons amis. » *Le retour du brave Turlupin de l'autre monde, déclarant, sur le superbe et royal Théâtre de l'Hostel de Bourgogne, les adventures de son voyage...* A Paris, M.D.C.XXXVII, p. 8. (Dans *les Joyeusetez*, p. p. Techener.)

« Perrine qui, de son temps, sous Valleran et Laporte, fut un personnage incomparable ». dit Marolles, t. III, p. 290.

Les comédiens de l'Hôtel de Bourgogne, descendus aux enfers, obéissent encore à Valleran, et l'ombre de Gaultier Garguille recommande à ses camarades vivants, lorsqu'ils se sentiront près « de ployer ou plier leurs quilles », « d'en envoyer un petit avis à notre maître Valleran, lequel, comme chef de la troupe, donnera ordre que nous ne soyons point surpris à vous rendre les honneurs et les devoirs que nous vous devons. » *Chánsons de Gaultier Garguille*, p. 176.

[2]. *Hist. du Th. fr.*, t. III, p. 256.

lieux et places licites et commodes qu'ils pourront trouver pour cet effet, si bon leur semble [1] ».

Les comédiens ne se tiennent pas pour définitivement battus ; ils prétendent que le roi n'a adjugé l'Hôtel de Bourgogne aux maîtres que « pour trois ans seulement, par provision..., attendant l'arrêt du principal », et, avant l'expiration de cette période, deux ans environ plus tard, ils s'empressent de revenir à la charge dans des *Remontrances au Roi et à Nos Seigneurs de son conseil, pour l'abrogation de la confrérie de la Passion en faveur de la troupe royale des comédiens* [2].

Ce sont bien les mêmes acteurs qui parlent :

« Vos comédiens, Sire, qui par leurs bonnes qualités ont acquis des amis assez puissants pour leur faciliter l'entrée de votre cabinet, et assez zélés en leur intérêt pour les favoriser de leur présence, ils s'adressent de plein vol à Votre Majesté, sans aucune autre recommandation ni assistance que leur bon droit, dans lequel ils ont établi l'espérance de leur victoire.

« Leurs prétentions, Sire, à présent, ne sont autres que celles mêmes qui ont donné lieu au différend qui s'émut, il y a quelque temps, à votre conseil, entre les comédiens et les soi-disant maîtres de la confrérie de la Passion, lors duquel Votre Majesté trouva bon d'adjuger à ceux-là l'Hôtel dit de Bourgogne, pour trois ans seulement, par provision et aux charges portées par l'arrêt, attendant la décision du principal, laquelle vos comédiens poursuivent aujourd'hui. »

Ces remontrances sont datées par les frères Parfait de la fin de l'année 1614 ou du commencement de 1615, et sans doute fort justement.

Quels en étaient les signataires ? Il est fâcheux qu'on

---

1. *Recueil des principaux tiltres*, p. 51-3. Cf. Eud. Soulié, p. 156.
2. *Hist. du Th. fr.*, t. III, p. 258 à 265.

n'ait pas jugé à propos de nous le dire ; mais je nommerais parmi les principaux : Valleran, Laporte et sa femme, Robert Guérin, François Vautray et Hugues Guéru dit Fléchelles, l'inimitable Gaultier Garguille. Robert Guérin est nommé dans une sentence du Châtelet, qui condamne les comédiens à payer aux maîtres 36 livres ; la sentence est du 13 mars 1613 et la mauvaise volonté des comédiens à cette date s'explique peut-être par leur récente réclamation contre les confrères. — Hugues Guéru est nommé dans une sentence du 16 janvier 1615, amenée par des difficultés du même genre et qui peuvent s'expliquer par des raisons analogues. — Quant au nom de François Vautray, qui figure dans les deux pièces, il forme comme un trait d'union entre les autres noms que nous avons cités, et confirme notre hypothèse.

De 1615 à 1622, aucun document juridique ne fait mention de la troupe royale ni de ses membres. Elle est donc toujours à l'Hôtel de Bourgogne ; si elle s'était transportée ailleurs, les confrères auraient vite protesté[1].

Et c'est précisément ce qu'ils font en 1622. Le 16 février, et par une sentence contradictoire, « Etienne Rufin dit Lafontaine, Hugues Guéru dit Fléchelles, Robert Guérin dit La Fleur, Henri Legrand dit Belleville, et autres, leurs compagnons comédiens, représentant en l'Hôtel d'Argent (l'Hôtel de Bourgogne étant lors occupé par d'autres comédiens), sont condamnés payer auxdits doyen, maîtres et gouverneurs, trois livres tournois par chacun jour de représentation, et aux dépens[2]. »

---

1. Elle y était certainement en 1619, puisque Dulaure (t. VI, p. 68) cite de cette date un *Advis de Gros-Guillaume sur les affaires de ce temps...*, où on lit : « Si on s'amusait à aller ivrogner aux portes, adieu l'Hôtel de Bourgogne. »
2. *Recueil des principaux tiltres*, p. 68. Cf. Eud. Soulié, p. 157-8.

Pourquoi la troupe royale a-t-elle ainsi quitté l'Hôtel de Bourgogne? On ne peut que le conjecturer, et nous le ferons tout à l'heure. Mais la date de son départ nous paraît bien indiquée; celle que nous avons posée pour son arrivée est au moins probable; elle était donc restée chez les confrères environ quinze ans, de 1607 à 1621.

IV

Qu'on nous permette maintenant de revenir en arrière; nous allons trouver la première mention de ce « théâtre du Marais », dont nous nous étions informés inutilement plus haut.

On a vu que Laporte, après un court séjour à l'Hôtel de Bourgogne, l'avait quitté avant le commencement de 1608. Revint-il en province? Cela est probable; mais Paris l'attirait, et il abandonna la province encore une fois. Le 12 novembre 1609, une ordonnance de police parle de deux théâtres[1], et, le 13 mars 1610, le Châtelet rend une sentence entre les confrères, d'une part, « Mathieu le Febvre, dit Laporte, et damoiselle Marie Venier, sa femme, et leurs compagnons comédiens, d'autre, par laquelle appert iceux comédiens, qui jouaient lors en la maison appelée l'Hôtel d'Argent, avoir été condamnés payer solidairement aux demandeurs soixante sols par chacun jour qu'ils avaient représenté et représenteraient audit Hôtel d'Argent, et icelle sentence être déclarée commune avec tous les autres comédiens qui pourraient jouer ci-après en cette ville de Paris. »

Y a-t-il rien dans ce texte qui suppose l'existence avant

---

1. Félibien, t. II, p. 1025; Delamare, *Traité de la police*, t. I, p. 404.

1609 ou 1610 d'un théâtre régulier à l'Hôtel d'Argent[1]? Y a-t-il même rien qui en suppose la fondation en ce moment[2]? En quoi la mention qui est faite ici de l'Hôtel d'Argent diffère-t-elle des mentions faites par l'*Inventaire* de tant de théâtres éphémères, et, par exemple, du jeu de paume d'Étienne Robin, rue Bourg-l'Abbé, en 1621, du carreau de la rue Saint-Antoine en 1625? Si un théâtre fixe existe désormais à l'Hôtel d'Argent, pourquoi ne trouve-t-on pas contre lui de protestations postérieures des confrères, assez procéduriers de nature, comme on l'a vu[3]? Serait-ce que le Roi et le Parlement auraient autorisé le nouveau théâtre? Mais les lettres patentes de 1612, enregistrées en 1613, prouvent le contraire fort nettement, puisqu'elles confirment les privilèges octroyés à la

---

1. Le *Recueil des princ. tiltres*, en rapportant cette sentence (p. 69), dit que Laporte représentait à l'Hôtel d'Argent, « l'Hôtel de Bourgogne étant lors occupé par d'autres comédiens ». Voilà qui ne suppose certes pas la fondation déjà ancienne d'un théâtre régulier et rival.

Selon P. Lacroix (xviie s. *Institutions*, p. 498), la condamnation devait avoir son effet depuis 1600, date de la fondation de l'Hôtel d'Argent. Comme ce théâtre — toujours selon P. Lacroix — donnait trois représentations par semaine, cela faisait à peu près 1 200 fois 60 sols, ou 3 600 livres tournois que Laporte avait à payer. D'où les aurait-il pu tirer? Et cependant les confrères déclarent eux-mêmes que la sentence a été exécutée. (*Recueil*, p. 69.)

2. Les représentations de l'Hôtel d'Argent cessèrent sans doute presque aussitôt après l'arrêt du Parlement rendu. En effet, Henri IV fut assassiné le 14 mai, et « les comédiens, n'osant jouer à Paris, tant tout le monde y était dans la consternation, s'en allèrent dans les provinces. » (Tallemant, t. I, p. 38; hist. du maréchal de Roquelaure). — Lorsque Laporte revint à Paris, ce fut sans doute pour faire sa rentrée à l'Hôtel de Bourgogne, puisque nous l'y trouvons en 1612.

3. Il est fort invraisemblable que les camarades de Laporte et de sa femme soient revenus sans eux à l'Hôtel d'Argent, plus invraisemblable encore qu'ils soient restés longtemps les tributaires des confrères sans faire attendre leur tribut, et sans donner lieu à quelque action judiciaire qui nous révélerait leur présence.

confrérie « par les feus Rois prédécesseurs » de Louis XIII, et portent défenses expresses « à tous joueurs, comédiens ou autres, de jouer ni représenter dans la ville de Paris, faubourgs et banlieue d'icelle, aucuns jeux ailleurs qu'en ladite salle de la Passion, dite l'Hôtel de Bourgogne, sinon sous le nom et congé de ladite confrérie et au profit d'icelle ». Elles disent même, avec plus de netteté, au sujet des privilèges des confrères, que ceux-ci en « ont toujours bien et dûment joui et usé, jouissent et usent encore à présent [1]. » Ne suffit-il pas d'ailleurs de jeter un coup d'œil sur l'histoire de la confrérie, même après 1612, pour voir que ses privilèges n'ont subi aucune atteinte? Ils sont mentionnés expressément dans des pièces de 1621 et de 1627, et, en 1629, les comédiens Royaux recommencent contre eux, et avec plus d'acharnement, leur lutte de 1612 et de 1614 [2].

Donc, pas de second théâtre légalement installé en 1610, ni à aucune autre date antérieure à 1629 ; et l'on sait qu'en 1629, avant la représentation de *Mélite*, il n'y avait à Paris qu'une seule troupe ; Corneille l'a dit en termes formels [3]. Ce qu'on a pris pour un « théâtre du Marais », c'est tout bonnement les asiles provisoires — et nulle-

---

1. *Recueil des principaux tiltres*, p. 52 et 51 ; Eud. Soulié, p. 156.
2. Dans notre *Esquisse*, nous disions qu'en 1619 la Confrérie avait fait défendre par le Parlement aux habitants de Soissons « de plus élire un prince de la jeunesse », et nous renvoyions à Eudore Soulié, p. 157 et 160-161. Nous avons depuis examiné aux Archives Nationales (x, 5403) la pièce visée par Soulié : il s'y agit simplement de désordres causés par l'élection d'un prince de la jeunesse, et dont les présidiaux de Soissons avaient voulu empêcher le retour. Les confrères ne sont nullement visés dans ce document, et il n'aurait pas dû être mentionné dans un *inventaire des titres et papiers de l'Hôtel de Bourgogne*.
3. Dans l'*Examen de Mélite*. Voy. le Corneille des *Grands Écrivains*, t. I, p. 138.

ment placés au Marais [1] — de troupes qui ne voulaient pas aller chez les confrères, mais que ceux-ci savaient bien forcer à y venir ou à leur payer une redevance.

Cherchons encore quelles troupes ont passé à Paris, où elles se sont établies et pendant quel temps.

En 1610, Claude Husson, dit Longueval, et autres comédiens jouant au faubourg Saint-Germain-des-Prés, sont condamnés à payer aux maîtres soixante sols par jour de représentation, en appellent au bailli de Saint-Germain et ne réussissent qu'à se faire condamner plus sévèrement par le Châtelet. Défense leur est faite « de plus représenter aucunes comédies sans le consentement » des maîtres [2]. Ils quittent sans doute Paris pour la province.

En 1613, le 24 novembre, la troupe italienne d'Arlequin inaugure ses représentations à l'Hôtel de Bourgogne [3]; un nouveau bail lui est fait le 4 avril 1614, et elle quitte Paris en juillet de la même année.

C'est une troupe française qui la remplace à l'Hôtel,

---

1. L'Hôtel d'Argent était placé : selon les uns, au coin de la rue de la Poterie près de la Grève (Fr. Parfait, t. III, p. 244, n. *b*; E. Despois, *Le théâtre français sous Louis XIV*, p. 11); selon les autres, au coin des rues de la Verrerie et de la Poterie (Fournel, *Contemp. de Molière*, t. III, p. viii). Dans le premier cas, il faisait partie du quartier de la Grève, et dans le second, il était sur les confins du quartier de la Grève et du quartier Saint-Martin.

« L'Hôtel d'Argent », dit Sauval, « dont il reste un vieux corps de logis ; tout y est néanmoins si changé, qu'outre que cet hôtel a été partagé en plusieurs maisons séparées, ce qui restait de vide fut couvert d'autres logis occupés et rebâtis depuis par des particuliers. » C'est dans un de ces logis que devait représenter Laporte. (Voy. Sauval, *Histoire et recherches des antiquités de la ville de Paris*, t. II, p. 149.)

2. Eud. Soulié, aux 10 mars, 24 mars et 27 octobre 1610, p. 155.

3. A. Baschet, *les Comédiens ital.*, p. 246. Il faut placer à cette date le dernier des trois baux non datés par Soulié. Ainsi les cinq baux signalés p. 49, n. 2, sont d'avril 1599, décembre 1603, février 1608, novembre 1613 et avril 1614.

celle de Claude Husson, dit Longueval, qui s'est décidée à revenir à Paris et renonce à lutter contre les confrères. Elle porte maintenant le titre de troupe des « comédiens ordinaires de Monsieur le Prince », et c'est noble homme Mathieu de Roger, sieur de Champluisant, qui passe un bail pour elle[1]. Il y a maintenant deux troupes françaises à l'Hôtel, mais cette situation ne dure pas. Noble homme Mathieu de Roger abandonne ses protégés[2], qui quittent leur théâtre le 22 novembre, non sans laisser une dette de 1400 livres, pour laquelle « Husson dit Longueval, Nicolas Gastrau et autres, leurs associés », sont condamnés par le Châtelet[3]. Les temps étaient durs pour les confrères:

1. Le 27 juin 1614. Eud. Soulié, p. 156.
2. Il semble bien, à lire l'*Inventaire*, que le sieur de Champluisant ne fût pas lui-même comédien. M. A. Baluffe écrit, à propos de Mlle Menou, camarade de Molière dans la troupe du duc d'Épernon : « Cette Mlle de Menou, dont le père, originaire de Sologne, avait été lui aussi, en 1616, directeur ou du moins caution d'un directeur de l'Hôtel de Bourgogne, sous son vrai nom de Mathieu Roger (de Menou) de Champluisant (ou *Champlivault*, ou *Champlisant, ad libitum*) et, en cette qualité de caution, emprisonné au Grand-Châtelet, lui aussi, comme Molière. » M. Baluffe ne donne pas les preuves de ces assertions, dont quelques-unes, tout au moins, sont fort contestables. (Voy. *Molière inconnu, sa vie*, t. I. Paris, Perrin, 1886, in-12, p. 319.)
3. Le 2 janvier 1615. Les comédiens refusent de payer (10 janvier). Voy. Eud. Soulié, p. 157. — Faut-il admettre que les noms de Gasteau et de Gastrau désignent la même personne ? Si oui (comme il est probable), Nicolas Gastrau était un dissident de la troupe royale. On lit, en effet, dans l'*Espadon satyrique*, p. 3 :

> Regnier, Berthelot et Sigongne,
> Et, dedans l'hôtel de Bourgogne,
> Vautret, Valeran et Gasteau,
> Jean Farine, Gaultier Garguille,
> Et Gringalet, et Bruscambille,
> En rimeront un air nouveau.

L'*Espadon satyrique* est de 1619 ; mais ces vers appartiennent à la satire II, qui, étant une imitation de la *Macette* de Regnier, ne peut être antérieure à 1612 ; et, d'autre part, Regnier y est signalé comme vivant, ce qui empêche de leur attribuer une date

la troupe royale venait d'attaquer leurs privilèges[1] et contestait pour payer son loyer. Le Châtelet dut rendre une nouvelle sentence qui l'obligeait à payer le prix porté sur le bail de Longueval.

La troupe de Monsieur le Prince fut sans doute dissoute, ou revint en province[2]. Nous continuons à ne pas trouver de traces de l'Hôtel d'Argent.

En 1619[3], l'infatigable Châtelet condamne Claude Aduet et ses associés à payer « soixante sols par jour qu'ils ont joué, voltigé sur la corde et représenté plusieurs choses facétieuses ». Claude Aduet opérait probablement en plein vent.

L'année 1620 joue un grand rôle chez certains historiens du « Théâtre du Marais ». C'est à cette date que, selon Chappuzeau, « les accroissements de la ville de Paris donnèrent occasion à une troupe de comédiens (mais avec le consentement de celle qui représentait à l'Hôtel de Bourgogne) d'élever un théâtre dans une maison nommée

---

postérieure à 1613. (Voy. Joseph Vianey, *Mathurin Regnier*, Paris, Hachette, 1896, in-8. p. 313.) Camarade de Valleran en 1612-1613, Gastrau se serait ainsi associé avec Claude Husson avant juin 1614.

1. Voy. ci-dessus, p. 57.
2. Une partie entra, dès lors ou par la suite, dans la troupe de Valleran. *Le retour du brave Turlupin*, en 1637, nomme Longueval à côté de Valleran, Laporte, Vaultray, Gaultier-Garguille et le Gros Guillaume.
3. D'après Éd. Fournier (*L'Espagne et ses comédiens*, p. 497), une troupe de comédiens espagnols était à Paris en 1618 et n'y fit pas grand effet; sans Bassompierre qui, sous la date de 1618, écrit dans ses *Mémoires* : « Nous eûmes les comédiens espagnols cet hiver-là », on ne saurait rien de leur passage. — Il y a là une légère erreur. Le renseignement de Bassompierre est de décembre 1619 (voy. *Le journal de ma vie, mémoires du maréchal de Bassompierre*, éd. publiée pour la *Soc. de l'Hist. de Fr.* par le marquis de Chantérac, 1870-7, 4 vol. in-8. t. II, p. 141); et déjà, au mois d'août de la même année, Louis XIII avait souvent assisté à la comédie espagnole. (Voy. Héroard, t. II, p. 235.)

l'Hôtel d'Argent, au quartier du Marais-du-Temple[1] ». Chappuzeau se garde bien de citer ses preuves; il ignore d'ailleurs qu'on avait déjà joué à l'Hôtel d'Argent, et que, si un consentement avait été donné, il l'aurait été par les confrères. — Je trouve ailleurs un renseignement bien différent : « En 1620, on voit un établissement de comédiens rue Vieille-du-Temple »; et Fournel, à qui j'emprunte ces mots, part de là pour se demander si ces comédiens étaient les mêmes qui avaient déjà occupé l'Hôtel d'Argent, et pour conclure que, selon toute vraisemblance, il y avait alors deux troupes dans le quartier du Marais[2]. Mais ni Fournel, ni ceux qui parlaient avant lui des comédiens de la rue Vieille-du-Temple[3], ne prouvent leur existence en citant le moindre document.

Le *Recueil des principaux titres* et l'*Inventaire* ne nous en fournissent pas non plus; mais ils citent une sentence du Châtelet, en date du 13 octobre 1621, défendant à « Étienne Robin, maître du jeu de paume du Moutardier, rue du Bourg-l'Abbé, de louer son jeu aux comédiens pour y représenter »; une autre encore du 4 mars 1622, signifiée « audit Robin et à tous autres paumiers[4] ».

Si l'année 1620 n'a ainsi, dans l'histoire du théâtre au commencement du xviie siècle, d'autre importance que celle que les historiens lui ont libéralement donnée, il n'en est pas de même de l'année 1622. C'est alors que la troupe royale se brouille avec les confrères et va représenter à l'Hôtel d'Argent.

Pourquoi? Et pendant combien de temps? Peut-être que les deux sentences citées plus haut permettent de ré-

---

1. *Le Théâtre françois*, p. 189.
2. *Contemp. de Molière*, t. III, p. x.
3. Entre autres Viollet le Duc (*Ancien théâtre françois*, t. IV, p. vij).
4. *Recueil des principaux tiltres*, p. 70; Eud. Soulié, p. 57. La rue Bourg-l'Abbé est dans le quartier Saint-Denis.

pondre à ces deux questions. N'est-il pas vraisemblable, en effet, que la troupe chassée de la rue Bourg-l'Abbé par la sentence du 13 octobre 1621 se sera transportée à l'Hôtel de Bourgogne, où les confrères l'auront d'autant mieux accueillie qu'ils avaient à se plaindre des comédiens royaux[1]. Ceux-ci, irrités, se seront retirés à l'Hôtel d'Argent, où sera venue les inquiéter la sentence, signalée ci-dessus à la page 58, du 16 février 1622, puis, s'y trouvant mal, dans le jeu de paume de la rue du Bourg-l'Abbé, où les aura poursuivis la nouvelle sentence du 4 mars[2]. Ni l'une ni l'autre des deux troupes ne paraît avoir gagné à ces changements et à cette rivalité ; vers la fin de l'année, toutes deux ont quitté Paris, dont les bourgeois se trouvent ainsi privés de leur meilleur divertissement[3].

V

Un an et demi après, l'Hôtel de Bourgogne est de nouveau occupé, puisque le Châtelet défend aux confrères, le 14 février 1624, « de permettre d'être représenté sur le théâtre dudit Hôtel aucunes comédies qui contreviendraient à la civilité et honnêteté, à peine d'en répondre en leurs propres et privés noms », et que, d'autre part, le 3 septembre, il cherche à les protéger contre des inso-

---

1. Rappelons-nous ce que dit encore le *Recueil des principaux tiltres* (Voy. ci-dessus, p. 58) : « L'Hôtel de Bourgogne étant lors occupé par d'autres comédiens. » Or, je n'ai pas trouvé trace d'autres comédiens que de ceux de la rue Bourg-l'Abbé.
2. Le rapprochement des deux dates : 16 février-4 mars ne rend-il pas l'hypothèse fort naturelle ?
3. Une *Satyre pour l'hiver de 1622*, qui figure dans *le Parnasse satyrique*, se plaint des maux causés par le froid, et ajoute :

>Tout divertissement nous manque :
>Tabarin ne va plus en banque,
>L'Hôtel de Bourgogne est désert.

(T. I, p. 34.)

lences faites aux portes de l'Hôtel[1]. Mais la troupe en représentations est sans doute la troupe italienne de Lélio, en ce moment à Paris[2] : les Italiens étaient coutumiers de pièces plus immorales encore que les farces des troupes françaises; et quant aux insolences faites aux portes, elles pouvaient être dirigées par les comédiens Royaux, de retour, ou par la principauté de la Sottise, encore en lutte avec les confrères.

Vers la fin de 1625, les Italiens ont quitté Paris, et les confrères, pour les remplacer, louent le 3 août leur salle à des comédiens qui portent le titre de « comédiens du prince d'Orange[3] ». Aucun d'eux n'est nommé dans l'*Inventaire*, mais Le Noir et sa femme en étaient sans doute, puisqu'ils étaient « au prince d'Orange[4] », et peut-être avaient-ils déjà pour camarade Guillaume Desgilberts[5], sieur de Mondory.

L'entrée à l'Hôtel de Bourgogne de cette troupe, qui était bonne, irrite les comédiens du Roi, et ranime leur querelle avec les confrères. On les voit à la fois chercher à infirmer le bail fait à leurs rivaux, troubler leurs représentations, et s'installer, pour leur enlever leur public, tout à proximité de l'Hôtel de Bourgogne. Le lieutenant civil est forcé d'intervenir. Il ordonne que les comédiens du prince d'Orange jouiront de leur bail; il défend à ceux du roi « de les troubler ni de jouer autour de la maison et Hôtel de Bourgogne, « ains au carreau de la

---

1. Eud. Soulié, p. 158.
2. A. Baschet, *les Comédiens ital.*, p. 323-4.
3. Eud. Soulié, p. 158. Une troupe « du prince d'Orange », la même peut-être, jouait à Nantes en 1618, et Mlle de Rohan en faisait l'éloge. Voy. H. Chardon, *La troupe du Roman comique dévoilée*, p. 33.
4. Tallemant, t. VII, p. 172 (Hist. de Mondory).
5 Tel est bien le nom de ce comédien, déjà appelé par Jal : Gilbert et de Gilbert. Voy. *Revue des Sociétés savantes*, 1878, t. II, p. 136.

rue Saint-Antoine », en payant auxdits maîtres les droits accoutumés [1] ».

Ainsi les comédiens du Roi n'étaient ni à l'Hôtel d'Argent ni dans la rue Vieille-du-Temple, et ce n'est ni à l'une ni à l'autre de ces résidences que les renvoie le lieutenant civil.

L'année 1626 est calme, mais en 1627 les confrères font sans doute un nouveau bail à la troupe du prince d'Orange, et les querelles recommencent [2]. Les comédiens Royaux recourent aux violences contre l'Hôtel de Bourgogne; les maîtres les font condamner par le Châtelet et, de plus, en guise de représailles, leur font défendre « de ne plus représenter de comédies à heure indue, à peine de prison [3] ». Presque en même temps, ils défendent leurs privilèges contre une troupe d' « opérateurs grecs », qui demandent à jouer « comédies, farces et ballets », et qui portent les noms peu helléniques de Désidières, Descombes, Hiérôme Lecomte et Georges. Les privilèges remportent encore une victoire, et les Grecs sont condamnés aux dépens [4].

Cependant le bail fait aux comédiens du prince d'Orange était expiré; ils quittent l'Hôtel de Bourgogne, où les comédiens du Roi se décident à revenir. Le 30 septembre 1628, un bail leur est fait, où sont nommés Valleran Le-

1 Eud. Soulié, aux 13 et 14 août, p. 159.
2. Je place en 1627 un bail fait aux comédiens du prince d'Orange et qu'Eud. Soulié mentionne sans le dater (Voy. au 3 août 1625, p. 158).
3. 5 pièces, dont la dernière est du 3 août 1627 (Eud. Soulié, p. 159).
4. 4 pièces, du 17 novembre 1627 au 22 janvier 1628 (Eud. Soulié, p. 159-160). — D'après Jal, *Dict. crit.*, p. 412, les Grecs durent se soumettre à payer la redevance ordinaire, car ils jouaient encore en septembre 1628. — Remarquons que Désidières et Descombes pourraient bien ne faire qu'un seul personnage, lequel ne serait autre que le charlatan Désidério Descombes, dont il est question dans *les Caquets de l'Accouchée*, p. 102.

comte, Hugues Guéru, Henri Legrand et un nouveau venu, Pierre le Messier, qui doit bientôt illustrer le surnom de Bellerose[1].

Ce n'est pas sans quelque arrière-pensée que ces comédiens rentraient dans leur ancien théâtre ; moins que jamais, ils abandonnaient l'espoir de déposséder les confrères et de cesser les paiements qu'ils leur devaient. Dès le mois de mars 1629, ils ne paient leur loyer qu'après assignation donnée par les maîtres ; et si, le 6 juin suivant, ils passent avec eux un nouveau bail, ils ne cessent pas pour cela de chercher, avec des hommes compétents, comment ils parviendront à prouver que la maison est à eux, et que c'est aux maîtres d'en sortir. Les confrères le savent, veulent parer le coup, et, cherchant à leur tour à supplanter de dangereux locataires, introduisent de nouveau dans l'Hôtel les comédiens du prince d'Orange, à qui ils font un bail à la date du 9 juillet. Les comédiens du Roi réclament, et les confrères les font sommer de déclarer s'ils veulent *parachever le temps restant de leur bail*[2].

Une longue lutte judiciaire et administrative s'engage, qui dure jusqu'à la fin de janvier 1630, et qui donne lieu à de nombreux actes, requêtes, exploits, informations et arrêts[3]. Nous ne la raconterons pas dans le détail, mais nous devons extraire des requêtes présentées par les deux parties quelques lignes qui prouvent les intentions et les machinations que nous leur avons attribuées.

Les comédiens, qui veulent obliger les confrères à présenter leurs titres de propriété au Roi et aux seigneurs de son Conseil, représentent à ceux-ci le long temps qu'ils ont joué à l'Hôtel de Bourgogne, depuis que le feu Roi et Louis XIII lui-même les ont retenus pour leur représen-

---

1. Eud. Soulié, p. 160.
2. Eud. Soulié, p. 160.
3. Énumérés par Eud. Soulié, p. 160-1.

ter la comédie, ainsi qu'au public. Ils montrent quel profit les confrères ont tiré, sans travailler eux-mêmes, du travail de la troupe royale ; comment, de plus, ils louent leur salle à des « comédiens italiens, ou autres étrangers, qui en paient grosse somme, outre leurs exactions ». Et la requête ajoute :

« Ils ont, par sentence, fait défendre le théâtre auxdits suppliants, qui s'accommodaient en d'autres lieux, s'il ne leur était par eux payé un écu par jour, lesquelles condamnations lesdits suppliants *ont* été forcés d'exécuter par le peu ou point de connaissance qu'ils avaient de l'usurpation desdits lieux, et des mauvaises actions qu'un grand gain qu'ils exigent produit journellement[1]. *Ce qu'ayant appris lesdits prétendus Maîtres, et que les suppliants avaient tiré quelque lumière par plusieurs personnes, qui n'ont pu souffrir la mauvaise application de si grands deniers,* quoique levés sous prétexte d'œuvres pies, *ils ont, par une pure malice et au préjudice de la parole qu'ils avaient donnée auxdits suppliants pour la continuation de leur bail, convenu avec quelque compagnie de comédiens nouvellement venus à Paris pour chasser les suppliants,* qui sont près de Votre Majesté pour satisfaire à vos commandements, afin de leur ôter l'envie de faire connaître le mauvais emploi desdits deniers ; de quoi étant avertis, ils se seraient plaints à elle, qui aurait eu agréable d'y interposer son autorité[2]. »

Cette requête est du 12 octobre. Les confrères répondent le 26 que les comédiens « ne sont personnes capables » pour exiger la production de leurs titres de propriété, que la production n'en saurait être faite devant le Conseil, mais que ces titres sont parfaitement réels.

« Au surplus, *ce qu'on leur impute par ladite requête a été par eux légitimement fait*, et en vertu de jugements,

---

1. *Texte* : produisent.
2. *Recueil des princ. tiltres*, p. 57-8.

sentences et arrêts contradictoires, à ce que lesdits Guérin et associés n'en prétendent cause d'ignorance[1]. »

Ni comédiens ni confrères ne parlent de la présence actuelle de la troupe du prince d'Orange; et l'arrêt du Conseil, qui ordonne que les maîtres de la Confrérie « mettront ès mains du commissaire à ce député, dans huitaine pour tous délais, les titres et pièces justificatives dudit droit par eux prétendu en l'Hôtel de Bourgogne[2] », cet arrêt ne mentionne même pas la troupe en question. J'en conclus que cette troupe n'était déjà plus à l'Hôtel de Bourgogne, et que les maîtres, voyant les comédiens Royaux fortement soutenus dans le Conseil du Roi, ont prié ceux du prince d'Orange de s'éloigner et de leur épargner une difficulté de plus. Ceux-ci ont consenti d'autant plus volontiers qu'ils espéraient réussir mieux en jouant seuls, et dans un théâtre à eux, qu'en luttant contre les comédiens Royaux, si connus déjà; et, pour établir définitivement un nouveau théâtre, leur bonne fortune voulait qu'ils eussent une pièce nouvelle fort agréable, qu'un auteur encore inconnu leur avait confiée pendant leur récent voyage en province.

On voit que nous voulons parler de la *Mélite* de Corneille, et que nous essayons de résoudre un petit problème littéraire qui a déjà occupé bien des érudits. Corneille a dit lui-même de *Mélite* : « *Le succès en fut surprenant; il établit une nouvelle troupe de comédiens à Paris, malgré le mérite de celle qui était en possession de s'y voir l'unique*[3] » : cette troupe est celle de Le Noir, et la tradition veut que *Mélite* ait été remise par Corneille à Mondory, de passage à Rouen. — On sait, d'autre part, comment les frères Parfait et Marty-Laveaux ont démontré que *Mélite* avait

---

1. *Recueil*, p. 59 à 60.
2. *Recueil*, p. 62.
3. *Examen de Mélite*, t. I, p. 138.

été représentée vers la fin de 1629[1]. Leur démonstration, qu'on pourrait fortifier encore[2], est parfaitement d'accord avec la nôtre.

Suivons Le Noir et ses compagnons[3]. Si nos hypothèses sont fondées, les confrères ont dû leur promettre d'être bienveillants pour leur entreprise et, contrairement à leurs habitudes, de n'exiger pas tout de suite la redevance due par eux. Rien, en effet, pendant l'année 1630, ne rappelle leur existence, et nous pourrions les croire repartis pour

---

[1]. *Hist. du th. fr.*, t. IV, p. 461-2, n. — *Notice sur Mélite* (Corneille, t. I, p. 129-130).

[2]. Voici, par exemple, un argument nouveau. En 1637, l'*Advertissement au Besançonnois Mairet* (Gasté, *Querelle du Cid*, p. 323) parle de « cette malheureuse *Silvanire* que le coup d'essai de Monsieur Corneille terrassa dès sa première représentation ». *Mélite* ayant paru sur la scène et ayant été fréquemment jouée au cours d'un hiver, comme nous l'apprend Corneille lui-même (*Épître à M. de Liancourt*, t. I, p. 135), doit avoir été représentée d'abord vers le mois de novembre, et *Silvanire* un ou deux mois auparavant. En quelle année ? Dans une édition de *Sylvie*, datée de 1630, Mairet annonce qu'il espère pouvoir publier *Silvanire* dans cette même année (*Jean de Mairet, Sophonisbe mit Einleitung und Anmerkungen* hgg. von Karl Volmöller, Heilbronn, Henninger, 1888, in-12, p. xv). Donc l'édition de *Sylvie* (qui n'a malheureusement pas d'achevé d'imprimer) est du début de 1630, puisque Mairet croyait avoir encore, avant que 1631 commençât, le temps de demander et d'obtenir un privilège, de surveiller son impression, etc. Comme la *Silvanire* avait certainement été représentée au moment de cette déclaration, et comme l'intérêt des comédiens forçait les auteurs à ne pas publier les pièces l'année même où elles avaient paru sur le théâtre, la *Silvanire* datait, non de 1630, mais de 1629 ; — et c'est de la fin de 1629 que datait aussi *Mélite*.

[3]. Je n'ose plus les appeler les comédiens du prince d'Orange, parce qu'on ne les voit plus désignés de ce titre. L'ancienne troupe du prince d'Orange pouvait s'être dissoute ; elle pouvait être partie pour la province. Il n'importe ; c'est à Le Noir (que Tallemant nous dit avoir appartenu au prince d'Orange), c'est à quelques-uns de ses compagnons que les confrères avaient eu et allaient avoir affaire, quel que fût le nom sous lequel ils se présentaient au public.

la province, mais nous les retrouvons en 1631. Le 25 février, les maîtres envoient un exploit d'assignation « à Le Noir, comédien, et ses associés, pour comparoir par devant le lieutenant civil, pour eux voir condamner à payer six vingt quinze écus pour *six vingt quinze journées qu'ils avaient représenté hors dudit Hôtel de Bourgogne*[1] »; et l'affaire est définitivement réglée en février 1632 par le Châtelet, qui condamne Le Noir et ses associés solidairement à payer aux maîtres la somme de 405 livres pour six vingt quinze jours qu'ils ont représenté comédies en la ville de Paris « au jeu de paume de Berthault, comme aussi à leur payer un écu par chacun jour qu'ils y joueraient ci-après[2] ». Si Le Noir donnait deux représentations par semaine, chiffre probable, puisqu'il y aura trois représentations par semaine au temps de Chappuzeau et qu'il n'y en avait qu'une en 1597[3], 135 représentations données en février 1631 nous font remonter précisément au moment où, selon nous, la troupe du prince d'Orange s'est séparée des confrères. Supposons pourtant que le nombre des représentations par semaine ait été de trois, le chiffre de 135 représentations nous fait encore remonter très haut dans l'année 1630 : les quelques mois qui restent peuvent avoir été considérés comme parachevant le bail fait en juillet 1629 par les confrères.

Où était situé le jeu de paume de Berthault? Dans l'ancienne rue des Anglais, devenue la rue Berthault, et qui fait partie du quartier Saint-Martin[4]. Ainsi, ce n'est pas

1. Eud. Soulié, p. 163.
2. Eud. Soulié, p. 163.
3. Voy. Eud. Soulié. p. 153. Au 12 avril 1597, « il est permis de faire *à présent* comédies en l'Hôtel de Bourgogne *les jours ouvrables.* »
4. M. H. Chardon (*La troupe du roman comique dévoilée.* p. 40), dit : « à l'estrapade », et ajoute : « si je ne me trompe. » Mais Sauval (t. II, p. 180), nous apprend que la rue Bertault, auparavant rue des Anglais, était un cul-de-sac de la rue Beau-

au Marais que *Mélite* a été jouée, et ce n'est pas au Marais que le théâtre dit du Marais a commencé.

De 1631 à 1635, l'histoire de la troupe Le Noir-Mondory [1] est fort obscure.

Nous verrons plus loin que, le 14 mai 1631, le Châtelet défend aux comédiens du Roi « de relouer l'Hôtel de Bourgogne à qui que ce soit »; peut-être est-ce à la troupe Le Noir-Mondory qu'ils avaient reloué; le désir de supplanter les confrères et de battre monnaie, eux aussi, avec leurs prétendus droits, pouvait les avoir réconciliés avec leurs rivaux.

A la fin de 1632 ou au commencement de 1633, une troupe de comédiens s'établit au jeu de paume de la Fontaine, rue Michel-le-Comte, avec un bail de deux ans; mais les habitants des rues Michel-le-Comte et Grenier-Saint-Lazare se plaignent au Parlement des dangers que

---

bourg, opposé directement et en droite ligne à un autre cul-de-sac, appelé la rue de Clervaux, et assis en la rue Saint-Martin. C'est là que Jean Bertault, archer des gardes du corps du roi avait bâti, vers 1557, un jeu de paume, qui fut couvert en 1604. Le jeu de paume donna son nom à la rue.

1. Le Noir seul, on l'a vu, est signalé comme chef de la troupe jusqu'en 1632; en 1634, c'est d'ordinaire à Mondory que l'on fait cet honneur. On pourrait donc supposer que Le Noir et Mondory se sont réunis seulement à la fin de 1632 ou au commencement de 1633 (ils étaient certainement ensemble le 9 octobre; voy. plus bas, p. 76, n. 4), et, en ce cas, la tradition qui fait confier *Mélite* à Mondory par Corneille serait erronée. Mais le plus probable est que Mondory est entré antérieurement à cette date dans une troupe de Le Noir, où son mérite l'a peu à peu fait reconnaître comme « le coq de la paroisse » et comme le chef (voy. ci-dessous la n. 2 de la p. 75, et cf. notre chap. I, p. 27, sur l'organisation des troupes de comédiens). Cette hypothèse est la seule qui s'accorde avec ce que dit Tallemant, VII, 172 : « Il se fit comédien lui-même; et quoiqu'il n'eût que seize ans (né en 1594, il aurait ainsi débuté vers 1610), on lui donnait des principaux personnages, et *insensiblement* il fut le chef d'une troupe composée de Le Noir et de sa femme, qui avaient été au prince d'Orange. »

cause la présence d'un théâtre dans des rues aussi incommodes et aussi étroites, et, le 22 mars 1633, le Parlement défend les représentations[1]. Pour les frères Parfait, les comédiens en question constituent une troisième troupe ; mais il s'agit encore de la troupe Mondory, puisque Mondory lui-même, Le Noir et sa femme, d'autres encore sont signalés par des factums de l'Hôtel de Bourgogne comme représentant au jeu de paume de la Fontaine. Ils ne s'étaient éloignés du cul-de-sac Berthault que de quelques toises : les rues Michel-le-Comte et Grenier-Saint-Lazare faisaient aussi partie du quartier Saint-Martin[2].

D'ailleurs, l'arrêt du Parlement ne fit pas déloger les comédiens de ce nouveau poste. Protégés sans doute par de puissants personnages, ils y étaient encore en 1634 ; mais cette année même les vit se transporter dans une nouvelle résidence, qui devait être définitive. Au 8 mars, Eud. Soulié cite un « bail fait par des particuliers aux comédiens qui représentent au jeu de paume du Marais[3] » ; ce jeu de paume est évidemment celui de la rue Vieille-du-Temple. La troupe était arrivée enfin au Marais, et ses pérégrinations étaient terminées[4].

1. *Hist. du th. fr.*, t. V, p. 50 à 52, n.
2. On lit dans le *Testament de feu Gaultier Garguille*, 1634 : « Pour faire voir que je n'ai jamais eu de rancune contre les comédiens du jeu de paume de la Fontaine, quoiqu'ils aient pris inutilement la peine d'attirer l'eau vers leur moulin, je veux auparavant que de mourir leur donner quelques bons avis. » Suivent des conseils adressés à Mondory « le coq de la paroisse », à Filipin, à Le Noir et à sa femme, et « à ces messieurs qui sont venus en foule grossir leur troupe », notamment Jodelet et Tibaut Garray (à la suite des *Chansons de Gaultier Garguille*, p. 160-4). Il est encore question des comédiens du jeu de paume de la Fontaine dans les *Révélations de l'ombre de Gaultier Garguille*, 1634 (*Id.*, p. 168), et dans le *Songe arrivé à un homme d'importance sur les affaires de ce temps*, 1634 (*Id.*, p. 208).
3. Eud. Soulié, p. 164-5.
4. Voy. ci-dessous la n. 1 de l'Appendice.

Je dis ses pérégrinations, non ses ennuis. Le 28 novembre, elle représentait avec un grand succès *la Comédie des comédiens* de Scudéry et *Mélite* dans ces fêtes de l'Arsenal qu'a racontées Renaudot[1] ; mais, au lendemain de ce triomphe, le Roi lui enlevait pour les transporter à l'Hôtel de Bourgogne six de ses meilleurs acteurs : Le Noir et sa femme, l'Espy, Jodelet, La France ou Jacquemin Jadot, et Alizon[2]. Les représentations furent interrompues, mais pas longtemps. Grâce à l'énergie et à l'industrie de Mondory, la troupe se rallia encore une fois ; dès le 18 décembre, elle représentait *Sophonisbe* chez le duc de Puylaurens[3], et, quelques jours après, elle rouvrait au public son théâtre de la rue Vieille-du-Temple.

Dès avant cette date, les comédiens du nouveau théâtre avaient pris le nom de Comédiens du Roi[4] ; mais la vraie troupe royale est toujours celle qui représente à l'Hôtel de Bourgogne, puisque le Roi prend soin d'y faire entrer de bons acteurs, en les enlevant à sa rivale.

VI

Arrêtons-nous. Il est temps de revenir à la troupe

1. Voy. dans la *Gazette* de 1634 « l'Extraordinaire du xxx novembre », p. 527-8.
2. *Gazette* du 15 décembre, p. 561.
3. *Gazette* du 23 décembre, p. 584.
4. Le 9 octobre 1633, Charles Le Noir, comédien du Roi, demeurant sur la paroisse de Saint-Nicolas-des-Champs, est parrain de Marie, fille de Jehan Angelain, peintre, avec damoiselle Marie Berthelin, femme de Guillaume Gilbert, sieur de Mondory (Jal., art. Mondory). — Le Noir est de nouveau parrain en 1637, mais cette fois du dernier enfant de Turlupin, alors son camarade à l'Hôtel de Bourgogne (Jal., art. Le Grand). — Dans l'intervalle, on voit Charles Le Noir figurer parmi les comédiens auxquels les confrères font un bail de trois ans, le 10 septembre 1635 (Eud. Soulié, p. 165).

royale, que nous avons laissée en lutte avec les confrères, et d'achever rapidement ce qui nous intéresse de son histoire.

A la fin de 1629 (29 décembre), le Conseil du Roi rétablit la paix entre les parties. Forcé par les registres de la Chambre des Comptes de reconnaître les titres de propriété des confrères[1], il donnait du moins une certaine indépendance aux comédiens. Il ordonnait que ceux-ci « jouiraient pour le temps et espace de trois ans de la salle dudit Hôtel de Bourgogne et loges étant en icelle, fors et excepté de celle des anciens maîtres, qui demeurait aux maîtres de ladite confrérie, tant pour eux que pour leurs parents et amis, moyennant la somme de 2 400 livres de loyer pour chaque année; en outre, aux charges et conditions portées audit arrêt donné à Paris, par lequel arrêt iceux comédiens sont condamnés à donner auxdits maîtres bonne et suffisante caution[2] ». Immédiatement, les comédiens font visiter l'Hôtel de Bourgogne et en réclament les clefs aux confrères. Mais les articles de ce traité de paix n'étaient qu'insuffisamment explicites sur les attributions et les droits de chacun; ils ne pouvaient produire qu'une paix fourrée.

De 1629 à 1632, les démêlés sont incessants. En juillet 1630, les confrères ayant fait arrêter ce qu'ils avaient pu trouver appartenant aux nommés Du Rossay, Beaupré et leurs associés, comédiens de Monseigneur le duc d'Angoulême, qui représentaient au faubourg Saint-Germain, les comédiens du Roi interviennent, et le Châtelet est obligé d'adjuger aux confrères le droit traditionnel de soixante sols par représentation[3]. — Le mois suivant, nouvelle action des confrères contre Hiérôme Scelerier et

---

1. Voy. Eud. Soulié, au 27 octobre 1629, p. 161.
2. Eud. Soulié, p. 161.
3. Eud. Soulié, p. 162.

ses associés, comédiens de Monseigneur le Prince, qui représentaient au même faubourg Saint-Germain ; nouvelle intervention des comédiens [1]. — En 1632, intervention des incorrigibles comédiens dans le procès entre les confrères et la troupe de Le Noir ; le Châtelet les met hors de cour [2]. — Et, l'année précédente, les comédiens voulant faire complètement acte de propriétaires, le Châtelet avait dû leur défendre « de relouer l'Hôtel de Bourgogne à qui que ce soit, et... aux comédiens qui l'auraient loué de se servir du bail qui leur aurait été fait, à peine d'amende, et d'être emprisonnés en cas de contravention, et aux dépens [3]. »

Cependant ces comédiens, si empressés à faire valoir des droits imaginaires, laissaient les maîtres payer 600 livres « pour employer au paiement des gens de guerre » de Sa Majesté, ou fournir, suivant ordonnance royale, un homme avec son épée et son baudrier [4].

Le bail de 1632, fait à « Robert Guérin dit la Fleur, Hugues Guéru dit Fléchelles, Henri Legrand dit Belleville, Philibert Robin dit le Gaucher, Pierre le Messier dit Bellerose, et Louis Gallien dit Saint-Martin, tous comédiens ordinaires ès gages de Sa Majesté », déclare enfin expressément que les comédiens renoncent à leurs prétendus droits sur l'Hôtel de Bourgogne, et que les parties contractantes se départent « de tous procès et discords pendant entre eux, tant au Conseil privé du Roi qu'ailleurs [5] » ; et les années suivantes sont plus calmes.

Le bail fut d'ailleurs renouvelé en 1635, puis en 1639[6], etc..., et c'est en 1677 seulement que le long pro-

---

1. Eud. Soulié, p. 162.
2. Eud. Soulié, au 10 février 1632, p. 163-4.
3. Eud. Soulié, au 14 mai 1631, p. 163.
4. 9 août 1630 ; 19 et 21 août 1636. Eud. Soulié, p. 162 et 165.
5. Eud. Soulié, au 5 août 1632, p. 164.
6. Eud. Soulié, p. 165.

cès auquel nous avons assisté eut une solution définitive. Les biens de la confrérie furent confisqués au profit de l'hôpital général, et c'est à l'hôpital général que les comédiens en payèrent le loyer. La confrérie avait vécu.

VII

Mais nous n'avons pas à descendre si bas ; les limites que nous nous étions tracées ont été atteintes. Résumons en quelques mots ce que nous avons appris.

Fondé en 1548, le théâtre de l'Hôtel de Bourgogne ne servit d'abord qu'aux représentations des confrères de la Passion. Leur succès ayant été médiocre, une vraie troupe de comédiens fut, en 1578, chargée par eux de les remplacer ; mais il ne semble pas qu'elle ait abandonné leur répertoire, et les maîtres, d'ailleurs, n'avaient abdiqué que provisoirement. Ils remontèrent sur leur scène, mais pour en descendre bientôt, et sans retour. Dès lors, leur rôle se borna à louer leur salle, à percevoir un tribut de ceux qui représentaient en quelque autre endroit de Paris, et à poursuivre devant les juridictions compétentes ceux qui feignaient d'ignorer leurs privilèges.

Maintes troupes, françaises ou étrangères, passèrent ainsi sur leur scène, successivement ou simultanément. Mais, s'il n'y eut pas, comme on l'a dit, de troupe régulièrement et définitivement installée dès la fin du XVIe siècle, nous voyons du moins certains acteurs y revenir à plusieurs reprises, y faire de longs séjours, et installer enfin à l'Hôtel de Bourgogne ce théâtre définitif qu'on avait voulu y voir trop tôt. Valleran Lecomte représente quelques mois rue Mauconseil en 1599 ; il y revient probablement l'année suivante avec Robert Guérin ; nous l'y retrouvons en 1607, et cette fois pour longtemps. Sa troupe y semble même définitivement assise, lorsque nous la voyons quitter l'Hôtel en 1622, pour promener dans Paris ou dans les provinces ses représentations. Elle y revient enfin en 1628, et cette fois pour n'en plus sortir[1]. Depuis longtemps, elle porte le titre de troupe royale, et prétendra même le mériter seule, alors que d'autres auront acquis le droit de le porter.

En face de cet Hôtel de Bourgogne, qui ne prend que tardivement le caractère d'un théâtre définitif, mais où cependant les représentations ne chôment guère et où une même troupe séjourne si longtemps, un théâtre rival existait-il, même soumis à des éclipses et à des changements de personnel, même se transportant à plusieurs reprises dans des locaux divers ?

Nous sommes forcé de répondre non.

Les troupes que nous avons vues paraître à l'Hôtel de Cluny, à la foire Saint-Germain, au faubourg Saint-Germain-des-Prés, dans la rue Bourg-l'Abbé, ailleurs encore, n'avaient entre elles aucun rapport et ne sont restées que fort peu de temps.

De 1622 à 1628, la troupe royale, qui n'est pas restée constamment à Paris, n'en a pas moins changé plusieurs fois de local dans la capitale; preuve qu'elle n'avait pas trouvé de théâtre tout fait pour s'y établir.

Restent les représentations données par Laporte et par la troupe royale elle-même à l'Hôtel d'Argent. Les premières ont commencé vers 1609, et n'ont guère duré qu'un an; celles de la troupe royale n'ont peut-être duré que quelques jours. Et voilà, si l'Hôtel d'Argent était au Marais, à quoi se réduirait toute l'histoire du « Théâtre du Marais » jusqu'après *Mélite*. Mais il manque même, à la légende que nous venons de combattre, ce faible fonds de

---

1. Jusqu'en 1680, date de la fusion entre le théâtre de l'Hôtel de Bourgogne et celui de l'Hôtel Guénégaud.

vérité[1]. C'est en 1629 seulement que les comédiens du prince d'Orange ont établi à Paris un second théâtre; et c'est en 1634 seulement que ce théâtre s'est établi au quartier du Marais.

[1]. Ces conclusions ne sont pas seulement en désaccord avec les récits des historiens des théâtres : elles contredisent encore l'histoire des principaux acteurs du temps, telle qu'on la trouve dans Sauval, dans les frères Parfait, dans Lemazurier, etc... Mais cette histoire, tissu de légendes et d'hypothèses hâtives, est à refaire presque tout entière.

Nous avons vu (p. 55) sur quel fondement ruineux reposait l'histoire de Valleran, de Laporte et de sa femme. Qu'on nous permette de citer un autre exemple, emprunté à la vie des plus célèbres farceurs du commencement du xviie siècle.

Lemazurier, t. I, p. 32 et suiv., dit que Robert Guérin « avait été longtemps garçon boulanger avant d'entrer à l'Hôtel de Bourgogne. Il était ami de Hugues Guéru (Gaultier Gargouille) et de Henri Legrand (Turlupin)... Ils louèrent un petit jeu de paume à la porte Saint-Jacques, y placèrent un théâtre portatif qui leur appartenait et firent leurs décorations avec des toiles de bateau grossièrement barbouillées. Ils jouaient depuis une heure jusqu'à deux en faveur des écoliers et recommençaient le soir ; le prix du spectacle était de deux sols et demi par tête. Les comédiens de l'Hôtel de Bourgogne s'étant plaints au cardinal de Richelieu que trois bateleurs entreprenaient sur leurs droits, il voulut juger par lui-même de leur mérite. Ils furent mandés au Palais Cardinal, et reçurent ordre de jouer dans une alcôve... (*Ici un long récit de la représentation.*) Ce spectacle plut au Cardinal : il fit venir les comédiens de l'Hôtel de Bourgogne et leur commanda de s'associer ces trois acteurs... »

Voilà bien des détails précis, faits pour inspirer la confiance. Malheureusement, aucun ne peut être exact. De ces trois acteurs introduits par Richelieu à l'Hôtel de Bourgogne, l'un, Robert Guérin, y était déjà en 1603 ; l'autre, Hugues Guéru, en 1615 ; et le troisième, Henri Legrand, faisait partie de la troupe royale en 1622. D'ailleurs, Lemazurier ne se gêne pas pour se contredire. Page 29, il fait débuter Hugues Guéru dès 1598 au Marais, d'où il passa, après quelques années, à l'Hôtel de Bourgogne ; p. 24, il accepte le dire de Sauval et fait débuter Henri Legrand dès 1583. Avec quelle défiance ne faut-il pas consulter de tels *historiens* ?

CHAPITRE III

A L'HOTEL DE BOURGOGNE

LES DRAMATURGES AUX GAGES DES COMÉDIENS

Puisque, pendant près de trente ans au début du xviie siècle, il n'y a eu à Paris qu'un seul théâtre, il n'y a plus lieu de s'étonner, ni du petit nombre des acteurs connus, ni de la rareté des auteurs qui paraissent avoir fait jouer leurs œuvres. Si nous cherchons comment ce théâtre unique se fournissait de pièces, quels étaient les genres dramatiques qu'il cultivait, comment étaient organisées ses représentations, et quel était son système décoratif, nous nous trouverons avoir étudié toute la vie théâtrale de Paris pendant la plus grande partie de la période qui nous occupe.

Et d'abord, comment l'Hôtel de Bourgogne se fournissait-il de pièces ? quels étaient ses rapports avec les auteurs ? Nous avons vu comment ceux-ci vivaient dans les provinces : quelle était leur existence dans la capitale ?

I

Des auteurs, il n'y en a eu plusieurs qu'à une date assez tardive, et, pendant de longues années, on n'en a connu qu'un seul : Alexandre Hardy. Est-ce à dire que

Hardy ait été le fournisseur en titre de l'Hôtel de Bourgogne ? Non, au sens où on l'entend d'ordinaire : pour fournir sans interruption des pièces à ce théâtre, il eût fallu que Hardy se fût mis aux gages des confrères, car seuls les propriétaires de l'Hôtel n'ont pas changé, tandis que les locataires, même les plus fidèles, l'ont quitté à plusieurs reprises. La vérité est que Hardy a été, à Paris comme en province, le poète d'une troupe de comédiens, et que cette troupe, dont Valleran était le chef, a représenté le plus souvent à l'Hôtel de Bourgogne.

Les preuves de ce que nous avançons ne manquent pas ; énumérons-les rapidement.

Lorsque Racan était page de la Chambre, il faisait déjà des vers, et, comme il l'a déclaré lui-même, « les comédies de Hardy, qu'il voyait représenter à l'Hôtel de Bourgogne où il entrait sans payer, l'excitaient fort [1] ». A quel moment Racan a-t-il été page ? de 1603 à 1609, dit M. Arnould [2], et nous acceptons les dates de ce savant biographe. Or, Valleran était sans doute à l'Hôtel de Bourgogne avec Robert Guérin en 1603 ; il y était certainement de 1607 à 1609.

En 1610 ou 1613, Hardy est signalé comme poète aux gages de Vautray et de Valleran par la *clef* du Page disgracié [3]. Si cette *clef* n'a pas de valeur historique, elle nous donne au moins l'état de la tradition en 1667.

Le 8 octobre 1622, notre auteur est qualifié « poète de Sa Majesté » dans le privilège général de ses œuvres. *Poète de Sa Majesté*, cela ne signifie guère que *poète des comédiens de Sa Majesté*, Valleran, Guéru, Guérin et les autres.

---

1. *Les Historiettes de Tallemant des Réaux*, t. II, p. 355, n. (historiette de Racan). Cf. Racan, *Mémoires pour la Vie de Malherbe*, t. I, p. 256.
2. *Racan*, p. 39.
3. Voy. ci-dessous, § 4, p. 101.

En 1634, une brochure facétieuse, sortie de l'Hôtel de Bourgogne, associe encore le souvenir de Hardy à celui de Valleran. Elle fait dire à Gaultier Garguille : « Notre vieux maître Valleran, depuis qu'il est en l'autre monde, désirant de faire valoir la comédie et de l'y établir, comme il a fait en France durant sa vie, m'a fait divers commandements de l'aller trouver, disant pour toutes ses raisons que le grand maître de la nature me veut voir, qu'il doit représenter devant lui plusieurs pièces nouvelles et dans la sévérité des règles des anciens de feu M. Hardy [1] ».

Hardy a eu pour amis Théophile, Tristan et Laffemas, pour protecteur le duc d'Alvyn. Théophile et Tristan (nous le verrons tout à l'heure) étaient liés avec Valleran ; — dans un procès intenté en 1627 par Laffemas à Marie Venier, Marie Venier, qui avait été camarade de Valleran, disait avoir vu jouer la comédie à Laffemas sous le nom de Beausemblant, et le décorateur Buffequin déclarait avoir connu Laffemas membre de la compagnie de Valleran [2] ; — et quant au duc d'Alvyn, qui s'intéressait aux lettres et au théâtre, il laissait sa femme être, en 1631, la marraine d'un enfant de Henri Legrand, autrement dit de Turlupin, un des principaux camarades de Valleran [3].

Enfin nous trouvons une dernière preuve dans le manuscrit de la Bibliothèque nationale qui a pour titre : *Mémoire de plusieurs décorations qui serve (sic) aux pièces contenues en ce présent livre, commencé par Laurent Mahelot et continué par Michel Laurent en l'année 1673* [4]. La pre-

1. *Testament de Gaultier Garguille* (*Chansons*, p. 150).
2. Tallemant, t. V, p. 71-72, note de Monmerqué et Paris ; cf. ci-dessus, chap. II, p. 51, n. 1. Dans une autre déposition, Buffequin déclare qu'il s'est trompé, ayant pris Beausemblant pour Montluisant. La méprise peut paraître singulière et la rectification suspecte.
3. Jal, *Dictionnaire critique*, art. LEGRAND.
4. Fonds français, 24 330.

mière partie de ce *Mémoire*, celle qu'a écrite Mahelot, ne peut avoir été commencée avant l'année 1633[1] ; il y avait alors deux théâtres à Paris ; auquel des deux servait-elle ? Question importante pour nous ; en effet, quinze pièces de Hardy figurent sur le *Mémoire*, et si trois, publiées déjà par l'auteur, étaient tombées par ce fait dans le domaine public et ne peuvent nous donner d'indications certaines, les douze autres, en revanche, n'ont jamais été imprimées et ne pouvaient être jouées que par la troupe qui en avait eu la primeur, celle dont Hardy était le poète en titre. Quelle était cette troupe ?

Celle de l'Hôtel de Bourgogne sans doute, répondait déjà Eugène Despois[2], et ce qui le lui faisait croire, c'était « l'absence des premières pièces de Corneille, jouées presque toutes sur le théâtre du Marais ». La raison a sa valeur ; mais l'histoire des premières pièces de Corneille est mal connue, et, d'ailleurs, l'*Illusion comique* figure dans le *Mémoire*[3]. Cherchons d'autres indices.

Tout d'abord, un certain nombre de pièces nommées par Mahelot ont sûrement été jouées à l'Hôtel de Bourgogne, la *Silvanire* de Mairet, par exemple, ou l'*Infidèle confidente* de Pichou, ou l'*Aminte* de Rayssiguier, ou l'*Esprit fort* de Claveret[4] ; mais les premières de ces pièces

1. Nous le montrerons plus loin, dans la note 2 de l'Appendice.
2. *Le Théâtre franç. sous Louis XIV*, appendice, note 2, p. 411. Em. Perrin, *Étude sur la mise en scène*, p. XXVII, et Lotheissen, t. II, p. 380, l'attribuent aussi à l'Hôtel de Bourgogne, mais sans donner aucun argument à l'appui de leur assertion.
3. Sous le titre erroné de *Mélite* ; voy., ci-dessous, la note 2 de l'Appendice.
4. Citons Mairet : « L'ayant faite plutôt pour l'Hôtel de Montmorency que pour l'Hôtel de Bourgogne » ; — Isnard, ami de Pichou : « Cette belle tragi-comédie de l'*Infidèle confidente*, qu'on a vu si souvent représenter publiquement par les comédiens de l'Hôtel de Bourgogne » ; — Rayssiguier : « Ceux qui portent le teston à l'Hôtel de Bourgogne veulent que l'on contente leurs yeux... » Préface de l'*Aminte*. Voy. les frères Parfait, t. IV,

étaient certainement imprimées quand Mahelot écrivait, et la dernière pouvait l'être ; elles ne fournissent donc pas une preuve irrécusable. — Inversement, toutes les pièces que nous savons avoir été représentées par la troupe Le Noir-Mondory manquent dans le *Mémoire* : *Mélite, Virginie, Sophonisbe, Marc-Antoine, la Comédie des Comédiens* de Scudéry, *les deux Sosies, le Cid*. Peut-être ces deux dernières œuvres n'ont-elles été jouées qu'après la rédaction du *Mémoire*, et les autres (sauf *Marc-Antoine*) étaient imprimées. Il n'en résulte pas moins du rapprochement de nos deux remarques une très forte présomption. — Voici qui est plus probant encore. La première pièce de Hardy que cite le *Mémoire*, est, à en juger par la décoration, une sorte de pastorale comique et porte ce titre : *la Folie de Turlupin*. Évidemment Turlupin, c'est-à-dire Henri Legrand, en jouait le principal rôle, et c'est lui qui donnait son nom à la pièce, comme il était déjà arrivé à Gros-Guillaume, comme il allait arriver si souvent à Jodelet. Or, Turlupin, nous le savons, jouait à l'Hôtel de Bourgogne, et y jouera jusqu'en 1637, date de sa mort[1]. — Mais la preuve la plus décisive nous est fournie par une brochure plaisante publiée en 1634, sorte de *réclame* en faveur de l'Hôtel de Bourgogne et de la Basoche, et où les farceurs de l'Hôtel doivent avoir mis la main. Elle a pour titre : *l'Ouverture des jours gras ou l'Entretien du carnaval*[2]. L'auteur ou les auteurs y con-

---

p. 386, 482, 534. — Claveret dit au lecteur de *l'Esprit fort* : « Cette pièce a été représentée beaucoup de fois sur le Théâtre royal sous le nom d'*Argélie* et *l'Esprit fort*. » Voy. fr. Parfait, t. IV, p. 450. Voy. aussi Tallemant, t. VII, p. 173 (Hist. de Mondory). *L'Esprit fort*, représenté en 1629, n'a été imprimé qu'en 1636 d'après les fr. Parfait, en 1637 d'après La Vallière (t. III, p. 4) et Brunet (t. II, p. 91).

1. Voy. Jal. art. LEGRAND.
2. Reproduite par Éd. Fournier, *Variétés historiques*, t. II, 345-355.

seillent au public d'aller s'amuser à l'Hôtel de Bourgogne. Il y verra, disent-ils, une amusante pièce déjà jouée, mais que l'on jouera encore, sur *la Foire de Saint-Germain ;* en outre, « le *Clitophon* de M. du Ryer, auteur de l'*Alcymédon ;... le Rossyléon* du même auteur [1], pièce que tout le monde juge être un des rares sujets de l'*Astrée ;...* la *Dorise* ou *Doriste* de l'auteur de la *Cléonice*, et, pour la bonne bouche et clôture des jours gras, l'*Hercule mourant* ou *déifié* de Monsieur de Rotrou ». Le manuscrit de Mahelot porte la plupart de ces pièces : *Clitophon* de M. du Ryer, f° 47 ; *Alcimédon* de M. du Ryer, f° 70 ; *la Foire de Saint-Germain* de M. de la Pignerière, f° 71 ; *Hercule* de M. Rotrou, f° 74 ; *Cléonice*, pastorale de M. Passart, f° 76. *Clitophon* et *la Foire de Saint-Germain* n'ont jamais été imprimées [2]. — Les pièces de Hardy étaient donc jouées à l'Hôtel de Bourgogne. Là, d'ailleurs, jouaient les seuls comédiens qui pussent se dire, sans autre désignation, « les comédiens du Roi, entretenus de Sa Majesté », et telle est l'appellation employée par Mahelot en tête de son registre [3].

1. Voy. sur ces pièces la note 2 de l'Appendice.
2. De Soleinne possédait un manuscrit de *Clitophon* (*Catalogue*, n° 1003) : *la Foire de Saint-Germain* est inconnue de tous les historiens du théâtre et de tous les bibliographes.
3. F° 9, verso : *Mémoire pour la décoration des pièces qui se représentent par les comédiens du roi entretenus de Sa Majesté.* — Dans un article consacré à mon livre sur Alexandre Hardy (*Archiv für das Studium der neueren Sprachen und Litteraturen*, t. 88, 1892), M. W. Mangold conteste l'attribution à l'Hôtel de Bourgogne du *Mémoire* de Mahelot, parce que le théâtre du Marais y est nommé au f° 9 (cf. Appendice, note 1). Mais en quoi la mention, ajoutée après coup par une main autre que celle de Mahelot — et quand ce serait Mahelot lui-même qui l'aurait écrite, qu'importerait ? — des trois troupes établies à Paris en 1635, peut-elle infirmer ou confirmer ma conclusion et nous apprendre laquelle des trois troupes était constituée par « les Comédiens du roi entretenus de Sa Majesté » ?

Ainsi Hardy était dès le commencement du xviie siècle le fournisseur ordinaire de la troupe de Valleran ; il l'était encore à la fin de sa vie ; et nous avons vu qu'il l'était à certaines dates intermédiaires. Avons-nous le droit de conclure que, pendant tout ce temps, il ne l'a pas quittée ? Non, sans doute, mais il est naturel de le supposer, et les séparations, s'il y en a eu, n'ont jamais été bien longues. Comment les comédiens se seraient-ils privés volontiers d'un collaborateur que personne ne pouvait remplacer ?

A partir de 1623, il est vrai, les troupes qui n'avaient pas à leur disposition cette veine intarissable, ont peu à peu acquis le droit de représenter certaines œuvres, à mesure qu'elles paraissaient en librairie : le *Pyrame* de Théophile, les *Bergeries* de Racan, les tragédies, les tragi-comédies et les pastorales de Hardy lui-même et de quelques autres. Mais c'était peu encore ; et auparavant, que pouvaient-elles ? Garder les œuvres démodées de l'ancien répertoire, ou accommoder tant bien que mal à la scène des productions de l'école classique, ou se procurer indûment quelques pièces de Hardy, ou enfin se faire fabriquer par des dramaturges plus ou moins habiles des drames que la postérité ne devait pas connaître. Dans une large mesure, on peut le croire, l'infériorité de leur répertoire contribua à rendre leurs séjours à Paris éphémères et à les faire battre par leur rivale, la troupe de Valleran.

Pour Hardy, admettons qu'il a toujours suivi Valleran, si nous voulons nous faire une assez juste idée de sa carrière. Figurons-nous-le, quittant la province en 1599[1], arrivant à Paris plein d'espérances, et s'efforçant d'y *établir*, comme disent Valleran et Gaultier Garguille, les genres nouveaux qui avaient eu tant de peine à y péné-

---

1. Il se peut d'ailleurs qu'il ait fait à Paris quelques apparitions — mais très courtes — avant cette date, en mai 1596, par exemple, ou bien en avril 1597. Voy. chap. ii, p. 44-45.

trer[1]. Cette tentative prématurée ne réussit pas. Au bout de quelques mois, Hardy retourne en province. Mais pour des comédiens ayant habité l'Hôtel de Bourgogne et joué devant le Roi, la province, c'était l'exil; aussi se hâtent-ils de la quitter. Dès l'année suivante ils sont à Paris, et ils y séjournent environ trois ans. Vers 1604, les courses à travers la France recommencent, cependant la troupe est bien décidée à y renoncer. A la fin de 1606, elle est de nouveau à Paris, et donne quelques représentations rue Saint-Antoine sur une scène improvisée, comme en province, à l'enseigne du *Sabot d'or*. Mais, sur un petit comme sur un grand théâtre, on est toujours tributaire des Confrères : ne vaudrait-il pas mieux jouer sur le seul vrai théâtre de Paris, où l'on pourrait attirer le public, plaire à Sa Majesté, et reprendre ce beau titre de « comédiens français ordinaires du Roi », déjà pris momentanément il y a sept ans ? La troupe se transporte donc rue Mauconseil, où elle restera de longues années. C'est là que Hardy prend le titre de poète de Sa Majesté, là que sa réputation se fait ou s'étend. Ses pérégrinations semblaient même terminées et sa vie devenue définitivement calme, lorsque survient la brouille entre les comédiens du Roi et les Confrères. Les comédiens quittent l'Hôtel de Bourgogne, remontent sur « le char de Thespis », et le promènent pendant six ans à travers Paris. La province même semble les avoir revus, car, en 1623 et en 1624, aucun document ne nous signale leur présence dans la capitale. Ils y sont en 1625 et en 1627, luttant contre les Confrères et attirant sur eux-mêmes les sévérités du Châtelet ; mais, entre ces deux années orageuses, 1626 est calme ; Hardy publie à Rouen, chez du Petit-Val, le tome quatrième de son *Théâtre*, et, dans l'épître qui le commence, il parle ainsi à Monseigneur le Prince : « *Ma pauvre muse, vaga-*

1. Voy. le chap. IV, *le Répertoire de l'Hôtel de Bourgogne.*

bonde et flottante sur un océan de misères, n'a dans le ciel de la France vu d'astre favorable, qui la pût préserver de naufrage, que le vôtre, Monseigneur. » La pauvre muse vagabonde rentre enfin à l'Hôtel de Bourgogne dans les derniers mois de 1628, et y produit ses dernières œuvres jusqu'à sa mort, survenue en 1631 ou 1632.

II

Les deux tiers de sa vie avaient été employés à travailler pour le théâtre ; et quel travail que celui de Hardy, produisant sans relâche au milieu de difficultés de toutes sortes !

Dans quelles conditions mettait-il ses pièces au jour ? quels étaient ses engagements avec les comédiens ? Fontenelle ne nous apprend pas grand'chose à ce sujet [1] ; mais, dès 1684, le *Mercure galant* avait donné des renseignements plus précis : on y lisait que Hardy était « associé pour une part avec les comédiens, à qui il devait fournir six tragédies tous les ans [2] ». La plupart des auteurs qui suivent se passent de l'un à l'autre les assertions du *Mercure*. « La pauvreté ne lui permettait pas de mettre la dernière main à ses ouvrages, écrit Beauchamps en 1735 [3] ; réduit pour subsister de fournir par an six tragédies aux comédiens qui l'avaient mis de part, avec quelle précipitation était-il obligé de les composer ! » — « Il en fournissait jusqu'à six par an », disent en 1775 les auteurs des *Anecdotes dramatiques* [4]. Et de Mouhy, vers la même

---

1. Voy. ci-dessus, ch. 1. p. 3.
2. Cité par Marty-Laveaux, dans sa notice sur *Mélite*, Corneille, t. I. p. 131.
3. 2ᵉ partie. p. 95.
4. T. II, p. 563. Même chiffre dans Dulaure, *Histoire physique, civile et morale de Paris*, t. V, p. 194.

époque, prend à peine le soin de changer les termes de Beauchamps : « Il était si pauvre qu'il n'avait pas le temps de mettre la dernière main à ses pièces. Il était réduit, pour avoir de quoi vivre, à composer six tragédies par an pour les comédiens qui l'avaient mis de part dans leurs représentations¹. » Six tragédies par an (et les auteurs que nous venons de citer entendent par là six ouvrages dramatiques quelconques), voilà un chiffre qui n'a rien de vague et dont il paraît d'abord téméraire de douter ; mais si Hardy a fait de cinq à huit cents pièces, comme le dit Mouhy dans le même passage, pendant combien d'années a-t-il écrit² ? Laissons de côté ces inventions et louons la réserve qu'observent ici les frères Parfait et le duc de La Vallière. Il contracta une société avec les comédiens, disent les auteurs de l'*Histoire du Théâtre français*, « et il s'engagea de leur fournir autant de pièces qu'ils en auraient besoin. Il remplit ses engagements jusqu'à sa mort³ ».

Quelle fut, dans ces conditions, la production de cet entrepreneur dramatique ? Il ne saurait être inutile de le savoir pour apprécier l'état du théâtre.

La facilité de Hardy étonnait déjà les contemporains, qui la célébraient à l'envi. Théophile s'écrie, dans un élan de naïve admiration, que Hardy est

> Coutumier de courre une plaine
> Qui s'étend par tout l'univers,
> J'entends à composer des vers
> Trois milliers tout d'une haleine⁴.

1. *Journal du théâtre fr.*, t. V, f° 268. Ce manuscrit a été achevé vers 1773. Voy. l'Avertissement que le chevalier de Mouhy a mis en tête de son *Abrégé de l'histoire du théâtre françois* (t. I, et notamment p. ix).
2. Cf. de Léris, p. 593, qui semble avoir vu la difficulté, mais n'avoir su comment la résoudre.
3. T. IV, p. 4. Cf. *Bibliothèque du th. fr.*, t. I, p. 333.
4. *Théâtre*, t. I. *Au sieur Hardy.* « Théophile, contemporain

Laffemas le loue d'avoir fait plus de vers à lui tout seul que tous les contemporains ensemble[1]. Et un autre ami, renchérissant encore, dit qu'il a fait plus de tragédies que Sophocle, Eschyle et Euripide n'ont fait de vers[2].

Hardy était sensible à ces éloges, si outrés qu'ils fussent[3]. Il veut qu'on sache qu'il compose rapidement ses pièces, comme si leur grand nombre même ne l'attestait pas suffisamment, et il nous prévient, en parlant d'une de ses pastorales, que « quinze jours de passe-temps l'ont mise sur pied..., sans que la moindre douleur ait précédé son enfantement[4] ».

Hardy a donc composé un très grand nombre de pièces, et les chiffres qu'il nous cite sont imposants. Malheureusement, ce sont des chiffres écrits un peu au hasard et d'une très vague approximation ; lui-même savait-il le nombre exact de ses ouvrages ? Les épîtres qui ouvrent le volume de *Théagène et Cariclée* montrent combien peu Hardy s'inquiétait de préciser ou simplement de faire concorder ses renseignements. Il dit à Payen qu'il a déjà écrit *cinq cents poèmes dramatiques*, et au lecteur que *deux cents*

---

de cet auteur, l'a loué ou peut-être raillé de cette fécondité », dit de Léris, p. 593. Il n'y a pas ombre de raillerie dans tout cela.

1. *Théâtre*, t. I, *A Monsieur Hardy*. — Guéret fait dire à Hardy : « Deux mille vers sont bientôt faits, et l'on sait que bien souvent ils ne me coûtaient que vingt-quatre heures. En trois jours, je faisais une comédie, les comédiens l'apprenaient, et le public la voyait. » *Guerre des auteurs*, p. 57. Cf. Guizot, *Corneille*, p. 136 ; Godefroy, *Hist. de la litt. fr.*, t. I, p. 409. Et la Beaupré, dans le *Segraisiana*, parle des pièces qu'on faisait aux comédiens *en une nuit* ; voy. ci-dessous, p. 95.

2. T. II, stances de Lamy, avocat au Parlement. Voy. encore celles de Tristan, t. I et III.

3. Il déclare quelque part que *la qualité est préférable à la quantité, et que le nombre lui déplaît*. Simple précaution oratoire. Voy. t. III, *Au lecteur*.

4. Préface de *Corine*, t. III. Lemazurier renchérit : « Jamais il n'employait plus de huit jours à la fabrique d'une pièce », dit-il, t. I, p. 3. Cf. Lotheissen, t. I, p. 299.

poëmes dramatiques sont coulés de sa plume depuis *Théagène et Cariclée*. En faut-il conclure que cette œuvre avait été précédée de *trois cents* autres? Cela paraît bien difficile, puisqu'elle était *éclose pendant les bouillons d'une jeunesse*.

Les épîtres que nous venons de citer sont du commencement de 1623. Vers la fin de 1625, Hardy parle encore du nombre de ses pièces, et ce nombre n'a pas changé. « Lorsque ces vénérables censeurs, dit-il de ses adversaires, auront pu mettre au jour cinq cents poèmes de ce genre, je crois qu'on y trouvera bien autrement à reprendre[1]. » Évidemment Hardy ne s'était pas reposé depuis 1623, mais il attendait sans doute pour changer son chiffre d'avoir atteint celui de six cents, et c'est ce qui était arrivé en 1628. « Six cents pièces et plus de ce genre », dit-il en tête de son tome V[2].

A cette date de 1628 s'arrêtent les renseignements donnés par Hardy : en tenant compte des réserves faites plus haut, nous n'avons pas de raison pour les contester. Il était facile aux contemporains d'en contrôler l'exactitude pendant une période assez longue : aurait-on cru à ses six cents poëmes, si l'on n'en avait vu jouer que six par an? Et ne savait-on pas s'il en avait fait une centaine de 1623 à 1628? Acceptons donc pour ces cinq années le chiffre de cent, nous obtenons une moyenne de 20 par an, et puisqu'en 1623 Hardy travaillait depuis trente ans pour le théâtre, il aurait pu avoir produit six cents pièces à cette date : il n'en accuse que cinq cents, avons-nous le droit de le taxer d'exagération?

Ses contemporains sont loin de lui adresser un pareil reproche; au contraire, ils l'encourent eux-mêmes, tant ils sont éblouis par sa fécondité. « Il faut donner cet aveu à

---

1. T. III, *Au lecteur.*
2. *Au lecteur.*

la mémoire de cet auteur, fait dire Scudéry à l'un de ses personnages [1], qu'il avait un puissant génie et une veine prodigieusement abondante (comme huit cents poèmes de sa façon en font foi) »; et Marolles, qui l'avait *beaucoup connu*, répète que Hardy « avait composé plus de huit cents » pièces [2]. Huit cents ! C'est pourtant là un bien gros chiffre ! Après 1628, Hardy n'écrivit plus que pendant trois ans environ; porta-t-il à sept cents le nombre de ses poèmes, qui était déjà de *six cents et plus* ? La chose est possible, mais on ne saurait guère dépasser un chiffre aussi respectable [3].

III

Comment ces pièces étaient-elles payées ?

Nous ne pouvons, pour résoudre cette question, profiter des détails précis et intéressants que donne Chappuzeau sur les conditions faites aux auteurs dramatiques de son temps [4]; cette générosité des comédiens, que Chappuzeau fait sonner bien haut, était toute naturelle alors que le théâtre était très fréquenté et rapportait beaucoup. Mais les Valleran et les Vautray, s'ils en avaient eu le désir, auraient-ils eu le moyen d'être généreux ? « Valleran était chef de troupe, nous dit Tallemant; il ne savait que

---

1. M. de Blandimare, dans *la Comédie des Comédiens*, acte II, sc. 1re, p. 29.
2. *Mémoires* de Marolles, t. II, p. 223.
3. « Il n'en fit pas moins de douze cents », dit, je ne sais pourquoi, Nisard (*Hist. de la litt. fr.*, 6e éd., 1877, t. II, p. 95); mais le chiffre de 800 est généralement accepté, et La Vallière en prend texte pour appeler Hardy le poëte « le plus fécond qu'il y ait jamais eu ». T. I. p. 333. C'est oublier Lope de Vega, avec lequel Hardy peut à peine être comparé, et pour le nombre de ses pièces et pour la rapidité de sa composition. Voy. p. ex. Ticknor, t. II, p. 314 sqq.
4. Pages 85 à 89. Cf. Despois, l. III, ch. II, p. 189 sqq.

donner à chacun de ses acteurs, et il recevait l'argent lui-même à la porte[1]. » Comment aurait-il été moins embarrassé pour payer son poète que pour payer ses acteurs ? Certes, si les pièces de Hardy étaient payées comptant, leur prix n'a jamais approché des « 200 pistoles et au delà » que devaient rapporter celles de ses successeurs ; s'il était de part dans les représentations, sa part était loin d'être aussi importante que celle des Boyer ou des Pradon[2].

D'après les frères Parfait[3], ce n'est qu'en 1653 que fut institué l'usage d'accorder à l'auteur d'une pièce une partie de la recette de chaque représentation, « pendant le temps que cette pièce serait représentée dans sa nouveauté ». Auparavant, « les comédiens, depuis leurs établissements à Paris, étaient dans l'usage d'acheter des auteurs les pièces de théâtre qu'on leur présentait, au cas que l'ouvrage leur convînt. Au moyen de quoi, le profit de la recette était en entier pour eux. » Hardy aurait donc été payé ainsi, et l'indication des historiens du *Théâtre français* est d'accord avec un passage souvent cité du *Segraisiana* : « La Beaupré, excellente comédienne de ce temps-là, qui a joué aussi dans les commencements de la grande réputation de M. Corneille, disait : *Monsieur* « *Corneille nous a fait un grand tort; nous avions ci-devant* « *des pièces de théâtre pour trois écus, que l'on nous faisait* « *en une nuit ; on y était accoutumé et nous gagnions* « *beaucoup ; présentement les pièces de Monsieur de* « *Corneille nous coûtent bien de l'argent, et nous gagnons* « *peu de chose*[4]. »

Le chiffre de trois écus est évidemment trop faible[5], et, à

---

1. T. VII, p. 170 (Historiette de Mondory).
2. Despois, p. 193.
3. T. VII, p. 428-430.
4. Œuvres diverses de *M. Segrais*, p. 155 et 156.
5. En 1667, la *Clef* du *Page disgracié* disait que Hardy com-

supposer que le mot de La Beaupré ne soit pas une simple exagération, cette somme ne peut avoir été acceptée que par des auteurs de hasard, non par un poète en renom comme Hardy. Mais le mode même de payement dont parlent le *Segraisiana* et les frères Parfait ne saurait avoir été employé par les comédiens que vers la fin de la carrière de Hardy[1]. Au commencement de leur séjour à Paris, il en était comme au temps de leurs voyages à travers les provinces. Après la représentation, les membres de la troupe, portier et poète compris, se réunissaient ; l'argent était mis sur une table, et chacun recevait sa part[2]. Tant

posait à trois pistoles la pièce. — Le prétendu témoignage de Segrais est ordinairement accepté sans hésitation ; cependant, comment ne pas se défier d'un auteur, quel qu'il soit, qui, écrivant sur le théâtre, commence ainsi : « Autrefois, c'est-à-dire dans le siècle passé, les gens de lettres ne faisaient pas de comédies ou pièces de théâtre : il n'y eut que Jodelle qui fit la *Médée*. »

1. On pourrait, contre cette opinion, tirer un argument du délayage dont use souvent Hardy pour arriver à remplir les cinq actes de ses pièces. — Aujourd'hui, deux actes n'étant pas plus payés qu'un, et les pièces en trois actes étant beaucoup mieux traitées, les auteurs étirent leurs sujets un peu étriqués jusqu'à ce qu'ils aient atteint cette mesure, et les pièces en deux actes disparaissent (voy. à ce sujet les plaintes de Sarcey, Semaine dramat. du *Temps*, 13 juillet 1885 et *passim*). De même Hardy aurait reçu un prix spécial pour les pièces en cinq actes, et ce prix, déjà si modique, il ne pouvait consentir à le voir réduire. Mais il est plus naturel de supposer que, d'une part, les comédiens tenaient à la coupe en cinq actes, commode pour remplir leur spectacle, et que, d'autre part, Hardy restait fidèle au préjugé du XVIe siècle, où, pour rien au monde, les classiques n'auraient voulu manquer au précepte d'Horace : « *Neve minor neu sit quinto productior actu* ».

2. Voy. Corneille, *l'Illusion comique*, acte V, sc. v ; cf. Chappuzeau, p. 174. — La part du poète n'était certainement pas plus grosse que celle de ses camarades. En septembre 1639, des comédiens de campagne, qui représentaient à Chambéry et allaient se rendre à Turin, se partagent d'avance par un traité en bonne forme les cadeaux qu'ils espèrent recevoir et les profits qu'ils espèrent retirer des représentations. La troupe était composée de dix membres. Trois parts des cadeaux sur onze sont attribuées « à Dorimond, tant pour lui que pour la damoiselle sa femme, *et cette*

que la troupe fut pauvre, c'est ainsi que les choses se passèrent. Plus tard, Hardy fut payé d'avance, mais toujours maigrement payé[1].

Nous l'avons entendu se plaindre de sa misère. En 1623, après trente ans d'un travail opiniâtre, il dit mélancoliquement, pour excuser ses fautes : « Ma fortune se peut apparier l'emblème d'Alciat, où les fers de la pauvreté empêchent l'esprit de voler vers les cieux[2] ». Trois

prérogative ne lui est accordée qu'en considération de sa poésie à laquelle il s'applique particulièrement »; mais « quant aux profits provenant du prix des places ou des récompenses qui seraient données par leurs Altesses Royales, ils seront partagés en dix lots à l'accoutumée, sans aucune prérogative des uns aux autres ». Ainsi Dorimond, à la fois poète et premier rôle, touche une part entière comme comédien, mais ne participe comme poète qu'à la distribution des cadeaux reçus. Voy. Mugnier, p. 23 et 32.

1. Les auteurs anglais l'étaient beaucoup mieux, et restaient pourtant fort misérables (voy. Taine, t. I, p. 447-448). Quant à Lope, quoiqu'il ait écrit que la nécessité et lui s'étaient associés pour le commerce des vers (voy. Marc-Monnier, *la Réforme, de Luther à Shakespeare*, t. I, Paris, Didot, 1883, p. in-8, p. 364). il n'en a pas moins reçu 500 réaux (130 fr.) environ par comédie et 80 000 ducats en tout, selon Montalvan.

2. *Épître à M. Payen*, en tête de *Théagène et Cariclée*. Voy. l'emblème CXX d'Alciat (*Emblemata V. Cl. Andreæ Alciati cum imaginibus plerisque restitutis ad mentem Auctoris*... Patavii, apud Petrum Paulum Tozzium, M.D.C.XIIX, p. 216) : « Paupertatem summis ingeniis obesse ne provehantur :

Dextra tenet lapidem, manus altera sustinet alas :
Ut me pluma levat, sic grave mergit onus.
Ingenio poteram superas volitare per auras,
Me nisi paupertas invida deprimeret. »

Et le dessin représente un homme prêt à s'envoler avec les ailes que porte son bras gauche, sa jambe gauche est soulevée, et il regarde la nue où apparaît un personnage nimbé, Dieu sans doute; mais une pierre que la main droite tient avec une corde l'empêche de quitter la terre. Scudéry semble s'être souvenu de cet emblème d'Alciat, ou plutôt encore avoir paraphrasé la plainte de Hardy, dans son *Apologie du théâtre*, p. 63-64. Dans son *Pamphlet littéraire* (à la suite des *Nouvelles*, trad. Viardot, p. 475),

ans après, en 1626, sa plainte a un accent plus profond encore[1], et, en 1632, nous entendrions celle de sa veuve, si les frères Parfait nous avaient conservé quelque chose du plaidoyer composé en son nom dans le « procès qu'elle avait intenté contre les comédiens pour raison de la société » formée entre le poète et ses acteurs[2]. Comme Hardy, ses amis se répandent en doléances. On comprend ton dépit, s'écrie l'un d'eux[3], quand on songe

> Que la France est ingrate à ta muse immortelle,
> Et qu'après avoir fait pour elle,
> Elle devait faire pour toi.

Et un autre[4] :

> Grand et docte Hardy, quand je lis les beaux vers,
> Qui, comme autant de traits, ont la fortune en butte
> Pour l'injuste pouvoir qu'elle a sur l'univers,
> Je ne m'étonne point qu'elle te persécute...
> Si tes labeurs n'ont point ce qu'ils ont mérité,
> Tu laisses à juger à la postérité
> Quelles gens on estime en ce siècle où nous sommes.

IV

La lourde chaîne que nous venons de voir porter par Hardy, aucun autre dramaturge n'en a-t-il été chargé au XVIIe siècle ?

Sans hésiter, on aurait autrefois répondu non. Mais un examen attentif de textes depuis longtemps connus en a fait sortir des indications nouvelles et a forcé les avis à se

---

Cervantès déclare que, « chez le poète pauvre, la moitié de ses divins enfantements, de ses divines pensées, sont emportés par les soins qu'exige la recherche de l'ordinaire soutien de la vie. »

1. Voy. la dédicace du tome IV, et cf. ci-dessus, p. 89-90.
2. *Hist. du th. fr.*, t. IV, p. 4.
3. Nassé, stances en tête de *Théagène et Cariclée*.
4. Guillebert, en tête du tome IV.

modifier sur ce point. L'esclavage que Hardy a subi toute sa vie, on tend aujourd'hui à croire que Théophile et Rotrou eux-mêmes l'ont subi, pendant plusieurs années[1].

Citons quelques pages, d'ailleurs curieuses et caractéristiques de l'état du théâtre, qu'on a souvent empruntées au *Page disgracié*, cette autobiographie du poète Tristan l'Hermite. La scène se passe au Louvre, et Tristan, tout jeune encore, mais déjà joueur et souvent aux prises avec le sage précepteur qui voulait l'assagir, est page du non moins jeune Henri de Bourbon, duc de Verneuil, un fils naturel d'Henri IV qui, en 1608, âgé de sept ans, a déjà été pourvu de l'évêché de Metz :

« *Ma* gentillesse m'acquit l'amitié de beaucoup de gens, et entre autres d'une troupe de comédiens, qui venaient représenter trois ou quatre fois la semaine devant toute cette cour, où mon maître tenait un des premiers rangs. Il me souvient qu'entre ces acteurs, il y en avait un illustre pour l'expression des mouvements tristes et furieux; c'était le Roscius de cette saison, et tout le monde trouvait qu'il y avait un charme secret en son récit. Il était secondé d'un autre personnage excellent pour sa belle taille, sa bonne mine et sa forte voix, mais un peu moindre que le premier pour la majesté du visage et l'intelligence. J'aimais fort ces comédiens, et me sauvais quelquefois chez eux, lorsque j'avais quelque secrète terreur et que mon précepteur m'avait fait quelque mauvais signe..... Un jour que j'avais eu quelque démangeaison aux poings et que je les avais frottés un peu rudement contre le nez d'un jeune seigneur de mon âge et de ma force, mais non pas de mon adresse, je m'allai sauver parmi le cothurne.

---

1. Les associations d'auteurs et d'acteurs étaient alors plus répandues qu'on ne l'a cru. D'après la *Bosco-Robertine*, Boisrobert, après la mort de son protecteur Richelieu, se serait associé au farceur Gilles le Niais (voy. Éd. Fournier, *Le théâtre fr. au xvi⁰ et au xvii⁰ s.*, p. 551).

C'était un jour que les comédiens ne jouaient point, mais ils ne pouvaient toutefois l'appeler de repos : il y avait un si grand tumulte entre tous ces débauchés, qu'on ne s'y pouvait entendre. Ils étaient huit ou dix sous une treille en leur jardin, qui portaient par la tête et par les pieds un jeune homme enveloppé dans une robe de chambre, ses pantoufles avaient été semées avec son bonnet de nuit dans tous les carrés du jardin, et la huée était si grande que l'on faisait autour de lui, que j'en fus tout épouvanté. Le patient n'était pas sans impatience, comme il témoignait par les injures qu'il leur disait d'un ton de voix fort plaisant, sur quoi ses persécuteurs faisaient de grands éclats de rire. Enfin je demandai à un de ceux qui étaient des moins occupés que voulait dire ce spectacle et qu'avait fait cet homme qu'on traitait ainsi. Il me répondit que c'était un poëte qui était à leurs gages, et qui ne voulait pas jouer à la boule, à cause qu'il était en sa veine de faire des vers; enfin, qu'ils avaient résolu de l'y contraindre.

« Là-dessus, je m'entremis d'apaiser ce différend, et priai ces messieurs de le laisser en paix pour l'amour de moi ; ainsi je le délivrai du supplice. Et lorsqu'on lui eut appris qui j'étais, et qu'on lui eut rendu son bonnet et ses mules, il me vint faire des compliments comme à son libérateur et à une personne dont on lui avait fait une grande estime. Tous ses termes étaient extraordinaires, ce n'étaient qu'hyperboles et traits d'esprit nouvellement sorti des écoles et tout enflé de vanité. Cependant la hardiesse dont il débitait était agréable et marquait quelque chose d'excellent en son naturel. »

Ici les deux éditions du roman, qui ne se distinguaient précédemment que par des variantes peu importantes, se séparent d'une façon complète. Celle de 1667 termine le chapitre par un passage peu important : le poëte des comédiens s'y plaint de l'humeur pillarde de ses confrères, dont l'un lui a récemment dérobé un sonnet [1]; celle de 1643 continue en ces termes : « Dès que nous fûmes entrés en conversation, après avoir gagné une allée où nous pouvions parler plus tranquillement, il me récita quelques vers qu'il avait composés pour le théâtre et d'autres ouvrages où je trouvais plus de force d'imagination que de politesse. Après l'avoir longtemps écouté, je lui en dis de la façon des plus grands écrivains du siècle, et je les fis sonner de façon que ce poète provincial les admira; mais il feignit d'admirer beaucoup davantage la gentillesse de mon esprit et flatta si bien ma vanité, que je fis dessein de lui rendre quelque bon office auprès de mon maître, dès que je serais rentré en grâce. Je fus ému à m'employer en sa faveur par deux motifs, l'un par l'estime que je faisais de son humeur, l'autre par une compassion que j'avais de sa fortune, ayant appris d'abord qu'on lui donnait fort peu d'argent de beaucoup de vers [2]. »

Ici la *clef* du roman nous donne l'indication suivante, selon nous fort contestable : « *Le poète des comédiens, Alexandre Hardy, lequel a mis au jour un grand nombre de pièces de théâtre, qu'il composait au prix de trois pistoles la pièce* [3]. »

Nous retrouvons le même personnage dans un autre chapitre; et, comme il importe d'en savoir assez pour découvrir son vrai nom, il nous sera peut-être permis de citer encore :

« Le poète des comédiens, ayant appris que j'étais rentré en grâce auprès de mon maître, ne manqua pas de me venir voir, afin que je le lui fisse saluer, comme je lui

---

1. Sur cette variante, voir Bernardin, *Tristan*, p. 52, n., et le *Page disgracié*, éd. Diétrich, p. 58, n.
2. *Le Page disgracié*, ch. IX : *La première connaissance que le page disgracié fit avec un écolier débauché qui faisait des vers*, p. 87 à 96 de la 1re éd., 54 à 60 de la 2e.
3. *Remarques et observations*, p. 349.

avais promis. Je le présentai de bonne grâce ; il eut l'honneur d'entretenir une demi-heure ce jeune prince, et même il eut la satisfaction d'en recevoir quelque libéralité, ayant fait sur le champ ces quatre vers à sa gloire :

> Ma muse à ce prince si beau
> Consacre un monde de louanges,
> Qui volent au palais des anges
> Et sont exempts du tombeau.

Quoique ces vers eussent des défauts, nous n'étions pas capables de les pouvoir discerner, et nous trouvions seulement agréables ces termes ampoulés qu'il avait recueillis vers les Pyrénées. Je ne sais comment, en prenant congé de mon maître, ce poète débauché dit inopinément quelque mot sale, et qu'il avait accoutumé d'entremêler en tous ses discours. Notre précepteur en fut averti, qui prit ce prétexte pour se venger de l'affront qu'il avait reçu pour mon sujet[1]. Il me vint surprendre le lendemain au matin et me fit une grande remontrance sur la discrétion qu'il fallait garder à faire connaître de nouveaux visages à un jeune prince, et m'aggrava fort la hardiesse que j'avais prise de présenter à mon maître un homme inconnu et vicieux[2]..... »

Tel est le récit de Tristan. Or, rien ne permet de douter de l'authenticité de l'anecdote, la véracité du biographe ayant été mise hors de doute par la patiente et savante enquête de M. Bernardin ; mais, quoi qu'en aient pensé tous les auteurs qui avant nous avaient cité ce texte[3],

---

1. Affront raconté dans le chapitre précédent.
2. *Le Page disgracié*, ch. xi, p. 67 à 69 de la 2ᵉ éd., p. 107 à 110 de la 1ʳᵉ.
3. Notamment Fournel dans plusieurs de ses ouvrages (par exemple, dans un article de la revue *le Livre*, oct. 1887, p. 304); Alleaume, *Œuvres complètes de Théophile*, éd. de la *Bibl. elzévirienne*, t. I, p. ctj ; Chardon, *la Vie de Rotrou mieux connue*, p. 42 ; Éd. Fournier, *la Farce et la Chanson au*

le poëte dont parle le Page disgracié ne saurait être Alexandre Hardy.

Hardy avait une quarantaine d'années quand se passaient les faits racontés par Tristan. Est-ce un homme de cet âge que Tristan a pu appeler *un écolier débauché, un jeune homme... nouvellement sorti des écoles et tout enflé de vanité*? De plus, Hardy était de Paris et faisait toujours suivre son nom de l'épithète de « Parisien »; Tristan le savait mieux que personne, lui qui avait loué Hardy dans des pièces liminaires et qui avait imité deux de ses tragédies. Comment l'aurait-il pu appeler un « poëte provincial » ?

Observons-le bien vite : les *Remarques et observations* où Hardy se trouve nommé ne figurent que dans l'édition de 1667, parue après la mort de Tristan[1]. Elles ne méritent qu'une confiance très restreinte, étant l'œuvre de l'éditeur, Jean-Baptiste l'Hermite, sieur de Vauselles[2], et celle qui concerne Hardy prouve seulement que le souvenir de son existence et du lien qui l'attachait aux comédiens n'était pas encore effacé. Pour Tristan, s'il a voulu faire un portrait, comme tout le prouve, c'est un autre que Hardy qu'il a visé.

En 1890, pour la première fois, j'ai proposé de substi-

---

théâtre avant 1660, p. xxxj, n. 3. — Je trouve dans H. Kœrting, *Geschichte des Französischen Romans im XVII. Jahrhundert*, II, *Der realistische Roman*, Oppeln und Leipzig, 1887, in 8, p. 159, une hypothèse singulière. D'après M. Kœrting, Alexandre Hardy, auteur, directeur et acteur du théâtre du Marais, pourrait bien être l'un des tragédiens loués par Tristan, « le Roscius de cette saison ».

1. Tristan est mort en 1655. — L'édition de 1643 est de beaucoup la plus rare, et nous-même n'avons pu la consulter que longtemps après celle de 1667. Ainsi s'explique l'erreur commune.

2. Sur ce curieux et peu scrupuleux personnage, voir H. Chardon, *Nouv. doc. sur Molière*, et surtout Bernardin, *Hommes et mœurs au XVIIe siècle*, Paris, Lecène, 1900, in-12, art. sur *Un mari d'actrice, le chevalier de l'Hermite-Soliers*.

Contraste insuffisant

NF Z 43-120-14

tuer à Hardy Théophile de Viau comme héros de l'aventure; et depuis, l'hypothèse a été acceptée par des érudits dont l'adhésion lui a donné le plus grand poids : M. Bernardin dans sa thèse sur Tristan, Mlle Schirmacher dans son livre sur Théophile, M. Diétrich dans son édition du *Page disgracié*[1]. Un seul doute reste encore, c'est sur la date de l'événement; car Tristan, narrateur exact des faits et peintre fidèle des physionomies, ne prête à la chronologie qu'une attention insuffisante. A l'en croire, il avait douze ans quand il a rencontré le poète des comédiens[2] et, comme il était né sans doute en 1601[3], on était donc en 1613. Mais, d'autre part, le page est jeté par cette rencontre dans des difficultés d'où le tire l'intervention d' « un des plus grands princes de la terre », d'Henri IV[4], et on était donc en 1610. Tristan s'est-il trompé sur son âge? La chose est possible, et M. Bernardin en est convaincu; s'est-il trompé sur la circonstance où Henri IV l'a protégé? il se peut encore, et c'est ce que j'ai cru, aussi bien que Mlle Schirmacher. Mais, après tout, l'une et l'autre date sont acceptables. A la fin de 1613, nous savons que la troupe de l'Hôtel de Bourgogne a été appelée à la Cour : « L'on a renvoyé quérir les comédiens français, écrit Malherbe à Peiresc le 24 novembre; le roi ne goûte point les Italiens, les Espagnols ne plaisent à personne[5] ». Mais rien n'empêche que la troupe soit venue aussi au Louvre en 1610. — En 1613, les deux acteurs dont la *clef* nous

---

1. Bernardin, p. 50-52; Schirmacher, p. 14-19, 216-217, 242-243; Diétrich, p. 54-56, n.
2. Cette rencontre, nous l'avons dit, est le sujet du chap. IX; au chap. VIII, p. 49 de la 2e éd., l'auteur a dit qu'il « n'avait que onze ou douze ans »; au chap. XVIII, p. 99, il écrit : « L'âge avait un peu mûri ma raison, sur la treizième de mes années ».
3. Bernardin, p. 43-44.
4. Chap. X et XI.
5. *Œuvres de Malherbe*, t. III, p. 358.

donne cette fois les noms exacts[1] étaient à l'Hôtel de Bourgogne. Mais l'un d'eux, Valleran Lecomte, y était sûrement, et l'autre, Vautray, y était très probablement en 1610[2]. — En 1613, Théophile était revenu depuis peu de son voyage en Hollande, et certainement il était pauvre, n'ayant pas encore obtenu la protection du duc de Montmorency. Mais en 1610, il venait à peine d'arriver à Paris, au sortir de sa province, et il était plus pauvre encore.

Dans tous les cas, Théophile était jeune, puisqu'il avait vingt-trois ou vingt ans; il était nouveau à Paris : on pouvait donc le regarder comme un *inconnu* et un *écolier*. — Il avait quelque chose d'*excellent dans son naturel*. — Son langage était *extraordinaire*, rempli de *traits*, d'*hyperboles* et de *termes ampoulés*. Et, si Tristan nous dit qu'il les avait *recueillis vers les Pyrénées*, pourquoi cette expression ne serait-elle pas prise à la lettre? Théophile était Gascon, son aïeul avait été secrétaire de la reine de Navarre, il venait vraiment des Pyrénées. — Les épithètes de *vicieux* et de *débauché*, on les lui a prodiguées toute sa vie; luimême reconnaît qu'il les méritait dans sa jeunesse. — Les *mots sales* qu'il pouvait avoir à la bouche ne nous sont que trop connus par *le Parnasse satyrique* et par les œuvres mêmes que Théophile a avouées. — Théophile, comme le poète des comédiens, faisait des vers qui n'appartenaient pas au genre dramatique; et si, dans la variante de la seconde édition, qui paraît être aussi de Tristan, le poète des comédiens se plaint qu'on lui ait volé un sonnet, des Barreaux accusait Mairet d'avoir volé à Théophile sa *Sophonisbe*. — Théophile, en 1625, écrit à Tristan : « Votre excellent génie ne démentira pas les prédictions que j'en ai faites »; et ces prédictions ne peuvent guère dater que

1. A une faute d'orthographe ou d'impression près. « Vantret et Valleran », disent les *Notes*; il faut lire Vautret et, mieux encore, Vautray.
2. Voy. ci-dessous, chap. v, p. 170-1.

de cette époque[1]. — Théophile a été l'ami et l'admirateur de Hardy, autre fournisseur de l'Hôtel de Bourgogne[2], et, en 1622 encore, il habitait près de cet Hôtel, rue des Deux-Portes[3]. — Quelle hypothèse, sinon la nôtre, pourrait rendre compte du passage obscur qui se trouve dans une des principales pièces de Théophile? Voici ce qu'on y lit :

> Autrefois, quand mes vers ont animé la scène,
> L'ordre où j'étais contraint m'a bien fait de la peine.
> *Ce travail importun m'a longtemps martyré ;*
> *Mais enfin, grâce aux Dieux, je m'en suis retiré.*
> Peu, sans faire naufrage et sans perdre leur ourse,
> Se sont aventurés à cette longue course.
> Il y faut par miracle être fol sagement,
> Confondre la mémoire avec le jugement,
> Imaginer beaucoup, et d'une source pleine
> Puiser toujours des vers dans une même veine...
> Donnant à tels efforts ma première furie,
> *Jamais ma veine encor ne s'y trouva tarie...*
> Mais il me faut résoudre à ne la plus presser...
> *Je veux faire des vers qui ne soient pas contraints*[4].

Sont-ce là les vers d'un homme qui n'a travaillé pour le théâtre qu'à ses heures, heures rares, puisqu'il n'a publié qu'une seule pièce et que l'attribution qu'on lui a faite d'une seconde, celle de *Pasiphaé*, est fort douteuse, pour ne pas dire plus[5]? — Enfin, longtemps après la mort de

---

1. Voy. Bernardin, *Tristan*, p. 51.
2. Voy. Rigal, *Hardy*, p. 52-54.
3. Alleaume, *OEuvres de Théophile*, p. cj.
4. *Élégie à une dame*. OEuvres complètes de Théophile, 1re partie, t. I, p. 219. — Pour les renseignements biographiques qui précèdent, voy. la notice d'Alleaume; celle de M. Jules Andrieu, *Théophile de Viau, étude bio-bibliographique avec une pièce inédite du poète et un tableau généalogique*, Bordeaux et Paris, Picard, 1888, in-8; et surtout le livre de Mlle Schirmacher.
5. L'éditeur de 1627 dit que cette œuvre, très mal composée, où l'on ne peut louer que quelques vers, « n'a jamais été représentée ». Cependant Mlle Schirmacher, p. 238 et suiv., la regarde

Théophile, les comédiens de l'Hôtel de Bourgogne parlent de lui comme d'un homme qui a été fort lié avec leur troupe et qui a écrit de nombreuses pièces de théâtre : « Notre vieux maître Valleran, depuis qu'il est en l'autre monde, désirant d'y faire valoir la comédie et de l'y établir, comme il a fait en France durant sa vie,... doit représenter devant lui (le grand maître de la nature) plusieurs pièces nouvelles... et quelques-unes de M. Théophile » ; dans l'autre monde, « Gaultier et Guillaume firent voir à Turlupin une grande quantité de pièces nouvelles faites par divers bons auteurs, entre autres Théophile, lesquelles il trouva excellentes » ; et ailleurs, l'ombre de Gaultier Garguille apprend au Gros Guillaume que Théophile a promis de faire pour les grands monarques défunts une belle pièce dont il donne le sujet [1].

Combien de temps Théophile resta-t-il au service des comédiens ? L'*Élégie à une dame*, où se trouve l'adieu à l'art dramatique, est antérieure à 1621, et peut-être Théophile avait-il quitté la scène après le succès de son *Pyrame*, qui fut représenté sans doute en 1617. Avant même cette date, comme Théophile était connu à la Cour, comme il était protégé par Montmorency, on peut supposer que les liens qui l'attachaient aux comédiens s'étaient relâchés peu à peu et qu'il resta peu de temps dans une servitude aussi dure que celle de Hardy.

comme une des premières pièces composées par Théophile alors qu'il était aux gages des comédiens ; M. Bernardin et M. Diétrich supposent que *Pasiphaé* pourrait être, ou le sujet de comédie communiqué par le poète des comédiens à Tristan dans la variante (Diétrich), ou l'une des œuvres lues par le poète et auxquelles le page trouve « plus de force d'imagination que de politesse » (Bernardin).

1. *Le testament de Gaultier Garguille*, 1634 ; — *la Rencontre de Turlupin en l'autre monde avec Gaultier Garguille et le Gros Guillaume*, 1637 ; — *Révélations de l'ombre de Gaultier Garguille*, 1634 (*Chansons de Gaultier Garguille*, p. 150 ; 240 ; 173).

V

Moins longue encore fut sans doute la servitude de Rotrou ; mais le fait même ne peut guère être contesté.

On connaît la lettre que Chapelain écrivait à Godeau le 30 octobre 1632 : « Le comte de Fiesque m'a amené Rotrou et son Mécène. Je suis marri qu'un garçon de si beau naturel ait pris une servitude si honteuse ; et il ne tiendra pas à moi que nous ne l'affranchissions bientôt. Il a employé votre nom, outre l'autorité de son introducteur pour se rendre considérable, dit-il, auprès de ma personne. Mandez-moi si vous prenez part dans l'assistance et les offices qu'il attend de moi et à quoi je me suis résolu. » Ce texte frappa pour la première fois Guizot, qui en conclut que la *servitude si honteuse* de Rotrou devait être un engagement dans une troupe de comédiens en qualité d'auteur[1] ; explication ingénieuse et très vraisemblable, acceptée depuis par la plupart des historiens de Rotrou, notamment par Jarry et M. Hémon[2]. M. Chardon, à son tour, l'a reprise et l'a rendue à la fois plus certaine et plus complète. Selon lui, le Mécène de Rotrou était Bellerose, la troupe qui se l'était attaché était celle de l'Hôtel de Bourgogne, et le jeune poète succédait comme fournisseur à Hardy[3].

M. Chardon, entre autres autorités, cite le *Journal* manuscrit de Mouhy, lequel ne mérite aucune créance ; proposons-lui une autorité plus sérieuse. Le *Mémoire* de Mahelot ne contient pas moins de quatorze pièces de Ro-

---

1. *Corneille et son temps*, p. 366.
2. Jarry, *Essai dramatique sur les œuvres de J. Rotrou*, p. 11 ; Hémon, introduction du *Théâtre choisi de Rotrou*, p. 13. Voy. Sainte-Beuve, *Tableau*, p. 254. M. Person ne se prononce pas (*Hist. du Venceslas de Rotrou...* Paris, Cerf, 1882, pet. in-8, p. 134).
3. Chardon, *la Vie de Rotrou mieux connue*, p. 39 et suiv.

trou, parmi lesquelles plusieurs n'étaient probablement pas imprimées au temps où se composait le *Mémoire*, et une autre est restée inédite : *Florante ou les Déclains amoureux*[1]. Le *Mémoire* appartenant à l'Hôtel de Bourgogne, c'est à l'Hôtel de Bourgogne que Rotrou était attaché.

Ajoutons que, le 17 février 1633, Chapelain écrivait à Balzac : « La comédie dont je vous ai parlé n'est mienne que de l'invention et de la disposition. Le vers en est de Rotrou, ce qui est cause qu'on n'en peut avoir de copie, pour ce que le poète *en gagne son pain*[2] ». Rotrou, comme Hardy, n'avait le droit ni de publier, ni de faire lire ses pièces sans le consentement de ses patrons les comédiens.

Enfin M. Stiefel qui, comme nous, a adhéré à l'hypothèse de M. Chardon, cite ces vers du satyrique Gaillard en 1634 :

Corneille est excellent, mais il vend ses ouvrages ;
Rotrou fait bien les vers, mais *il est poète à gages*[3].

VI

Après Rotrou, il est probable qu'il n'y eut plus de semblable *société* formée, du moins à Paris, entre un auteur et des comédiens : des poètes hommes du monde, comme Honorat de Bueil seigneur de Racan et Jean de Mairet, avaient relevé la profession de poète dramatique. Il ne pouvait plus être question pour les comédiens de berner leur poète ou même de le considérer comme un domestique. Même vis-à-vis de Hardy, à mesure qu'il vieillissait, les comédiens avaient dû abandonner leurs allures despo-

---

1. Voy. Appendice, note 2.
2. *Lettres de Jean Chapelain de l'Académie française*, p. p. Ph. Tamizey de Larroque, Paris, 1880, t. I, p. 27.
3. Stiefel, *Ueber die Chronologie von J. Rotrou's dramatischen Werken*, p. 13-14.

tiques et tracassières. Peu à peu, d'ailleurs, ils se trouvaient en contact avec un plus grand nombre d'auteurs dramatiques, moins pauvres, plus indépendants, et conséquemment plus fiers que leur unique fournisseur d'autrefois: leur ton changeait, et ils s'acheminaient lentement vers cette urbanité dont les louera plus tard Chappuzeau : « Généralement, dit-il, ils usent d'une grande civilité envers tout le monde et particulièrement envers les auteurs fameux dont ils ont besoin [1]. »

Moins humiliante, la situation des auteurs devenait aussi plus aisée. Sans doute, les plaintes des auteurs ne cessaient pas tout à fait, et Tristan écrivait encore avec amertume après le Cid: « N'étaient les bienfaits du cardinal, et l'amour qu'il porte à la comédie, j'appliquerais peu de mon loisir sur les ouvrages de théâtre. C'est un labeur pénible, dont le succès est incertain. Et quand même on serait assuré d'en obtenir des applaudissements et des louanges, ce serait beaucoup se travailler pour ne rien acquérir que du bruit et de la fumée [2]. » Mais les pièces commençaient à être mieux payées, quand elles avaient de la valeur ou du succès, et Corneille tirait assez de profit des siennes pour faire regretter le bon vieux temps aux comédiens, pour se faire traiter d'avare par ses rivaux [3].

Enfin, du dehors aussi les encouragements venaient plus nombreux et plus efficaces. Hardy avait à peu près en vain fait appel à quelques hommes puissants, mais Théophile et Rotrou s'appuyaient sur des protecteurs dévoués, et le Cid allait anoblir Corneille, en attendant que le grand roi fît de Racine son historiographe ou servît de parrain à un enfant du comédien-poète Molière.

1. P. 164.
2. *Panthée, tragedie. De Monsieur de Tristan.* A Paris, chez Augustin Courbé... M.DC.XXXIX, in-4. *Avertissement à qui lit.*
3. Voy. F. Bouquet, *Points obscurs et nouveaux de la vie de P. Corneille.* Paris, Hachette, 1888, in-8, 1re partie, chap. xi.

CHAPITRE IV

LE RÉPERTOIRE DE L'HOTEL DE BOURGOGNE

Le rapport est — ou devrait être — intime entre la façon dont les œuvres dramatiques sont jouées et la nature même de ces œuvres. Avant donc de pénétrer davantage dans la vie théâtrale de ce temps, il nous faut voir quelle a été la nature des œuvres représentées au théâtre au début du XVIIe siècle, et si elle était encore celle des œuvres représentées antérieurement devant le grand public.

I

« Il y a parfois dans l'histoire, dit Petit de Julleville, des coïncidences si singulières qu'on a peine à ne les attribuer qu'au hasard : le 17 novembre 1548 avait été rendu l'arrêt du Parlement contre les Confrères. Justement à la même époque, on achevait d'imprimer la *Défense et Illustration de la langue française* de Joachim du Bellay, manifeste éclatant de la nouvelle école... Trois ans après, Jodelle faisait jouer sa *Cléopâtre* dans la cour du collège de Reims, et un peu après au collège de Boncourt, avec un immense succès[1]. » Ainsi le théâtre du moyen âge était frappé d'un coup terrible et que l'on pouvait croire mortel ; un nouvel

---

1. L. Petit de Julleville, *les Mystères*, t. I, p. 442-443.

art dramatique apparaissait, dont les débuts étaient éclatants et qui semblait ne devoir plus s'arrêter dans sa marche triomphante.

Ni l'un ni l'autre cependant n'étaient aussi près qu'on le pouvait penser, soit de la mort, soit de la victoire. Si, dans la plus importante de ses formes, le mystère, le théâtre du moyen âge avait contre lui les scrupules religieux, soutenus de l'autorité souveraine du Parlement; si, dans ses autres manifestations, les moralités surtout, il provoquait le dédain ou les railleries de lettrés de plus en plus nombreux, il avait du moins pour lui les traditions, l'esprit populaire peu favorable à un art nouveau et érudit, et surtout le monopole des représentations publiques, assuré par le Parlement lui-même aux confrères de la Passion, représentants officiels des formes théâtrales du moyen âge. Le nouvel art dramatique, de son côté, avait pour lui la Cour, l'Université, une élite lettrée que l'antiquité avait séduite; mais il ne s'adressait pas à la foule et n'avait pas de scène qui lui fût propre. Il y avait donc lutte ouverte entre les deux systèmes; et, quoique le résultat n'en parût pas douteux, cette lutte pouvait se prolonger longtemps, retardant l'avènement définitif du nouvel état de choses.

Ce que voulait la Pléiade, ce n'était pas dresser un nouveau théâtre en face de l'ancien, c'était détruire celui-ci pour bâtir celui-là sur ses ruines. « Quant aux comédies et aux tragédies, disait du Bellay en 1549, si les rois et les républiques les voulaient restituer en leur ancienne dignité qu'ont usurpée les farces et les moralités, je serais bien d'opinion que tu t'y employasses[1]. » Aussi Jodelle, dans le prologue de son *Eugène*[2], en 1552, et Grévin,

---

1. *Defense et intustration de la langue françoise...*, édit. Person, Paris, Cerf, in-8, p. 118. Du Bellay parle à son lecteur.
2. *Les OEuvres et meslanges poetiques d'Estienne Jodelle*, A Paris, M.D.LXXIIII, in-4, f° 189 v°.

dans l'avant-jeu de sa *Trésorière*[1], en 1558, ont-ils soin de déclarer que leurs pièces n'ont rien de commun avec celles de leurs grossiers prédécesseurs, et ils réclament, d'un ton hautain, pour leurs œuvres une pleine originalité.

Plus tard encore, en 1573, nous trouvons dans le prologue des *Corrivaux* de Jean de la Taille[2] les mêmes prétentions affirmées sur le même ton. Enfin, dans son *Art de la tragédie*[3], le même Jean de la Taille parle des vieux genres dramatiques avec un dédain qui, pour être moins éloquent que celui de du Bellay, n'en est pas moins profondément ressenti et vivement exprimé; il formule des souhaits menaçants contre les Confrères, et il laisse percer le profond dépit qu'inspiraient à la nouvelle école les seuls moyens scéniques à sa disposition.

On sait comment avaient été jouées la première tragédie et la première comédie *classiques*. Jodelle et ses amis s'étaient eux-mêmes chargés des rôles, et cette *distribution* piquante ne dut pas peu contribuer au succès. Mais une telle tentative n'était pas de celles qui se peuvent renouveler souvent; des poètes enthousiastes avaient pu un jour monter sur un théâtre comme dans une chaire retentissante, afin que leurs voix plus autorisées fissent entendre à un public choisi la bonne nouvelle de la Renaissance; ce n'était pas à dire qu'ils voulussent devenir comédiens. Aussi les successeurs de Jodelle durent-ils prendre comme acteurs des personnes de bonne volonté, plus ou moins *propres* à cet office[4], ou même, le plus souvent, des écoliers. Quelques-unes des pièces nouvelles furent jouées à la cour ou dans des maisons princières, comme la *Sophonisbe* de Mellin de Saint-Gelais, représentée à Blois devant

---

1. *Le Theatre de Jaques Grevin*, p. 48.
2. Voy. *Œuvres de Jean de la Taille*, t. IV, p. v et vi.
3. *L'Art de la tragedie*, p. 4 (1re éd., 1562).
4. Mot de Jean de La Taille.

Henri II en 1559; la *Lucrèce* et les *Ombres* de Nicolas Filleul, au château de Rouen en 1566; le *Brave* d'Antoine de Baïf, à l'hôtel de Guise devant le roi en 1567[1]. Un plus grand nombre étaient données dans les collèges de Paris : la *Trésorière* de Grévin au collège de Beauvais en 1558, le *Jules César* et les *Ébahis* du même auteur au collège de Beauvais en 1560, l'*Achille* de Nicolas Filleul au collège d'Harcourt en 1563[2]. Quelques autres paraissaient dans des collèges hors de Paris ; ainsi l'*Esther* et la *Clytemnestre* de Pierre Mathieu, jouées au collège de Verceil en Piémont en 1578, et sans doute aussi le *Jeune Cyrus* et la *Joyeuse* de Nicolas de Montreux, jouées à Poitiers en 1581[3].

Il n'était guère possible que les acteurs de telles représentations, « par leur gestes honnêtes, par leurs bons termes non tirés à force du latin, et par leur brave et hardie prononciation, ne sentissent aucunement ni l'écolier ni le pédant, ni le badinage des farces ». Plus d'un poète hésitait à leur confier ses œuvres, et plus d'un aussi, qui n'eût pas hésité, ne pouvait parvenir à organiser une représentation. Les écoliers, en effet, ne jouaient qu'à de

---

1. Voy. les fr. Parfait, t. III, p. 319, 349, 352. — Jal, p. 531, cite un mémoire de l'habillement d'Élisabeth et Claude, filles de Henri II et de Catherine de Médicis, « pour leur servir à la tragédie qui fut jouée à Blois » en 1556. De quelle tragédie s'agit-il ? — Peut-être la *Reconnue* avait-elle été jouée devant la Cour par un comédien qui a plusieurs fois amusé Charles IX et Henri III, Cosimo della Gamba, dit Châteauvieux, « valet du roi ». Vauquelin de la Fresnaye (*Art poétique*, III, 107-110) dit, en effet, d'une façon insuffisamment claire :

> Et cette Reconnue
> Qui des mains de Belleau naguères est venue;
> Et mille autres beaux vers dont le brave farceur
> Châteauvieux a montré quelquefois la douceur.

Cf. Toldo, dans *Revue d'hist. litt. de la Fr.*, oct. 1898, p. 563-4.

2. Fr. Parfait, t. III, p. 311, 320, 323, 341.

3. Voy. les fr. Parfait, t. III, p. 436, 453.

rares intervalles : amis des pièces populaires et des satires hardies contre les autorités universitaires ou politiques, ils préférèrent vite aux genres nouveaux leurs divertissements traditionnels[1] ; enfin ceux de leurs régents qui se mêlaient de poésie commençaient par mettre leurs représentations au service de leur propre muse[2]. Après 1563, on ne cite aucune œuvre de la Renaissance qui ait été jouée dans un collège de Paris ; après 1587, les représentations, de plus en plus rares, dont il est fait mention ont toutes lieu en province et ne s'appliquent qu'à des œuvres et à des auteurs sans importance. Il en coûtait trop cher aux poètes pour organiser des représentations à leurs frais et sans la participation des écoliers ; ce luxe était à la portée des plus riches, non des mieux doués. Aussi beaucoup se contentaient-ils de publier leurs pièces ; d'autres les communiquaient manuscrites à leurs amis, et ceux-ci ne les publièrent que plus tard. On connaît quelques-unes de ces œuvres qui ne furent pas représentées : *Médée* de Jean de la Péruse, *Daire* et *Alexandre* de Jacques de la Taille, *Didon* de Guillaume de la Grange, *les Contents* d'Odet de Turnèbe, *Thyeste* et *Baptiste* de Roland Brisset[3]. Que d'autres dont on ignore le sort, et qui peut-être furent représentées sans éclat dans quelque collège lointain.

1. Voy. Cougny. *Études historiques et littéraires sur le XVIe siècle. Des représentations dramatiques et particulièrement de la comédie politique dans les collèges*, in-8. — « On ne joue plus de ces jeux scandaleux et satires mordantes aux échafauds des collèges », dit le recteur Rose dans la *Satyre Ménippée*, p. 138, pour montrer que la Ligue a imposé à l'Université le calme de la mort. Mais ces jeux et satires avaient survécu à maintes prohibitions et survécurent quelque temps à la Ligue elle-même.
2. Voy. p. ex. Boysse, *le Théâtre des jésuites*, et G. Lhotte, *le Théâtre à Douai*.
3. Voy. les fr. Parfait, t. III, p. 299 ; — Jean de la Taille, *Avis au lecteur*, en tête du *Saül furieux*, et épitaphe de Jacques de la Taille, éd. de Maulde, t. II, p. LXVIII (cf. Rigal. *Alexandre Hardy*, p. 690) ; — fr. Parfait, t. III, p. 381, 434, 475.

qui plus probablement ne virent le jour que par l'impression ; celles de le Duchat, de Jean de la Taille, de Remi Belleau, de Robert Garnier, d'Adrien d'Amboise, etc.!

Ici se pose à nous cette question si souvent discutée : Est-il vrai que les œuvres des la Taille et des Garnier n'ont pas été jouées sur un théâtre régulier ? qu'elles n'ont eu d'autre public — si elles en ont eu — qu'un public érudit de collège ou de château ? qu'elles ont été écrites en vue de la lecture plutôt qu'en vue de la représentation ? Selon que nous répondrons oui ou non, le rôle de Hardy prendra plus ou moins d'importance à nos yeux ; ce sera celui d'un novateur, apportant enfin la tragédie à un public vraiment populaire, ou ce sera celui d'un auteur comme tant d'autres, sur certains points supérieur, inférieur sur certains autres aux Garnier et aux Montchrestien, se distinguant surtout d'eux par sa fécondité.

La question serait résolue, si nous pouvions ajouter quelque foi aux assertions du chevalier de Mouhy. Son *Journal du Théâtre français* donne les dates[1] auxquelles toutes ou presque toutes les pièces du temps ont été, non seulement jouées d'original, mais reprises sur les théâtres publics ; et de ces pièces, les unes sont attribuées par lui à l'Hôtel de Bourgogne, les autres aux Basochiens ou aux Enfants sans souci ; à partir de 1599, l'Hôtel d'Argent en reçoit sa part. Nous ne nous arrêterons pas à discuter cet amas d'erreurs et de mensonges ; contentons-nous de renvoyer à ce que nous avons dit plus haut de l'Hôtel d'Argent, et, pour les clercs de la Basoche, à faire observer qu'on ne trouve plus trace de leurs représentations scéniques après l'année 1582[2].

---

1. Reproduites dans Faguet, *la Tragédie française au XVIe s.* La confiance accordée à Mouhy a rendu ruineuse toute la partie historique de cet ouvrage, dont la partie critique est si remarquable.

2. De Mouhy leur fait reprendre en 1590 la *Clytemnestre* de Pierre Mathieu.

Il faut donc se demander à nouveau si le XVIe siècle a pu voir les pièces classiques jouées sur un théâtre populaire.

II

La comédie nous fournira peu de données, parce qu'elle ne se distingue pas suffisamment de la farce. Par un style un peu plus soigné, par la division en actes, par l'ampleur du développement et la suite de l'intrigue, il est vrai que l'*Eugène* et la *Trésorière* justifiaient en quelque façon les prétentions de leurs auteurs et se rapprochaient de la comédie antique [1]. Mais, quoiqu'en pussent penser Jodelle ou Grévin, par le ton, par l'esprit, par la licence du fond et de la forme, ces œuvres ne laissaient pas de convenir aussi au théâtre des *Pois-Pilés* [2]. D'ailleurs, la farce même, théoriquement proscrite par les nouveaux poètes, était, dans la pratique, acceptée par eux et leur attirait des spectateurs, même dans les collèges. *La Trésorière* et *les Ébahis* furent joués « après les jeux satiriques appelés communément *les veaux* », et *les veaux* « n'étaient autre chose qu'une façon de sottie, grossière et brève, analogue à ce que fut plus tard la parade [3] ». Puisque les représentations comiques des Ronsardisants ressemblaient à celles des acteurs publics, il serait difficile de montrer que ces acteurs n'ont pu servir à les don-

---

1. Voy. P. Toldo, *la Comédie franç. de la Renaissance*, dans *R. hist. litt. Fr.*, notamment 15 juillet 1897, p. 389 et suiv. Cf. Rigal, *le Théâtre de la Renaissance*.

2. Nom donné au théâtre des Confrères, et dont l'étymologie est incertaine. Voy. Petit de Julleville, *les Comédiens*, p. 63 et 98.

3. Petit de Julleville, *les Comédiens*, p. 317. Cf. les fr. Parfait, t. III, p. 311 et 323.

ner. Laissons de côté la comédie et occupons-nous des œuvres tragiques.

On a déjà montré souvent combien ces œuvres convenaient peu à un théâtre populaire, et Adolf Ebert surtout a insisté sur l'antagonisme profond qui existait et devait exister entre le théâtre populaire et le théâtre des collèges. Dès son début, la jeune école adopte une poétique et s'inspire de modèles qui ne convenaient guère à de vrais drames, faits pour être goûtés par un vrai public. Elle se prend d'enthousiasme pour Sénèque et imite sans se lasser des tragédies faites pour la lecture. En 1553, la *Médée* de la Péruse est traduite de Sénèque, et dès lors commence la longue domination du poète stoïcien ; Garnier, le meilleur représentant de l'école, la subit plus docilement et plus constamment que tout autre. Sous cette influence, les pièces sont ce qu'elles devaient être : des élégies à peine dialoguées. Les monologues abondent et forment des actes à eux seuls ; lors même que plusieurs personnages sont ensemble sur la scène, ils font des discours plutôt qu'ils ne conversent, ils sont plutôt avocats dans un débat qu'acteurs véritables dans une action. Quelle action, d'ailleurs, que celle de la plupart de ces tragédies ! Tout s'y passe dans les coulisses, et l'on ne nous donne sur la scène que de longs récits[1] ; les personnages en lutte ne s'y rencontrent pas et ne paraissent que successivement devant nous.

Aussi l'élément lyrique prend-il la place que devrait occuper et que n'occupe pas dans ces tragédies l'élément dramatique. Les chœurs, dont un écrivain irrévérencieux, mais bien d'accord avec le goût public, devait bientôt dire

---

1. « Je dirai, en passant, que la moitié de la tragédie se joue derrière le théâtre », déclare, non sans naïveté, P. Delaudun d'Aigaliers (*Art poétique*, cité par M. Ch. Arnaud, *les Théories dram. au XVIIe s.*, p. 334). Cf. Faguet, p. 138 et 186-187.

qu'ils « sont toujours désagréables, en quelque quantité ou qualité qu'ils paraissent¹ », les chœurs ont souvent plus d'étendue que les actes mêmes qu'ils terminent, et deviennent la partie la plus remarquable, la plus brillante de la pièce. Parlerons-nous de l'érudition, des noms et des souvenirs mythologiques dont le style est farci ? Étaient-ce là des œuvres qui pussent plaire au public turbulent et grossier des théâtres populaires ? Lui étaient-elles destinées ? Un historien de Garnier dit non et doit être cru²; M. Faguet répond oui³, mais son témoignage ne peut être accepté, puisqu'il ne paraît guère s'appuyer que sur les assertions de Mouhy, dont la valeur historique nous est connue.

Essayons de prouver à notre tour que ces pièces n'étaient pas faites pour la représentation publique.

III

Sur quel théâtre public pouvaient être jouées les tragédies nouvelles ?

Faut-il songer à la table de marbre où représentaient les Basochiens ? Il est vrai que, le 12 et le 20 juin 1582, le Parlement permettait aux clercs de représenter *églogues, tragédies et comédies*⁴. Mais ce n'est pas là une preuve certaine que les Basochiens aient joué des pièces classiques : on trouve peu d'ouvrages dramatiques qui n'aient porté le nom de tragédie au XVIe siècle, et Jean de la Taille

---

1. Fr. Ogier, préface de *Tyr et Sidon*, dans l'*Ancien Théâtre françois*, t. VIII, p. 15.
2. Bernage, *Étude sur Robert Garnier*, Paris, Delalain, 1880, in-8, p. 18.
3. *La Trag. franç.*, p. 202 et 240-241 ; mais cf. p. 310.
4. Voy. Adolphe Fabre, *les Clercs du Palais*, p. 153, ou Petit de Julleville, *les Comédiens*, p. 123.

se plaignait, dans le prologue de ses *Corrivaux*, qu'on accordât ce *beau titre* à des ouvrages qui n'avaient rien de commun avec ceux des anciens[1]. La chose fût-elle sûre, d'ailleurs, qu'elle n'en serait pas moins exceptionnelle, les deux arrêts de 1582 étant les premiers et les derniers qui fassent mention de tragédies données par des clercs.

Songerons-nous aux troupes de campagne qui s'installaient parfois à Paris? Nous lisons en effet dans tous les historiens du théâtre qu'en 1584 une troupe de comédiens, après avoir joué dans les provinces le répertoire des tragiques de la Pléiade, vint en donner des représentations à l'Hôtel de Cluny; certains ajoutent même qu'elle y obtint un grand succès[2]. Cela se peut, quoique rien ne prouve ni le succès de ces comédiens, ni même leur nationalité française, et qu'aucun document ne nous renseigne sur la nature de leurs représentations[3]; mais ils ne représentèrent que quelques jours et ne purent jouer beaucoup de tragédies. Après eux, la première troupe française que nous voyons s'installer à Paris est celle de Courtin et Poteau en 1595. Cette date est bien tardive, et nous savons, d'ailleurs, que le répertoire de Courtin et Poteau se composait « de jeux et farces », ainsi que de « mystères pro-

---

[1]. « Si on m'allègue qu'on joue ordinairement assez de jeux qui ont ce nom de comédies ou tragédies, je leur redirai encore que ces beaux titres sont mal assortis à telles sottises, lesquelles ne retiennent rien de la façon ni du style des anciens. Au moyen de quoi, nous voudrions bien qu'on se désaccoutumât d'ouïr et de faire tels jeux et telles malplaisantes farces et moralités, qui sont de notre cru, et que cependant on prît la patience d'ouïr une comédie toute entière, naïve et faite à l'antique. » Jean de la Taille, t. IV, p. vii.

[2]. Éd. Fournier, *la Farce et la Chanson*, p. xlviij; fr. Parfait, t. III, p. 235.

[3]. Les assertions qui ont été émises sur ce sujet ont été inspirées par le lieu où ces comédiens représentaient, « au cœur même du quartier des écoles »; c'est là, en effet, une assez sérieuse présomption.

fanes, licites et honnêtes ». Telles sont les deux seules troupes dont il soit fait une mention précise au xvi⁰ siècle. Peut-être y en eut-il une en 1588[1]; peut-être le souvenir d'une ou deux autres s'est-il perdu. Qu'importe! Les Confrères ne tardaient jamais à faire valoir leurs privilèges : ils savaient faire plier bagage à leurs concurrents dès leurs premières représentations, sinon avant qu'ils eussent paru sur la scène. Ce n'est pas par les troupes nomades qu'ont pu être jouées les tragédies du xvi⁰ siècle[2].

Il ne reste qu'une chose à savoir : si elles ont paru à l'Hôtel de Bourgogne. Tout invite à répondre non.

Tout d'abord, on ne peut songer à les y faire paraître avant 1573. Nous savons qu'à cette date la Taille parlait en termes méprisants des confrères de la Passion et de leurs pièces : il n'y avait certes pas de rapports alors entre ces *bateleurs* et la nouvelle école. Et pourtant la carrière dramatique des Jodelle, des la Péruse, des Grévin, des la Taille était terminée ; Garnier publiait sa seconde pièce[3].

Ces rapports s'établirent-ils aussitôt après 1573? La chose est invraisemblable ; au moins faut-il attendre l'arrivée d'une troupe de vrais comédiens à l'Hôtel de Bourgogne, arrivée qui eut lieu cinq ans seulement après. Ajoutons que, pendant ces cinq ans, on ne voit guère de tragédies nouvelles qui aient pu être représentées : la *Cor-*

---

1. Voir plus haut, chap. II, p. 41, et se reporter à ce même chapitre pour divers faits rapportés ci-dessous.

2. J'entends : à Paris. Dans les provinces, il est certain que quelques tragédies soi-disant classiques ont été jouées par des troupes de campagne (voy. plus bas, § 5); mais celles-ci les prenaient dans des textes imprimés. La date tardive à laquelle se sont formées les troupes nomades, leur petit nombre, leur peu de solidité, la rareté de leurs apparitions dans chaque ville, tout empêche qu'elles n'aient pu servir d'interprètes réguliers aux poètes de la nouvelle école.

3. *Porcie* est de 1568, *Hippolyte* de 1573, *Cornélie* de 1574 ou peut-être même de 1573. (Voy. l'éd. Fœrster, p. XII.)

nélie de Robert Garnier a peut-être été imprimée en 1573 ; son *Marc-Antoine* et sa *Troade* sont de 1578[1]. Est-ce donc à partir de cette année 1578 qu'une ère nouvelle a commencé pour la tragédie ? Est-ce Agnan Sarat qui a introduit ce genre à l'Hôtel de Bourgogne ? Rien de moins probable, puisque Agnan « à la laide trogne », lorsqu'il ne s'enfarinait pas à la farce, représentait Amadis ou le roi de Troie. D'ailleurs, ou Agnan ne fit descendre que pour peu de temps les Confrères de leur scène, ou, ce qui est plus probable, il resta avec eux, jouant dans leurs propres pièces, rehaussant l'éclat de leurs jeux, ainsi que, de nos jours, un acteur en renom, qui appartient à tel théâtre, vient souvent prêter à tel autre l'appui de son talent et de sa renommée. En 1588, l'Hôtel de Bourgogne joue des mystères religieux ; en 1596, après une clôture forcée plus ou moins longue, il demande à en jouer encore, et reçoit du roi la permission et du Parlement la défense de s'y consacrer. Mais ni les *moralités*, ni les *mystères profanes*, *histoires* ou *romans* n'étaient interdits, et les acteurs de l'Hôtel en jouaient évidemment[2]. Nous sommes ainsi conduits à l'an-

1. Les fr. Parfait (t. III, p. 386) mentionnent aussi une *mauvaise et ennuyeuse pièce* de Guillaume Belliard : *les Délicieuses amours de Marc-Antoine et de Cléopâtre* ; mais ce n'est qu'un poème sans personnages, et qui n'a absolument rien de dramatique. Voy. La Vallière, t. I, p. 223.

2. Le souvenir des mystères se conserva longtemps. Saint-Amant dit encore (*le Poète crotté*, éd. Livet, t. I, p. 225-227) qu'à l'Hôtel de Bourgogne

        Gaultier, Guillaume et Turlupin
        Étalent leurs bourrus mystères :

ce que Petit de Julleville interprète fort justement ainsi : « Il semble que le poète parle ici au figuré : ces vers sont une allusion et un ressouvenir. » *Les Comédiens*, p. 82, n. 2. — Regnier, dit « un mystère » pour signifier cet *événement dramatique*, cette *tragédie*, le valet du repas ridicule versant tout un plat sur ses chausses :

      Je tourne en raillerie un si fâcheux mystère.

(Satire X, vers 266.) Et le mot garde un sens analogue pendant

née 1599, époque où Valleran, qu'accompagnait Hardy, devint locataire des Confrères.

Nous pensons avoir montré que les genres dramatiques du moyen âge se maintinrent à l'Hôtel de Bourgogne pendant tout le XVIe siècle, et que le genre nouveau de la tragédie n'y put paraître avant une date assez tardive. Ne se peut-il pas, tout au moins, qu'à partir de cette date des tragédies aient été jouées à côté de moralités ou de mystères? Les Confrères ne seraient-ils pas devenus un peu tard les représentants à la fois de l'art ancien et de l'art nouveau? — Mais quel goût ou quelle aptitude pouvaient montrer pour les pièces savantes ces confrères de la Passion, dont on nous a laissé de si amusants portraits? En 1542, le procureur général désignait ainsi les *joueurs* des *Actes des Apôtres* : « Tant les entrepreneurs que les joueurs sont gens ignares, artisans mécaniques, ne sachant ni A ni B, qui oncques ne furent instruits ni exercés en théâtres et lieux publics à faire tels actes, et davantage n'ont langue diserte, ni langage propre, ni les accents de prononciation décente, ni aucune intelligence de ce qu'ils disent; tellement que le plus souvent advient que d'un mot ils en font trois; font point ou pause au milieu d'une proposition, sens ou oraison imparfaite; font d'un interrogatif un admirant, ou autre geste, prolation ou accent contraires à ce qu'ils disent, dont souvent advient dérision et clameur publique dedans le théâtre même. » Et il les appelait encore : « ces gens non lettrés ni entendus en telles affaires, de condition infâme, comme un menuisier, un sergent à verge, un tapissier, un vendeur de poisson¹ ».

une bonne partie du XVIIe siècle : dans Sorel, *Francion*, l. V; dans Loret, *Muse hist.* du 28 août 1660; dans Molière, *Femmes savantes*, V, IV, 1687. (Voy. ces textes cités dans Livet, *Lexique de la langue de Molière*, t. III, p. 135, où d'ailleurs n'est pas donnée la véritable interprétation.)

1. Cité par Petit de Julleville, *les Mystères*, t. I, p. 423 et 424.

Les Confrères s'étaient-ils instruits depuis 1542? Certainement non, puisqu'en 1558 Grévin les appelait « les plus ignorants bateleurs », puisqu'au xviie siècle encore on se souvient d'eux comme de « certains charretiers et crocheteurs qui, vêtus en apôtres, jouaient la Passion à l'Hôtel de Bourgogne ou la vie de sainte Catherine, auxquels on soufflait au cul tout ce qu'ils récitaient[1] » ; puisqu'en 1615 leurs locataires, les comédiens royaux, ne pouvant parler de la grossièreté et du ridicule de leur jeu, à une époque où ils ne jouaient plus, les représentent du moins comme de malheureux artisans qu'il faut retirer de la débauche, et qui, mendiant leur vie du ministère de leur main, ne sauraient avoir beaucoup d'honneur ni de civilité[2]. Singuliers acteurs, en vérité, pour *la Troade* ou pour *Antigone*[3] !

Remarquons-le, d'ailleurs, les textes ne manquent pas, où l'on fait mention des Confrères : on nous les représente toujours comme jouant des mystères ou des moralités. D'autre part, nous possédons des renseignements sur un assez grand nombre de pièces selon la poétique nouvelle : aucun ne se rapporte à une représentation de l'Hôtel de Bourgogne[4]. Si ce sont là des hasards, ils sont singuliers !

1. *La Chasse au vieil grognard*, 1622, dans Fournier, *Variétés*, t. III, p. 53.
2. Voy. fr. Parfait, t. III, p. 262-264.
3. Est-ce d'eux ou des camarades d'Agnan que Tallemant veut parler? Dans la seconde hypothèse, ceux-ci auraient valu ceux-là. « Agnan a été le premier, dit-il, qui ait eu de la réputation à Paris. En ce temps-là, les comédiens louaient des habits à la friperie : ils étaient vêtus infâmement et ne savaient ce qu'ils faisaient. » T. III, p. 170 (Hist. de Mondory).
4. Nous en avons cité quelques-uns, p. 85-86. Ajoutons que l'*Arimène*, pastorale de Nicolas de Montreux, fut jouée devant le duc de Mercœur en 1596; que *Polyxène, Hypsicratée, Esaü* de Jean Béhourt, furent jouées au collège des Bons-Enfants de Rouen en 1597 et 1598; que l'*Hercule furieux*, l'*Agamemnon*,

Comment expliquer, par exemple, si les pièces de Garnier ont été représentées, que, parmi les éloges si nombreux et si enthousiastes qu'en ont faits les contemporains, aucun souvenir ne se soit glissé de ces représentations ? Or, c'est de nos jours seulement qu'on a affirmé que les tragédies de Garnier avaient paru sur la scène de l'Hôtel de Bourgogne [1], et tout proteste contre une telle assertion : la nature même de ces pièces, dont la dernière, *les Juives*, renferme seule quelques traits dramatiques ; l'absence absolue dans les préfaces et les dédicaces de renseignements concernant la représentation ; le terme de *traités* par lequel l'auteur désigne ses œuvres [2], et qui semble mal convenir

l'*Octavie* et la *Diéromène*, pastorale de Roland Brisset, ne furent pas représentées. (Voy. fr. Parfait, t. III, p. 516, 530, 532, 338, 473, 491, 494.)

1. Voy. Faguet ; voy. Viollet-le-Duc (*Ancien théâtre français*, introduction du tome IV). — Nous nous trompons pourtant : Perrault faisait de même, à la fin du XVII° siècle, dans son *Parallèle des anciens et des modernes* ; mais il suffira de citer le passage pour faire voir ce qu'il mérite de confiance. *L'Abbé* vient de dire quelles étaient autrefois la structure et les décorations du « Théâtre de la Comédie de Paris » ; il ajoute : « On jouait alors les pièces de Garnier et de Hardy, qui la plupart ne sont autre chose que les pièces de Sophocle et d'Euripide traduites ou imitées... Nos pères, à qui l'on faisait entendre que les tragédies qu'on leur donnait étaient les plus beaux ouvrages de l'antiquité, les écoutaient avec patience, et croyaient même être obligés de s'y divertir, parce qu'il leur aurait été honteux de n'être pas touchés de ce qui avait fait les délices de toute la Grèce et mérité l'admiration de tous les siècles. » Et plus loin : « *L'Abbé* : La preuve que je crois devoir résulter de mon histoire de la comédie est que les tragédies des anciens sont beaucoup moins belles et moins agréables que celles de notre siècle. — *Le Président* : Et cela, parce que la *Sylvie* de Mairet a plu davantage que les pièces de Garnier et de Hardy ! — *L'Abbé* : Oui, puisque les pièces de Garnier et de Hardy ne sont presque autre chose que celles de Sophocle et d'Euripide ! » *Parallèle*, t. III, p. 192-196.

2. Précisément en tête des *Juives*, et dans sa dédicace à Mgr de Joyeuse : « La prérogative que la vérité prend sur le mensonge, l'histoire sur la fable, un sujet et discours sacré sur un profane, m'induit à croire que ce *traité* pourra précéder les autres. »

à des drames faits pour le public. Il est vrai que Garnier, en écrivant sa *Bradamante*, a pensé qu'elle pourrait être représentée, et que cette tragi-comédie a été représentée en effet tout au commencement du xvii° siècle [1]. Quoi d'étonnant, puisque la *Bradamante* est la plus dramatique — je devrais dire la seule dramatique — des pièces de Garnier? Mais les expressions mêmes de l'auteur montrent que, s'il prévoit une représentation possible, lui-même n'a pas fait et ne songe pas à faire représenter son œuvre [2].

Enfin — et ici je demande la permission de me citer moi-même [3] —, « c'est surtout lorsqu'on cherche en vue de quelles dispositions scéniques étaient conçues les tragédies du xvi° siècle, qu'on trouve, en faveur de la thèse que nous soutenons, un argument neuf et intéressant. A cet égard, en effet, les tragédies du xvi° siècle se divisent en deux classes. Les unes ont été composées pour une scène qui ne représentât qu'un seul lieu, réel ou imaginaire, précis ou vague, le plus souvent vague et en quelque sorte abstrait, pour une scène unique et nue, encadrée de tapisseries; dans les autres, les auteurs se sont contentés de

1. Voy. *Roman comique*, 2° partie, ch. iii; t. I, p. 273. La Caverne, qui n'est plus jeune au temps où se passent les événements du roman, raconte une représentation qui a été donnée pendant son enfance. — On trouve dans les lettres de Malherbe à Peiresc quelques détails sur une représentation de *Bradamante*, qui fut donnée à Saint-Germain par les principaux personnages de la cour le 2 août 1611. Voy. lettres du 1er et du 4 août, éd. Lalanne, t. III, p. 247-248. Cf. Héroard aux 27 avril 1609, 29 juillet et 2 août 1611 (t. I, p 392; t. II, p. 71-72).

2. « Et parce qu'il n'y a point de chœurs, comme aux tragédies précédentes, pour la distinction des actes, *celui qui voudrait faire représenter cette Bradamante* sera, s'il lui plaît, averti d'user d'entremets et les interposer entre les actes pour ne les confondre, et ne mettre en continuation de propos ce qui requiert quelque distance de temps. » Argument de la *tragi-comédie de Bradamante*.

3. *Le théâtre de la Renaissance* (*Hist. de la langue et de la litt. fr.*, t. III, p. 267-8).

broder des variations sur des thèmes plus ou moins brillants, sans s'inquiéter de savoir si l'ensemble en était *jouable*. Dans le premier cas, la mise en scène adoptée était incompatible avec la mise en scène en vigueur à l'Hôtel de Bourgogne : là on usait encore de la décoration multiple ou simultanée du moyen âge, c'est-à-dire qu'on avait sur la scène plusieurs lieux, supposés inégalement éloignés les uns des autres ; or, il n'est pas vraisemblable que les mêmes acteurs aient employé à la fois les deux systèmes et que les mêmes spectateurs les aient acceptés. Dans le second cas, ce n'est pas seulement à l'Hôtel de Bourgogne que les tragédies ne pouvaient paraître, c'est sur un théâtre, quel qu'il fût. Il est fâcheux que l'examen de ces deux points exige des développements trop longs pour être présentés ici. Nous montrerions comment beaucoup de poètes au xvie siècle ont tenu à se conformer à la règle de l'unité de lieu, fût-ce aux dépens de la vraisemblance et du bon sens ; comment, par exemple, la *Cléopâtre* de Jodelle, dont l'action aurait dû se passer dans trois lieux distincts, dans trois *mansions* de l'Hôtel de Bourgogne, avait été certainement conçue pour une scène unique ; comment avait été conçu pour une scène unique le *César* de Grévin, qui aurait eu besoin de quatre *mansions*, et de même *Saül le furieux*, de Jean de la Taille, plus tard *Sophonisbe* et *Aman*, de Montchrestien. D'autre part, nous verrions que la plupart des tragédies de Garnier ont été écrites sans aucun souci des impossibilités scéniques, l'entrée ou la sortie des personnages étant souvent inexplicables, des scènes successives où figurent les mêmes interlocuteurs ne se tenant point, Porcie et Phèdre s'adressant aux cadavres de Brutus et d'Hyppolyte, qu'elles *voient et touchent*, et qui pourtant n'ont point été apportés sur le théâtre. Pourquoi ces différences ? Il y aurait lieu d'interroger sur ce point Jean de la Taille, qui, après avoir fait dans son *Saül* les plus curieux efforts pour donner à sa scène le don d'ubiquité, et pour la placer à la fois devant le « pavillon » de Saül et devant l'antre de la pythonisse d'Endor, sans qu'elle cessât d'être une et sans que ni pavillon ni antre fussent d'ailleurs représentés, — bientôt après, dans ses *Gabéonites*, a indiqué aussi confusément que possible les lieux où se déroulait son action et les allées et venues de ses personnages. Jean de la Taille répondrait sans doute qu'en écrivant *Saül* il espérait le faire représenter, tout au moins sur une scène de collège, mais que, cet espoir ayant été déçu[1], il avait composé *les Gabéonites* en poète écrivant des *Scènes historiques* ou un *Spectacle dans un fauteuil*, non en dramaturge voyant d'avance vivre et agir sur la scène ses personnages. — Cette histoire de Jean de la Taille est l'histoire même de la tragédie, du théâtre tout entier de la Renaissance. »

IV

Ainsi les tragédies du xvi⁰ siècle n'ont point paru sur un théâtre public, et voici sans doute comment on peut résumer leur histoire. Les premières furent généralement composées pour être représentées, mais devant un public spécial, disposé d'avance à acclamer tout ce qui venait de la nouvelle école. Bientôt ces représentations perdirent l'attrait de la nouveauté et devinrent de plus en plus rares[2], et les poètes finirent par se persuader qu'il valait

---

1. En 1562, Jean de la Taille priait déjà Charles IX de faire représenter son *Saül* (préface de la *Remonstrance pour le Roy*, 1563, privilège du 15 octobre 1562); en 1572, il publiait sa tragédie en la donnant comme une œuvre inconnue.
2. Voy. E. Cougny, *Des représentations dramatiques... dans les collèges*, p. 50. Voy. aussi dans Petit de Julleville, *les Comédiens*, le chapitre sur le théâtre scolaire. — Le premier

LE RÉPERTOIRE DE L'HÔTEL DE BOURGOGNE   129

mieux publier leurs œuvres sans s'inquiéter de les faire
jouer. Les représentations des tragiques ne cessèrent pourtant pas d'une façon absolue ; mais elles devinrent l'exception, et ce fut l'impression qui devint la règle[1].

Pendant ce temps, que jouait l'Hôtel de Bourgogne ?
Parfois quelque ancien mystère, quand l'attention du
Parlement semblait s'être relâchée ; plus souvent des pièces de même nature, mais dont le caractère religieux se
cachait sous des titres trompeurs : tragédies, tragi-comédies, pastorales[2], comme peut-être le poème d'Antoine de

engouement pour la tragédie classique passé, les écoliers eux-mêmes
préférèrent des pièces plus conformes au goût du temps et plus
amusantes à représenter. Jacques Grévin se plaint des « lourdes
fautes, lesquelles se commettent journellement ès jeux de l'Université de Paris, qui doit être comme un parangon de toute perfection
de science, où nous voyons toutefois mille fautes commises en cet
endroit... Contre le commandement du bon Horace, ils font à la
manière des bateleurs un massacre sur un échafaud, ou un discours
de deux ou trois mois, et semble qu'en cet endroit, ils aient conjuré pour mal faire ; et telles autres badineries, que je laisse pour
être plus bref. » Et il ajoute : « Je ne mets pourtant en ce nombre
quelques-uns qui en ont fait leur devoir, mais plutôt je les prie,
au nom de tous amateurs de bonnes lettres, de poursuivre et aider
à chasser ce monstre d'entre une tant docte compagnie. » *Brief
discours pour l'intelligence de ce theatre* (sub fine), en tête
du *Theatre*.

1. Jean de la Taille écrit déjà contre « je ne sais quelles tragédies ou comédies, qui n'ont que le titre seulement, sans le sujet
ni la disposition, et une infinité de rimes sans art ni science, que
font un tas d'ignorants qui, se mêlant aujourd'hui de mettre en
lumière (à cause de *l'impression trop commune dont je me
plains à bon droit*) tout ce que distille leur cerveau mal timbré,
font des choses si fades et malplaisantes, qu'elles dussent faire
rougir de honte les papiers mêmes. » *L'Art de la tragedie*,
f° 5.

2. Cette hypothèse, déjà émise par Sainte-Beuve (*Tableau*, p.
218) — dans des termes, il est vrai, qui prêtent fort à la critique,
— a été combattue par Ebert (p. 126-127). Elle paraît cependant
fort naturelle, si l'on songe aux efforts faits par les Confrères pour
revenir à l'ancien mystère. — Ce qui est vrai, c'est que les Confrères ont dû s'abstenir de jouer des mystères pendant un certain

9

la Croix qui porte ce titre singulier : *Tragi-comédie, l'argument pris du troisième chapitre de Daniel avec le cantique des trois enfants dans la fournaise*[1] (1561), comme la *Machabée, tragédie du martyre des sept frères et de Solomone leur mère*, par Jean du Virey du Gravier, sans distinction d'actes ni de scènes[2] (1596). — Les moralités n'avaient jamais été proscrites, sinon par les lettrés délicats ; et les Confrères possédaient en ce genre un riche répertoire. Ils les remettaient à la scène, et parfois en donnaient de nouvelles sous un titre plus ou moins exact. C'est ainsi que l'on pourrait voir une de ces moralités déguisées dans

nombre d'années après l'arrêt fameux de 1548. Grévin parle encore de ce genre de pièces dans l'*avant-jeu* de la *Trésorière*, mais c'est peut-être un souvenir qu'il combat ; la Taille n'attaque jamais que les farces et les moralités. En 1588, au contraire, les mystères avaient certainement reparu. Remarquons-le, il semble que l'on ait exagéré l'opposition faite aux mystères sacrés par le Parlement. Il ne s'est prononcé contre eux que deux fois : en *1548* et en *1598* (Voy. *Recueil des principaux titres*, p. 67), tandis que, dans l'intervalle, quatre rois en avaient formellement permis la représentation. Toutes les lettres patentes, que reproduit le *Recueil des principaux titres*, commencent, en effet, par rappeler que les feus rois ont donné licence aux Confrères « de faire et jouer quelque mystère que ce soit, de la passion ou résurrection de notre Seigneur ou autre quelconque, tant de Saints que de Saintes, qu'ils voudront élire et mettre sus, toutes et quantes fois qu'il leur plaira » ; puis elles ajoutent la formule qui suit, ou une autre absolument équivalente : nous leur avons « donné et donnons autorité, congé et licence de faire et jouer les mystères dessusdits et autres jeux honnêtes et récréatifs ». Voy. p. *38-39, 40, 48*. Telle est exactement la formule de Henri IV en *1597* (Voy. *Recueil*, p. *49-50*), et, si le Parlement proteste après avoir longuement gardé le silence, n'est-ce pas plutôt au roi qu'aux mystères qu'il déclare ainsi son hostilité ?

1. Voy. Faguet, p. 102-103.
2. Voy. frères Parfait, t. III, p. 509-511. — Nous ne citons ces pièces et les suivantes que comme des spécimens, dont on pourrait fort augmenter le nombre, de ce que pouvaient être les pièces jouées par les Confrères ; nous ne prétendons pas qu'elles aient été elles-mêmes représentées.

une *Tragédie à huit personnages traitant de l'amour d'un serviteur envers sa maîtresse et de tout ce qui en advint*, par Mᵉ Jean Bretog (1561) : Vénus et Jalousie y jouent des rôles, et le valet, surpris avec la femme de son maître, est condamné à mort et pendu sur le théâtre¹. — Un autre genre avait été recommandé aux Confrères par le Parlement lui-même, celui des « histoires et romans », pour lesquels notre littérature du moyen âge offrait tant et de si populaires sujets encore en vogue, mis plus en honneur sous Henri II par les mœurs chevaleresques de la cour². Les acteurs de l'Hôtel de Bourgogne entrèrent dans cette voie ; en 1557 fut monté à grand frais *Huon de Bordeaux*, pièce en plusieurs journées³, et nous avons vu que plus tard Agnan Sarat jouait Amadis. — Mais le genre préféré des Confrères était la farce, l'ancienne farce hardie et licencieuse⁴. C'était à elle sans doute que la confrérie devait d'avoir pu lutter contre des difficultés nombreuses, d'avoir retenu — en partie du moins — un public que la farce charmait toujours.

1. Frères Parfait, t. III, p. 330. Cf. Suard, qui fait une analyse piquante de quelques pièces de ce temps, p. 78 sqq.
2. Voy. Bourciez, *les Mœurs polies et la littérature de cour sous Henri II*, Paris, Hachette, 1886. in-8 ; chap. III, *l'Amadis*. — Plus tard encore, les Lancelot du Lac, les Amadis, les Huon de Bordeaux faisaient l'amusement de la jeunesse. Voy. Montaigne, l. I, ch. xxv, t. I, p. 247 de l'édition Louandre. La fin du xviᵉ siècle vit paraître de nombreuses réimpressions de nos romans du moyen âge.
3. Les représentations en furent interrompues, on ne sait trop pourquoi, par ordre du prévôt ; mais l'interdiction fut levée par le Parlement. Voy. Dulaure, t. IV, p. 341 ; *Revue rétrospective*, t. I, p. 346 ; et cf. Ebert, p. 125.
4. Voy. dans les fr. Parfait, t. III, quelques farces publiées dans la seconde partie du xviᵉ siècle, celle des *Femmes salées*, p. 305 ; la *Farce joyeuse et profitable à un chacun, contenant la ruse, méchanceté et obstination d'aucunes femmes*, p. 525, etc. Cf. le *Répertoire du th. com. en Fr. au moy. âge*, par Petit de Julleville.

En 1599 seulement, elle renonça pour toujours à l'art dramatique et céda son théâtre à de vrais comédiens, que Hardy accompagnait. La nature des spectacles pouvait changer.

Ainsi, en 1552, Jodelle avait inauguré des représentations d'un genre nouveau ; près de cinquante ans après, Hardy reprenait son œuvre. Mais le premier, poète dramatique par occasion, s'était adressé à un public de passage par la voix d'acteurs improvisés ; le second, vivant au théâtre et par le théâtre, faisait entendre à un public populaire des pièces qu'interprétaient des comédiens de profession. La tentative de l'un avait été originale, mais éphémère, celle de l'autre était plus opportune et devait produire des effets durables. Les différences fondamentales entre les œuvres de ces deux écrivains et de leurs émules se devinent déjà d'après ce contraste.

V

Hardy et ses compagnons arrivaient de la province, et c'étaient les pièces qu'ils avaient fait applaudir en province, c'étaient surtout les genres qu'ils y avaient mis en œuvre, qu'ils apportaient aux Parisiens. Quels étaient ces genres et ces pièces ?

Mais d'abord, quel était, en général, le répertoire des troupes de campagne à la fin du xvie siècle et au commencement du xviie ?

M. Trautmann[1] a donné sur ce sujet quelques renseignements fort importants. En 1572, le Français Nicolas Bource est signalé à Nancy comme « maître-joueur d'histoires » ; aux environs de 1583, des *Welches* représentent des « comédies bibliques » à Metz, à Strasbourg et à

---

1. *Franz. Schauspieler*, p. 199-207.

Francfort ; en 1604, David Florice joue à Bâle des œuvres qui sont désignées sous le nom d'« histoires ». Ces comédiens étaient restés fidèles aux genres dramatiques du moyen âge. Mais, dès 1593, Valleran Lecomte, qui, sans doute, n'avait pas encore Hardy pour fournisseur, représente à Rouen, à Strasbourg, à Langres, à Metz..., à la fois des drames bibliques et les pièces de Jodelle ; en 1595, Charles Chautron joue à Francfort *la Sultane* de Gabriel Bounin. En 1615 encore, Jean Floran demande au conseil de ville de Strasbourg la permission de jouer des pièces religieuses et profanes.

Les recherches faites en France et en Belgique n'ont presque rien ajouté à ce que nous a appris M. Trautmann ; à peine sait-on qu'en 1599, à Tournay, des comédiens demandaient à jouer des farces, des comédies et des tragédies, et qu'en avril ou mai 1603, une troupe dirigée par Thomas Poirier, dit La Vallée, jouait à Orléans *l'Écossaise* de Montchrestien[1].

Ainsi, les œuvres dans le goût du moyen âge n'étant plus guère acceptées, des œuvres nouvelles n'existant pas encore, les comédiens en étaient réduits à prendre dans

---

1. Voy. ci-dessus, chap. II, p. 50. — Le chancelier Pompone de Bellièvre avait écrit en juin pour s'enquérir des comédiens qui avaient représenté cette pièce, et M. de Beauharnais, lieutenant général à Orléans, lui répondait le 21 que ces comédiens étaient partis depuis un mois ou six semaines sans qu'on sût où ils étaient allés, et qu'ils avaient pour chef un certain La Vallée. M. Auvray, qui a publié le premier la lettre de M. de Beauharnais (*Revue d'hist. litt. de la Fr.*, janvier 1897, p. 89-91) et qui ignorait le nom vrai du comédien, s'est demandé si la Cour était irritée de ce qu'on eût représenté les malheurs de Marie Stuart, ou si c'était Montchrestien, alors fugitif en Angleterre, qui rendait suspecte la tragédie. Mais, puisque l'Hôtel de Bourgogne était vide en ce moment et puisque La Vallée, de son vrai nom Thomas Poirier, y allait représenter l'année suivante, le plus probable est que la Cour cherchait des divertissements et, ayant entendu parler des représentations de *l'Écossaise*, voulait attirer la troupe qui les avait données.

les livres les tragédies et les comédies de l'école classique et à les faire monter tardivement sur la scène [1]. Des coupures étaient faites, et peut-être en certains cas d'étranges additions. Tant bien que mal, ces œuvres, ou soumises à l'unité de lieu ou remplies d'impossibilités scéniques, entraient dans le cadre décoratif qui servait à leurs ennemies, les pièces conçues selon l'art du moyen âge. Il est vrai que, comme « à quelque chose malheur est bon », cette transformation était facilitée par deux circonstances, d'ailleurs fâcheuses : les classiques du xvie siècle avaient mal su cacher dans leurs pièces la diversité foncière des lieux où se passait l'action, — et les comédiens, fort pauvres, n'avaient qu'une décoration rudimentaire à mettre au service de leurs pièces, quelles qu'elles fussent [2]. Par cette mise en scène commune, qui ne convenait parfaitement

---

1. D'autres que les comédiens faisaient de même. Est-ce le *Marc-Antoine* de Garnier ou la *Cléopâtre* de Jodelle qui a été jouée tout à la fin du xvie siècle dans un couvent de religieuses ? « On lit dans une Relation : « En 1594 ou 1595, les religieuses que l'on appelait les Dames de Saint-Antoine, dont était abbesse Mme de Thou (sœur du premier président et tante de l'historien), très honnête fille, jouèrent une tragédie de Garnier appelée *Cléopâtre*, où les filles étaient vêtues en hommes, pour représenter les personnages ; et les spectateurs étaient l'abbé de Cîteaux, nommé La Croix, et les quatre principaux abbés, de Clairvaux, de Morimond, de Pontigny et de la Ferté. » (*Mémoires pour servir à l'Histoire de Port-Royal*, Utrecht, 1742, t. II, p. 274). » Sainte-Beuve, *Port-Royal*, 3e éd. in-18, t. I, p. 93. Cf., pour le goût du théâtre dans les couvents, G. Maugras, *les Comédiens hors la loi*, p. 112. — Dans ses *Entretiens*, publiés en 1657, Balzac raconte aussi l'histoire plaisante d'un boulanger, « estimé excellent homme pour le théâtre, » qui, « tous les ans, le jour de la Confrérie, représentait admirablement le roi Nabuchodonosor (dans *les Juives*) et savait crier à pleine tête :

Pareil aux Dieux, je marche... »

VI, 5. — Voy. encore ce que nous avons dit ci-dessus, p. 126, n. 1, des représentations de la *Bradamante*).

2. Cette décoration rudimentaire nous est dénoncée encore par le *Théagène et Cariclée* de Hardy, dont la mise en scène est si

ni aux unes ni aux autres, les œuvres qui avaient tant lutté entre elles au temps de la Renaissance se trouvaient en quelque mesure rapprochées et conciliées.

Puis, lorsqu'une troupe eut avec elle un dramaturge habile comme Hardy, un pas de plus fut fait, un pas décisif, et ce ne furent pas les pièces seules qui furent rapprochées, ce furent les genres.

Nous pouvons nous faire une idée de ce que fit jouer Hardy dans les provinces, puisque c'est sans doute à la période errante de sa vie qu'il faut attribuer les œuvres datées de sa jeunesse. Ce sont d'une part *Théagène et Cariclée*; de l'autre des tragédies : *la Mort d'Achille, Coriolan, Arsacome*[1], *Mariamne* : — *Théagène et Cariclée*, c'est-à-dire une « histoire » romanesque, comme on en jouait à l'Hôtel de Bourgogne, divisée en journées comme les mystères, mais empruntant à la nouvelle école et la subdivision en actes, et son sujet franchement antique, et bien des procédés de style et de versification ; — *la Mort d'Achille, Coriolan, Arsacome, Mariamne*, c'est-à-dire des pièces dans le goût nouveau, mais mieux conçues, mieux coupées, mieux dialoguées en vue de la scène que les tragédies de collège ou celles que l'on publiait pour être lues. Les genres anciens, avec quelque chose de nouveau qui leur donnait plus de ragoût ; les genres nouveaux, avec quelque chose de dramatique et de vivant que les érudits ne connaissaient pas, tel était le mélange habile que pratiquait Hardy et par lequel il se rendait possible le succès. Qu'importaient après cela les qualités de style que recherchaient surtout les Grévin, les la Taille et les Garnier ?

---

difficile à reconstituer, sans doute parce qu'il avait été écrit pour une mise en scène vague et insuffisante. Voy. *Alexandre Hardy*, p. 437. n.

1. *Arsacome* porte le titre de tragi-comédie ; je ne lui donne celui de tragédie qu'à un point de vue tout spécial, et pour l'opposer à *Théagène et Cariclée*.

En quoi auraient-elles servi Hardy, qui n'écrivait pas pour être lu, et dont les publics changeants et peu homogènes n'auraient pas été sensibles à ces finesses? Lui était-il même loisible de les rechercher? Si les qualités dramatiques sont affaire d'instinct, les qualités littéraires sont plutôt affaire de travail et de temps : Hardy manquait de temps et ne manquait pas d'instinct.

Les « histoires » et les tragédies ou tragi-comédies n'étaient pas les seuls genres que Hardy cultivât en province. Une troupe qui voulait plaire ne pouvait s'en contenter, et devait exiger de son poète qu'il ne s'y bornât pas. Lui-même dit qu'*Alcée* est de sa jeunesse, et nous n'avons pas de raison de ne pas le croire : il composait donc des pastorales. Faisait-il aussi des comédies dans le goût de Jodelle et de Grévin? Cela se peut, bien qu'il n'en ait pas imprimé. Mais il n'y aurait rien d'étonnant à ce que la comédie eût été négligée par lui. Elle se distinguait trop peu de la farce pour constituer avec elle une représentation complète, où elle aurait été *la grande pièce* et la farce *la petite* ; comme celle-ci, elle ne pouvait être que la partie plaisante et finale d'une représentation ; à quoi bon dès lors ne pas s'en tenir à la farce, familière aux acteurs, chère au public?

La farce, telle était en effet la partie préférée du spectacle, en province comme à Paris, plus qu'à Paris même. Les parents de la Caverne en avaient joué une après *Bradamante*, dans le château de Sigognac, et voici ce qu'en disait la Caverne : « La farce divertit encore plus que la comédie, comme il arrive d'ordinaire partout ailleurs hors de Paris[1]. » Et d'Aubignac, sans distinguer Paris de la province, écrivait encore : « Nous voyons dans la cour de France les tragédies mieux reçues que les comédies, et que, parmi le petit peuple, les comédies et même les farces et vilaines

---

1. *Roman comique*, 2e partie, ch. III; t. I, p. 276.

bouffonneries de nos théâtres sont tenues plus divertissantes que les tragédies[1].. »

La troupe de Hardy jouait donc des farces, et sans doute Hardy en a composé, qu'il n'a pas jugées plus tard assez relevées pour figurer parmi ses œuvres. Il est probable cependant qu'il n'en a composé qu'un petit nombre; n'en restait-il pas une grande quantité, autrefois jouées par les *Enfants sans souci*, et qui étaient encore capables d'égayer les spectateurs? Il ne fallait que les rajeunir, modifier leur style, parfois mettre en prose celles qui étaient en vers; Hardy n'a certainement pu se soustraire à ce travail d'arrangeur, et ç'a été là une part de sa besogne comme poète de comédiens[2].

Tels étaient donc les genres que Hardy et sa troupe apportaient à l'Hôtel de Bourgogne en 1599 : la *farce*, que les spectateurs y voyaient et ne se lassaient pas d'y voir depuis 1548; l'*histoire par personnages*, un peu rajeunie sans doute, mais encore fort reconnaissable; la *pastorale*, dont les Confrères avaient peut-être essayé[3], mais

1. *La Pratique du théâtre*, l. II, ch. 1; t. I, p. 64.
2. « Cervantès disait... dans son *Persiles et Sigismonde*, l. III, ch. II, que certaines compagnies avaient des poètes expressément chargés de refondre les vieilles comédies. » Ticknor, t. II, p. 462. — En Angleterre, Shakespeare s'est certainement livré au même travail. Voy. p. ex. Mézières, *Shakespeare, ses œuvres et ses critiques*, p. 74, et Montégut, avertissement de *la Mégère domptée*. (Œuvres complètes de Shak., t. II, p. 233 sqq.) — M. Larroumet dit de Madeleine Béjart, qui se piquait de littérature : « Dans la troupe de Molière, on la voit « raccommoder » une vieille comédie que l'on veut remettre au répertoire ». *La Comédie de Molière. L'auteur et le milieu*. Paris, Hachette, 1887, in-18, p. 65. — Hardy ne compte-t-il pas quelques-unes de ces pièces refondues, lorsqu'il donne le chiffre de ses œuvres ? On peut se poser cette question, il serait plus malaisé de la résoudre.
3. Jacques de Fonteny, qui était le grand homme de la confrérie en 1629, en avait composé plusieurs : *la Chaste bergère, le Beau pasteur, la Galathée divinement délivrée*. Voy. la Vallière, t. I, p. 219-222.

sous une forme sans doute sensiblement différente; enfin la *tragi-comédie* et la *tragédie*, genres nouveaux en fait, quoique leurs noms eussent été employés par les Confrères. Au mystère et à la moralité, définitivement chassés du théâtre, succèdent la tragédie et la tragi-comédie; à des artisans ignorants et inexpérimentés succèdent des comédiens de profession. Voilà de bien grands changements. Notons encore la supériorité du nouveau répertoire, sans cesse renouvelé par un auteur fécond et infatigable, sur le répertoire à peu près fixe et difficilement rajeuni des Confrères; et nous comprendrons combien sont importants les traits qui distinguent l'état nouveau du théâtre parisien de son état antérieur. Une révolution vient de s'accomplir.

VI

Plaçons-nous à un point de vue où se sont rarement placés ceux qui ont jugé Hardy; songeons à l'histoire du théâtre même plutôt qu'à l'histoire de la littérature; demandons-nous, non pas quel poète a écrit la première bonne tragédie, mais quel auteur a permis à la tragédie d'avoir sa scène, ses acteurs, son public; en un mot, quel auteur utile a rendu possibles les grands poètes; et nous n'hésiterons pas à regarder Hardy comme le créateur du théâtre moderne. Seul, il lui a permis de naître; seul, pendant de longues années, il lui a permis de vivre.

Citons quelques témoignages contemporains, qui confirmeront nos conclusions. Et d'abord, celui des camarades de Hardy, qui, dans une pièce facétieuse déjà citée, où les deux noms de Hardy et de Valleran sont rapprochés, attribue à celui-ci l'honneur d'avoir *établi en France la comédie*[1]. Un ami du poète décerne à Hardy le même éloge:

---

1. *Le Testament de Gaultier Garguille.* Voy. ci-dessus, chap. III, p. 88.

> Ex te nunc Gallis animata theatra resurgunt,
> Squalebant carie corrueruntque situ...
>
> Hæc serva, soli quæ reparare fuit[1].

Et Sarazin, plus désintéressé dans la question, déclare que véritablement il a tiré l'art dramatique « du milieu des rues et des échafauds des carrefours[2] ».

Voilà pour Hardy restaurateur du théâtre; voyons comment il a continué à le soutenir.

« Il n'y a pas fort longtemps qu'il n'y avait à Paris et par toute la France qu'un seul homme qui travaillât pour de telles représentations, qui était le poète Hardy; et, lorsque les comédiens avaient une pièce nouvelle, ils mettaient seulement dans leur affiche : que leur poète avait travaillé sur un sujet excellent, ou chose semblable, sans le nommer, pour ce qu'il n'y avait que lui. » Ainsi parle, en 1642, un écrivain qui connaissait bien l'époque antérieure[3]. La Rancune parle aussi d'un temps où les comédiens, même ceux de province, étaient réduits aux pièces de Hardy[4]; et c'est à ces seules pièces que Racan rendait

---

1. T. II du *Théâtre* : I. Hardy, Andegavensis « ad Alexandrum Hardy, poetam eximium ».
2. *Discours sur l'Amour tyrannique*, p. 321. — Nous avons substitué le mot d'*art dramatique* à celui de *tragédie*, qui prêtait à la confusion. Le sens, croyons-nous, n'a pas changé.
3. Sorel, dans *la Maison des jeux*, t. I, p. 409, par la bouche d'Hermogène. — La phrase n'est pas achevée; on y lit encore : « ou pour ce que, s'il y en avait d'autres, l'on ne les nommait pas non plus pour les distinguer ». Mais il ne faudrait pas s'exagérer l'importance de cette restriction; le même Sorel dit plus nettement dans sa *Bibliothèque française*, p. 204 : « Lorsque le divertissement de la comédie commença de plaire extraordinairement, on souhaita que, pour le rendre plus agréable, les comédiens eussent de belles pièces à représenter. Il s'était passé un long temps qu'ils n'avaient eu autre poète que le vieux Hardy, qui, à ce que l'on dit, avait fait cinq ou six cents pièces. »
4. *Roman comique*, l. I, ch. v; t. I, p. 26.

cet hommage, qu'il les voyait représenter à l'Hôtel de Bourgogne et qu'elles l'excitaient fort[1].

Ainsi, pendant de longues années, Hardy fut le seul fournisseur de l'Hôtel de Bourgogne ; seules, ses pièces, accompagnées de farces pour la plupart anciennes, alimentèrent les représentations des comédiens, ou, si quelques exceptions se produisirent, elles furent peu nombreuses et peu éclatantes. Quant aux derniers représentants de l'école classique, aux disciples de Garnier, ce n'était pas au public de l'Hôtel qu'ils adressaient leurs œuvres ; ce n'était pas pour la représentation qu'ils écrivaient, mais pour la lecture. Ainsi Montchrestien, qui d'ailleurs avait publié *Sophonisbe* en 1596, et dont les autres pièces, à l'exception d'*Hector*, furent imprimées en 1601[2] ; ainsi Claude Billard, sieur de Courgenay, dont les tragédies parurent en 1610[3] ; ainsi sans doute Nicolas Chrétien,

---

1. Tallemant, t. II, p. 355, n. (Voy. ci-dessus, chap. III, p. 83).
2. *Hector* en 1604. Voy. Brunet et le *Montchrestien* de Petit de Julleville, *bibliographie*. Petit de Julleville dit dans sa *notice*, p. x : « *Sophonisbe* était dédiée à Madame de la Vérune, femme du gouverneur de Caen. L'auteur la remercie dans sa dédicace d'avoir bien voulu assister à la représentation de cette pièce… Mais s'agit-il d'une représentation vraiment publique, ou d'une représentation de société donnée chez le gouverneur de Caen ? » C'est sans doute cette seconde hypothèse qui est la vraie ; encore le mot de *récitation* serait-il plus juste que celui de *représentation*. — Quant aux représentations de *l'Écossaise*, par La Vallée, autorisaient-elles M. Jusserand à écrire dans son excellent livre sur *Shakespeare en France*, p. 46, n. : « *L'Écossaise* n'avait pas été écrite, comme on l'a dit, pour la lecture ; elle fut représentée à Orléans en 1603 » ?
3. D'après le bibliophile Jacob (*Catal. Soleinne*, I, n° 919), *Henry le Grand* de Billard aurait été représenté devant Marie de Médicis, l'année même de la mort du roi. Mais où sont les preuves de ce fait, qui d'ailleurs, vu le caractère exceptionnel de l'œuvre, serait médiocrement probant ? Billard, qui fait son éloge et celui de ses pièces longuement et sans réticence, ne dit pas qu'elles aient été représentées. Ses amis, en le félicitant, selon l'usage, d'être « le vainqueur des poètes tragiques », parlent plusieurs fois de

sieur des Croix, Guérin Daronnière, et autres auteurs moins estimables[1]. Jusqu'en 1617, date probable de la représentation de *Pyrame et Thisbé*, les pièces imprimées sont en grand nombre, mais on n'en saurait citer aucune qui ait été représentée à l'Hôtel de Bourgogne, à l'exception de quelques farces et d'une tragédie de *Phalante*, dont l'auteur est inconnu[2]. Jusqu'à Théophile et Racan — on

Garnier, jamais de Hardy. Ce dernier représentait le théâtre populaire et grossier, Garnier le théâtre savant, et c'était pour ce dernier seul que travaillait le sieur de Courgenay.

1. On sait de quelques pièces qu'elles ont été jouées sur des théâtres particuliers : ainsi *Dina ou le Ravissement*, *Josué ou le Sac de Jéricho*, *Débora ou la Délivrance*, tragédies sacrées de Pierre de Nancel, furent représentées dans l'amphithéâtre de MM. de Doué, en Anjou, en 1606 (fr. Parfait, t. IV, p 88 sqq.); *Edipe*, *Turne*, *Hercule* et *Clotilde* de Jean Prévost furent représentées en province avant 1614, s'il faut en croire les frères Parfait (t. IV, p. 198 sqq.). Où et quand fut représentée une *Tragédie de Jeanne d'Arques, dite la Pucelle d'Orléans*, qui fut imprimée à Rouen en 1603 ? Un exemplaire appartenant à de Soleinne portait manuscrits des noms d'acteurs qui n'appartenaient certainement pas à l'Hôtel de Bourgogne : M. Guillon, Jehan et Claude Gobier, Langiboust, Lapallissade, messire de l'Emprin (ou le *maitre de l'entreprise* ?), etc. (*Catal. Soleinne*, suppl. au t. I, p. 30).

2. Voy. Appendice, note III. — P. Lacroix, qui fait de Hardy le fournisseur du Marais, se demande quels ouvrages étaient joués à l'Hôtel de Bourgogne. « Il est très probable, dit-il, que les tragédies de *Pyrrhe* et de *Saint Clouaud*, par Jean Heudon ; celle d'*Achab*, par Roland de Marcé, furent représentées à l'Hôtel de Bourgogne, de même que les huit tragédies de Claude Billard, sieur de Courgenay, et les pastorales de Pierre Trotterel, sieur d'Aves, qui composa en outre une spirituelle comédie facétieuse, intitulée *Gillette* (1619). Mais nous ne voyons, sous le règne de Henri IV, que trois pièces qui appartiennent incontestablement à l'Hôtel de Bourgogne : *Cléophon*, « tragédie conforme et semblable à celles que la France a vues durant les guerres civiles », imprimée à Paris en 1600 et dont l'auteur paraît être Jacques de Fonteny, confrère de la Passion ; *les Amours d'Alcméon et de Flore* (il faudrait dire : *de Dalcméon*), tragédie par Étienne Bellone, un des comédiens de l'Hôtel, imprimée en 1610, et la pastorale de *Sidère*, par Bouchet, sieur d'Ambillon, imprimée en

pourrait presque dire jusqu'à Mairet, Rotrou, Scudéry — on ne connaît au théâtre que les pièces de Hardy. Corneille nous l'atteste dans son Examen de *Mélite*[1], et joint son témoignage à bien d'autres. « Je n'avais pour guide, dit-il, qu'un peu de sens commun avec les exemples de feu Hardy, dont la veine était plus féconde que polie, et de *quelques modernes qui commençaient à se produire, et qui n'étaient pas plus réguliers que lui.* » Hardy avait sauvé le théâtre français. Grâce à lui, la voie était ouverte aux jeunes poètes; ils vont s'y précipiter, et leur nombre grossira d'année en année.

Le premier poète connu qui vient diminuer la tâche et aussi la réputation de Hardy, c'est Théophile. On ne lui attribuait autrefois qu'une pièce. Nous avons vu qu'il en a fait, sans doute, un certain nombre, et qu'il a travaillé plusieurs années pour le théâtre, dont il s'est retiré peut-être vers 1617, après le succès de *Pyrame et Thisbé*. Vers 1619 paraît l'*Arthénice* de Racan. En 1625, Mairet débute dans sa brillante carrière par *Chriséide et Arimand*, bientôt suivie de la *Sylvie*. On peut aussi dater de 1625 les *Folies de Cardenio* de Pichou, de 1627 ou 1628 *Philine* par de la Morelle. Jusqu'en 1628, ce sont là les seules

---

1609, laquelle offre des passages pleins de grâce et de charme. » (xviie *siècle, Lettres*, p. 568-569). Observons que les tragédies de Heudon avaient paru dès 1598 et 1599; celle de Roland de Marcé, *sans distinction de scènes*, en 1601. Si elles avaient été jouées, elles l'auraient sans doute été avant l'arrivée de Hardy à Paris, de même que *Cléophon*. Les *Amours de Dalcméon* ne sont attribuées à l'Hôtel de Bourgogne que parce que P. Lacroix fait de son auteur, Bellone, un acteur de ce théâtre, ce qui est faux. (Voy. du même P. L. la notice bibliographique sur les *Chansons folastres et prologues tant superlifiques que drolatiques des comediens françois, revus et augmentés de nouveau, par le sieur de Bellone.* Rouen, 1612. Réimpression de Mertens, Bruxelles, 1864.) Enfin, pourquoi attribue-t-il aussi à l'Hôtel la pastorale de *Sidère*? Rien ne permet de le deviner.

1. Œuvres de P. Corneille, t. I, p. 137.

œuvres dont on puisse affirmer qu'elles ont été représentées, et le nombre, on le voit, n'en est pas grand. Qu'il y en ait eu d'autres, la chose est probable; mais bien des pièces imprimées n'ont pas dû paraître sur le théâtre, par exemple, celles de Boissin de Gallardon ou de Borée[1].

L'année 1628 est sans doute celle des débuts de Rotrou avec l'*Hypocondriaque ou le Mort amoureux* et la *Bague de l'oubli*; de Gombauld avec l'*Amaranthe*, de du Cros avec la *Filis de Scire*. Et nous arrivons ainsi à 1629, une des dates les plus importantes de l'histoire de notre théâtre. C'est en 1629, en effet, que débutent sans doute Baro avec *Célinde*, Rayssiguier avec *les Amours d'Astrée et de Céladon*, Claveret avec *l'Esprit fort*, du Ryer avec *Argénis et Poliarque*, Scudéry avec *Ligdamon et Lydias*, Corneille enfin avec *Mélite*; c'est en 1629 que, en attendant la première tragédie conforme de parti pris aux règles classiques (1634), Mairet applique bruyamment la règle des vingt-quatre heures dans *Silvanire*; c'est en 1629 qu'un nouveau théâtre s'élève, qui doit égaler et même éclipser la gloire de son rival. Désormais, aux poètes que nous avons nommés un grand nombre d'autres vont se joindre. Passart, Auvray, Maréchal, Durval paraissent au théâtre avant la mort de Hardy. La fin du vieux dramaturge en fut sans doute attristée, et celui dont le nom avait si longtemps résumé tout notre théâtre allait pouvoir disparaître sans que nul songeât à noter la date de sa mort. Mais, si Hardy pouvait en être affligé, il avait aussi le droit d'en être fier. Ce champ, où tant de jeunes moissonneurs venaient récolter de la renommée ou de la gloire, c'était lui qui l'avait retourné et défriché, c'était

---

1. La nature de ces œuvres suffirait à le prouver, mais on a d'autres raisons encore de le croire : Mairet, Sorel, Marolles et d'autres nomment les auteurs qui ont travaillé en ce temps pour le théâtre, et leurs listes ne comprennent aucun de ces noms.

lui qui avait creusé les sillons pour la moisson future. Boisrobert, de Monléon et Gougenot; Véronneau, Beys et Benserade; d'Alibray, La Pinelière, La Calprenède et Richelieu lui-même; Guérin de Bouscal, Desmarets et Tristan l'Hermite, que de travailleurs nouveaux dès avant *le Cid* !

CHAPITRE V

LES DÉPENSES ET RECETTES, LES ACTEURS, LE PUBLIC, L'ORGANISATION DES SPECTACLES

Après avoir vu ce qu'était le répertoire de l'Hôtel de Bourgogne, jetons un coup d'œil sur la situation pécuniaire et sur la disposition de ce théâtre, sur le public qui le fréquentait, sur les acteurs qui y ont le plus souvent représenté; donnons une idée de ce qu'était une représentation théâtrale au commencement du xvii° siècle.

Le théâtre de Mondory ne se montre qu'à la fin de 1629; il n'est vraiment constitué et ne devient le théâtre du Marais qu'en 1634: ce sont là des dates bien tardives. Aussi ne nous occuperons-nous pas du Marais directement. C'est à qui étudie la période classique de notre théâtre qu'il convient d'en faire l'histoire.

I

L'Hôtel de Bourgogne, on le sait, appartenait aux maîtres de la confrérie de la Passion, et les comédiens n'en étaient que les locataires. A quelles conditions? Il est difficile de le savoir exactement pour toute la période qui nous occupe, mais nous le savons au moins pour une partie. A la fin de 1629, les comédiens donnaient aux Confrères la somme de 2400 livres[1], et il n'est pas probable qu'ils

1. Voy. ci-dessus, chap. II, p. 77.

donnassent moins auparavant. La troupe royale, en effet, devenait plus riche; mais celle de Le Noir-Mondory, sa nouvelle rivale, lui faisait une concurrence souvent heureuse; et quant aux Confrères, toujours menacés dans leur possession de l'Hôtel, ils ne devaient pas avoir augmenté leurs prétentions. Ne voyons-nous pas qu'en 1639 les comédiens, pourtant « entretenus de Sa Majesté », obtiennent un rabais de 400 livres et ne payent plus que 2000 livres tournois par an[1]?

Quel que fût avant 1629 le chiffre exact de la somme payée par Valleran et ses compagnons, elle était certainement importante. Et cependant elle n'assurait pas aux comédiens la jouissance de tout l'immeuble des Confrères : ceux-ci se réservaient les « magasins et autres lieux » qui en dépendaient[2], et, même, ce qui est plus grave, une certaine partie de la salle de spectacle. En 1629, cette partie se composait seulement « de la loge des anciens maîtres[3] »; mais cet état de choses était tout nouveau, et constituait un progrès sensible. Avant cette date, les Confrères se réservaient « plusieurs loges[4] », ou même « la

---

1. Voy. le *Bail de l'Hôtel de Bourgogne*, en date du 18 janvier 1639, dans Soulié, p. 150-151, et la *Recette et dépense de la confrérie de la Passion*, du 10 mars 1640, ibid., p. 171. — En 1614, les Confrères louaient leur salle aux comédiens italiens à raison de 400 livres tournois pour deux mois, cela fait bien 2400 livres pour l'année. (Voy. Baschet, *les Com. ital.*, p. 251.)

2. Les quatre magasins qui étaient au-dessous du théâtre rapportaient, en 1640, quatre cent quarante livres tournois. Il est vrai que le loyer venait d'en être augmenté. Voy. *Recette et dépense de la confrérie de la Passion*, p. 166.

3. Le bail de 1639 ajoute : « et du lieu étant au-dessus de ladite loge, appelé le Paradis ». Cet article était-il sous-entendu dans l'arrêt rendu par le Conseil le 29 décembre 1629? Voy. ci-dessus, chap. II, p. 77.

4. *Requête des comédiens...* Voy. *Recueil des principaux titres*, p. 57, et frères Parfait, t. III, p. 267. — En louant leur salle aux comédiens italiens, le 17 février 1608, les Confrères s'étaient réservé la jouissance de six loges; encore le sieur de Fon-

meilleure partie des loges et galeries¹ ». Les comédiens se plaignaient de n'avoir aucun bénéfice et de ne travailler que pour des artisans débauchés²; mais les Confrères ne se laissaient pas volontiers injurier, et parfois nos comédiens payaient cher leurs attaques. « Et d'autant, dit la

teny, en sa qualité de contrôleur, prétendit-il avoir droit à une septième. (Baschet, p. 172.) Le bail du 8 avril 1614 fait réserve « de la loge de M. le lieutenant civil, des cinq loges des doyens et maîtres, de celle des anciens maîtres, de celle du Prince des Sots et de celle de M. Jacques de Fonteny ». (Baschet, p. 251.)

1. *Arrêt du conseil...* (*Recueil*, p. 61 ; fr. Parfait, t. III, p. 274.) L'une de ces loges était peut-être cédée par les Confrères au Prince des Sots et à ses suppôts. On sait comment un créancier de Nicolas Joubert, sieur d'Angoulevent, « Prince des Sots et premier chef de la Sottie en l'Ile de France et Hôtel de Bourgogne », ne pouvant se faire payer ce qui lui était dû, saisit la loge du *Prince* à l'Hôtel de Bourgogne et amena ainsi un long procès. (Voy. Ad. Fabre, *les Clercs du Palais*, p. 262-264 et 154.) — Les basochiens aussi jouissaient depuis longtemps d'une loge gratuite, mais il ne semble pas qu'elle leur fût cédée par les Confrères à la fin de la période qui nous occupe ; ni l'arrêt de 1629, ni le bail de 1639 n'en parlent, encore que le privilège des basochiens soit confirmé par un arrêt du Parlement le 16 septembre de cette dernière année. C'était donc des comédiens eux-mêmes qu'ils la tenaient, et nous ne devons pas trop nous en étonner : comédiens et basochiens semblent avoir vécu en bon accord, puisqu'une plaquette de 1634, *l'Ouverture des jours gras*, fait de la *réclame* à la fois pour les pièces des uns et pour la *cause grasse* des autres. (Voy. Éd. Fournier, *Variétés hist.*, t. II, p. 345-355.)

2. *Requête des comédiens...* (*Recueil*, p. 57 ; fr. Parfait, t. III, p. 267); *Remontrances au Roy* (fr. Parfait, t. III, p. 261). La confrérie, il est vrai, se chargeait de payer un certain nombre de redevances : pour les boues, pour les chandelles et lanternes, pour les pauvres ; mais cela ne la ruinait guère et ne déchargeait pas beaucoup les comédiens. En 1630, l'Hôtel était taxé à cinquante-deux sols pour les pauvres. C'est bien peu, puisqu'en 1541 le Parlement n'avait autorisé la confrérie à jouer un mystère qu'à la condition qu'elle donnerait aux pauvres « la somme de mille livres, sauf à ordonner de plus grande somme ». (Petit de Julleville, *les Comédiens*, p. 70.) Peut-être cette redevance de cinquante-deux sols ne dispensait-elle pas les comédiens d'en payer une autre plus forte.

Recette et dépense de la confrérie, que lesdits confrères sont continuellement attaqués tant par lesdits comédiens que par les clercs de la Basoche du Palais et autres particuliers, et que par ce moyen ils sont contraints d'être en procès, il se dépense au moins par chacun an, en frais de justice, la somme de 2 à 300 livres environ[1]. » Combien faut-il porter au compte des comédiens?

L'article suivant est aussi instructif: « De tout temps immémorial et depuis la fondation d'icelle confrérie, lesdits maîtres et gouverneurs, pour le respect qu'ils portent à messieurs de la justice, leur présentent annuellement les étrennes, bougies, brochets carreaux[2], ainsi qu'il ensuit, savoir : le premier jour de l'année, il est fait dépense en vin clairet, vin muscat ou d'Espagne, citrons et oranges, jusques à la somme de 170 ou 180 livres, selon le temps et prix desdites choses. Plus, le jeudi de la mi-carême, lesdits maîtres et gouverneurs présentent aussi à nosdits seigneurs de la justice des brochets carreaux et demi-carreaux, et pour ce se fait dépense de la somme de 110 ou 120 livres, selon le temps. » Suivent d'autres sommes assez rondes, tant pour les droits d'assistance de quelques magistrats, au jour de l'élection des nouveaux maîtres de la confrérie, que pour la cire et les bouquets qui se présentent en certains jours de fête « à nosdits sieurs de la justice ». Alors que la confrérie faisait si bien les choses, on comprend que ses adversaires ne pouvaient rester beaucoup en arrière: combien donc coûtait aux comédiens le respect qu'ils portaient à messieurs de la justice?

Une autre cause importante de dépense, c'étaient les employés, ou, comme s'exprime Chappuzeau, les officiers du théâtre. Certes, on aurait tort, à propos de nos comé-

---

1. Soulié, p. 168.
2. « On nommait *brochets carreaux* de très gros brochets. » Note d'Eudore Soulié.

diens, de songer à l'armée d'employés qu'un théâtre met aujourd'hui en mouvement, et l'on ne peut même pas s'en tenir aux renseignements de Chappuzeau : « Chacun des deux Hôtels en est pourvu d'un beau nombre, dont les gages montent à plus de cinq mille écus payés très exactement[1] ». Mais il fallait toujours à la troupe des violons, un décorateur, un copiste, d'autres gens encore, dont les gages devaient lui paraître trop élevés.

Pour couvrir de tels frais et ceux que leur causaient les représentations, les comédiens auraient dû pouvoir compter, ou sur un public fidèle et nombreux, ou sur de libérales protections. Mais les confrères de la Passion ne leur avaient cédé ni l'un ni l'autre de ces avantages; c'était aux nouveaux venus à les acquérir, tâche longue et laborieuse, dans laquelle les gênaient encore de nombreuses et importantes concurrences.

II

La plus redoutable était celle des comédiens étrangers et surtout des Italiens[2]. De 1599 à 1624, il vint à Paris au moins huit troupes italiennes, dont la plupart y firent un long séjour. Appelés par Henri IV, Marie de Médicis, Anne d'Autriche, qui négociaient leur arrivée avec le

---

1. P. 224. Chappuzeau distingue (p. 231-245) les hauts officiers, non payés parce qu'ils font partie de la troupe : trésorier, secrétaire, contrôleur ; et les bas officiers ou gagistes : concierge, copiste, violons, receveur au bureau, contrôleurs des portes, portiers, décorateurs, assistants, ouvreurs de loges, de théâtre et d'amphithéâtre, chandelier, imprimeur, afficheur.
2. On ne sait rien d'une troupe anglaise signalée à Paris en 1604. (A. Baschet, *les Comédiens ital.*, p. 101, n.) Des Espagnols, qui débutèrent à la porte Saint-Germain le 27 octobre 1613, ne réussirent point. (Voy. Malherbe, lettres des 27 oct. et 24 nov., t. III, p. 350 et 358.) Quant aux soi-disant Grecs qui jouaient dans l'île de la Cité en 1627, voy. ci-dessus, chap. II, p. 68.

même soin que des affaires d'État, chèrement payés et énergiquement protégés par ces personnes royales[1], les Fritellino, les Arlequin, les Lelio s'installaient d'abord à la cour, où quiconque voulait plaire n'avait garde de ne pas les voir et de ne pas les admirer. Leur succès épuisé, ils se transportaient à l'Hôtel de Bourgogne, où la réputation que leur avait faite la cour, leur mérite propre et surtout l'originalité de leurs spectacles, attiraient la foule. Ce qui nous fait trouver leurs pièces meilleures que nos farces, dit un personnage de Sorel, « ce n'est que la grâce d'un langage étranger, et les actions naïves et ridicules de leurs personnages, qui, de vrai, savent mieux trouver le biais des choses qui peuvent émouvoir à rire, que tous les comédiens des autres nations ; mais au reste, s'ils veulent jouer une pièce sérieuse, ils ne peuvent aussi s'empêcher d'y mêler leurs bouffonneries, qui leur sont trop naturelles pour s'en abstenir. Or, pour ce qu'ils sont fort gestueux, et qu'ils représentent beaucoup de choses par l'action, ceux même qui n'entendent pas leur langage comprennent un peu le sujet de la pièce ; tellement que c'est la raison pour-

---

[1]. Voy. toutes sortes de détails piquants dans l'excellent livre d'A. Baschet. Qu'on nous permette seulement une citation, qui montrera la fatuité de ces bouffons italiens et permettra de comparer leur situation privilégiée à l'isolement des pauvres comédiens français. Tristano Martinelli, dit *Arlequin*, raconte dans une lettre du 4 octobre 1613 comment Marie de Médicis, *sa commère*, l'a reçu, lui et sa troupe : « Pour mon particulier, elle me donne secrètement quinze ducats par mois pour les dépenses de ma femme, qui, sous peu de jours, mettra au monde l'enfant dont le roi doit être le parrain, et sa sœur, la reine d'Espagne, la marraine. L'un et l'autre veulent le tenir sur les fonts, de leurs propres mains. Si c'est un garçon, le roi le veut pour lui ; si c'est une fille, la reine la veut pour elle ; si bien que me voilà fort intrigué pour les contenter tous les trois. J'ai pensé, pour lever tout embarras, de rendre ma femme grosse deux fois encore, et de donner les enfants un par un, comme on fait pour les chats. » (*Les Coméd. ital.*, p. 235.)

quoi il y en a beaucoup à Paris qui y prennent plaisir[1]. »

Nous avons vu comment le succès d'une troupe italienne, d'ailleurs inconnue, avait forcé Valleran à quitter l'Hôtel de Bourgogne en 1599. Quel tort ne durent pas lui faire par la suite des troupes fameuses comme les Accesi ou celle d'Arlequin[2]!

Enfin les Italiens partaient, et nos comédiens respiraient un peu. Mais ni la cour ni la ville ne se trouvaient pour cela réduites à leurs seules représentations. La cour avait les siennes, aussi luxueuses que celles des comédiens étaient simples et misérables; elle avait ses ballets, qui longtemps à l'avance occupaient tous les courtisans, et qui étaient dansés avec le plus grand apparat[3]. La ville avait les représentations que donnaient parfois d'autres comédiens français : Laporte en 1609 et 1610, Claude Husson en 1610 et 1614, Le Noir en 1625 et 1629, d'autres encore. Comme les Italiens, Husson et Le Noir, à deux reprises, jouèrent à l'Hôtel de Bourgogne à côté même des comédiens royaux; et l'on devine combien grand fut le dépit de ceux-ci, combien fut précaire leur situation, lorsque Le Noir, en 1625, occupa seul l'Hôtel de Bourgogne, pendant qu'eux-mêmes erraient à la recherche d'une salle.

1. *La Maison des jeux*, t. I, p. 437-438.
2. Les Confrères avaient un contrôleur spécial des comédiens étrangers (*Les Com. ital.*, p. 130. A. Baschet dit aussi : contrôleur des comédiens tant français qu'étrangers, p. 174.) Ce poste était occupé au commencement du xviie siècle par le sieur Jacques de Fonteny, sur lequel on peut voir des notes d'Éd. Fournier (*Variétés*, t. V, p. 59-62) et d'A. Baschet, p. 175-176.
3. Voy. le *Journal* d'Héroard et les lettres de Malherbe, *passim*; de Beauchamps, partie III, p. 21-46; A. Baschet, *le Roi chez la Reine*, 2e éd., Paris, Plon, 1876, in-8, ch. x : *les Divertissements de Louis XIII*; et les ouvrages spéciaux sur le théâtre à la cour, notamment : *Ballets et mascarades de cour sous Henri IV et Louis XIII (de 1581 à 1652), recueillis et publiés d'après les éditions originales, la plupart introuvables aujourd'hui*, par M. Paul Lacroix. Genève, chez J. Gay et fils, éditeurs, 1868-1870, 2 vol. petit in-12.

En 1629 enfin, un second théâtre s'établissait à Paris définitivement[1].

A côté de telles concurrences, celle des collèges était peu de chose. Le temps n'était plus, en effet, où les écoliers jouaient avec éclat, soit les pièces classiques de Jodelle et de ses successeurs, soit les comédies politiques et satiriques les plus hardies. En 1594, un régent du collège des Cappettes avait été emprisonné pour avoir voulu faire jouer une *tragédie du roi Chilpéric deuxième*[2]; en 1598, la réforme universitaire interdit le retour des vieux excès. « Les écoliers s'amendèrent : ils jouèrent encore, mais sagement, des comédies sacrées, des à-propos flatteurs pour la bienvenue d'un grand, des comédies édifiantes[3]. » Ce ne pouvait plus être là l'affaire du public. Le ridicule s'attaqua à ce théâtre scolaire, autrefois si florissant, et Sorel ne fit que traduire librement le sentiment public, lorsqu'il écrivit dans son *Francion* la parodie d'une représentation de collège[4]. Seuls les jésuites, rentrés vers 1603[5],

1. On peut voir dans les prologues de Bruscambille (*Nouvelles et plaisantes imaginations*, p. 68; *Prologue des accidents comiques*) sur quel ton peu aimable les comédiens royaux parlent de leurs concurrents : « Qu'y a-t-il au monde d'inconnu aux comiques que l'oisiveté? Je n'entends comprendre ici un tas de petits bateleurs, qui usurpent la qualité de comédiens et qui n'ont pas si bonne provision de science que de rubans jaunes, blancs ou rouges, entrelardés de leurs moustaches et de bracelets, composés ou tissus de je ne sais quels vilains cheveux qu'ils auront pris au peigne crasseux de quelque pauvre chambrière de village. Au contraire, j'entends parler de ceux qui représentent en leurs actions le pur et vrai microcosme de la nature comique. Retournons donc à eux, et laissons là ces caméléons, qui ne se repaissent que de vent et de fumée. » Voy. encore un passage des *Facécieuses paradoxes*, qui sera cité ci-dessous, § 6, p. 193, n.

2. Voy. *Revue rétrospective*, t. IV, p. 354.

3. Petit de Julleville, *les Comédiens*, p. 320.

4. Début de la 4ᵉ partie, p. 139-142 de l'éd. Delahays (*Francion* est de 1622).

5. Ils avaient été expulsés en 1594, après l'attentat de Jean Châtel.

mais qui ne purent reprendre leur enseignement public à Paris qu'en 1618, allaient rendre leur prestige aux représentations scolaires : ils jouaient des tragédies et des comédies, ne dédaignaient pas la musique et les ballets, et faisaient payer à leurs spectateurs le même prix que les comédiens[1].

Mais si les comédiens n'avaient pas trop à souffrir des représentations des collèges, ils avaient à soutenir de la part des bateleurs des foires Saint-Germain et Saint-Laurent une sérieuse et rude concurrence. En 1596, les Confrères avaient argué de leurs privilèges pour les expulser ; mais les foires avaient également leurs privilèges, tout aussi respectables, et le Parlement avait donné tort aux Confrères ; le public lui-même avait témoigné par ses violences contre l'Hôtel de Bourgogne de l'intérêt qu'il portait aux bateleurs[2].

D'ailleurs, pourquoi ne parler que des foires Saint-Germain et Saint-Laurent? Elles duraient longtemps, il est vrai ; mais en certains endroits de Paris, et surtout, à

---

1. Voy. Despois, *le Th. fr. sous Louis XIV*, p. 98 ; voy. Chappuzeau, t. I, ch. VI, « des spectacles qui se donnent au collège » ; et Ernest Boysse, *le Théâtre des jésuites*. Héroard signale un certain nombre de représentations données par des jésuites en province en l'honneur de Louis XIII ; voy. t. II, p. 148, 149, 156, 181, 187, 219, 249, 264, 283.

2. Voir ci-dessus, ch. II, p. 44. Consulter Ém. Campardon, *les Spectacles de la foire*, et V. Fournel, *le Vieux Paris*. Le livre récent de M. Maurice Albert, *les Théâtres de la foire*, Paris, Hachette, 1900, in-18, ne traite que d'une époque postérieure. — En 1634, les comédiens, ne pouvant supprimer les foires, prirent le bon parti d'en tirer eux-mêmes quelque profit, en donnant au public une comédie de *la Foire de Saint-Germain*. (Voy. *l'Ouverture des jours gras*, brochure facétieuse de 1634, qui contient une *réclame* en faveur de cette pièce, Éd. Fournier, *Variétés*, t. II, p. 349). La foire Saint-Germain avait déjà été mise en ballet, à la cour, en 1607 (voy. Beauchamps, III, p. 23, et V. Fournel, *le Vieux Paris*, p. 80, n. 3) ; elle devait être mise en comédie par Regnard et Dufresny, ainsi que par Dancourt.

partir de 1609 environ, sur le Pont-Neuf et sur la place Dauphine[1], s'en tenait une autre qui durait toujours. Là abondaient les charlatans accompagnés de farceurs de tout ordre; là se poussait et foulait « une multitude de petit peuple de toutes sortes d'états, qui avaient quitté leur boutique pour venir voir le charlatan; les uns y menaient leurs enfants plus soigneusement qu'au sermon, les autres étaient hués par leurs femmes qui se lamentaient de n'avoir point de pain à la maison, et néanmoins que leur méchant mari s'amusait à la farce plus qu'à sa besogne[2] ». Sur la place Dauphine trônait[3] le roi des charlatans, Mondor, assisté du roi des farceurs, Tabarin, et pendant que tous deux faisaient fortune, ils ne laissaient pas de porter tort à la troupe royale, quelque relevée qu'elle parût être au-dessus de ces bouffons de carrefour. « L'on a vu, disait un ami de Tabarin, l'on a vu nos comédiens et facétieux français, que je crois, à mon avis, qu'ils ont pris autant de peine que l'on se pourrait imaginer, de contenter de leurs rares comédies et fameux prologues ceux qui les ont assistés de leur présence; mais je puis dire que le chapeau à Tabarin, assisté de celui qui le porte, a plus fait rire de peuple en un jour, que les comédiens n'en sauraient avoir fait pleurer avec leurs feintes et regrets douloureux en six, quelque comédie, tragi-comédie, pastourelle ou autre sujet qu'ils puissent jouer dans l'Hôtel de Bourgogne ou autres lieux semblables[4]. »

---

1. Voy. Éd. Fournier, *Histoire du Pont-Neuf*, Paris, Dentu, 1862, 2 vol. in-12, t. I, ch. iv-vi et ch. ix.
2. *Les Caquets de l'accouchée* (de 1622), éd. elz., p. 10. « On quitte le sermon pour ouïr Tabarin », dit de son côté le satirique du Lorens, l. II, sat. ii, p. 14.
3. Depuis 1618. Voy. le *Tabarin* de la Bibl. gaul., préface, p. xiv, et postface, p. 473. Voy. Leber, *Plaisantes recherches d'un homme grave sur un farceur*, p. 4.
4. Et encore : « L'on a vu Gaultier Garguille avec son loyal serviteur Guillaume, assisté de la dame Perrine, qui ont joué des

Et Tabarin, en effet, riche et influent sur le public, était une puissance. Hugues Guéru épousait sa fille, et, dans leurs prologues comme dans leurs brochures, les comédiens, à qui il faisait tort, n'en parlaient qu'avec amitié et avec respect[1].

Ne disons rien des autres charlatans ou farceurs, comme Desiderio Descombes[2] et Grattelard[3]; des danseurs de

plus fameuses facéties qu'on puisse désirer; mais je dirai qu'ils étaient trois personnes à représenter icelles; et Tabarin avec son chapeau en représente autant sans argent que les comédiens ne font à leurs assistants pour chacun cinq sous, et partant doit-il être plus aimé de ceux qui n'ont point d'argent et qui désirent de voir quelque chose de plaisant. » *Les Fantaisies plaisantes et facéties du chapeau à Tabarin.* (*Les OEuvres de Tabarin*, p. 297-298, et *Joyeuseté*).

1 Sur Mondor et Tabarin, voy. Jal, *Dict. critique*, p. 878 et 1160-1165 (cf. l'art. sur Gaultier Garguille, p. 664); *OEuvres de Tabarin*, préface, et *Justes plaintes du sieur Tabarin sur les troubles et divisions de ce temps*, p. 393-398; Leber; Fournel, *le Vieux Paris*, p. 204-215. — Mondor n'a d'ailleurs pas voulu borner ses succès au seul Paris. Le 20 août 1627, c'est lui sans doute que nous trouvons à Cologne, sous le nom de *Franciscus Ferrar, dictus Mondorus, medicus Pargiricus*: il demande la permission de distribuer ses médicaments sur la place publique et d'y donner la comédie. Voy. Trautmann, *Franz. Schausp.*, p. 207.

2. Ou de Combes. Voy. *Caquets de l'accouchée*, p. 102. — Voy. *Discours de l'origine des mœurs, fraudes et impostures des ciarlatans, avec leur descouverte. Dedié à Tabarin et Desiderio de Combes par I.D.P.M.O.D.R.* A Paris, chez Denys Langlois, au mont Sainct Hilaire, à l'enseigne du Pelican, M.DC.XXII; pet. in-8. A la dernière page, l'auteur fait un portrait de Mondor, qui « a de l'esprit », et de Desiderio, qui n'est qu'un « grossier et rustaud ».

3. *OEuvres de Tabarin*, p. 287. Voy. Fournel, *le Vieux Paris*, p. 219-223. *Les Rencontres, fantaisies et coq-à-l'asnes facecieux du baron de Grattelard tenant sa classe ordinaire au bout du Pont-Neuf...* ont été réimprimées dans l'édition elzévirienne de *Tabarin*, t. II, p. 157-200. — Leber cite d'autres noms de charlatans et farceurs contemporains. De même Fournel, *le Vieux Paris*, p. 196, 199, 224, 227.

corde, comme Jacques Fermier et André Sorelais[1]; des joueurs de marionnettes, comme Pierre Datelin, dit Brioché[2], le fondateur d'une dynastie. Nous avons vu contre quelles concurrences les comédiens royaux avaient à lutter; nous savons à quelles conditions onéreuses il leur était permis de représenter leurs pièces. Sur quelles ressources pouvaient-ils compter pour faire face à des difficultés si grandes?

III

La principale évidemment venait des recettes ordinaires de leur théâtre; mais, sans parler des relâches forcés qui les réduisaient[3], ces recettes étaient assez faibles. Combien la salle pouvait-elle contenir de personnes? On ne le sait[4]. Était-elle toujours pleine? On ne peut le croire; or, une partie était réservée aux Confrères, et le prix des places était bien peu élevé. En 1541, il avait été fixé à deux sous par le Parlement, et, s'il avait augmenté depuis, c'est surtout parce que la valeur des monnaies avait subi une diminution. En 1609, une ordonnance de police[5] défendait

---

1. Jal, p. 470.
2. Jal, p. 450-472. — En 1610, le dauphin Louis assiste plusieurs fois à des représentations de marionnettes. Voy. Héroard, t. I, p. 422.
3. Au temps de Chappuzeau, les comédiens fermaient le théâtre aux fêtes solennelles et dans les deux semaines de la Passion. Ils se donnaient alors particulièrement « aux exercices pieux ». Voy. le livre III, *de la Conduite des comédiens*.
4. Sur le nombre de personnes que pouvaient contenir les théâtres au temps de Louis XIV, voy. une intéressante note d'Eug. Despois, *le Th. fr. sous Louis XIV*, p. 362-363; mais nous n'avons guère de données sur la capacité de l'Hôtel de Bourgogne au début du siècle.
5. Du 12 novembre (Delamare, *Traité de la police*, t. I, p. 404; Félibien, *Histoire de la ville de Paris*, t. II, p. 1025).

d'exiger plus de cinq sous au parterre et de dix aux loges et galeries; et ce tarif était encore en vigueur vers 1620[1]. En 1634, il semble avoir été de neuf ou dix sous pour le parterre, de dix-neuf ou vingt pour les loges[2]. On approchait ainsi peu à peu du prix que nous trouvons fixé dès 1652, celui de quinze sous pour le parterre.

Il est vrai que, dès 1609, les comédiens s'étaient montrés disposés à profiter de toutes les occasions pour augmenter sensiblement le prix des places, et c'avait été

---

1. Comme le prouve la pièce, malheureusement sans date, mais qui ne peut guère être antérieure à 1620, des *Fantaisies plaisantes et facéties du chapeau à Tabarin*. (Voy. ci-dessus, p. 127, n. 4.)

2. Plusieurs écrits, dont les dates vont de 1631 à 1637, nomment le teston comme prix de la comédie à l'Hôtel de Bourgogne. Voy. Rayssiguier, avant-propos de *l'Aminte du Tasse* (dans Lotheissen, t. II. p. 90, n.); *Testament de feu Gaultier Garguille*, 1634 (dans *les Chansons de Gaultier Garguille*, p. 152); *la Rencontre de Turlupin*, 1637 (id., p. 241). Éd. Fournier écrit à propos d'un de ces passages : « Le teston n'avait plus cours depuis Henri III. Le mot est pris ici pour une pièce de monnaie quelconque. » (*Chansons*, p. 152, n.) Mais, si on avait cessé sous Henri III de frapper de nouveaux testons, il en circulait certainement encore. D'ailleurs, il est facile de citer quelques passages (*les Nouvelles et plaisantes imaginations de Bruscambille* (de la Folie en général), p. 84; — *Songe arrivé à un homme d'importance*, p. 193; — *Tabarin*, p. 394-395), où le mot de teston ne peut s'entendre que d'une pièce de monnaie particulière, ayant une valeur précise. Quelle était donc cette valeur du teston ? Environ 19 sous, puisque, après avoir valu 10 sous au temps de Louis XII, 15 au temps de Henri III, « lorsqu'il a cessé en France d'être reçu dans le commerce, il était monté à 19 sols 6 deniers, c'est-à-dire à peu près au tiers de l'écu de France ». (*Traité des monnaies et de la jurisprudence de la Cour des monnaies*, par Abot de Bazinghen, Paris, 1764, 2 vol. in-4, t. II, p. 621.) Le prix du parterre ne pouvant être de 19 sous, je suppose que tel était celui des loges et que le parterre coûtait moitié moins. Un passage de Scudéry semble confirmer ce raisonnement. En 1635, les comédiens de campagne de sa *Comédie des comédiens* exigent huit sous par place de leurs spectateurs, quand ils en trouvent. (A. I, sc. v, p. 19.)

là l'un des principaux motifs qui avaient dicté l'ordonnance de police du 12 novembre : « Ils exigent du peuple sommes excessives, étant nécessaire d'y pourvoir et leur faire taxe modérée... Au cas qu'ils y aient quelques actes à représenter où il conviendra plus de frais, il y sera par Nous pourvu sur leur requête préalablement communiquée au procureur du roi. » On a vu que la police avait, en effet, empêché les comédiens de rançonner les spectateurs et avaient *fait une taxe fort modérée*. — Il est vrai aussi que l'usage de *jouer au double*, c'est-à-dire de doubler le prix des places pendant les premières représentations d'une pièce nouvelle paraît de plus de vingt ans antérieur au moment où il a été constaté par Despois, et qu'il est attesté par des textes de 1637 et de 1634[1]. Du moins est-il douteux, et que cette façon de procéder ait été inaugurée encore plus tôt, et qu'elle procurât à l'hôtel de Bourgogne des ressources fort importantes.

Somme toute, et les règlements de police aidant, les exigences des comédiens étaient modestes ; encore si tout le monde s'y était soumis ! Mais tout ce qui appartenait à la maison du roi s'arrogeait le droit d'entrer sans bourse délier, les mousquetaires faisaient de même, les laquais entraient gratis en suivant leurs maîtres, et quiconque

---

[1]. En 1637, l'ombre de Gaultier Garguille dit à Gros-Guillaume : « Si ces paroles que je te dis par la permission de Proserpine sont vues en public, sera aux sérieux qu'ils quitteront leurs plus pressantes affaires pour venir prendre place de bonne heure à l'Hôtel de Bourgogne et jouir du bien de te voir, tandis que l'âme te bat dans le corps, et au lieu de deux testons en donneront six. » (*Songe arrivé à un homme d'importance*, p. 210) Pourquoi ce chiffre de deux testons ? Ne désigne-t-il pas le prix des loges et galeries, porté *au double*? En 1634, nous verrons Guillot-Gorju déclarer que les grands *payent au double des loges* (p. 162, n. 1) : ne fait-il pas allusion à la même augmentation du prix des places ? Or, Despois ne l'avait constatée qu'en 1658 dans le *Th. fr.*, p. 106, et en 1657 dans *Molière*, t. II, p. 12-13.

pouvait, les imitait[1]. Écoutons les doléances de Bruscambille :

« Le trésorier de nos menus plaisirs ne sera quelquefois payé à la porte que d'un branlement de tête, mêlé d'une gravité morfondue dans le cabinet de l'avarice... Quelque ignorant ignorantissime, filant sa moustache gauche et jetant nonchalamment ses yeux sur ce pauvre Cerbère ou Janitor, lui fera signe des doigts que sa qualité le fait passer sans flux. Un autre, un peu plus courtisan, payera d'un : « Mon ami, tu me prends sans vert, je te contenterai à la première vue »; mais ce petit crédit lui défend l'entrée pour le jour suivant, si d'aventure quelqu'autre n'embrasse la recette, car en ce cas sa taquinerie lui permet d'y aller, à la charge de payer celui-ci de même monnaie, d'une révérence claustrale qu'il fera en passant. Bref, c'est proprement emplir nos bourses de vent. Je ne sais de quoi on doit entretenir ces gens-là qui nous font l'honneur de remplir le parterre de notre salle. Je proteste à tour de bras qu'ils méritent récompense, et qu'il est raisonnable qu'ils soient traités selon leur mérite[2]. »

---

[1]. Chappuzeau dit encore qu'avant la déclaration royale du 9 janvier 1673 « la moitié du parterre était souvent remplie de gens incommodes; il en entrait aux loges; on voyait beaucoup de monde et fort peu d'argent ». (L. III, ch. xxiv, p. 166.)

[2]. *Les Fantaisies de Bruscambille*, p. 167-168 (*autre prologue facétieux contre l'avarice*). Voy. encore dans *les Exercices de ce temps*, attribués à Courval-Sonnet, la satire IX⁵ (*le Débauché*), t. II, p. 102-103. Le débauché voulant être comédien, on le place à la porte :

> A peine y suis-je mis qu'à rudes coups de poing
> Chacun frappe en entrant et ne m'épargne point,
> Car les plus fins, d'abord, s'aidaient de cette fourbe,
> Afin que sans payer ils entrassent en tourbe.....
> Lors tous mes compagnons viennent à mon secours,
> De cette populace on arrête le cours ;
> On met l'épée au poing, on frappe, on se retire ;
> Le monde, s'émouvant, s'en éclate de rire....
> Moi, tout moulu de coups, aussi battu que plâtre,
> Je fais mon rendez-vous derrière le théâtre.

Plaintes et menaces bien inutiles ! Les amateurs de spectacles gratuits n'étaient pas pour s'en émouvoir ; ils entraient par la force quand ils ne pouvaient entrer par la ruse, et les portiers, quoique armés d'une épée, couraient sans cesse les plus grands dangers [1].

Aussi n'oubliaient-ils pas de se dédommager ; en *faisant la part à leurs compagnons*, ils avaient soin de *faire la leur bonne* ; après avoir lutté contre les filous, ils continuaient leur œuvre. « Le titre de voleur, dit un personnage de Scudéry, est une qualité annexée à celle de portier de comédie, et un homme fidèle de cette profession est comme la pierre philosophale, le mouvement perpétuel ou la quadrature du cercle, c'est-à-dire une chose possible et non trouvée [2]. » Ajoutons du moins que, pendant

— Les mêmes manèges étaient pratiqués en Espagne, et M. Damas-Hinard, d'après les meilleures sources, en a tracé un tableau piquant. Voy. *Moniteur universel*, 1ᵉʳ déc. 1853, p. 1329. Il faut remarquer, d'ailleurs, que la vanité se joignait à l'avarice pour faire tort aux comédiens. On regardait comme une distinction d'avoir son entrée libre au théâtre, « et des personnes à qui le prix d'une entrée importait peu, faisaient de pénibles efforts pour l'obtenir gratuite ». Ticknor, t. II, p. 471, l'affirme pour l'Espagne ; cela devait être vrai aussi pour la France.

1. Sur les blessures reçues par les portiers, et même sur les portiers tués jusqu'à une date tardive du XVIIᵉ s., voy. Éd. Fournier, *les Chansons de Gaultier Garguille*, p. 242, n., et surtout V. Fournel, *Curiosités théâtrales*, p. 134-135, qui cite les principaux textes sur ce sujet. — On peut encore consulter Chappuzeau, l. III, ch. LVI, p. 253 ; Campardon, *Documents inédits sur J.-B. Poquelin Molière*, Paris, Plon, 1871, p. in-12, p. 9-30 ; Moland, *Molière, sa vie et ses œuvres*, p. 216-220.

2. Scudéry, *la Comédie des comédiens*, acte I, sc. I, p. 7, et acte I, sc. V, p. 21. Gaultier Garguille lègue à ses camarades « le droit de se plaindre de la fidélité de leurs portiers ». (*Le Testament*, p. 153). En 1637, l'Hôtel de Bourgogne se louait pourtant de son dernier portier. Turlupin, descendu aux Champs-Élysées et voulant « faire preuve de son service à Pluton, lui fit offre sur le champ d'une tragi-comédie admirable, pourvu qu'il plût à Pluton lui faire la faveur, et à ses camarades, de leur donner quelqu'un qui empêchât les troubles et confusions qui ont accou-

un temps, les comédiens de l'Hôtel de Bourgogne ne furent pas volés par les portiers, n'étant pas assez riches pour en avoir, et que Valleran, quoique « chef de la troupe, recevait l'argent lui-même à la porte [1] ».

Pauvres recettes, on le voit, que celles de nos comédiens ! Encore les leur reprochait-on ; encore injuriait-on ces bonnes gens parce qu'ils recueillaient — assez mal — le fruit de leurs peines [2]. Pour nous, nous ne faisons pas difficulté de les croire, lorsqu'ils affirment qu'ils « ne laissent guère de procès à leurs héritiers pour l'amas ou superflu des richesses », et nous en croirons aussi Tallemant, quand il dit que Valleran « ne savait que donner à chacun de ses acteurs ».

Seules, les libéralités des grands ou de la cour auraient pu procurer quelque aisance aux comédiens ; mais nous avons lieu de douter que ces libéralités aient été bien grandes. Sous Louis XIV même, alors que la comédie

---

tumé arriver en telles occasions. Ce qui lui fut accordé par Pluton, qui, à leur requête, fit venir aussitôt leur bon, loyal et fidèle portier, n'en jugeant point de plus capable, et qui ne les avait point abandonnés, étant assuré qu'en telles affaires il sait bien mettre la main à la rapière, comme il fit paraître à la rencontre de sept ou huit escrocs, et apprenait à telles manières de gens à ne plus venir à la comédie sans le teston. Bien leur prit qu'il avait oublié son espadon en l'autre monde, lequel il regrettait avec passion en une telle rencontre ; je vous laisse à juger ce qu'il eût fait, s'il l'eût eu en sa possession. » *La Rencontre de Turlupin en l'autre monde avec Gaultier Garguille et le Gros Guillaume*, 1637. (Dans les *Chansons*, p. 241.) — Le frontispice de la *Comédie des comédiens* représente aussi Belle-Ombre, qui fait le portier, avec une énorme rapière.

1. Tallemant, t. VII, p. 170. — La Porte faisait de même Voy. *les Exercices de ce temps*, attribués à Courval-Sonnet, sat. IX, *le Débauché*, t. II, p. 102.

2. Voy. les explications de Bruscambille, *Nouvelles et plaisantes imaginations*, p. 66 et 19-20. Voy. l'*Apologie de Guillot Gorju* addressée à tous les Beaux Esprits. A Paris, chez Michel Blageart, rue de la Calandre, à la Fleur de Lys, M.DC.XXXIIII (*Joyeusetez*).

était le plus en faveur, les grands seigneurs promettaient quelquefois, mais ne donnaient guère ; les théâtres leur faisaient crédit pour leur entrée même, et n'arrivaient pas sans peine à être payés[1]. Pourquoi les choses se seraient-elles mieux passées au commencement du siècle[2] ?

1. Voy. Despois, t. II, ch. I et II. On lit dans l'*Apologie de Guillot Gorju*, p. 22 : « Pour les grands, ils ne se contentent pas de payer au double des loges, mais ils leur font outre plus de très grands présents, estimant ne pouvoir trop récompenser un si agréable travail. » Mais cela doit-il être pris à la lettre ? et n'est-ce pas pour se faire valoir que les comédiens se vantent d'être protégés par les grands ? Une anecdote curieuse, rapportée par A. Baschet (*les Com. ital.*, p. 169-170), montre quelles avanies les comédiens pouvaient avoir à subir de la part des grands seigneurs. Elle est littéralement traduite d'une lettre écrite par l'ambassadeur du duc de Mantoue à son maître, protecteur des comédiens italiens : « Un gentilhomme français de grande maison, proche parent de M. le Grand Écuyer, allant à la comédie (le 19 mars 1608), donna à Battistino un soufflet au lieu de l'argent que celui-ci réclamait, puis, le bousculant, se rendit au rang des loges. Le comédien l'y suivit, se plaignant de ce qu'il l'avait frappé et lui réclamant le prix dû. A quoi le gentilhomme lui dit : « Je t'ai payé avec la monnaie que tu mérites » ; sur ce, le Battistino tout en colère, s'avançant sur lui : « Puisqu'il en est ainsi, prenez ce qui vous revient » ; et dans le même temps, il lui donna si fort du poing sur le nez que soudain le sang jaillit vivement. Le gentilhomme mit l'épée à la main ; beaucoup firent comme lui ; mais le comédien, appuyé de quelques Italiens qui se trouvaient là, se sauva. A deux soirs de là, ledit gentilhomme, avec une troupe bien armée, se rendit à la maison des comédiens pour tuer ce pauvre homme. » Ainsi étaient traités les *Accesi*, protégés par le roi, la reine, don Jean de Médicis ! Comment devaient l'être les comédiens français ! — Dans son *Testament*, 1634 (*Chansons*, p. 154), Gaultier Garguille recommande à ses camarades « la visite des princes et des seigneurs et le petit mot en passant pour leur faire souvenir que leurs garde-robes sont inutilement pleines d'habits, qui leur pourraient servir à faire voir leur humeur libérale en public ». Plus tard, en effet, il arriva aux grands de donner des vêtements, même neufs, même fort riches, aux comédiens.

2. On voit par *la Maison des jeux* de Sorel (t. I, p. 467), qu'en 1642 les comédiens allaient quelquefois donner la comédie dans des « maisons particulières ». Mais il est douteux que cet usage datât de longtemps. Héroard signale en 1618, 1619, 1620,

Quant à la cour, nous savons qu'elle s'est transportée quelquefois à l'Hôtel de Bourgogne, et que, plus souvent, elle en appelait à elle les comédiens[1] ; ceux-ci sans doute y gagnaient quelque chose, mais pas autant qu'on pourrait d'abord se l'imaginer. Henri IV n'était pas homme à donner beaucoup d'argent à des comédiens ; Louis XIII ne se prit d'affection pour l'Hôtel de Bourgogne qu'après que Richelieu fut devenu le protecteur du Marais ; Marie de Médicis et Anne d'Autriche ne s'intéressaient qu'aux

---

un certain nombre de représentations données chez M. de Luynes ; mais l'étaient-elles par la troupe de l'Hôtel de Bourgogne ou par des comédiens improvisés ? En 1633 et 1634, c'est Mondory qui joue chez Mme de Rambouillet et chez le duc de Puylaurens.

1. L'Estoile, au 26 janvier 1607. Voy. Tallemant, t. I, p. 38, pour une représentation du Gros Guillaume devant Henri IV. Sous Louis XIII, le *Journal* d'Héroard mentionne souvent la présence du roi à des représentations, et, quoiqu'il n'ajoute malheureusement pas quels étaient les acteurs qui les donnaient, nous pouvons le deviner quelquefois. En 1609, les représentations du 7 et du 14 février à l'Hôtel de Bourgogne étaient sans doute données par la troupe de Valleran ; il en est de même en 1611 pour celles des 11, 14, 18, 21 et 25 septembre, ainsi que du 30 novembre ; en 1614, pour celle du 21 décembre. Parmi les représentations données à la cour par des « comédiens français », et qu'il faut sans doute mettre au compte de Valleran et de ses camarades, citons celles des 20, 21, 22 juin et 26 septembre 1611 ; 9 novembre 1612 ; 5 janvier, 2 et 16 mars et 27 juillet 1613. Au 28 avril de cette année, les éditeurs d'Héroard écrivent : « Il ne se passe guère de jour où il (le roi) n'assiste à une comédie, soit française, soit italienne, presque toujours chez la Reine, quelquefois ailleurs... » (t. II, p. 121, n. 3) ; et nous avons appris de Malherbe que les comédiens français avaient été appelés à la cour au mois de novembre. Citons encore les représentations des 31 janvier, 4 et 26 février 1615 ; 19 octobre 1616 ; 6 janvier 1618 ; 13 août 1619. — A la fin de la période qui nous occupe, ou peu après, nous savons que des pièces de Scudéry, Rotrou, Durval et autres ont été jouées devant la cour. Voy. fr. Parfait, t. IV, p. 443 et *passim*. Enfin, citons le mot que les camarades de Gaultier Garguille lui faisaient adresser par Caron après sa mort : « Tu as eu l'honneur de donner du contentement au plus grand roi du monde. » *La rencontre de Gault. Garg. avec Turlupin* (*Chansons*, p. 179).

Italiens. Rien, jusqu'aux dernières années du règne de Louis XIII, ne nous fait connaître de libéralités royales accordées aux comédiens français, ni les écrits des contemporains, ni ceux des comédiens eux-mêmes, si intéressés à se dépeindre comme bien en cour, ni les documents officiels qu'on a publiés et qui sont si favorables aux Lélio et aux Arlequin. C'est en 1639 seulement que nous voyons la troupe royale se dire « entretenue de Sa Majesté [1] », en 1641 que nous la voyons recevoir une pension de 12,000 livres [2].

Malgré tout, la présence de la cour à Paris n'était pas inutile aux comédiens. Elle leur procurait des spectateurs qui pouvaient au besoin les protéger, et qui, en attendant, louaient les places les meilleures et les plus chères.

Lorsque les recettes étaient par trop faibles, la troupe quittait Paris pour quelque temps et allait exploiter la curiosité de la province [3]. Ainsi avait déjà fait la confrérie

---

1. Voy. Soulié, p. 150 : *Bail de l'Hôtel de Bourgogne* en date du 18 janvier 1639. Toutefois, cette même désignation se trouve au f° 9 du *Mémoire* de Mahelot (voy. ci-dessus, p. 87) et peut ainsi remonter à 1633.

2. Éd. Fournier, *le Th. fr. au XVI° et au XVII° s.*, p. 282. — Guizot (*Corneille et son temps*, p. 138) dit que les comédiens de l'Hôtel de Bourgogne « avaient obtenu dès 1612 le titre de comédiens du roi et une pension de 1 200 livres », mais le titre avait été pris par les comédiens bien avant 1612, et quant à la pension, Guizot n'en cite aucune preuve. M. G. Maugras, de son côté (*Les Comédiens hors la loi*, p. 80), fait remonter l'institution de la pension à Henri IV et ajoute qu'elle « se payait encore en 1608 : on en trouve la preuve dans une lettre du roi à Sully (*Mém.* de Sully, t. III) ». Mais Sully ne parle que d'un théâtre construit à l'Arsenal pour des Italiens mandés par le roi (il s'agit des *Accesi*) et des appointements que le roi leur faisait payer (année 1808, livre XXV).

3. C'était surtout à Rouen qu'elle se rendait, et Bruscambille va jusqu'à nommer cette ville l' « ordinaire séjour » de sa compagnie. (*Facecieuses Paradoxes*, 1615. *En faveur de la scène*, prologue tout différent de celui qui porte le même titre dans les *Nouvelles et plaisantes imaginations* ; les pages n'en sont pas

de la Passion, lorsqu'elle s'était transportée à Rouen [1] : ainsi devait faire la troupe du Marais, se rendant presque tous les étés dans cette même ville, et ne bornant pas toujours là ses courses [2] ; ainsi devaient faire, à ce qu'il semble, encore que plus rarement, même les *grands comédiens*, successeurs des nôtres [3]. A ces excursions la troupe trouvait deux avantages : elle ramassait quelque argent, tout en secouant les dures charges que lui imposait la confrérie. Celle-ci, il est vrai, ne l'entendait pas ainsi, et le cas était prévu dans les baux : « Et ne pourront iceux preneurs avoir, prétendre ou demander aucune diminution ou rabais dudit loyer pendant lesdites trois années, pour l'absence du Roi de cette ville de Paris, ou absence d'eux, ou qu'ils ne représentassent pas, si ce n'est qu'il leur fût défendu par M. le lieutenant civil ou nos seigneurs du Parlement [4]. » Mais, le cas échéant, la clause en question devenait vite lettre morte, et les comédiens forçaient la main aux Confrères, qui ajoutaient en gémissant un nouvel article à leur état de dépense : « Et de plus, si les comédiens sont quelque quartier ou temps sans représenter comédies audit hôtel, ils font perdre le

numérotées). Mais les comédiens royaux allaient aussi plus loin. La *Seconde harangue de Midas* (*Fantaisies*) semble avoir été prononcée à Poitiers, le *Prologue en faveur des écoliers de Toulouse* (*id.*), à Toulouse ; et l'on ne peut pas dire que ces morceaux aient été composés avant l'entrée de Bruscambille à l'Hôtel de Bourgogne, puisqu'aucun ne figure dans les éditions de 1609 et de 1610, et puisque le prologue prononcé à Rouen désigne avec netteté les comédiens comme *servant ordinairement les Princes, et particulièrement Sa Majesté, qui les commandent*. — Ajoutons qu'un passage de Tallemant (t. I, p. 38) parle d'excursions faites en province, et notamment à Bordeaux, après l'assassinat de Henri IV.

1. Petit de Julleville, *les Comédiens*, p. 58.
2. Chappuzeau, l. III, ch. xxxvi, p. 191 ; Chardon, *la Troupe du Roman comique*, p. 36-37.
3. Despois, p. 94.
4. Soulié, p. 151 : *Bail du 18 janvier 1639.*

loyer dudit temps auxdits maîtres, ainsi que de fraîche mémoire il apparaît par le bail daté au premier article de recette ci-devant [1]. »

IV

Nos comédiens étaient donc pauvres ; leur moralité n'était pas d'un niveau fort élevé. Tristan les appelle des débauchés [2]. « C'étaient presque tous filous, dit Tallemant, et leurs femmes vivaient dans la plus grande licence du monde ; c'étaient des femmes communes, et même aux comédiens de la troupe dont elles n'étaient pas [3]. » Tallemant exagère-t-il [4] ? Peut-être, bien que

1. Soulié, p. 171, *Recette et dépense de la confrérie de la Passion*, 10 mars 1640.
2. Les comédiens avaient souvent à se défendre contre de telles accusations. « Des libertins ! » s'écrie avec indignation Bruscambille, « hé ! quelle liberté d'être en une servitude perpétuelle pour pratiquer cette partie de rhétorique, savoir l'action tant vantée des Grecs et des Latins, pour laquelle Cicéron a tant peiné et Démosthène a tant sué. » (*Nouvelles et plaisantes imaginations*, p. 18, prologue des *Pitagoriens*.) Voilà certes une réfutation topique, et c'est bien là répondre à la Bruscambille ! — Claude Le Petit parle encore fort irrévérencieusement des actrices de l'Hôtel de Bourgogne dans la *Chronique scandaleuse ou Paris ridicule*. (*Paris ridicule et burlesque*, p. 20.)
3. T. VII, p. 170. « Il y avait deux troupes alors à Paris », ce qui doit s'entendre de celles de Valleran et de La Porte pendant leur courte séparation, ou de celles de Valleran et de Longueval en 1614, ou de celle de Valleran et de quelque troupe italienne. En tout cas, on ne peut faire servir ce passage à prouver l'existence d'un théâtre du Marais, car, si ce théâtre avait existé, il y aurait eu souvent trois troupes à Paris, et non pas deux.
4. Scudéry semble répondre d'avance à Tallemant en faisant parler la Beausoleil contre les fâcheux des coulisses : « Ils pensent que la farce est l'image de notre vie, et que nous ne faisons que représenter ce que nous pratiquons en effet ; ils croient que la femme d'un de nous autres l'est indubitablement de toute la troupe, et, s'imaginant que nous sommes un bien commun, comme le

cette mauvaise langue s'exprime le plus souvent sur notre ancien théâtre avec une remarquable exactitude ; d'ailleurs il ne parle ici que des premiers camarades de Valleran. Mais nous ne pouvons nous empêcher de faire observer qu'en 1639 encore, les comédiens, hommes et femmes, n'avaient, pour s'habiller et se déshabiller au théâtre qu'une seule chambre [1] : encore y fallait-il recevoir les importuns, qu'il eût été imprudent d'éconduire[2]. Un pareil état de choses n'était pas pour développer beaucoup la moralité des comédiens. Tallemant lui-même ajoute : « Le premier qui commença à vivre un peu réglément, ce fut Gaultier Garguille » ; et plus loin : « Turlupin, renchérissant sur la modestie de Gaultier Garguille, meubla une chambre proprement, car tous les autres étaient épars çà et là et n'avaient ni feu ni lieu. Il ne voulut point que sa femme jouât et lui fit visiter le voisinage ; enfin, il vivait en bourgeois [3]. »

Vivre en bourgeois ! Rien de plus commun aujourd'hui parmi les comédiens, rien de plus rare et de plus difficile alors. Il serait intéressant, mais bien long, de peindre la vie des acteurs du temps d'après ces acteurs eux-mêmes ;

soleil ou les éléments, il ne s'en trouve pas un qui ne croie avoir droit de nous faire souffrir l'importunité de ses demandes. » (*Comédie des comédiens*, acte I, sc. III, p. 12.)

1. Le bail du 18 janvier 1639 (Soulié, p. 150) stipule en effet pour « la grande salle, loges, théâtre et galeries dudit Hôtel de Bourgogne, avec la première chambre étant au-dessus de la grande porte dudit hôtel, pour s'y habiller et y enfermer leurs hardes ».

2. Voy. sur ces fâcheux Scarron, *Roman comique*, 1re partie, ch. VIII, p. 44-45, et le tableau fort piquant qui suit le passage de Scudéry cité plus haut : *Comédie des comédiens*, acte I, sc. III, p. 12-15. Cf. Rotrou, *Saint-Genest*, acte II, sc. III. — La situation était la même dans les théâtres espagnols. Voy. Damas-Hinard, § 2, p. 1630.

3. Tallemant, t. VII, p. 170-171. L'ombre même de Gaultier Garguille confirme le témoignage de Tallemant dans le *Songe arrivé à un homme d'importance*, 1634. « J'ai vécu en franc bourgeois », dit-elle à Gros-Guillaume (*Chansons*, p. 210).

contentons-nous de citer ici quelques lignes de Bruscambille :

« Nous sommes comédiens..., le moindre desquels est pourvu de trente-deux dents, lestes et affilées comme le rasoir d'un châtreux... A faute de munition de bourse, nos épaules courent fortune d'être démantelées et mises au clair de la lune ; mais nous n'en sommes que plus légers et dispos pour mieux courir à la polote...

« Après le travail du comique, succède le plaisir. L'on parle des sauces de Cléopâtre et d'Atilie, mais je soutiens qu'il n'est saupiquet plus friand que celui que le labeur ajoute aux comiques. Qu'ainsi ne soit, figurez-vous de nous voir en la rue d'Enfer, embourbés jusques au cul, battus des quatre vents, dont l'un nous souffle la grêle, l'autre le froid et l'autre la pluie, sans autre monnaie pour payer notre hôte que quelques fleurs de bien dire dans une bourse brodée à la rhétorique. Se peut-il imaginer, à notre arrivée à l'hôtellerie [1], une escarmouche plus furieuse ? Quelles estocades franches entre l'épée et le poignard ? On ne s'amuse point à prendre des lunettes pour choisir les bons morceaux ; chacun a bon pied, bon œil ; au diable l'un qui mettra ses mains dans ses pochettes, et, à la vérité, aussi personne n'est admis en cet exercice qui ne soit bon limier de taverne... *Qui laborat quiescit.*

« Après avoir relevé la moustache à quatre étages, chacun se met sur le mérite de sa qualité. L'un se dira fils du baron de Nul-lieu, l'autre fondera sa fortune sur le

---

1. Une des hôtelleries des comédiens est nommée dans les *Péripatétiques résolutions* de Bruscambille, p. 7 : « Quand la tragédie est faite, je m'en vais me mettre à table à *la Croix verte* tout contre l'Hôtel de Bourgogne. » Au début du *Songe arrivé à un homme d'importance* (Gaultier Garguille, p. 194), Gros-Guillaume vient de « bien souper aux *Trois Maillets* », qui étaient aussi tout près du théâtre ; plus loin il est question de *la Grosse Tête* et de *la Pomme de pin*. Cf. ci-dessous, p. 210.

sable d'Olonne. Quelqu'un, engendré d'un pèlerin de Saint-Jacques à l'ombre d'un buisson, se fera appeler M. de l'Épine, M. de la Violette ; quelques autres, fils des eaux, M. de la Seine, M. du Vivier, M. de l'Étang ; les autres, engendrés en rase campagne, M. du Chemin, M. de la Route ; les autres, trouvés en quelque marché, M. de la Potence, M. de l'Échelle [1] ; et c'est alors que l'antilésine les fait chanter à cinq parties, le gobelet en main : *liberalitas optimum vectigal*. Puis, à l'issue du repas, et en se curant les dents, l'on discourt des circonstances de la braguette... Baste ! la comédie est une vie sans souci et quelquefois sans six sous [2]. » Telle était la joyeuse devise de nos comédiens.

Quelle était leur valeur intellectuelle ? quelle était leur instruction ? Il est difficile de le savoir, la plupart des renseignements qui nous ont été transmis sur eux étant, ou peu précis, ou tout à fait indignes de créance. Le plus vraisemblable est que la troupe se composait d'éléments peu homogènes, réunis par un amour commun de la libre vie du théâtre. Bruscambille était certainement instruit ;

---

1. Sur les *noms de guerre* des comédiens, voy. encore Scudéry, *Comédie des comédiens*, acte II, sc. 1, p. 24-25 : « M. DE BLANDIMARE. Çà, donnez-moi la main, mademoiselle de Beau... — Mlle DE BEAUSOLEIL. De Beausoleil, à votre service, monsieur. — M. DE BLANDIMARE. La faute de ma mémoire est fort excusable, car toutes ces terres des comédiens ont tant de rapport aux noms, qu'il est bien difficile qu'on ne les prenne l'un pour l'autre. MM. de Bellerose, de Belleville, Beauchâteau, Belleroche, Beaulieu, Beaupré, Bellefleur, Belle-Épine, Beau-Séjour, Beau-Soleil, Belle-Ombre ; enfin, eux seuls possèdent toutes les beautés de la nature. » — L'ombre de Gaultier Garguille dit aussi, dans le *Songe arrivé à un homme d'importance* : « Nous n'avons que des noms de seigneuries ou de choses les plus agréables dans la nature, comme de Prés, de Fontaines et de Fleurs » ; et encore : « Toutes les femmes qui ont l'honneur de jouer la comédie sont demoiselles ». (*Chansons*, p. 210 et 211.)

2. *Nouvelles et plaisantes imaginations*, p. 69 à 71 (prologue des *Accidents comiques*.)

ses prologues, bourrés de citations de l'Écriture, de Cicéron, d'Horace, d'Érasme, de vingt auteurs encore, rappellent, sous une forme parfois sérieuse, généralement bouffonne, presque toute la mythologie, presque toute l'histoire ancienne. On y trouve des termes de philosophie, de droit, d'anatomie, que sais-je encore? Mais combien, parmi ses camarades, étaient capables de les entendre?

V

Faisons plus ample connaissance avec cette troupe ; cherchons quels étaient les principaux acteurs qui la composaient ; recueillons ce qu'on nous a appris de plus certain sur les genres où ils réussissaient et sur le mérite qu'ils montraient. Nous pourrons alors savoir ce que valaient les interprètes d'un Hardy ou d'un Rotrou, et si les auteurs ont été aidés ou gênés par eux dans la manifestation de leur talent.

Le plus ancien peut-être des acteurs de Hardy est Valleran Lecomte : sa première apparition constatée à l'Hôtel de Bourgogne date de 1599 et, en 1628, il y jouait encore[1]. « C'était un grand homme de bonne mine[2] », dont les comédiens, qu'il avait dirigés, faisaient encore l'éloge plusieurs années après sa mort ; les contemporains

1. Pour les dates et les faits que nous ne prouverons pas ici, voy. notre chap. II. — Valleran (ou Valeran) était de Montdidier en Picardie, et L. Moland, qui d'ailleurs n'indique pas ses sources, parle des « piquantes balivernes de Valéran, dit le Picard ». (*Molière et la com. ital.*, p. 120.) Dès 1592, M. Monval nous apprend qu'il jouait à Bordeaux « les rôles d'amoureux dans une troupe dont le chef était Bourguignon et mari d'une comédienne, fille d'un avocat de Paris ». Voy. Trautmann, *Franz. Schausp.*, p. 201-202 et 292 ; cf. notre ch. I, p. 11, n. 2. — Valleran n'est plus nommé dans les actes de l'Hôtel de Bourgogne à partir du 30 septembre 1628 ; il doit être mort à la fin de cette année ou au commencement de la suivante.

2. Tallemant, t. VII, p. 170.

l'avaient surtout remarqué dans la farce, et l'on trouve accolées à son nom les épithètes de *bouffon* et de *bateleur*[1].

« Il avait avec lui un nommé Vautray, que Mondory a vu encore et dont il faisait grand cas. » Ainsi s'exprime Tallemant, avant de nommer Gros-Guillaume, Gaultier Garguille et Turlupin. On en doit sans doute conclure que Valleran est venu à Paris avec Vautray, ou du moins que les débuts de celui-ci remontent beaucoup plus haut que les autres documents ne le feraient croire : peut-être *le Page disgracié* nous le signale-t-il en 1610, mais c'est en 1613 seulement que François Vautray est nommé dans l'*Inventaire des titres de l'Hôtel de Bourgogne*; il y paraît encore en 1620. Lui aussi était surtout regardé comme un bouffon[2]; mais Mondory, qui « n'a jamais joué à la farce[3] », se plaçait certainement à un autre point de vue pour le juger.

Le nom de Mathieu Lefebvre, dit Laporte, est souvent associé à celui de Valleran, dont il partage la réputation. Ce « bateleur » se montre à nous pour la première fois en 1607 ; en 1619, il jouait encore ; en 1627, il était mort[4], et sa femme, remariée, avait abandonné le théâtre.

1. *Le Songe arrivé à un homme d'importance*, 1634 (*Chansons de Gault. Garg.*, p. 203), nomme ensemble « ces fameux Angoulevents, Vallerans ».
2. Rectifions, à ce propos, une légère erreur d'Éd. Fournier. Comme il lisait dans *les Contre-veritez de la Court, avec le Dragon à trois testes*, 1620 (*Variétés*, t. IV, p. 337),

Que Théophile va tout droit en Paradis.....
Le président Du Vair est marchand de pourceaux ;
Vautray est chancelier, Marais garde des sceaux,

Éd. Fournier a écrit en note : « Nous ne savons quel est ce Vautray. Il faut peut-être lire Vautier... Il était alors médecin de la reine mère. » On voit qu'il faut bien lire Vautray ; le *bateleur* de l'Hôtel de Bourgogne est parfaitement à sa place à côté du bouffon du roi. (Voy. sur Marais, Tallemant, t. I, *passim*.) Au lieu de Vautray, on trouve aussi dans les textes Veautrai, Vautret, quelquefois même Vantret, par suite d'une *coquille* sans doute.
3. Tallemant, t. VII, p. 173.
4. Il l'était sans doute déjà en 1626. A cette date, en effet, le

Celle-ci, Marie Venier, demoiselle Laporte, est une des premières femmes qui aient monté sur la scène. Marolles l'appelle « cette fameuse comédienne », et dit qu'en 1616, « elle se faisait admirer de tout le monde avec Valleran [2]». Dans quel genre? il ne le dit pas, mais les noms de Perrine et de Gaultier, qu'il ajoute aussitôt, font supposer qu'il s'agit encore de la farce.

Nous avons attendu jusqu'ici pour parler de Robert Guérin, quoiqu'il fût à l'Hôtel de Bourgogne dès 1600 : c'est que nous n'avions pas le courage de le séparer d'Hugues Guéru, signalé seulement en 1615, et de Henri Legrand, dont nous ne trouvons pas le vrai nom avant l'année 1622 [3]. Ces trois acteurs ont si longtemps joué

Débauché de Courval-Sonnet, chargé par les comédiens de leur servir de portier, dit (t. II, p. 102) :

Ainsi fit de son temps le renommé La Porte.

Voy. ci-dessous la note IV de l'Appendice.

2. Fournel écrit dans son *Hist. de l'Hôtel de B.* (*Contemporains de Molière*, t. I. p. XXXVIII) : « On trouve, en 1604, La Fontaine... associé avec Gaultier Garguille et Marie *Vernier.* » Où trouve-t-on cela ? Dans Lemazurier, t. I, p. 40 ; une telle autorité ne saurait suffire.

3. Fournel dit que Turlupin et Gros-Guillaume figurent ensemble dans les gravures de plusieurs farces antérieures à 1618, où Gaultier ne figure pas lui-même. (*Contemporains de Molière*, t. I, p. XXXVIII.) Cela se peut ; mais Tallemant dit positivement : « Belleville, dit Turlupin, vint un peu après Gaultier Garguille. » (T. VII, p. 171.) — Un plaquette facétieuse de 1618, qui porte pour titre : *le Tocsin des filles d'amour* (voy. Éd. Fournier, *Variétés*, t. II, p. 265-273), est signée Turlupin et Pierre Dupuis. Pierre Dupuis était un fou, peut-être aussi un acteur de l'Hôtel de Bourgogne (voy. la note IV de l'Appendice) ; Turlupin est sans doute le bouffon du même Hôtel, qui revenait de voyager avec une troupe comique : « Sachant bien qu'il était permis de mentir à ceux-là qui viennent de loin, j'ai tracé ces plaisantes nouvelles », p. 265. — « Il est arrivé un grand miracle dans Monceaux, lorsque j'étais à la suite de la cour », p. 266. — Plus loin, une querelle s'émeut dans une hôtellerie de Soissons, « querelle qui eût été de durée, si je ne fusse arrivé *avec mes compagnons, qui faisions en nombre douze ou treize écuyers, sans le régiment*

côte à côte, ils formaient un groupe comique si étroitement uni dans l'imagination de leurs contemporains, ils sont morts à des dates si rapprochées[1], qu'il était naturel de ne point les séparer. Robert Guérin jouait dans les pièces sérieuses, et portait alors le nom de La Fleur. Mais de La Fleur aucun souvenir n'est resté, tandis que mille témoignages nous parlent encore du Gros Guillaume : c'est Gros-Guillaume qui amusait Henri IV[2] ; que le public venait voir à l'Hôtel ; dont le dessin représenta souvent et la bouffonne personne et le costume[3]. Démesurément gros et, comme dit Jal, « coupé en deux hémisphères par

de nos goujats », « et de ceci, *experto crede Roberto* ». Y aurait-il là une allusion plaisante à Robert Guérin ? Et le voyage aurait-il été fait par la troupe même de l'Hôtel de Bourgogne ? — De Soissons on se rend à Reims, et de Reims on rentre à Paris. — Disons enfin qu'il est question de Turlupin dans *les Plaisantes idées du sieur Mistanguet*, 1615 : « Bruscambille, Turlupin, Garguille et Mars », p. 39. — « Turlupin se peut vanter d'être à nous (Mistanguet et Bruscambille) ; Jean Farine, Goguelu, Guéridon, le Philour son premier frère, et Robinette, avec les enfants de Margoton, etc. ; et quant à Pierre Du Puys et Mathurine, ils sont nos alliés, mais d'une autre branche... ; Garguille, notre allié », p. 58. Rien ne prouve péremptoirement que ce Turlupin soit un acteur de l'Hôtel de Bourgogne, le nom de Turlupin étant depuis fort longtemps employé :

> Comme il ressent son gueux de race... !
> On le prendrait pour Turlupin,
> A voir sa façon et sa mine.

(Godard, *les Déguisés*, 1594, acte III, sc. 7.) Cf. une longue note dans le Molière des *Grands Écrivains*, t. III, p. 313.

1. Pas autant cependant que le voudrait la légende. Hugues Guéru est mort en décembre 1633 et Robert Guérin l'année suivante (Éd. Fournier, *la Farce et la Chanson*, p. cvj), Henri Legrand en 1637. (Voy. Jal, art. LEGRAND.)

2. Tallemant, t. I, p. 38.

3. On peut voir plusieurs portraits de lui au cabinet des estampes de la Bibliothèque nationale.

> Acteur n'eut jamais plus de presse,

dit un quatrain qui figure au bas d'un de ces portraits.

une ceinture équatoriale[1] », il était vêtu de blanc et enfariné comme un meunier. C'était, dit en 1634 une brochure facétieuse, résumant sa gloire, c'était « le Gros Guillaume, Dodelu l'Enfariné, premier farceur de la comédie française, auteur de la réjouissance publique depuis quarante ans, et serviteur fidèle et sans reproche de feu l'admirable et inimitable Gaultier Garguille[2] ». Comme valet grotesque, comme gascon, comme ivrogne, il excellait[3] ; mais peut-être n'avait-il pas grand mérite à jouer au naturel ce dernier rôle. Bruscambille et d'autres auteurs amis nous autorisent à suspecter sa sobriété ; mais ils vantent en même temps son esprit.

> Il n'eut pas pour la raillerie
> L'esprit aussi gros que son corps,

lit-on au bas d'une estampe qui le représente ; et au bas d'une autre :

---

[1]. Jal, *Dic. crit.*, p. 722.
[2]. *Le Testament du Gros Guillaume et sa rencontre avec Gaultier Garguille en l'autre monde*, 1634. (*Gaultier Garguille*, p. 216.) Éd. Fournier met en note : « Il faut lire Goguelu ; c'était sans doute un des rôles que jouait Gros-Guillaume ; de là pour lui une sorte de troisième surnom. Celui qui aspirait à sa survivance voulut le prendre... » Cela est fort peu naturel. Entre dodu et dodeliner, Dodelu semble un moyen terme fort pittoresque, et il n'y a pas de raison de changer ce nom. Quant aux passages où se trouve celui de Goguelu, ils sont généralement loin d'être clairs et je doute qu'il faille entendre par là un personnage particulier. Goguelu était un surnom fort employé, que l'on a interprété par gai, par replet (*Intermédiaire des chercheurs et curieux*, t. III, p. 596), et que Nicot définit ainsi : « Mot de mépris et de moquerie, dont le Français brocarde un petit compagnon qui se porte en superbe, comme quand il dit d'un glorieux qui se pavane et se veut par contenance hautaine faire valoir : c'est un goguelu, et par plus grand dédain encore, goguelureau, diminutif de goguelu. »
[3]. Voy. un passage des *Entretiens* de Balzac cité dans Tallemant, t. III, p. 368.

> Tel est dans l'Hôtel de Bourgogne
> Gros-Guillaume avecque sa trogne,
> Enfariné comme un meunier ;
> Son minois et sa rhétorique
> Valent les bons mots de Regnier
> Contre l'humeur mélancolique.

Sauval est moins aimable : « Ce fut toujours un gros ivrogne, avec les honnêtes gens une âme basse et rampante. Son entretien était grossier, et, pour être de belle humeur, il fallait qu'il grenouillât ou bût chopine avec son compère le savetier dans quelque cabaret borgne [1]. » C'est entre ces deux extrêmes sans doute qu'il faudrait chercher la vérité.

Après Gros-Guillaume, Gaultier Garguille ; car c'est sous ce nom seulement qu'Hugues Guéru est devenu célèbre [2].

---

1. *Antiquités*, t. III, p. 38. (Cf. Lemazurier, t. I, p. 32-37.) — Tallemant paraît plus juste : « Gros-Guillaume autrefois ne disait quasi rien, mais il disait les choses naïvement, et avait une figure si plaisante, qu'on ne se pouvait empêcher de rire en la voyant. » T. VII, p. 177. — *Le Testament de feu Gaultier Garguille*, 1634 (*Chansons*, p. 155-156), porte : « Pour le bon et gros Guillaume, il gardera toujours sa naïveté risible, son inimitable galimatias ; et quoique son âge le doive étonner, il vivra comme il a de coutume, c'est-à-dire qu'il n'épargnera point les bons vins ni les bonnes viandes... » — « Ses rencontres et naïves extravagances. » *Le Testament de Gros-Guillaume*, 1634 (*id.*, p. 217). — Ailleurs, l'ombre de Gaultier Garguille parle ainsi au Gros-Guillaume lui-même des Champs-Élysées : « On y voit comme par trochets de troupes de jeunes filles qui sont mortes de rire à la comédie, entre lesquelles il y en a deux ou trois qui t'accusent de leur mort, pour y être venues une fois seulement et avoir ouï la moindre de tes extravagances. Et de toutes en général le nombre est si grand qu'on ne peut presque les loger. » *Songe arrivé à un homme d'importance*, p. 205.

2. Ces noms de *Gaultier* et de *Garguille* étaient anciens. « Riez seulement, et ne vous chaillo si ce fut Gaultier ou si ce fut Garguille », écrivait déjà Bonaventure Despériers dans le prologue de ses *Contes*, vers 1555. Dans les *Facecieuses journées, contenant cent agreables Nouvelles... par G. C. D. T.*

Pour la tragédie, où il faisait les rois [1], il portait aussi le nom de Fléchelles; mais Fléchelles n'est pas plus connu que La Fleur, et l'on ne nous a dépeint que le vieillard Gaultier. « Toutes les parties de son corps lui obéissaient, dit Sauval, de sorte que c'était une vraie marionnette. Il avait le corps maigre, des jambes longues, droites et menues, et un gros visage; aussi ne jouait-il jamais sans masque, et pour lors, avec une longue barbe et pointue, une calotte noire et plate, des escarpins noirs, des manches de frise rouge, un pourpoint et des chausses de frise noire [2], il représentait toujours un vieillard de

(Gabriel Chappuis, de Tours), Paris, 1584, in-8°, la 5ᵉ histoire de la 9ᵉ journée, imitée d'un fabliau, a pour personnages Gaultier et sa femme Garguille. Mais on a tout lieu de croire que le nom complexe de Gaultier Garguille avait déjà été porté par quelque farceur du xvıᵉ siècle. Voy. Petit de Julleville, *Répertoire du th. com.*, p. 122-123. — En 1614, on trouve deux fois le nom de Gaultier Garguille (sans doute sans qu'il s'agisse de notre comédien) dans la *Replique de Jacques Bonhomme, paysan de Beauvoisis, à son compere le crocheteur. A Paris, chez Jean Brunet, rue Saint-Germain, aux Trois-Pigeons.* — Dès 1615, un prologue de Bruscambille est adressé à Gaultier Garguille, son *mignon* et son *bon ami. Facecieuses Paradoxes,* fᵒˢ 1-11 (*Paradoxe sur la prison*).

1. Dans son *Testament*, 1634, p. 158, Gaultier Garguille fait ce legs à Mondor : « Ma belle robe dont je représentais les rois dans la comédie; et pour ma chaîne et ma médaille en façon d'or, j'ordonne qu'on les lui délivrera à prix raisonnable, en cas qu'il en ait affaire. » — On lit dans Sauval : « Cet homme, si ridicule à la farce, ne laissait pas pourtant quelquefois de faire le roi dans les pièces sérieuses, et même ne représentait pas mal un personnage si grave et si majestueux, à l'aide d'un masque et de la robe de chambre que portaient alors tous les rois de comédie; car d'un côté le masque cachait son gros visage bourgeonné, et sa robe de chambre couvrait ses jambes et sa taille maigres. »

2. « Mon habit noir à manches rouges, ma cale noire, mon masque, ma chevelure blanche, ma ceinture, ma gibecière, ma dague et mes postures. » *Le Testament de Gaultier Garguille*, p. 152. — « Ses grandes lunettes à jour. » *La rencontre du*

farce. Dans un si plaisant équipage, plusieurs ne le pouvaient regarder sans rire... Tout faisait rire en lui, et jamais homme de sa profession n'a été plus naïf ni plus achevé. Que s'il ravissait quand Turlupin et Gros-Guillaume le secondaient, lorsqu'il venait à chanter, quoique la chanson ne valût rien pour l'ordinaire, c'était encore tout autre chose ; il se surpassait lui-même, car, outre sa posture, il l'entonnait d'un air et d'un accent si burlesques que quantité de monde ne venait à l'Hôtel de Bourgogne que pour l'entendre, et la chanson de Gaultier Garguille a passé en proverbe [1]. » Gaultier, comme farceur, joignait l'art à la nature [2], et « Scapin, célèbre acteur italien, disait qu'on ne pouvait trouver un meilleur comédien. Il étudiait son métier assez souvent, et il est arrivé quelquefois que, comme un homme de qualité qui l'affectionnait l'envoyait prier à dîner, il répondait qu'il étudiait [3] ».

Gros Guillaume et de Gaultier Garguille en l'autre monde, p. 221. C'est ainsi que le représentent ses portraits. Voy. au cabinet des estampes de la Bibliothèque nationale.

1. *Antiquités*, t. III, p. 37. (Lemazurier, t. I, p. 29-32). Voy. sur ces chansons *le Songe arrivé à un homme d'importance*. (*Gaultier Garguille*, p. 200.) — P. 195, Gaultier Garguille s'appelle lui-même « cet imparagonnable Gaultier Garguille, la fleur de l'Hôtel de Bourgogne, l'honneur du théâtre et le bon père des bonnes chansons ». Lors de ma naissance, dit-il, « on vit, en plusieurs endroits, rire des pierres, des arbres, des citrouilles et des personnes qui n'avaient ri de plus de quarante ans. Ce qui fut interprété par Nostradamus, qui vivait pour lors, que ma naissance serait alors la mort de la mélancolie et la production d'un homme qui aurait un souverain remède contre le mal de rate. »

2. Expression employée dans des vers qui se trouvent au bas d'un de ses portraits.

3. Tallemant, t. VII, p. 170-171. Gaultier Garguille paraît d'ailleurs avoir été instruit ; en 1626, il vendait pour 150 livres de médailles antiques à Gaston d'Orléans. Voy. Bernardin, *Tristan l'Hermite*, p. 125, n. 5.

Henri Legrand, sous le nom de Turlupin, faisait le valet, le fourbe et l'escroc[1]. « Quoiqu'il fût rousseau, il ne laissait pas d'être bel homme, bien fait, et d'avoir bonne mine. L'habit qu'il portait à la farce était le même que celui de Briguelle, qu'on a tant de fois admiré sur le théâtre du Petit-Bourbon. Ils se ressemblaient en toutes choses, aussi bien ailleurs qu'à la farce, étaient de même taille, avaient le même visage ; tous deux faisaient le Zani, portaient un même masque, et enfin on ne remarquait autre différence entre eux que celle que les curieux en matière de tableaux mettent entre un excellent original et une excellente copie. Jamais homme au reste n'a composé, joué, ni mieux conduit la farce que Turlupin ; ses rencontres étaient pleines d'esprit, de feu et de jugement. En un mot, il ne lui manquait rien qu'un peu de naïveté, et nonobstant cela, néanmoins chacun assure que jamais il n'a eu son pareil[2]. » Henri Legrand s'appelait aussi Belleville et jouait dans le sérieux ; Sauval ajoute même : « Il était bon comédien ; à la vérité, non pas tant que bon farceur, car, en ce genre-là, il y en avait qui le passaient. » Mais les témoignages et les dessins contemporains n'éclairent que Turlupin ; ils laissent dans l'ombre Belleville.

1. « Le valet », voy. la farce reproduite par les fr. Parfait, t. IV, p. 254-264 et la Comédie des comédiens de Gougenot. — « Le fourbe », voy. Tallemant, t. VII, p. 171. Feu Gaultier Garguille, dans son Testament (Chansons, p. 153), cite « les fourbes de Turlupin et les cajoleries de Bellerose, lorsqu'à la farce ils en voudront à ma femme ». P. 156 : « Turlupin que la nature et l'art semblent avoir rendu inépuisable en rencontres et en fourbes.. » — « L'escroc », voy. une gravure d'Abraham Bosse, la Chambre de l'Hôtel de Bourgogne (Bapst, p. 165 ; Mantzius, p. 190) et les vers qui l'accompagnent (Mantzius, 187, n.).

2. Sauval, Antiquités, t. III, p. 36-37 (Lemazurier, t. I, p. 24-26). Voy. l'article de Jal, Dict., p. 759-760 ; mais j'ai bien peur que Jal n'ait donné à Turlupin une physionomie trop sérieuse.

Tel était le trio fameux, si souvent loué et représenté[1] au commencement du xvii⁰ siècle. On a dit et répété qu'il avait toujours voulu jouer sans femmes. Pourtant Gros-Guillaume, « contrefaisant l'homme de cour », gourmande une femme fort aimable dans le dessin connu d'Abraham Bosse, *la Chambre de l'Hôtel de Bourgogne*; les trois amis sont en scène avec Mme Bellerose, Mme Valliot, Mme Beaupré, Mme La Fleur, au troisième acte de *la Comédie des Comédiens* de Gougenot, et Mme La Fleur, qui était ainsi au théâtre vers 1632, avait dû y paraître beaucoup plus tôt. Mais Mme La Fleur n'a que quelques mots à dire dans la pièce de Gougenot, la seule où nous la voyons paraître, et les autres actrices n'étaient que depuis peu au théâtre. Mme Gaultier, femme d'Hugues Guéru et fille de Tabarin, aurait fait partie de l'Hôtel de Bourgogne jusqu'à la mort de son mari, s'il fallait en croire les historiens du théâtre; mais on ne trouve rien qui confirme ce dire, tandis que Tallemant affirme que son mari la tint éloignée du théâtre, et tandis que dans la pièce de Gougenot où figure la « femme de Gaultier », c'est « Mme Valliot »

---

1. C'est à ce trio que songe le *poète crotté* de Saint-Amant en quittant Paris :

> Adieu, bel Hôtel de Bourgogne,
> Où, d'une joviale trogne,
> Gaultier, Guillaume et Turlupin
> Font la figue au plaisant Scapin.

(éd. Livet, t. I, p. 225). Marolles dit encore : « Legrand, surnommé de Belleville, était de mes amis et avait infiniment d'esprit. Il montait sur le théâtre sous un nom emprunté, avec Fléchelles et La Fleur, sous les noms de Gaultier et de Guillaume : admirables en leur genre du temps de Mondory, sous la protection de M. le cardinal de Richelieu, et devant même. » Ces dernières lignes sont singulières, mais les souvenirs chronologiques de Marolles ne sont rien moins que précis. A l'entendre, Bruscambille aurait paru après Legrand, peut-être même après Jodelet. (T. III, p. 290, *Dénombrement de ceux qui m'ont donné de leurs livres*).

qui remplit ce rôle [1]. Il se peut donc que nos trois farceurs ne se soient résignés que tardivement à donner la réplique à des actrices, et qu'il y ait dans la tradition qui exclut les femmes des scènes où ils triomphaient une part assez grande de vérité.

Il est pourtant un personnage de femme qui paraissait souvent dans la farce à côté de Gaultier Garguille: celui de dame Perine ou Perrine, femme du grotesque vieillard, et dont les démêlés avec son mari occupent souvent la littérature facétieuse du temps [2]. Qui jouait ce rôle ? On a nommé sans preuves Mme Gaultier. Il est, au contraire, infiniment probable que c'était un homme : cette façon de procéder était bien dans le goût du temps et devait paraître beaucoup plus comique.

On sait en effet combien était récente, à l'époque qui

---

1. La liste des personnages qui se trouve en tête de *la Comédie des Comédiens* mentionne à la fois « Mme Valliot, femme de Gaultier » et « Mme Gaultier », — « Mme Beaupré, femme de Boniface » et « Mme Boniface ». Aussi Éd. Fournier, dans sa *notice* (*Le Th. fr.* p. 284-285), a-t-il vu là quatre actrices distinctes sur lesquelles il a cherché à renseigner son lecteur. Il suffisait pourtant de lire la pièce pour voir qu'il n'y en avait que deux, Mme Valliot et Mme Beaupré, désignées au premier acte par leurs propres noms, au troisième par ceux de leurs rôles.

2. Voy. notamment : *la Farce de la querelle de Gaultier Garguille et de Perrine, sa femme, avec la sentence de séparation entre eux rendue* (*Chansons*, p. 119), et *les Bignets du Gros Guillaume envoyez à Turlupin et à Gaultier Garguille pour leur mardy-gras par le sieur Tripotin, Gentilhomme fariné de l'Hostel de Bourgogne.* (Dans les *Joyeusetez*, et à la suite des *Chansons de Gaultier Garguille*, p. 141, sqq.) — On s'est demandé ce qu'était le sieur Tripotin. Le titre même de la pièce, et le mot de Gentilhomme fariné pourraient faire croire que nous nous trouvons encore en face d'un surnom de Robert Guérin. — La façon plus que libre dont il est parlé de Perrine dans les facéties de l'Hôtel de Bourgogne (voy. par ex. *les Prédictions grotesques du docteur Bruscambille*, 1618) achève de prouver que Perrine n'était pas une femme.

nous occupe, l'introduction des femmes sur la scène[1]. Jusque-là, leurs rôles avaient été tenus par des hommes, et il semblait qu'une femme, en paraissant sur le théâtre, eût prostitué son sexe[2]. De cette idée, fort raisonnable après tout, résultait pour les comédiens la nécessité de n'introduire les femmes sur la scène qu'avec précaution et surtout dans les rôles les plus sérieux ; ceux de vieilles laides ou ridicules, ceux où on était particulièrement exposé à dire ou à entendre des paroles grossières devaient encore rester à des hommes et ne leur être enlevés que graduellement.

1. M. Boyer, archiviste du Cher, a découvert un acte, passé par devant notaire en 1545, par lequel Marie Fairet, femme du bateleur Fairet, s'engage à suivre un certain l'Esperonnière, qui organise une troupe, et, pendant un an, à jouer « des antiquailles de Rome ou autres histoires, farces ou soubresauts en présence du public, partout où l'Esperonnière voudra...., de telle façon que chacun qui y assistera y prendra joyeuseté ». M. Bapst a eu raison de signaler cet acte curieux dans son *Essai sur l'histoire du théâtre*, p. 177-178 ; mais il a eu tort d'ajouter : « Il y avait déjà des troupes de comédiens comprenant une ou plusieurs comédiennes jouant la tragédie classique et la farce ». L'emploi d'actrices était tout exceptionnel, et, si les *antiquailles de Rome*, que Marie Fairet mettait dans son contrat pêle-mêle avec des soubresauts, pouvaient être des *histoires* à la façon du moyen âge, elles n'étaient certes pas des tragédies classiques, surtout en 1545.

2. Voy. sur ce sujet un passage intéressant de M. Zola, *le Naturalisme au théâtre*, p. 106-107. — Le même préjugé existait en Angleterre et y était tout-puissant. On peut voir dans Lotheissen, t. II, p. 379, quel scandale produisirent à Londres deux troupes françaises qui s'y étaient transportées en 1629 et 1633 et où figuraient des actrices. — En Italie aussi, les femmes avaient été exclues de la scène, mais seulement pendant une partie du XVIe siècle (voy. Toldo, dans *Revue d'hist. litt. de la Fr.*, avril 1898, p. 260). — Aujourd'hui certains rôles d'hommes sont au contraire constamment tenus par des femmes ; Mme Sarah Bernhardt joue Hamlet, Lorenzaccio, le duc de Reichstadt ; et l'on a même vu à Londres des femmes jouer tous les rôles de *Comme il vous plaira* de Shakespeare, y compris le bouffon Touchstone et le lutteur Charles. Voy. *R. d'art dramatique*, 15 mars 1894, p. 362.

Ainsi Perrine était sans doute un homme, et cet homme, dont nous ignorons le nom, jouait sous le masque les nourrices dans la tragédie, les suivantes et les vieilles ridicules dans la farce[1]. Il ne manquait pas de talent, au moins pour ce dernier genre, puisque Marolles lui rend cet hommage, que « Perrine et Gaultier étaient des originaux qu'on n'a jamais depuis su imiter »; que Perrine, « sous Valleran et Laporte, fut un personnage incomparable[2]. »

On a fait beaucoup de suppositions, mais on a cité peu de faits sur Deslauriers, dit Bruscambille, l'auteur facétieux des prologues[3]. Qu'il ait d'abord couru la province avec l'opérateur Jean Farine, qu'il ait été comédien à Toulouse avant d'entrer à l'Hôtel de Bourgogne, et qu'il ait bientôt quitté ce dernier théâtre pour reprendre sa vie errante, rien de tout cela ne paraît exact. Il était à l'Hôtel avant 1609, puisqu'on publiait déjà des prologues de lui à cette date[4], et il a dû y rester fort long-

---

1. « Le personnage de nourrice, qui est de la vieille comédie et que le manque d'actrices sur nos théâtres y avait conservé jusqu'alors, afin qu'un homme le pût représenter sous le masque, se trouve ici métamorphosé en celui de suivante, qu'une femme représente sur son visage. » Ainsi s'exprime Corneille, dans l'*Examen* de *la Galerie du Palais* (Œuvres, t. II, p. 14). Mais la troupe de Molière comprenait encore cet *emploi*, et, en 1685, c'était un acteur (le plus souvent Hubert, dont la retraite date de cette année-là même), qui représentait Mme Pernelle, Mme de Sotenville, Mme Jourdain et Philaminte. Voy. d'ailleurs ci-dessous, p. 188, et Appendice, note v, ce qui concerne l'acteur Alizon.

2. Marolles, t. III, p. 290, *Dénombrement*.

3. Nous ne connaissons même pas son vrai nom, car, si Bruscambille est un surnom de farce, Deslauriers aussi n'est qu'un nom de théâtre ; si nous ne connaissions que Gros-Guillaume et La Fleur, il nous manquerait encore Robert Guérin.

4. Cette édition de 1609, qui comprenait 16 prologues, fut désavouée par l'auteur comme mise au jour « sous la faible conduite de quelque particulier », qui en avait « soustrait les copies »;

temps[1]. Il avait de l'instruction et de l'esprit, quoique volontiers grossier et obscène; le costume sous lequel on le représente est un costume de farce.

Jean Farine avait-il été opérateur ? Comment le savoir ? Mais il entra de bonne heure à l'Hôtel de Bourgogne, puisqu'il est plusieurs fois nommé dans les *Fantaisies de Bruscambille*, publiées en 1612, et il y resta longtemps. Gros comme Gros-Guillaume, enfariné comme lui, on l'appelait ironiquement le « père de sobriété », ce qui complète la ressemblance[2]. Il jouait un rôle important dans les farces, et Bruscambille célèbre avec lyrisme les effets comiques de son bonnet, sans doute pour les opposer à la gloire du « chapeau de Tabarin ». Une certaine autorité lui était même dévolue « dans la maison comique de Bourgogne ».

Gringalet est encore un farceur. Il était à l'Hôtel vers 1612; il y était peut-être en 1610, et aux environs de 1633;

Lui-même donna l'année suivante 33 prologues sous ce titre : *Prologues tant serieux que facecieux, avec plusieurs galimatias*, Paris, J. Millot (1610), in-12. (Voy. Brunet, supplément, p. 179, et les *Fantaisies de Bruscambille*, notice.)

1. Voy. ce qui est dit de lui, en 1634, dans les *Révélations de l'ombre de Gaultier Garguille* (*Chansons*, p. 175-176; cf. ci-dessous, p. 217). Voy. encore sur Bruscambille, Jean Farine et quelques autres acteurs de l'Hôtel de Bourgogne, la note IV de l'Appendice.

2. On ne peut songer pourtant à confondre Gros-Guillaume et Jean Farine. Les *Debats et facecieuses rencontres de Gringalet et de Guillot Gorgeu son maistre* (*Ioyeusetez*) sont dédiés à Jean Farine et approuvés par Gros-Guillaume et Gaultier Garguille. Une pièce du *Parnasse satyrique* compare un courtisan ambitieux, tout pâle, quand il badine, à Jean Farine ou à La Fleur, t. I, p. 73. Enfin Loret, faisant l'oraison funèbre de Jodelet (3 avril 1660 ; t. III, p. 180), dit qu'il

..... fut de même farine
Que Gros-Guillaume et Jean Farine,
Hormis qu'il parlait mieux du nez
Que lesdits deux enfarinés.

peut-être aussi plusieurs acteurs ont-ils successivement porté ce nom déjà célèbre.

Tandis, en effet, que nous connaissons plusieurs surnoms comiques sans pouvoir dire quels acteurs les portaient, nous possédons aussi les noms de plusieurs acteurs sans pouvoir dire quels étaient leurs rôles : ceux de Montluysant, qui accompagnait Valleran en 1607; de Jacques Resneau ou Rameau, qui était à l'Hôtel en 1608; de Nicolas Gasteau ou Gastrau, qui s'y trouvait vers 1612; de Claude Husson, dit Longueval, entré peut-être en 1619; de Jacques Mabille, 1619[1]; d'Étienne Rufin, dit La Fontaine, 1618 et 1622[2]; de Philibert Robin, dit le Gaucher, et de Louis Gallien, dit Saint-Martin, 1632[3]. Certains de ces acteurs étaient peut-être les Perrine, les Jean Farine, les Gringalet, dont nous nous informions tout à l'heure : mais lesquels? et que représentaient les autres?

C'est en 1628 seulement qu'on voit paraître à l'Hôtel de Bourgogne Pierre le Messier, dit Belleroso, qui devait y représenter pendant de longues années et qui s'y fit rapidement une grande place. Quoiqu'il jouât encore à la farce[4], il était avant tout comédien sérieux ou tragédien, et les reproches mêmes qu'on lui a adressés prouvent com-

---

1. Mabille était-il déjà comédien, quand il eut un fils baptisé le 27 février 1609? Le 18 janvier 1619, il habitait rue Montorgueil et donnait pour marraine à sa fille Marie Venier, femme de noble homme Mathieu Lefebvre, comédien du roi (Voy. Jal, art. *Comédiens inconnus*).

2. En 1618, les *Prédictions grotesques du docteur Bruscambille pour l'année 1619* (*Chansons*, p. 131) nomment « M. de La Fontaine, grand médecin et très fidèle scrutateur de la nature la plus occulte des femmes ».

3. Philibert Robin était déjà à l'Hôtel le 9 février 1630, jour où il signait comme « comédien ordinaire du roi » au mariage de Belleroso avec Nicole Gassot (Voy. Jal, art. BELLEROSE); le même article nous montre Louis Gallion, ou Galien, « comédien du roi », parrain d'un enfant de Belleroso le 16 septembre 1633.

4. Tallemant, t. VII, p. 173.

bien il différait de ses camarades plus âgés, les Gros-Guillaume, les Gaultier et les Turlupin. « Trop affecté » pour La Rancune[1], ayant « la mine du monde la plus fade » selon Mme de Chevreuse[2], il est plus maltraité encore par Tallemant[3] : « Bellerose était un comédien fardé, qui regardait où il jetterait son chapeau, de peur de gâter ses plumes. Ce n'est pas qu'il ne fît bien certains récits et certaines choses tendres, mais il n'entendait point ce qu'il disait. »

Tallemant est peut-être injuste, mais que nous importe? Détracteurs ou panégyristes, tous ceux qui parlent de Bellerose montrent qu'un élément nouveau est introduit par lui à l'Hôtel de Bourgogne. Beauchâteau et sa femme, quoique leurs noms nous soient d'abord signalés par *la Comédie des Comédiens* de Gougenot, sont avant tout des tragiques[4]. Avec la Bellerose, avec la Beaupré, avec la Valliotte, excellentes comédiennes[5], un important chan-

---

1. *Roman comique*, 1re p., ch. v, t. I, p. 25.
2. *Mémoires du cardinal de Retz*, seconde partie ; éd. des *Grands Écrivains*, t. II, p. 485.
3. T. VII, p. 175.
4. On sait comment les a parodiés Molière dans *l'Impromptu de Versailles*, sc. 1. *Le Testament de feu Gaultier Garguille*, 1634 (*Chansons*, p. 157) fait un legs à « notre Beau Chasteau, qui ne trouve point de chasteté capable de lui résister, qui n'est vu que pour être aimé, qui, jaloux de son métier, est exact jusqu'au dernier point ». Si les Beauchâteau étaient à l'Hôtel en 1632 et en 1663, il est certain cependant qu'ils ont été — ou, du moins, que la Beauchâteau a été — plus ou moins longtemps au Marais dans l'intervalle ; « D. Urraque n'y est que pour faire jouer la Beauchâteau », dit Scudéry dans les *Observations sur le Cid* (Corneille, t. XII, p. 450). — sur François Chastelet sieur de Beauchâteau on peut consulter l'article BEAUCHATEAU de Jal.
5. Voy. Tallemant, t. VII, p. 171 ; et Segrais, *loc. cit.* — Le mariage de Bellerose et de « Nicole Gassot, comédienne, veuve de feu Mathias Meslier, aussi comédien, depuis peu arrivé de Calais », eut lieu le 9 février 1630. Voy. Jal, p. 190. — La Vallioto, comme dit Tallemant, c'est Mlle Valliot ou Veillot.

gement achève de s'opérer. Les farceurs mêmes de l'Hôtel de Bourgogne vont maintenant se recommander au public de « la mignardise et gentillesse d'un Belleroso, de Mlle Beaupré, de Mlle Valliot et des autres[1] ». Le nombre des actrices augmente, ainsi que leur influence sur le public[2]. Il est bien temps que les farceurs meurent, puisqu'ils ne peuvent plus être la joie et l'ornement essentiel de leur théâtre.

Non que la farce disparaisse et que l'Hôtel de Bourgogne renonce à un genre auquel le public ne renonçait point. Plus ou moins récemment, il s'était adjoint « le seigneur Boniface, le docteur de la troupe » et « le vaillant capitaine Fracasso, de qui — dit *le Testament de Gaultier Garguille*[3]

1. *Apologie de Guillot Gorju addressée à tous les Beaux Esprits*, 1634, p. 13 (*Joyeusetés*). — « Je prie Belleroso de conserver toujours ses douceurs amoureuses, ses délicatesses de théâtre qui ne sont presque connues que de lui, la facilité de s'expliquer dans les amours, et la grâce qu'il a en louant ce qui lui plait. » *Le Testament de feu Gaultier Garguille*, 1634. (*Chansons*, p. 154-155.) Belleroso gardait ce caractère même à la farce. Voy. plus haut, p. 178, n. 1. — Quant à Mlles Beaupré et Valliot, elles figurent dans *la Comédie des comédiens* de Gougenot (1632), mais elles devaient être à l'Hôtel depuis quelque temps déjà : ce n'est qu'après avoir parlé d'elles que Tallemant ajoute : « Mondory commença à paraître en ce temps-là. »

2. *La Comédie des comédiens*, acte II, sc. II : « TURLUPIN : Quelque peine que puisse prendre le meilleur acteur du monde, on donne toujours l'avantage aux femmes. — GUILLAUME : Il est vrai. J'étais l'autre jour à l'Hôtel de Bourgogne, où j'entendais mille voix, dont les unes disaient : Ha! que voilà une femme qui joue bien! et les autres : celle-là fait encore mieux. » — « Nos actrices, qui, à l'envi les unes des autres, font des merveilles, continueront toujours leurs louables jalousies. » *Le Testament de feu Gaultier Garguille*, 1634, p. 158. — On lit encore dans *le Songe arrivé à un homme d'importance*, 1634 (*Gaultier Garguille*, p. 198) : « La belle Valliot, dont les yeux disputent fort et ferme avec Jupiter de la puissance du foudre, nous a servi pour faire venir plus de monde à l'Hôtel de Bourgogne que ne fera jamais Guillot Gorju ni un bouchon bien vert du meilleur cabaret de Paris. »

3. *Chansons*, p. 156 et 157. Le capitaine Fracasse portait-il

— l'on ne peut ouïr les rodomontades sans étonnement ». A la mort de Gaultier Garguille, on avait même enrôlé pour le remplacer un vrai docteur, qui avait abandonné la médecine pour courir la campagne en qualité de comédien et auquel on s'efforçait de faire une célébrité : Bertrand Harduin (ou Hardouin) de Saint-Jacques, dit Guillot Gorju[1]. Enfin, en décembre 1634, le Roi, devenu le protecteur de l'Hôtel, lui adjoignait quatre comédiens enlevés au Marais et qui paraissent avoir été surtout des

aussi le nom de Matamore ? On est tenté de le croire, puisque Corneille a donné le nom de Matamore à l'un des principaux personnages de l'*Illusion*, jouée à l'Hôtel de Bourgogne en 1636 (Voy. note II de l'Appendice); mais Tallemant, VII, 174, a écrit de Mondory : « Ce fut lui qui fit venir Bellemore, dit *le Capitan Matamore*, bon acteur », et c'est pour « ce vivant Matamore du théâtre du Marais, cet original sans copie, ce personnage admirable », qu'a été écrit en 1637 ou 1638 *le Véritable capitan Matamore ou le Fanfaron* de Mareschal (Corneille, t. II, p. 424). « Chaque théâtre eut son Matamore », dit Fournel, *Contemp. de Molière*, t. I, p. xxxiii, « et divers indices portent à croire que ce fut le même : une note manuscrite placée au bas de son portrait (*Cabinet des Estampes*) le donne à entendre ». Qu'un même acteur ait ainsi appartenu en même temps aux deux théâtres, la chose paraît fort invraisemblable. Mais il est probable que les deux théâtres avaient le même *emploi* et lui donnaient également le nom expressif de Matamore. Voy. Appendice, note v.

1. Voy. Jal, art. Gorju. Guillot Gorju était le frère d'un avocat au Parlement, Joseph Hardouin de Saint-Jacques, qui avait inséré au t. 1er du *Théâtre* de Hardy une pièce à l'éloge du dramaturge. On fait dire à Gaultier Garguille dans son *Testament* (*Chansons*, p. 152-153) : « Je... devais laisser un successeur qui fût digne d'occuper ma place. A cet effet, après y avoir longuement songé, je veux et entends que le vénérable Guillot Gorju cesse de courir la campagne et vienne jouer mon rôle à Paris et partout ailleurs où besoin sera, comme seul capable et habile à me succéder, car telle est ma dernière volonté ; et pour le laisser le plus semblable à moi qu'il se puisse, je lui donne et lègue mon habit noir à manches rouges... A la charge qu'il s'acquittera tous les jours de comédie d'une chanson que je dois à perpétuité aux pages et aux laquais. »

farceurs : Jodelet, plus tard le héros de tant de pièces de
Scarron, de d'Ouville, de Thomas Corneille, de Molière
lui-même[1]; Alizon, qui devait aussi donner son nom à
une comédie, publiée en 1637[2]; La France ou Jacquemin
Jadot, qui sans doute, sous le surnom de Michau, reprit
les rôles de Gaultier Garguille; l'Espy, frère de Jodelet,
qui joua peut-être les spadassins et les valets sous le nom
de Philippin[3]: Mais avec eux étaient aussi venus de chez
Mondory Le Noir et sa femme, des tragédiens; — Guillot
Gorju, qui mourut en 1648 exerçant de nouveau la médecine, était probablement retiré du théâtre dès 1642; —
la même année, Jodelet jouait *le Menteur* de Corneille au
Marais, où il était donc revenu et où l'on a tout lieu de
croire qu'il avait ramené son frère[4]; — les autres n'ont
eu qu'une réputation moindre. Ainsi les grands bouffons
n'avaient pu être définitivement remplacés. « Il n'y a plus
de farce qu'au Marais, où est Jodelet », écrira bientôt
Tallemant[5], « et c'est à cause de lui qu'il y en a ».

VI

On le voit, ce n'est guère avant 1630 que deux acteurs
d'un grand talent mettent en pleine lumière et font rechercher par le public la comédie sérieuse et la tragédie.
A cette date, Bellerose, c'est-à-dire la grâce et la tendresse,
Mondory, c'est-à-dire l'énergie et la grandeur, prennent
possession des deux théâtres de Paris : l'Hôtel de Bourgo-

---

1. Voy. dans la collection des *Grands Écrivains* une note du
Corneille, IV, 123, et Molière, II, 36.
2. *Alizon* de L.-C. Discret, reproduite dans Éd. Fournier,
le Th. fr. au XVIe et au XVIIe s., p. 400 et suiv.
3. Voy. note v de l'Appendice.
4. On les trouve ensemble plus tard dans la troupe de Molière,
au Petit-Bourbon.
5. VII, 176.

gne et « le Marais ». Mais, avant eux, c'est la farce qui était maîtresse; c'est par la farce que les acteurs plaisaient au public et se faisaient une réputation[1]. Qu'est-ce à dire ? Que ce changement produit par Bellerose et Mondory est entièrement dû à leur génie original ? Il y aurait exagération à l'admettre. Qu'il n'y a eu ni comédies sérieuses ni tragédies avant 1629 ou 1630 ? Mais les *Bergeries* de Racan, mais *Pyrame et Thisbé* de Théophile valaient nombre de pièces qui furent applaudies plus tard, et nous avons montré ailleurs qu'un tragédien ayant de la grandeur, du feu, de la passion, pouvait aussi bien déployer ces qualités dans la *Mariamne* de Hardy que dans celle de Tristan l'Hermite. Qu'est-ce donc qui a fait réussir aussi brillamment Bellerose et Mondory ? Le goût du public. Qu'est-ce qui condamnait les Valleran, les Vautray, les Henri Legrand à être avant tout des bouffons ? Le goût du public. C'était le goût du public qui avait changé, beaucoup plus que le génie des acteurs ou la nature des œuvres. Lentement d'abord, plus rapidement ensuite par l'effet même de la vitesse acquise, très vite enfin sous l'influence de Richelieu, il s'était modifié, abaissant la farce, élevant le drame à sa place.

En veut-on une preuve ? Vautray est fort peu connu,

---

[1]. Citons encore un témoignage, parce qu'il ne semble pas avoir été bien compris :

> Déjà dans l'Hôtel de Bourgogne
> Les maîtres fous sont habillés
> Pour faire voir les pois pilés,

lit-on dans *le Réveil du chat qui dort*, Paris, 1616. (Petit de Julleville, *les Comédiens*, p. 190.) Ces maîtres fous ne sont autres que les bateleurs de Valleran et de La Porte. — Fournier, dans *la Farce et la Chanson*, p. xxiv, n., cite les mêmes vers, avec « barbouillés » pour « pois pilés » (barbouillés = enfarinés), comme se trouvant dans les coq-à-l'âne qui terminent les *Rapports faits des pucelages estropiés de la plupart des chambrières de Paris*, 1617.

Valleran l'est un peu davantage, mais tous deux ne le sont que comme farceurs; c'est toujours comme farceurs que les contemporains les vantent. Il y avait pourtant autre chose en eux, et trois témoignages nous l'ont appris. Mais ces témoignages, de qui viennent-ils? D'hommes qui avaient l'instinct tragique et ne partageaient pas le goût régnant. Deux d'entre eux devaient être applaudis plus tard par le public transformé du théâtre : c'étaient Mondory et Tristan, l'interprète et l'auteur de *Mariane*; le troisième, médiocre comme auteur dramatique, devait acquérir, comme législateur du théâtre, une immense autorité : c'était d'Aubignac.

Mondory avait vu Vautray, et il en faisait grand cas. Tristan avait fréquenté Valleran et Vautray dans sa jeunesse, et il disait encore beaucoup plus tard : « Il me souvient qu'entre ces acteurs, il y en avait un illustre pour l'expression des mouvements tristes et furieux; c'était le Roscius de cette saison et tout le monde trouvait[1] qu'il y avait un charme secret en son récit. » Voilà pour Vautray. « Il était secondé d'un autre personnage excellent par sa belle taille, sa bonne mine et sa forte voix, mais un peu moindre que le premier pour la majesté du visage et l'intelligence[2]. » Voilà pour Valleran. Et des bouffons pas un seul mot. Tristan ne se rappelle que les tragiques. Enfin d'Aubignac décerne à ces deux acteurs ce suprême éloge : il les met sur le même rang que Mondory[3].

1. Impression fugitive sans doute; d'ailleurs la scène se passe à la cour.
2. *Le Page disgracié*, ch. ix, p. 54 de la 2ᵉ éd., p. 87 à 88 de la 1ʳᵉ. Ici la *clef* de la 2ᵉ édition, qui nomme Vautray et Valleran (p. 348), a certainement raison. Le « Roscius de cette saison » devait plaire au « Roscius auvergnat » de 1636; quant au personnage « excellent pour sa belle taille, sa bonne mine et sa forte voix », ne nous rappelle-t-il pas aussitôt la phrase de Tallemant : « Valleran, qui était un grand homme de bonne mine » ?
3. « On ne vit jamais tant de poèmes dramatiques, ni de plus agréables que depuis ce temps, encore que nous n'ayons plus de

Comment récitaient-ils les vers? On le devinerait facilement, si les expressions dont se sert Tristan ne le faisaient parfaitement entendre. Comme leur successeur immédiat Mondory, comme les *grands comédiens* du temps de Molière[1], ils usaient de cette déclamation emphatique et chantante qui longtemps parut s'accorder seule avec la dignité tragique, de ces cris, de ces gestes violents qui causèrent la perte de plusieurs acteurs[2]. Tel était alors le genre adopté par toute l'Europe; Shakespeare le critiquait en vain chez les comédiens anglais, Cervantès chez les Espagnols[3]; Valleran et Vautray ne pouvaient en cultiver d'autre. Mais, s'il nous fallait indiquer par quels caractères ils se devaient distinguer de Mondory, nous répondrions : par ceux-là mêmes qui font différer les vers de Hardy de ceux de Tristan ; leur déclamation était moins constamment ampoulée, mais aussi moins noble; leur interprétation moins raffinée[4], mais aussi moins ingénieuse et plus terre à terre.

Vallerans, de Vautrays, ni de Mondorys pour acteurs. » *La Pratique du théâtre*, l. I, ch. IV ; t. I, p. 19.

1. Voy. *l'Impromptu de Versailles*, sc. I ; *les Précieuses ridicules*, sc. X. Cf. Voltaire, *Commentaire sur Horace*, acte III, sc. I, v. 1.

2. On sait l'histoire de la paralysie de Mondory. Guéret, dans son *Parnasse réformé*, fait ainsi parler Montfleury, répondant à une attaque de Tristan contre la comédie : « Je crois, dit-il d'un ton à faire peur à tout le Parnasse, que l'on parle ici de la comédie... Plût à Dieu qu'on n'eût jamais fait de tragédies, je serais encore en état de paraître sur le théâtre de l'Hôtel... J'ai usé tous mes poumons dans ces violents mouvements de jalousie, d'amour et d'ambition... Qui voudra savoir de quoi je suis mort, qu'il ne demande point si c'est de la fièvre, de l'hydropisie ou de la goutte, mais qu'il sache que c'est d'*Andromaque*. » P. 41-42.

3. Shakespeare, *Hamlet*, acte III, sc. II ; Damas-Hinard, § 2, p. 1630, et V. Fournel, *Curiosités théâtr.*, p. 212.

4. Voy. ce que dit Tallemant de Mondory : « Il pria des gens de bon sens, et qui s'y connaissaient, de voir quatre fois de suite la *Mariane*. Ils y remarquèrent toujours quelque chose de nouveau ». T. VII, p. 174.

Que leur visage, s'il n'était point enfariné, fût couvert d'un masque quand ils représentaient à la farce, c'est ce que montrent aisément les gravures contemporaines. Mais la mode italienne du masque, qui devait d'ailleurs persister si longtemps sur la scène française[1], s'était étendue même aux rôles sérieux. Fléchelles ne faisait jamais les rois le visage nu, et, en 1637 encore, l'auteur du *Traité de la disposition du poëme dramatique*[2] disait des comédiens royaux, non à propos de farces, mais au sujet de la question, alors si grave, des vingt-quatre heures : « Ils me pourraient alléguer... que leurs masques et leurs habits sont faits avant que je fusse né... Je ne veux pas désenfariner leurs badins, ni voir sous le masque leurs compagnons ». Tous les acteurs sérieux étaient-ils ainsi pourvus de masques? Non, sans doute. En tous cas, ceux qui l'étaient n'avaient pas à s'inquiéter de varier leurs jeux de physionomie.

Savaient-ils raisonner et composer un rôle? Grimarest dit non, et affirme que cet art ne commença qu'à partir de Corneille[3]. Les conseils qu'en 1639 encore Scudéry croit devoir donner aux comédiens semblent lui donner raison. Ils sauront, dit-il en montrant aux comédiens de son temps comment ceux de l'antiquité avaient acquis leur gloire, « ils sauront que ce n'était ni en riant quand il fallait pleurer, ni en se mettant en colère quand il faut rire, ni en se couvrant quand il faut avoir le chapeau à la main, ni en parlant au peuple quand il faut supposer qu'il n'y en a point, ni en n'écoutant pas l'acteur qui parle à eux, ni en faisant qu'Alphésibée songe bien plus à quelqu'un qui la regarde qu'au pauvre Alcméon qui parle à elle[4]. »

1. Voy. Lanson, notice sur *les Précieuses ridicules*, Paris, Hachette, 1900, pet. in-16, p. 32 et suiv.
2. P. 279-280.
3. *Vie de Molière*, (dans Fournel, *Curiosités*, p. 209).
4. *Apologie du théâtre*, p. 84-85. Ajoutons, pour être juste,

Cependant, à la date où s'arrête notre étude, les comédiens de l'Hôtel de Bourgogne commençaient à s'attirer de grands éloges. Rotrou disait, de sa tragi-comédie de *Cléagénor et Doristée* : « Elle doit les principales parties de sa beauté à ces incomparables acteurs, qui fardent si agréablement les plus laides choses, et qui ont mis la comédie à si haut point, qu'elle est aujourd'hui le plus doux divertissement du plus sage roi du monde et du plus grand esprit de la terre [1] ». Mais *Cléagénor et Doristée* avait été jouée vers 1634, et Belleroso et sa femme, Mlles Beaupré et Valliot avaient pu jouer dans cette pièce. Hardy avait été moins heureux. Si, pour faire jouer ses tragédies et ses tragi-comédies, il avait rencontré des acteurs ne manquant ni de dispositions ni de moyens, en revanche la cour seule avait paru les écouter avec quelque plaisir ;

---

que, dès 1615, Bruscambille parle tout autrement que nous de la déclamation et du *jeu* de ses camarades. Peut-être ses éloges sont-ils tout relatifs. « Je m'ose promettre, dit-il, que vous ne verrez point *notre troupe* ombragée de ces comédiens de la nouvelle crue, qui, d'une voix croassante, et d'une action contrefaite et déréglée, offensent la vue et l'ouïe des assistants. Notre scène ne sera point profanée de ces dagues de plomb en fourreaux d'argent ; car si les acteurs, ou par une bienséance qui leur est particulière, ou par une belle apparence, vous donnent quelque pointe d'appétit, leurs paroles vraiment françaises, qui suivront de près l'action, seront plus que suffisantes de vous rassasier l'esprit et chatouiller l'oreille. La naïveté, formée sur le patron même de la nature, sera fidèlement observée en nos représentations ; ces graves enjambées à la castillane n'y trouveront point de place ; une prolation à la pédantesque, dont la plupart de ces avortons de Roscio s'empêtrent la langue, sera retranchée et réduite à une douce prononciation et liaison de paroles, qui donnera une merveilleuse grâce au vers... Pour ce qui regarde *le récit des vers et le mérite d'iceux*, nous aurons pour critiques censeurs un tas de poétastres, plus propres à reprendre qu'à bien faire... » *Facecieuses paradoxes* (*En faveur de la scène*, prologue prononcé à Rouen).

1. Avertissement de *Cl. et D.*, 1635 (dans les fr. Parfait, t. IV, p. 486-487).

le vrai public n'avait d'oreilles que pour la farce, et, pour les accents tragiques, la salle de l'Hôtel de Bourgogne n'avait pas d'écho.

VII

Parlons des représentations qui se donnaient dans cette salle ; voyons comment elles étaient annoncées et préparées.

La plupart des auteurs avancent qu'il y avait trois représentations par semaine à l'Hôtel de Bourgogne [1], c'est-à-dire qu'ils acceptent comme exacts pour le commencement du siècle les renseignements donnés par Chappuzeau et d'autres pour une période postérieure. Rien ne prouve qu'ils aient raison.

S'il fallait admettre que, dès lors, les représentations se donnaient toujours à jour fixe et en nombre fixe, il serait plus naturel de supposer que ce nombre était de deux : on aurait ainsi une transition entre l'usage de 1597, qui était de ne jouer d'ordinaire qu'une fois par semaine [2], et celui de 1660, qui était de jouer trois fois. En 1611, où les comédiens français étaient seuls à l'Hôtel de Bourgogne, Héroard cite six visites que leur a faites le roi : trois sont du mercredi, trois du dimanche.

Seulement, j'ai bien peur qu'en demandant trop de régularité aux Valleran et aux Robert Guérin, on oublie qu'ils étaient à plusieurs égards les vrais successeurs des Confrères et qu'ils étaient obligés de suivre en partie leurs errements. Comme eux, ils jouaient parfois des pièces en plusieurs journées : *Théagène et Cariclée* en avait huit ; *Pandoste*,

---

[1]. Fr. Parfait, t. IV, p. 2 ; V. Fournel, *les Contemporains de Molière*, t. I, p. xxviii ; etc.
[2]. Voy. ci-dessus, chap. ii, p. 73 et 45.

Parthénie, qui se jouaient encore vers 1633, en avaient deux. Comment représentaient-ils de telles œuvres ? En ouvrant leur théâtre trois fois ou deux par semaine ? Cela est-il possible ? Et se figure-t-on aisément une représentation de *Théagène* qui ne se serait terminée qu'au bout de dix-sept jours ou de vingt-cinq ? Évidemment non; des pièces construites à la façon des mystères étaient représentées comme des mystères, pendant plusieurs jours de suite ; après quoi, le *jeu* fini, les acteurs se reposaient pendant un temps plus ou moins long, en rapport avec la durée de leurs fatigues, et laissaient se reposer les spectateurs. Telle est l'hypothèse que le bon sens paraît imposer ; plusieurs passages de Bruscambille la confirment. Tandis, en effet, que la plupart de ses prologues forment un tout et ne nous apprennent rien sur le jour où ils ont été prononcés, quelques-uns sont intimement liés à un prologue voisin, et ont été prononcés un jour avant ou après lui ; il y avait donc des prologues en deux journées, pour accompagner des pièces en deux journées, et nous en trouvons même un en trois journées, qui accompagnait quelque œuvre perdue. « Hier, messieurs, la conclusion de notre paradoxe fut... », tels sont les premiers mots de la seconde partie ; et en voici les derniers : « A demain la conclusion et l'acquit de notre promesse[1] ».

---

1. P. 107 et 110 des *Fantaisies* de Bruscambille. Le lecteur nous permettra-t-il de citer les titres des trois *journées* : « *Paradoxe qu'un pet est quelque chose de corporel. — Qu'un pet est spirituel. — Qu'un pet est une chose bonne.* » — Voy. encore le prologue en deux *journées* qui porte ces titres : « *Autre paradoxe sur le cocuage. — Suite* », p. 120 et 124. On lit dans cette dernière : « Hier, nous fîmes preuve, en ligne tant directe que collatérale, que...; j'entends aujourd'hui vous montrer... », p. 125. — Les *Fantaisies* contiennent aussi, p. 261-283, un *Discours de l'amour et de la vérité* divisé en trois parties ou prologues ; encore ces trois parties ne sont-elles que le commencement d'une série plus longue, ainsi que le prouve

Si les jours de spectacle pouvaient beaucoup varier, il n'en était pas de même des heures. Le mauvais éclairage et le peu de sécurité des rues de Paris, d'autres raisons encore obligeaient les comédiens à commencer et à finir leurs représentations dans l'après-midi. Aussi les Confrères, au XVIe siècle, avaient-ils commencé les leurs à une heure, puis à trois heures, et, le 12 novembre 1609, une ordonnance de police enjoignit à leurs successeurs de commencer à deux heures afin de finir avant la nuit, c'est-à-dire à quatre heures et demie en hiver [1], un peu plus tard sans doute pendant l'été. Ce règlement resta officiellement en vigueur pendant tout le siècle, et les affiches annoncèrent toujours le spectacle pour deux heures précises ; en réalité, il alla se retardant sans cesse, mais peu à peu et bien lentement, puisqu'on ne le commença vers cinq heures qu'à la fin du règne de Louis XIV [2]. Comment faisait-on à l'Hôtel de Bourgogne vers 1620 ou 1630 ? Sans doute comme faisaient les troupes de campagne, et comme font encore souvent nos théâtres provinciaux ; on commençait à l'heure prescrite, si le nombre des spectateurs le permettait ; sinon, l'on attendait jusqu'à ce que l'impatience des premiers venus, ou la peur

---

cette fin de la troisième : « En dépit de tous ceux-là qui disent qu'*omnia vincit amor*, je vous commande de venir demain en classe pour écouter *attente* ce que je dirai *de contrario veritatis ejus*, et que l'on n'y faille point, sur peine de payer la bagarre. *Valete et Plaudite*. » — Voy. *Nouvelles imaginations*, p. 62-65 : *Du loisir (apologie du théâtre)* ; p. 65-71 : *Des accidents comiques (suite du discours précédent)*.

1. Delamare, *Traité de la police*, t. I, p. 404 ; Félibien, t. II, p. 1025. — En Espagne, les représentations commençaient de même à deux heures en hiver, à trois heures en été (Damas-Hinard, § 2, p. 1329.) En Angleterre, le spectacle commençait l'après-midi, à une heure, d'après Royer, *Hist. univ. du th.*, t. II, p 414 ; à trois heures, d'après Gervinus, *Shakespeare*, t. I, p. 116.

2. Despois, p. 144-146.

d'encourir une amende pour avoir fini trop tard, obligeassent enfin à commencer[1].

Nous avons prononcé le mot d'affiches ; c'était par les affiches en effet qu'étaient convoqués les spectateurs. Mais, si l'invention n'en était pas tout à fait récente[2], l'emploi du moins en était coûteux, et peut-être Valleran n'en avait-il pas toujours usé. Lui aussi avait sans doute agi à la façon des Confrères, « allant appeler le monde au son du tambour jusqu'au carrefour de Saint-Eustache[3] », ou à la façon des comédiens nomades, faisant visiter toutes les rues, comme s'il s'agissait de faire la patrouille, par un tambour et un arlequin[4]. Les affiches n'avaient pas supprimé d'un seul coup ces vieux usages[5]; mais peu à peu ils disparurent, et les affiches restèrent seules chargées

---

1. C'est contre cette pratique que s'était élevée l'ordonnance du 12 novembre 1609, en enjoignant aux comédiens « de commencer précisément avec telles personnes qu'il y aura à deux heures après-midi ». Dans *la Comédie des comédiens* de Scudéry, acte I, sc. IV, p. 15, les comédiens attendent des spectateurs de bonne volonté, « bien que cinq heures aient sonné..., et bien qu'*ils aient* accoutumé ailleurs d'avoir achevé à cette heure ». Ajoutons que les spectateurs ne vinrent pas.

2. En 1556, une troupe ambulante qui représentait à Amiens, annonçait ses représentations par des affiches. (Petit de Julleville, *les Mystères*, t. I, p. 360.) — En Espagne aussi, les affiches avaient été employées dès le XVIe siècle. (Damas-Hinard, § 2, p. 1329.)

3. Sorel, *la Maison des jeux*, t. I, p. 408.

4. Scudéry, *la Comédie des comédiens*, prologue, et acte I, sc. I et II, p. 3 et 7-8.

5. Les comédiens de campagne avaient aussi leurs affiches, mais rares sans doute et souvent écrites à la main. Dans le frontispice de *la Comédie des comédiens* (reproduit dans l'*Histoire de la langue et de la litt. fr.*, t. IV, p. 248), des affiches sont apposées à la porte du théâtre, et cependant le tambour et l'arlequin reviennent de faire l'annonce ; cf. la pièce même, acte I, sc. I, p. 7. — La plus ancienne affiche qui nous ait été conservée est précisément celle d'une pièce de Scudéry, *Ligdamon et Lydias*, représentée par des comédiens de campagne, *la Troupe choisie* : elle est à la Bibliothèque de l'Arsenal.

d'annoncer au public les représentations. Elles le faisaient d'une façon pompeuse et avec force « menteries[1] », assurant que le poëte des comédiens « avait travaillé sur un sujet excellent », ou encore que ceux-ci donneraient « une incomparable pastorale, des plus nouvelles de leur auteur, et une farce risible[2] ». Peut-être le poëte rédigeait-il lui-même ces *boniments* : Hardy paraît en avoir conservé les « menteries » dans les *arguments* qu'il a publiés en tête de ses pièces[3].

On voit que les poëtes n'étaient pas nommés ; ils ne commencèrent à l'être que vers 1625, s'il faut en croire Sorel, « depuis que Théophile eut fait jouer sa *Thisbé* et Mairet sa *Sylvie*, M. de Racan ses *Bergeries*, et M. Gombauld son *Amaranthe*[4] ». S'ils n'y figuraient pas auparavant, Sorel en donne deux raisons : c'est parce qu'il n'y avait alors « qu'un seul homme qui travaillât pour de telles représentations, qui était le poëte Hardy..., ou parce que, s'il y en avait d'autres..., ils n'osaient se déclarer auteurs de quelques mauvaises pièces[5] ». Raisons de valeur fort inégale ; car, si la première est excellente, la seconde est inacceptable et suppose aux poëtes une excessive modestie. Ne serait-il pas plus vrai de dire que les comédiens avaient intérêt à ne pas nommer leurs poëtes, afin de ne leur pas donner trop d'importance et de les mieux

---

1. *La Com. des com.*, voy. n. précéd. — Dans son *Apologie au Roy*, Théophile adresse à Garasse la critique suivante : « Dans cette *Doctrine curieuse des beaux esprits de ce temps*, il donne à son livre le titre des affiches de l'Hôtel de Bourgogne, où l'on invite les gens à ces divertissements par la curiosité. » Œuvres, t. II, p. 268.

2. *La maison des jeux*, t. I, p. 409 ; *le Berger extravagant*, 1re partie, l. III, p. 144 (la 1re éd. est de 1627).

3. Voy. mon *Alex. Hardy*, p. 233.

4. Sorel, *Biblioth. fr.*, p. 204. Cf. Despois, p. 141. Toutes les pièces nommées par Sorel ne sont d'ailleurs pas antérieures à 1625.

5. *La maison des jeux*, t. I, p. 409-410.

garder sous leur domination ; tandis que, d'autre part, le public se souciait fort peu de tels renseignements, et ne songeait pas à distinguer, dans le plaisir qu'il prenait, ce qui en était dû aux acteurs et ce qui en était dû aux poètes? Encore aujourd'hui, le public vraiment populaire des théâtres de province, celui qui va entendre le dimanche *le Juif errant* ou *les Deux Gosses*, arrive à savoir une pièce par cœur avant de se demander qui l'a faite, et sait bon gré aux comédiens des choses amusantes ou pathétiques qu'ils lui débitent. Pourtant les noms des auteurs sont sur les affiches ; que devait-ce être au temps où ils n'y figuraient pas?

Après les *menteries* de l'affiche venaient, au milieu du xviie siècle, les *menteries* de la *harangue* ; c'est ainsi qu'on appelait le petit discours par lequel l'*orateur* de la troupe annonçait au public la pièce qui se devait jouer la prochaine fois, et en faisait un éloge bien senti. On a tout lieu de croire que la harangue n'existait pas au commencement du siècle ; mais le *prologue* la remplaçait : quoique n'étant pas consacré à l'annonce et à l'éloge des pièces, il faisait souvent l'une et l'autre, avec l'éloge des comédiens eux-mêmes et de leur talent [1].

[1]. Il est probable que le prologue fut consacré de plus en plus à ces fins et perdit de plus en plus son caractère facétieux jusqu'au moment où il lui fallut mourir de sa belle mort, ce qui arriva sans doute aux environs de 1635. En effet, Scudéry, dans sa *Comédie des comédiens*, fait paraître le Prologue et l'Argument, qui disputent de leur utilité, finissent par convenir qu'elle est nulle, et décident de se retirer tous deux. Selon l'*Argument*, le *Prologue* est une selle à tous chevaux que l'usage seul fait accepter par les spectateurs. C'est « un discours apprêté, où l'on cite deux cents auteurs sans les avoir lus, et où l'on fait des compliments à nombre de personnes que l'on ne connaît pas. Tout cela n'est pas digne du siècle. Quant à l'éloge de la troupe, il ne peut jamais servir de rien auprès de spectateurs qui doivent être des juges. » (P. 45-47, en tête de *l'Amour caché par l'amour*.)

Despois fait cette remarque : « De nos jours, la réclame a remplacé l'orateur et ses séduisantes harangues, et la quatrième page des journaux ajoute à l'affiche une publicité qui n'existait pas alors [1] ». Cela n'est qu'en partie exact ; car, si la réclame dont les comédiens disposaient n'avait ni la périodicité ni la puissance de celle d'aujourd'hui, on ne saurait méconnaître cependant qu'ils la cultivaient de leur mieux. Les innombrables plaquettes qu'ils répandaient sous le nom du Gros Guillaume, ou de Turlupin, qu'était-ce autre chose que de la réclame? Et n'était-ce pas une réclame bien comprise que cette *Ouverture des jours gras* dont nous avons parlé plus haut? Seulement, toute publication suppose de l'argent, et l'argent était ce qui manquait le plus à nos comédiens ; aussi voyons-nous que la plupart de ces facéties paraissent à la fin de la période qui nous occupe, et c'est l'année 1634 qui en a produit le plus grand nombre. A la même date, il semble que les comédiens se soient avisés de la puissance de l'image sur le public. Abraham Bosse, Michel le Blond, Grégoire Huret, Rousselet, Mariette, d'autres encore répandent dans le public l'image de nos farceurs. Ces farceurs ne sont-ils pas eux-mêmes pour quelque chose dans ces publications [2]? N'était-ce pas pour eux une façon de défendre leur gloire menacée, et surtout de protéger l'Hôtel contre la concurrence tous les jours plus dangereuse du Marais [3]?

Y avait-il encore d'autres moyens d'attirer *le monde?*

1. P. 141.
2. On ne saurait se laisser tromper par le ton plaintif de l'ombre de Gaultier Garguille : « Je pardonne... à tous les sculpteurs, peintres jurés, graveurs de Paris, qui ont fait nos portraits depuis peu en naturel, à savoir : de Turlupin, de Guillaume, de Fracasse et de moi, et nous ont mis dans les almanachs comme quatre signes nouveaux apparus au firmament, car cela a été un présage de ma mort. » *Songe arrivé à un homme d'importance*, 1634. (*Chansons*, 202.)
3. Voy. la note VI de l'Appendice.

Fit-on pendant un certain temps la *parade* devant la porte du théâtre[1]? Quoi qu'il en soit, on peut être sûr que tous les moyens à l'usage des comédiens avaient été employés, lorsque, les jours de représentation, une heure après midi étant sonnée, la porte cochère de l'Hôtel[2] s'ouvrait et laissait entrer les premiers spectateurs. Suivons-les jusque dans la salle.

VIII

Elle était fort peu commode, et l'on ne peut s'étonner assez que les Confrères l'aient ainsi construite. Qu'on se figure une salle longue et étroite; à l'une des extrémités, une estrade sur laquelle était posée la scène; le long des murs, deux rangs de galeries superposées formant les loges[3]; et, au-dessous, le parterre, un vaste espace où l'on se tient debout. Cette disposition avait été copiée par les Confrères sur quelque jeu de paume[4], ou plutôt encore sur cette salle de l'Hôpital de la Trinité, où ils avaient joué longtemps. Et pourtant, que d'inconvénients elle présentait! Un parterre trop vaste, et qui, n'étant pas incliné, ne permettait pas à tous ceux qui le remplissaient de voir la scène[5]; une scène étroite; des loges d'où

1. On l'a supposé avec vraisemblance. Voy., p. ex., Fournel, *le Vieux Paris*, p. 25.
2. *Songe arrivé à un homme d'importance.* (*Gaultier Garguille*, p. 210.)
3. C'est la disposition qui rend le mieux compte, semble-t-il, des termes des baux cités ci-dessus, page 146.
4. « Vieil jeu de paume déguisé », dit Claude Le Petit dans la *Chronique scandaleuse ou Paris ridicule*. (*Paris ridicule*, p. 21.)
5. « Le parterre n'ayant aucune élévation ni aucun siège.. Le parterre doit être élevé en talus, et rempli de sièges immobiles. » (D'Aubignac, *Projet pour le rétablissement du th. fr.*, dans la *Prat. du th.*, t. I, p. 353 et 356.) — En 1726, le parterre était

on ne la voyait que de côté ou de trop loin¹ ! Pour toute espèce de représentations, ces inconvénients étaient fâcheux, et Voltaire, plus d'un siècle après, s'en plaignait encore ; mais combien ils l'étaient particulièrement pour celles des Confrères ou de leurs successeurs immédiats ! Ici, en effet, on n'avait pas affaire à un public éclairé et relativement calme ; il ne s'agissait pas de dialogues tragiques ou comiques, qui pussent être récités au milieu de la scène et dont tout le monde pût entendre ou même voir les interlocuteurs. Le public de 1548 était grossier et bruyant, et, sur les côtés de la scène où l'on représentait les mystères, se pressaient confusément des décorations qu'une bonne partie de la salle n'apercevait pas. Nous verrons combien peu, en 1610 ou en 1620, cette double situation avait changé ².

Disons enfin que la salle était fort mal éclairée. « Toute la lumière consistait d'abord en quelques chandelles dans des plaques de fer-blanc attachées aux tapisseries ; mais, comme elles n'éclairaient les acteurs que par derrière et un peu par les côtés, ce qui les rendait presque tous noirs, on s'avisa de faire des chandeliers avec deux lattes mises en croix, portant chacun quatre chandelles, pour mettre au-devant du théâtre. Ces chandeliers, suspendus grossièrement avec des cordes et des poulies apparentes, se

---

séparé de la scène par une grille, qui était à peu près à la hauteur de la tête des spectateurs du premier rang. (Despois, p. 129.) Cette grille, d'autant plus nécessaire que le parterre était plus tumultueux, existait certainement au commencement du XVIIᵉ siècle ; elle datait de fort loin, c'était le *créneau* du moyen âge. (Royer, t. I, p. 219 ; Petit de Julleville, *les Mystères*, t. I, p. 388.)

1. Voy. *la Maison des jeux*, t. I, p. 406 et 464.
2. A ces inconvénients il faudrait ajouter, d'après quelques auteurs, cette « incommodité épouvantable » (Tallemant, t. VII, p. 178), que les deux côtés du théâtre étaient bordés de spectateurs. Mais c'est seulement plus tard que cet usage fut établi. (Voy. le chapitre sur *la mise en scène*, § 8.)

haussaient et se baissaient sans artifice et par main d'homme pour les allumer et les moucher [1]. » Ainsi s'exprime Perrault dans un passage souvent cité ; si le témoignage n'est pas très sûr et si les informations de l'auteur sont souvent erronées, du moins n'a-t-il pas exagéré le dénuement de l'ancien théâtre ; la pauvreté des *magnificences* qui suivirent en fait foi [2].

La salle était peu éclairée [3], les couloirs l'étaient moins encore [4] ; le lieu semblait propre à tous les désordres, et les désordres de toute espèce y étaient en effet fréquents.

Nous avons vu [5] à quelles plaintes ardentes avait donné lieu au xvie siècle l'immoralité des pièces jouées à l'Hôtel de Bourgogne. Mais les *Remontrances* de 1588 n'attaquaient pas moins le public que les acteurs. « En ce lieu, disaient-elles, se donnent mille assignations scandaleuses, au préjudice de l'honnêteté et pudicité des femmes, et à la ruine des familles des pauvres artisans, desquels la salle basse est toute pleine, et lesquels, plus de deux heures avant le jeu, passent leur temps en devis impudiques, en jeux de dés, en gourmandises et ivrogneries, tout publiquement, d'où deviennent plusieurs querelles et batteries. »

Le public s'était-il transformé au commencement du xviie siècle ? Hélas ! il était en butte aux mêmes attaques, et ce sont les comédiens eux-mêmes qui nous l'appren-

---

1. Perrault, *Parallèle*, t. III, p. 192.
2. Voy. Despois. p. 128
3. Elle l'était d'ailleurs le plus tard possible ; comme la cire coûtait cher et durait peu de temps. c'était au dernier moment qu'on allumait les chandelles. (Lud. Celler, *les Décors, les costumes et la mise en scène au xviie s.*, p. 49.)
4. L'ordonnance du 12 novembre 1609 ordonnait d' « avoir de la lumière en lanterne ou autrement, tant au parterre. montées et galeries. que dessous les portes à la sortie, le tout à peine de cent livres d'amende et de punition exemplaire. » (Delamare, t. II, p. 404). mais il est douteux qu'il fût bien observé.
5. Au chapitre ii, p. 42.

nent. « Je veux, s'écriait Bruscambille[1], faire toucher au doigt l'impudente posture et fausse accusation de nos haineurs, qui... osent effrontément vomir contre le ciel ce blasphème exécrable, que notre théâtre est le cloaque de toutes impudicités, le réceptacle de tous vices, et le rendez-vous de toutes personnes qui ont fait banqueroute à l'honneur[2]. » Noble indignation, mais peu sincère, car Bruscambille lui-même, quand il ne songe pas à plaider *pro domo sua*, nous peint son public des mêmes traits qu'employaient les pires *haineurs*. Qu'on lise quelques lignes du *prologue contre les censeurs* — nous ne les pouvons citer — et l'on verra quels spectacles offrait à l'observateur la grossière immoralité d'un pareil public[3].

Et combien il était bruyant, agité, querelleur ! La plus grande partie se trouvait au parterre[4], et là, debout,

1. *Nouvelles imaginations*, p. 140 (prologue *de la Colère*).
2. Ailleurs, Bruscambille plaide la cause des comédiens eux-mêmes contre « la lie du peuple, cet hydre à cent chefs qui ne se plait qu'à son opiniâtre ignorance, foule les sciences sous le pied, abhorre la comédie et ses professeurs plus qu'une peste, qu'un basilic, et se l'imagine un précipice de toute la jeunesse ». (*Nouvelles imaginations*, p. 116. Cf. p. 116 à 121, prologue *en faveur de la comédie* ; p. 183 à 186, *en faveur de la scène* ; p. 18 à 28, *des Pitagoriens*.)
3. *Fantaisies*, p. 172. — En 1634, Guillot Gorju, louant le présent aux dépens du passé, laisse aussi échapper quelques aveux : « Autrefois les comédiens n'étaient pas si parfaits et excellents dans leur art, ils ne tenaient pas les yeux et les oreilles des spectateurs attachés, ce qui était cause qu'on se divertissait quelquefois à autre chose ; mais la modestie est si grande à présent, et on est tellement ravi des bonnes pensées et des belles conceptions de la poésie, que chacun se tient dans sa loge comme des statues dans leurs niches, et les dames y sont si retenues que c'est tout ce que peut faire le Gros Guillaume que leur apprêter à rire. » *Apologie de Guillot Gorju*, p. 24-25 (*Joyeusetez*).
4. Despois, p. 363 et 370, montre que « sous Louis XIV, le parterre formait au moins la moitié du public ». Il en formait certainement plus de la moitié au temps de Hardy, alors qu'il n'y avait pas de places sur la scène, et que les loges, encore que d'un prix modeste, devaient paraître chères à un public peu relevé.

prédisposée à l'ennui quand il y avait du vide dans la salle, pressée et poussée quand il y avait affluence, mal à l'aise de toute façon, elle constituait pour les pièces et pour les acteurs le moins attentif et le plus irritable des juges. « Quand je dis quelque chose mal à propos, on me donne la huée », dit Bruscambille [1], « et si je dis quelque chose de bon, on en rit ». Et Gaultier Garguille, en son *Testament*, ne va-t-il pas jusqu'à menacer un camarade de Mondory « d'être sifflé des pages, et d'être assommé à coups de pommes cuites [2] » ?

Écoutez ces *écornifleurs d'honneur*, ces *magasins de sottises*, ces *balourds* de spectateurs, comme les appelle gracieusement Bruscambille, juger à tort et à travers du mérite des comédiens [3] ; voyez comment ils occupent leur

---

1. *Péripatétiques résolutions*, p. 7.
2. *Chansons*, p. 164 : le texte a l'ancienne forme *chiflé*. — En 1596, le lieutenant civil était obligé de défendre de jeter des pierres sur la scène, et quatre-vingts ans plus tard, le dimanche 9 octobre 1672, des spectateurs du Palais-Royal jetaient à Molière et à ses camarades « plusieurs pierres » et « le gros bout d'une pipe à fumer. » (Voy. Arthur Desjardins, *le Sifflet au théâtre*, mémoire lu à la séance publique de l'Institut, 1887, et Campardon, *Documents inédits sur J.-B. Poquelin Molière*, p. 31-47.) Cependant, on ne voit pas que ce public ait été aussi constamment brutal que les *mosqueteros* espagnols, lançant aux pauvres comédiens des concombres, des trognons de pomme, ou des enveloppes d'orange, selon la saison ; — ou que les spectateurs anglais, « tombant sur les acteurs et mettant le théâtre sens dessus dessous ». En revanche, on ne voit pas non plus qu'il ait jamais montré l'enthousiasme qu'affichaient Espagnols et Anglais pour les pièces à leur goût. — Voy., pour l'Espagne : Damas-Hinard, § 2, p. 1330 ; Puibusque, t. I, p. 217 ; Ticknor, t. II, ch. xxvi ; Royer, Introd. au *Théâtre de Cervantès*, Paris, Lévy, 1862, in-18, p. 19 et 20 ; — pour l'Angleterre : Taine, *Histoire de la litt. angl.*, t. I, p. 421-422 ; Jusserand, *le Théâtre en Angleterre depuis la conquête jusqu'aux prédécesseurs immédiats de Shakesp.*, Paris, Hachette, 1878, note 8, p. 228-229 ; Guizot, *Shakesp.*, p. 118.
3. « Il me souvient », dit l'un, « d'un singe qui était en notre

temps — alors qu'ils l'occupent honnêtement — en attendant que commence le spectacle :

« Comme je cherchais les occasions de tromper l'oisiveté, j'en ai découvert un, lequel, appuyé contre la muraille, se curait les dents avec un brin de paille nouvelle, pour ôter les os qui s'y étaient arrêtés en mangeant un quarteron de beurre. Quelques-uns, de peur des avives, se promenaient à grandes enjambées ; les autres frisaient le pavé. Un autre, se sentant, comme je doute, importuné de quelques mistoudins qui dansaient les canaries sur ses épaules, faisant semblant de ne les connaître point, s'aida de la muraille pour les frotter tout de bon et leur faire peur, en attendant qu'il leur ferait une autre escarmouche à pourpoint dépouillé, sans préjudice toutefois de leurs droits de bourgeoisie[1]. »

Et cependant ce refrain connu se fait entendre : « Quelle heure est-il ? Commenceront-ils bientôt ?[2] » Une telle impatience irrite Bruscambille :

« Je vous dis que vous avez tort, mais grand tort, de venir depuis vos maisons jusques ici pour y montrer l'impatience accoutumée, c'est-à-dire pour n'être à peine entrés que, dès la porte, vous ne criiez à gorge dépaquetée : Commencez ! commencez ! Nous avons bien eu la patience de vous attendre de pied ferme et recevoir votre argent à la porte, d'aussi bon cœur pour le moins que vous l'avez présenté, de vous préparer un beau théâtre, une belle pièce qui sort de la forge et est encore toute chaude ; mais vous, plus impatients que la même impatience, ne nous donnez pas le loisir de commencer.

« A-t-on commencé ? C'est pis qu'antan. L'un tousse,

village ; mais c'était bien autre chose, et si, on ne prenait que deux liards. » Voy. le *prologue contre les censeurs.* (*Fantaisies*, p. 173-175.)

1. *Fantaisies*, p. 172 (*prologue contre les censeurs*).
2. *Fantaisies*, p. 173.

l'autre crache, l'autre pète, l'autre rit, l'autre gratte son cul ; il n'est pas jusqu'à messieurs les pages et laquais qui n'y veuillent mettre leur nez, tantôt faisant intervenir des gourmades réciproquées, maintenant à faire pleuvoir des pierres sur ceux qui n'en peuvent mais. Pour eux, je les réserve à leurs maîtres, qui peuvent, au retour, avec une fomentation d'étrivières appliquées sur les parties postérieures, éteindre l'ardeur de leurs insolences.

« Je retourne à vous. Foin, j'ai quasi oublié ce que je voulais dire. Toutefois non ; il est question de donner un coup de bec en passant à certains péripatétiques, qui se promènent pendant que l'on représente, chose aussi ridicule que de chanter au lit, ou siffler à la table. Toutes choses ont leur temps ; toute action se doit conformer à ce pourquoi on l'entreprend ; le lit pour dormir, la table pour boire, l'Hôtel de Bourgogne pour ouïr et voir, assis ou debout, sans se bouger non plus qu'une nouvelle mariée. Si vous avez envie de vous promener, il y a tant de lieux propres à ce faire, prenez vos pantoufles et vous allez ébattre jusqu'à Orléans, vous ne serez point sujets aux poussades dans le grand chemin, il est assez large et spacieux. C'est là, de par dieu, que vous aurez beau décliner *pedes*, parler aux nues, discourir aux corneilles, qui s'y trouveront désormais, sans nous interrompre[1]... »

Comment des spectateurs qui trouvaient plus de charmes aux désordres de la salle qu'au spectacle de la scène auraient-ils suivi de pareils conseils ? « Le parterre est fort incommode », dit un contemporain ennemi de la comédie, « pour la presse qui s'y trouve de mille marauds mêlés parmi les honnêtes gens, auxquels ils veulent quelquefois faire des affronts, et, ayant fait des querelles pour un rien, mettent la main à l'épée et interrompent toute la

1. *Fantaisies*, p. 78-80 (*prologue facétieux de l'impatience*).

comédie. Dans leur plus parfait repos, ils ne cessent aussi de parler, de siffler [1] et de crier [2], et pour ce qu'ils n'ont rien payé à l'entrée, et qu'ils ne viennent là qu'à faute d'autre occupation, ils ne se soucient guère d'entendre ce que disent les comédiens. C'est une preuve que la comédie est infâme, de ce qu'elle est fréquentée par de telles gens [3]. »

1. Cf. *Pensées facétieuses et bons mots de Bruscambille*, p. 47 (toutefois ce recueil tardif abonde en interpolations). — On voit que l'origine du sifflet ne date pas de « l'*Aspar* du sieur de Fontenelle », et que l'on pourrait ajouter maints renseignements à ceux que donnent le mémoire, cité ci-dessus, de M. Desjardins ou la conférence de M. Rodocanachi, *Le sifflet au théâtre, étude de mœurs et d'histoire*, Paris, 1896, in-8. On sifflait au commencement du XVIe s.; voy. Petit de Julleville, *les Mystères*, t. I, p. 405. On sifflait à la fin de la République romaine; voy. Cicéron, *Lettres familières*, VIII, 2, 1, *Lettres à Atticus*, I, 16, 11.

2. « Floridor est fils d'un ministre; il s'appelle Josias. Autrefois, quand il paraissait, du temps de Mondory, les laquais criaient sans cesse: « Josias! Josias! » ils le faisaient enrager. » (Tallemant, t. VII, p. 176.) — Bruscambille recommande souvent le silence aux spectateurs. Voy. notamment le *prologue sérieux en faveur du silence*. (*Fantaisies*, p. 140.) Il dit encore: « S'il se remarque quelque faute en nos spectacles, elles arrivent ordinairement par l'insolence de quelques auditeurs, qui n'ont pas l'appétit disposé à goûter le fruit de nos labeurs, ou par l'impertinence de quelque veau de dîme, qui ne saura rendre raison, quand il sera de retour chez soi, que des gestes des acteurs. » (*Fantaisies*, p. 133-134.)

3. Ainsi parle Ariste dans *la Maison des jeux* de Sorel, t. I, p. 406-407. Le livre est de 1642, mais les plaintes d'Ariste, qui ne va plus guère au théâtre, portent sur une situation antérieure. La réponse d'Hermogène est intéressante: « L'on y trouve quelquefois (au parterre) de fort honnêtes gens; et même la plupart de nos poètes, qui sont les plus capables de juger les pièces, ne vont point ailleurs. Pour ce qui est des désordres des filous, ils ne sont plus si fréquents, maintenant que la guerre en a obligé plusieurs d'y aller, ou que la bonne justice des prévôts a fait casser la petite oie à quelques-uns des leurs qui volaient sur le grand chemin. Que si l'on se plaint qu'il ne laisse pas d'entrer beaucoup de gens à la comédie sans payer, l'on ne se doit point formaliser de

Elle était fréquentée par pis encore, et les filous avaient fait de l'Hôtel de Bourgogne une succursale du Pont-Neuf. Comme aucun règlement ne défendait encore d'entrer armé au théâtre [1], ils y venaient avec leur épée comme aucun vestiaire n'était disposé pour recevoir les manteaux des spectateurs, il y avait des manteaux à prendre : on devine ce qui se passait. Les vauriens faisaient du désordre, causaient une bagarre, et en profitaient pour faire main basse sur tout ce qui pouvait être pris. Ceux qu'on avait volés criaient bien fort, ceux qui avaient eu peur ne criaient guère moins, et les pauvres comédiens, à qui on s'en prenait en définitive, donnaient aux brouillons et aux filous leur plus cordiale malédiction [2]. « Sache, si tu ne le sais déjà, dit l'ombre de Gaultier Garguille à Gros-Guillaume, que la comédie est bonne en soi ; que si elle est mauvaise, ce n'est que par accident, c'est-à-dire quand il entre plusieurs passe-volants, escrocs et filous

cela, puisque ce n'est pas comme au cabaret, où plus il vient de gens, plus ils mangent de viande et boivent de vin ; au lieu que la parole des comédiens se communique aux uns et aux autres sans diminution, pourvu que l'on ne soit point trop éloigné. » P. 465-466. Un tel témoin à décharge est précieux pour l'accusation.

1. Celui de 1641 ne fut d'ailleurs pas longtemps appliqué. Voy. Despois, p. 154.
2. Voici une des dernières volontés de Gaultier Garguille (*Songe arrivé à un homme d'importance. Chansons.* p. 202) : « Aux filous, en quelque pays, climat ou région qu'ils puissent être à l'heure que je parle, soit en l'un ou l'autre hémisphère, je donne et lègue irrévocablement ma malédiction, dès à présent comme toujours ; et veux et entends que, pour avoir souvent troublé la comédie, ils soient sans contredit déclarés, au son de la trompe, perturbateurs du repos public et ennemis du genre humain, et en ce cas, elle leur tiendra nature de propre, à la charge qu'ils feront part de cette donation aux anciens maîtres de l'Hôtel de Bourgogne, qui nous ont suscité des procès. » Qu'on rapproche cette dernière accusation d'une accusation toute semblable formulée par les Confrères (p. 148) ; il est touchant de voir propriétaires et locataires se renvoyer la balle avec tant d'accord.

dans l'Hôtel de Bourgogne sans payer, si ce n'est de petites raisons ou de grosses injures ; et alors, crois-moi, que la comédie est fort mauvaise et préjudiciable[1]. »

Gaultier Garguille plaisante ; mais bien des gens paisibles prenaient les choses plus au tragique : ils se dégoûtaient de la comédie, et les farceurs eux-mêmes étaient obligés de prendre pour les retenir le ton le plus sérieux et le plus pressant. Écoutons plaider Guillot Gorju :

« Si le soleil attire à soi les vapeurs et exhalaisons de la terre, ce n'est à dessein de former des tonnerres et des tempêtes dans la moyenne région de l'air. Aussi l'intention des comédiens, vous attirant en ce lieu, c'est pour vous y donner un agréable divertissement, car ils sont les plus fâchés quand il se fait du bruit. Pour preuve de ceci, c'est que, si vous les vouliez croire, jamais vous n'y amèneriez vos laquais, et jamais il n'y entrerait de passe-volants. Est-ce à dire que si, dans le Heaume, la Grosse-Tête ou les Trois-Maillets, quelqu'un abuse du vin, que Paumier ou Gros-Guillaume n'en doive jamais boire ? que si quelque insolent se fait paraître durant la comédie, qu'on ne doive jamais venir à l'Hôtel de Bourgogne ?

« Au reste, Guillot Gorju demande s'il y a lieu au monde d'où l'on sorte plus content. Aussi ceux qui tiennent l'affirmative n'ont pu persuader leur opinion qu'à quelques intéressés, qui dans la foule ou les brouilleries ont perdu le castor, et quelquefois la panne. Mais les comédiens en sont les plus fâchés ; car ils savent bien que ces gens, après des pertes si sensibles, ne viennent de deux ans à la comédie ni à l'Hôtel de Bourgogne, dont l'approche leur a été si funeste ; et il est aussi rare maintenant que les éclipses qu'on y laisse autre chose que l'ar-

---

1. *Songe arrivé à un homme d'importance*, p. 211. Cf. Bruscambille, dans les *Péripatétiques résolutions*, p. 8 : « Quand je voyais tant de mortes-payes de spadassins à cet Hôtel de Bourgogne. »

gent qu'on demande à la porte¹. » Cette dernière parole est bien d'un plaidoyer et nous ne sommes pas obligés d'y croire.

Telles étaient les scènes de désordre dont le théâtre était sans cesse témoin ; telle était l'attitude du public qui le fréquentait. Quelles gens composaient ce public ? Nous avons vu que les pages, les laquais, les filous y étaient en grand nombre ; les jeunes gens sans occupation sérieuse, les étudiants, les écrivains ², et surtout les écri-

---

1. *Apologie de Guillot Gorju*, 1634, p. 25-26 (*Joyeusetés*). Voy. le récit d'une bagarre où les filous jouent leur rôle, dans *le Berger extravagant*, de 1627, 1ʳᵉ p., t. III, p. 149-150. — L'insolence des laquais et des filous ne cessait même pas avec la représentation; l'arrêt rendu en 1633, au sujet des comédiens établis au jeu de paume de la Fontaine, rue Michel-le-Comte, constate qu'il y a eu des voleries « fort fréquentes à ladite rue, et plusieurs personnes battues et excédées, avec perte de leurs manteaux et chapeaux ». Les voisins du nouveau théâtre étaient, « tous les jours de comédie, en péril de voir voler et piller leurs maisons. » (Fr. Parfait, t. V, p. 51.) — Les désordres au théâtre deviennent moins ordinaires après la période qui nous occupe ; mais ils ne cessent pas, et les plaintes continuent à se produire. Scarron demande qu'on purge la comédie « des filous, des pages et des laquais, et autres ordures du genre humain ». (*Roman com.*, 2ᵉ p., ch. VIII ; t. I, p. 316-317.) D'Aubignac propose contre eux les mesures les plus rigoureuses, en même temps qu'il imagine une meilleure disposition des salles de spectacle, rendant impossibles les anciens excès. (*Pratique du th.*, l. I, ch. LVII ; t. I, p. 3-7, et *Projet pour le rétablissement du théâtre français*, p. 353 et 356.) De Pure s'élève contre les entrées gratuites et le port des armes, cause de tant de troubles regrettables. (*Idée des spectacles anciens et nouveaux...* A Paris, chez Michel Brunet, 1668, in-12, p. 171-174.) Plaintes et propositions sont inutiles ; les ordres mêmes du roi ne sont guère obéis. Voy. Fournel, *Curiosités théâtrales*, ch. X ; Ém. Campardon, *Documents inédits*, p. 31-48 et 65-70 ; Despois, p. 154-158. Au XVIIIᵉ siècle, les plaintes n'ont pas encore cessé.

2. D'après le père Garasse, les *bons esprits*, comme il les appelle ironiquement, c'est-à-dire les *athéistes*, ne débitaient pas leur doctrine partout, mais dans quelques endroits choisis, « les cabarets d'honneur, où on est reçu à deux pistoles par tête, les

vains besogneux comme le *poète crotté* de Saint-Amant, n'y devaient pas manquer non plus. « Tout ce que la rue Saint-Denis *avait de* marchands.... se *rendait peut-être déjà régulièrement* à l'Hôtel de Bourgogne pour avoir la première vue de tous les ouvrages qu'on y *représentait* », ainsi que plus tard, au temps de Boursault et de de Visé [1]. Quant au vrai peuple, aux ouvriers, l'heure où se donnait la représentation les gênait sans doute, mais n'était pas un empêchement absolu pour ceux qui aimaient le théâtre. Les représentations en Espagne avaient aussi lieu de jour, et le parterre n'en était pas moins plébéien, et ce n'en était pas moins un cordonnier ou un savetier qui décidait souvent de la destinée des pièces [2]. Aux catégories d'auditeurs que nous venons de signaler en faut-il joindre d'autres plus relevées ? Sans doute, quelques seigneurs, quelques grands personnages se montraient parfois au théâtre ; et leur présence n'était pas pour changer beaucoup la nature des spectacles, les grands n'aimant guère alors que les farceurs. Mais, en général, et pendant la plus grande partie de la carrière de Hardy, ce qu'on appelle la bonne compagnie ne fréquentait pas le spectacle. C'est peu à peu, c'est lentement que la bonne compagnie prit le chemin de l'Hôtel de Bourgogne [3], et les productions dramatiques d'hommes de bonne naissance, comme

académies, et les loges de l'Hôtel de Bourgogne, attendant la farce. » Ailleurs Garasse appelle Théophile et les libertins « des amphibies de la taverne et de l'Hôtel de Bourgogne, vivant partie en l'un, et partie en l'autre. » *La Doctrine curieuse des beaux esprits de ce temps ou prétendus tels...* A Paris, chez Sébastien Chappelet. 1623, l. I, p. 4, et l. VI, p. 738

1. Voy. Mesnard, *Notice biog. sur Molière*, p. 16-17.
2. Voy. Damas-Hinard, § 2, p. 1330.
3. D'ailleurs, sous Henri IV et Louis XIII, les nobles habitaient leurs châteaux et ne paraissaient guère à la ville. Louis XIV lui-même eut de la peine à changer ces mœurs. Voy. Suard, p. 135-137.

les Racan, les Mairet, les Scudéry, furent à la fois un résultat et une cause de ce changement. « La comédie n'a été en honneur que depuis que le cardinal de Richelieu en a pris soin », dit Tallemant [1], et il ajoute : « Avant cela, les honnêtes femmes n'y allaient point [2]. »

Détail important et caractéristique, car on sait l'influence des femmes sur le théâtre, et qu'un théâtre où ne vont pas les femmes est presque nécessairement grossier et immoral. Or, les femmes ne manquaient pas complètement à l'Hôtel de Bourgogne, puisqu'il arriva à Bruscambille de leur adresser la parole ; mais il ne le fait guère que pour leur dire des obscénités. C'étaient donc surtout des femmes perdues [3]. Ici encore, nous avons

1. T. VII, p. 171.
2. « Il y a cinquante ans, écrivait aussi d'Aubignac vers 1666, une honnête femme n'osait pas aller au théâtre. » Ch. Arnaud, *les Théories dramat. au XVII° s.*, p. 191. — M. Arnaud met en note : « Je dois signaler un démenti à cette assertion, donné par Mairet dans son épître dédicatoire des *Galanteries du duc d'Ossonne*. Il dit que les plus honnêtes femmes fréquentaient l'Hôtel de Bourgogne avec aussi peu de scrupule et de scandale que celui du Luxembourg ». Mais il n'y a pas plus de démenti donné à d'Aubignac dans les paroles de Mairet, que de démenti donné à Tallemant dans les quelques lignes de *l'Ouverture des jours gras* citées par nous, p. 214. Les honnêtes femmes évitaient le théâtre en 1616 et le fréquentaient en 1634 ou 1636. Il semble même qu'elles aient commencé à s'y rendre plus tôt : « Nos plus délicates dames ne font point de difficulté de se trouver aux lieux où se représentent les tragédies », écrit, en 1630, l'évêque Camus en tête de son livre *les Spectacles d'horreur, où se découvrent plusieurs tragiques effets de notre siècle*. A Paris, chez André Soubion, au Palais dans la gallerie des Prisonniers, à l'image Nostre Dame, 8º (le privilège porte : « par le sieur évêque de Bellay »). Voy. mon *Alex. Hardy*, p. 666-667.
3. Peut-être aussi dans les loges y avait-il quelques femmes honnêtes, mais trop curieuses, cachées sous le masque. On sait, en effet, que les dames ne sortaient jamais sans masque, sauf à le laisser attaché près de l'oreille; si elles ne le voulaient pas porter, « comme font de bonnes dames de Paris, qui, encore qu'elles ne se masquent jamais dans la rue, craignant de s'échauffer ou pour

l'aveu des comédiens. Recommandant au public les pièces qu'ils se proposent de jouer en 1634, ils déclarent qu'elles « sont autant d'aimants attractifs pour y faire venir non seulement les plus graves d'entre les hommes, mais les femmes les plus chastes et modestes, qui ne veulent plus faire autre chose maintenant que d'y aller ; ce qui fait qu'on ne s'étonne pas *si les maris, par un long temps, avaient défendu et interdit l'entrée de l'Hôtel de Bourgogne à leurs femmes*, qui y perdent presque la mémoire de leurs loges, quand elles ont vu représenter en ce lieu quelque pièce si belle, comme autrefois ceux qui avaient goûté une fois de lotos perdaient entièrement la mémoire de leur pays et de leur maison [1] ». Bien que le tour soit adroit et la raison donnée ingénieuse, le dire de Tallemant est confirmé. Les honnêtes femmes n'allaient point à l'Hôtel de Bourgogne et n'y pouvaient aller, effrayées par les insolents et par l'immoralité des spectacles ; mais leur abstention même était un mal et laissait le champ libre à l'immoralité comme aux insolences [2].

quelque autre sujet, ont toujours le masque pendant, comme un volet près de la fenêtre, de peur que l'on n'ignore leur noblesse. » (*Maison des jeux*, t. I, p. 457.)

1. *L'Ouverture des jours gras.* (Éd. Fournier, *Variétés*, t. II, p. 351.)

2. En 1624 encore, le satirique du Lorens fait du mot Hôtel de Bourgogne un synonyme du mot b....., (*les Satyres du sieur du Lorens*, l. II, sat. x, p. 172) et, chose curieuse, le privilège des *Satyres* est signé : Hardy. Il est vrai qu'en 1624, Valleran et Hardy étaient éloignés de l'Hôtel depuis deux ans. — D'après Éd. Fournier, *la Farce et la Chanson*, p. civ, « les comédiens n'ignoraient pas que leur salle était fort mal commode et très mal fréquentée. Aussi promettaient-ils de remédier au premier inconvénient, dès 1631, si le roi voulait abolir le droit des Confrères et leur octroyer à eux-mêmes l'Hôtel de Bourgogne. « En cas qu'il leur fût adjugé, ils s'engageaient à le rebâtir à la façon des bâtiments qui sont en Italie, afin qu'en toute liberté les honnêtes gens, et principalement les dames, y pussent jouir des divertissements des comédies sans appréhensions des volontaires et des mauvais

Ainsi, un public peu homogène, dont une partie ne manquait ni d'intelligence, ni d'instruction, mais en majorité turbulent, grossier et immoral, tel nous paraît avoir été le public de l'Hôtel de Bourgogne pendant les vingt ou trente premières années du xviie siècle[1]. On comprend quels goûts pouvaient être les siens, et s'il était facile de les contenter. C'est souvent en vain qu'auteurs et comédiens y faisaient effort :

« Vous répondrez peut-être que le jeu ne vous plaît pas. C'est là où je vous attendais; pourquoi y venez-vous donc? Que n'attendez-vous jusqu'à *amen* pour en dire votre râtelée? Ma foi, si tous les ânes mangeaient des chardons, je n'en voudrais pas fournir la compagnie pour cent écus. Vous vous plaignez le plus souvent de trop d'aise. Qu'ainsi ne soit, si l'on vous donne quelque excellente pastorale, où Momo ne trouverait que redire, celui-ci la trouve trop longue, son voisin trop courte; eh quoi! se dit un autre, allongeant le col comme une grue d'antiquité, n'y devraient-ils pas mêler un intermède et des feintes?

« Mais comment appelez-vous lorsque un Pan, une Diane, un Cupidon s'insèrent dextrement au sujet? Quant aux feintes, je vous entends venir, vous avez des sabots

---

esprits qui se portent aux insolences. » (*Remontrances au roy en faveur de la trouppe royale des comédiens*, 1631, in-4, *ad finem*.)

1.   Adieu, bel Hôtel de Bourgogne,

dit avec regret le *Poète crotté* de Saint-Amant,

    Où maint garnement de filou,
    Coué d'un estoc au vieux lou,
    Pour n'aller jamais à la guerre,
    Se pennade dans un parterre
    Dont les borlons sont les fleurs,
    Les divers habits les couleurs,
    Les feuilles les badauds qui tremblent,
    Et où tous ses suppôts s'assemblent,
    Ivres de bière et de petun,
    Pour faire un sabbat importun.

(Édition Livet, t. I, p. 225-227.)

chaussés; c'est qu'il faudrait faire voler quatre diables en l'air, vous infecter d'une puante fumée de foudre, et faire plus de bruit que tous les armuriers de la rue de la Heaumerie. Voilà vraiment bien débuté! Notre théâtre, sacré aux muses qui habitent les montagnes pour se reculer du bruit, deviendrait un banc de charlatans. Hélas! messieurs, c'est votre chemin, mais non pas le plus court; s'il nous arrive quelquefois de faire un tintamarre de fusées, ce n'est que pour nous accommoder à votre humeur. Apprenez la patience de moi, qui endurerais fort librement un fer chaud en votre cul sans crier; ce que ne voudriez pas faire toutefois[1]. »

IX

C'est en ces termes, et en d'autres termes que je n'ose pas reproduire, qu'il fallait parler au public pour lui plaire; on comprend que les pièces sérieuses ne fussent pas son idéal. S'il consentait à les entendre et à ne pas rire pendant deux heures, c'était à la condition de se rattraper largement; s'il ne repoussait pas un mets aussi fade, c'était à la condition qu'il serait accompagné d'autres, fort épicés. Le marché avait été accepté par les comédiens, et voici comment étaient composés les spectacles qu'ils servaient d'ordinaire à leur public.

Tout d'abord, il eût été imprudent de commencer les représentations par une vraie pièce. Avec un public aussi turbulent, elle eût couru risque d'être mal écoutée; et si les acteurs, rarement prêts à l'heure, avaient tardé à paraître sur le théâtre, il y eût eu danger à laisser trop longtemps de tels spectateurs, dans une salle et dans des couloirs obscurs, à leur grossièreté et à leur immoralité.

1. *Fantaisies*, p. 80-81 (*prologue facétieux de l'impatience.*)

Le *prologue* obviait, en partie du moins, à ces inconvénients. Il occupait le public en attendant que les acteurs fussent préparés[1], et, mêlant les facéties aux recommandations sérieuses, les *imaginations superlifiques* aux plaidoyers pressants en faveur des comédiens, l'amenait à plus de calme et d'attention. Aussi chaque représentation commençait-elle par un prologue, que débitait un acteur de la troupe.

Quel acteur? On a dit que tous s'acquittaient de cette fonction à tour de rôle[2]; mais rien n'est moins probable, car on n'a jamais publié, cité, vanté, que des prologues de Bruscambille[3]; car, après la mort même de ce farceur, ses camarades supposaient qu'il faisait encore des harangues aux enfers, « n'ayant personne, disaient-ils, dans les Champs-Élysées, qui soit capable comme il est pour ce faire, et aussi que c'est une chose que de tout temps il a pratiquée parmi nous[4] ». Le prologue appartient donc surtout, sinon exclusivement, à Bruscambille, et il a sans doute disparu avec lui[5].

1. *Nouv. imaginations*, p. 116.
2. Éd. Fournier, *la Farce et la Chanson*, p. xcvj.
3. Les fr. Parfait, t. IV, p. 327, disent que Gaultier Garguille « est l'auteur de plusieurs prologues et d'un recueil de chansons »; mais, s'ils donnent le titre du recueil de chansons, ils n'indiquent pas où se trouvent les prologues. Celui même qu'ils citent, *sur le mensonge* (p. 327-329), n'est que la réunion, fort négligemment faite, de divers passages de Bruscambille. Il en est de même pour les fragments que cite Dulaure, t. VI, p. 65. Nous ne connaissons qu'un prologue dont Bruscambille ne soit pas l'auteur et dont il soit fait une mention authentique : celui que Laporte a prononcé à Bourges en 1607. Voy. ci-dessus, p. 22, n. 1.
4. *Révélations de l'ombre de Gaultier Garguille*, 1634. (*Chansons*, p. 176.)
5. Pour faire place aux harangues de l'*orateur*. Le premier orateur de la troupe royale fut sans doute Bellerose qui, avant l'arrivée de Floridor, s'acquitta de ces fonctions avec un grand succès. (Chappuzeau, l. III, ch. LVI, p. 276; Lemazurier, t. I, p. 149.) On voit quelle révolution s'était accomplie, puisque Bruscambille était remplacé par Bellerose, et le prologue facétieux

Nous n'avons pas à étudier longuement le style et le caractère de ces prologues; peut-être nos citations les ont-elles déjà trop fait connaître. Il y a là un mélange singulier d'esprit alerte et d'absurde galimatias, d'érudition indiscrète et d'obscénité grossière, qui fait invinciblement songer à Rabelais, là où Rabelais n'est pas excellent. Certains des sujets sont sérieux, sinon sérieusement traités : *de l'amitié, de la folie, de la misère* ou *de l'excellence de l'homme, de la colère, de l'honneur*; d'autres sont simplement plaisants : *nihil scientia pejus, en faveur du mensonge, des puces, à la louange des poltrons, harangue funèbre du bonnet de Jean Farine*; mais que de titres aussi se refusent à la citation et en disent long par cela même sur le public devant qui on les développait[1]! Tels quels, ces prologues,

débité au commencement du spectacle par la harangue sérieuse prononcée à la fin. — Nous n'avons pu, malgré de très longues recherches, trouver un opuscule qui figurait au catalogue de la vente Taylor en 1893 sous le n° 2967 : *le Duel du sieur Mistanguet contre Bruscambille pour un vieux chapeau, auquel ledit Mistanguet soustient que son pere le premier comedien a faict le premier prologue sur l'hostel de Bourgongne.....* 1619, in-12, 48 p. Mais la contestation même dont il est fait ici une plaisante mention prouve à quel point le prologue était considéré comme étant le monopole de Bruscambille. Sur un ouvrage dont la lecture paraît infirmer nos conclusions, et qui porte pour titre: *Recueil des pièces du temps*, voy. la note VII de l'Appendice.

1. Cette diversité était rendue nécessaire par la diversité même du public, et Bruscambille ne laissait pas d'être quelquefois embarrassé pour savoir quels sujets et quel ton il devait adopter: « Je sais », dit-il en tête de ses *Facecieuses Paradoxes*, « je sais que les jugements en seront divers, les uns aimant le mol, les autres le dur ; ceux-ci désireux d'une plus ample polissure, ceux-là blâmant l'auteur de n'avoir embrassé une matière plus sérieuse et de meilleur exemple... *Mais* tel peut agréer à plusieurs, qui ne saurait plaire à tous. Ceux qui le verront de bon œil ne seront pas les moins avisés, ce me semble. » — Nous n'osons citer le recueil suspect des *Pensées facécieuses* : il contient, p. 186-188, un curieux *prologue en forme de galimatias au sujet d'un reproche qu'on avait fait que Bruscambille devenait trop sérieux dans ses discours prologiques*.

dont une mimique expressive devait faire comprendre même le latin, étaient devenus nécessaires au public, qui ne se lassait pas de demander à son orateur favori quelque « plat de son métier[1] »; et les pages de cour surtout ne savaient se passer des « imaginations de Bruscambille[2] ».

Pendant que le prologue se terminait, les comédiens avaient achevé de se préparer. Maintenant que le public était attentif, ils *trépignaient* d'entrer en scène ou même faisaient mine d'y entrer. L'orateur en profitait pour conclure, mais non sans recommander une fois de plus le silence et vanter la pièce qu'on allait jouer. Aussitôt commençait la vraie représentation[3].

---

1. Voy. *Fantaisies*, p. 226, *prologue facétieux de la folie; Nouv. imaginations*, p. 51, *des Allumettes*.

2. « Aux pages de cour les reliefs de leurs maîtres, la morgue de Rodomont, les idées de Platon, les atomes de Pythagore et les imaginations de Bruscambille. » *Les Estreines universelles de Tabarin pour l'an mil six cens vingt et un.* (Tabarin, p. 366; *Joyeusetez*, p. 14.) — Les prologues de Bruscambille réussirent aussi bien auprès des lecteurs que des spectateurs. On peut voir dans Brunet combien d'éditions en furent faites jusqu'au xviiie siècle. Dès 1612, le sieur de Bellone en reproduisait un certain nombre dans ses *Chansons folastres...* En 1632, ils étaient imités dans les *Regrets facétieux et plaisantes harangues funebres du sieur Thomassin... Dedié au sieur Gaultier Garguille*, Rouen, David Ferrand, in-12 (Cf. *Gaultier Garguille*, p. liv), et il semble qu'on en fit encore des pastiches vers 1685. (Voy. la n. vii de l'Appendice.)

3. *Fantaisies*, p. 65 (*de la Fortune et de l'Amour*); p. 180 (*en faveur des écoliers de Toulouse*); *Nouv. imaginations*, p. 186 (*en faveur de la scène*). Un prologue *en faveur du silence* se termine ainsi : « Chacun est en place, chacun écoute et nous donne tant d'arrhes de sa prudente discrétion, que je ne feindrai point de dire à nos acteurs qu'ils sortent, qu'ils se jettent, dis-je, courageusement dans la lice pour recevoir de vous (leur course affranchie) un prix de louange plus riche que toutes les richesses périssables à quiconque fait profession de suivre le pénible sentier de la vertu. » *Prologues* de 1610, f° 53, v°; *Fantaisies*, p. 147.

De quoi se composait-elle? Bruscambille ne parle jamais que d'une seule pièce; mais c'est qu'il n'a à recommander aux spectateurs que celle qui va suivre son discours. Un passage que nous aurons à citer [1] suppose qu'une farce faisait partie de toute représentation, et le berger extravagant de Sorel assiste à la représentation d'une pastorale et d'une farce. Il est donc probable qu'on donnait toujours deux pièces, comme dans les anciens spectacles des *pois pilés* : la grande, c'est-à-dire une tragédie ou une comédie [2], et la petite, c'est-à-dire une farce. Mais il n'y avait pas d'ordre immuable, et ce n'était pas toujours une pièce sérieuse qui suivait le prologue de Bruscambille [3].

Nous ne dirons rien de la grande pièce, puisque nous cherchons à comprendre ce qu'elle pouvait être dans le milieu où elle se produisait; mais il nous faut dire un mot de la farce. Dédaigné par les érudits, mais nullement oublié du public au xvie siècle, ce genre semble avoir été, au commencement du xviie, l'objet d'un engouement tout particulier. Ce n'est pas qu'on écrivît beaucoup de farces nouvelles, mais on en reprenait beaucoup d'anciennes, dont on rajeunissait le style, dont on renouvelait

---

1. Voy. ci-dessous, p. 222.
2. C'est la division qu'indique le passage suivant : « Vous transportant depuis votre logis jusques à notre théâtre, vous le trouverez disposé, tantôt à la représentation d'une tragédie, portrait véritable et animé de l'inconstance journalière des grandeurs à la louange des sages, et, par conséquent, au vitupère des fols. Maintenant une comédie vous produira aux yeux... » *Nouv. imaginations*, p. 65 (*du loisir*). La tragédie comprenait la tragi-comédie ; la comédie semble avoir compris la pastorale et la grande farce en cinq actes.
3. Éd. Fournier dit le contraire (*la Farce et la Chanson*, p. xcvj). Mais Bruscambille annonce une tragédie dans les *Fantaisies*, p. 65, ainsi que dans les *Nouv. imaginations*, p. 203; une pastorale dans les *Nouv. imaginations*, p. 199 ; une farce dans les *Fantaisies*, p. 148, 175, 207; une petite farce gaillarde dans les *Nouv. imaginations*, p. 44.

les allusions, dont on ravivait ainsi l'intérêt[1]. Des canevas pouvaient d'ailleurs suffire à la troupe, à laquelle les Italiens avaient sans doute appris l'improvisation ; et que ne pouvait-on pas faire entrer dans ces canevas! le scandale du jour, le dernier bon tour d'Angoulevent[2], la mésaventure d'un spectateur que ses amis voulaient mystifier[3], des plaisanteries à propos de la tragédie nouvelle[4], que sais-je encore! La satire politique même se faisait sa place dans les farces, mais c'en était un élément bien dangereux. Était-on sûr que le roi commanderait toujours à ses commissaires et à ses sergents d'avoir de l'esprit, et de désarmer après avoir ri[5]?

Mais ce qui se trouvait le plus constamment et le plus abondamment dans les farces, c'étaient les mots orduriers, les plaisanteries grossières, les situations scabreuses. D'aucuns s'en plaignaient[6], la plupart s'en réjouissaient ; que faire? « Nos détracteurs, s'écrie Bruscambille, disent

---

1. On peut voir dans Éd. Fournier, *la Farce et la Chanson*, p. lix et lx, les titres de quelques farces anciennes, réimprimées et rajeunies en ce temps. Celles-là et bien d'autres ont pu paraître sur la scène.

2.
    Les bons tours d'Angoulevent
    Valleran emprunta souvent
    Pour faire la sauce à ses farces.

Le Banquet des Muses ou les diverses satires du sieur Auvray, à Rouen, chez David Ferrand, 1636, in-8, p. 325 (*le Tombeau d'Angoulevent*).

3.
    La Fleur ferait une plaisante farce
    De ton courroux......,

lit-on dans les *Épigrammes de M. de Mailliet*, Paris, 1620, in-8 (p. 71, épigr. 238). L'usage des personnalités au théâtre se conserva longtemps encore. Voy. Despois, p. 165-166. — Sur tous ces points, cf. Éd. Fournier, *la Farce et la Chanson*, p. xj-xv.

4. Voy. Tallemant, t. III, p. 391.

5. Voy. dans l'Estoile, p. 412-413, le récit de la représentation donnée le 26 janvier 1607 et des incidents qui s'en sont suivis.

6. Voy. Petit de Julleville, *la Comédie et les Mœurs*, p. 344, h.

qu'encore, de deux maux élisant le moindre, nos représentations tragiques et comiques[1] sembleraient tolérables, mais qu'une farce garnie de mots de gueule gâte tout, que d'une pluie contagieuse elle pourrit nos plus belles fleurs. Ah! vraiment, pour ce regard je passe condamnation. Mais à qui en est la faute? A une folle superstition populaire, qui croit que le reste ne vaudrait rien sans elle et que l'on n'aurait pas de plaisir pour la moitié de son argent[2]. Dès à présent, nous y renonçons et protestons de l'ensevelir en une perpétuelle oubliance, si vous le voulez; elle ne nous sert que d'un faix insupportable et préjudiciable à la renommée. En cas que je puisse dire avec vérité que la plus chaste comédie italienne soit cent fois plus dépravée de paroles et d'actions qu'aucune d'icelles, et que notre patrie nous soit beaucoup plus marâtre qu'aux étrangers par ce sinistre jugement[3]. »

[1]. Les *représentations comiques* n'étaient déjà pas bien chastes, comme on peut le voir par l'esquisse que trace l'orateur d'une comédie destinée à rendre chacun « sage sans scandale aux dépens d'autrui ». *Nouv. imaginations*, p. 65 (*du loisir*). Ce qu'on appelle ici comédie n'est qu'une sorte de farce plus longue et plus relevée.

[2]. Au XVIe siècle déjà, l'auteur d'une moralité pieuse (*l'Homme justifié par Foi*) s'exprimait à peu près dans les mêmes termes : « Communément après tels dialogues (les moralités) on joue quelque farce dissolue, n'estimant rien le tout, si la farce joyeuse n'y est ajoutée. » (Petit de Julleville, *la Comédie et les Mœurs*, p. 47.)

[3]. *Nouv. imaginations*, p. 119-120 (*en faveur de la comédie*). Après Bruscambille, Guillot Gorju plaide de nouveau la cause de la farce, mais en avocat trop sûr de la connivence de son juge : « Si la comédie n'était assaisonnée de cet accessoire, ce serait une viande sans sauce, et un Gros-Guillaume sans farine... Ce qui suit la comédie peut être plus proprement appelé le tableau des actions humaines ; si par hasard on y représente quelque chose qui choque la modestie, combien les actions en effet sont-elles plus odieuses, dont les comédies ne sont que le tableau? Et Guillot Gorju s'en rapporte à ses critiques, savoir s'ils tiendraient leur argent bien employé, s'ils n'étaient servis de ce plat à la fin pour

Comme le public ne pouvait nier la corruption du théâtre italien[1], et comme il n'avait garde d'accepter la peu sérieuse proposition de Bruscambille, la farce continuait à prospérer, et les comédiens continuaient à recommander aux spectateurs leurs petites pièces *gaillardes*, capables de faire *rire jusqu'aux larmes et pleurer en riant*, et de leur *fendre délicatement la bouche comme l'orifice d'un four banal*[2].

Ce n'était pas encore assez pour les spectateurs, et la mesure de la facétie ne leur paraissait pas comble. Il fallait encore terminer le spectacle par une chanson ; Gaultier Garguille la chantait donc avec un succès immense, et ni les pages ni les laquais n'auraient permis qu'il y manquât[3]. Que valaient ces chansons de Gaultier Garguille ? Il est facile de le constater en parcourant le recueil que ce farceur en a publié lui-même, et qu'Éd. Fournier a réim-

---

la bonne bouche, qui est proprement, après une ample collation, une boîte de dragées ou de confiture ? » Ce qui suit est légèrement ironique, ou témoigne d'un changement fort important : « Que s'il y a quelque chose de licencieux dans son action, il se soumet à la censure des dames, dont il respectera toujours les yeux aussi bien que les oreilles. » *Apologie de Guillot Gorju*, p. 23-24 (*Joyeusetez*).

1. En 1577, le Parlement disait au sujet des pièces des *Gelosi*, qu'elles n'enseignaient « que paillardise et adultères et ne serraient que d'école de débauche à la jeunesse de tout sexe de la ville de Paris ». Arm. Baschet, *les Com. ital.*, p. 74.

2. *Fantaisies*, p. 148 et 207. Les frères Parfait ont reproduit une « farce plaisante et récréative » de l'Hôtel de Bourgogne, t. IV, p. 254-264. *La Rencontre de Turlupin en l'autre monde...*, 1637, nous donne les titres de trois autres : *la Malle de Gaultier*; *le Cadet de Champagne*; et *Tire la corde, j'ai la carpe*. (*Gaultier Garguille*, p. 240.)

3. Dans son *Testament...* (*Chansons*, p. 153), Gaultier Garguille fait des legs plaisants en faveur de Guillot Gorju, « à la charge qu'il s'acquittera tous les jours de comédie d'une chanson que je dois à perpétuité aux pages et aux laquais, sauf le droit que Targa y peut prétendre ». Targa avait édité les chansons.

primé[1]. Empruntées à des sources très diverses, elles sont souvent insipides, parfois lestement troussées; mais presque toutes sont obscènes et ne pourraient être chantées aujourd'hui dans nos *cafés-concerts* les plus mal famés. Les spectateurs de l'Hôtel de Bourgogne les acceptaient volontiers, et ils devaient même en accepter de plus effrontées que celles que nous pouvons lire. Cette supposition n'est-elle pas autorisée par le ton réservé que prend Gaultier Garguille en publiant son recueil? « Il craint », fait-il dire de lui par le privilège du roi, « il craint qu'autres que lui, à qui il donnerait charge de l'imprimer, ne le contrefissent et n'ajoutassent quelques autres chansons plus dissolues que les siennes, s'il ne lui était sur ce par nous pourvu de nos lettres nécessaires ». Ne craignait-il pas plutôt qu'on ne publiât indistinctement toutes les siennes, tandis que lui-même faisait un choix[2]?

Pour avoir une idée complète des spectacles de ce temps, il ne nous reste plus qu'à mentionner la *symphonie*, qui

---

1. Ce recueil, publié en 1632, a eu, comme celui des prologues, un grand succès de lecture, et l'on peut voir, dans Brunet ou dans l'introduction d'Éd. Fournier, combien d'éditions en ont été faites. Les chansons de l'Hôtel de Bourgogne étaient d'ailleurs en vogue avant même que Gaultier Garguille en fût le chanteur en titre, et le sieur de Bellone, dès 1612, en avait réuni d'assez *gaillardes* dans le livre que nous avons mentionné plus haut. Après Gaultier Garguille, un nouveau recueil fut fait en 1637: *les Chansons folastres des Comediens recueillies par un d'eux et mises au jour en faveur des Enfans de la Bande Joyeuse...* A Paris, chez Guillot Gorju, aux Halles, près le pont Alais, à l'enseigne des Trois Amys. 1637. (Voy. le t. 1er du *Recueil de pièces rares et facétieuses, anciennes et modernes, en vers et en prose...*, Paris, Barraud, 1873, 4 vol. pet. in-8).

2. Ce qui est singulier, c'est que ces comédiens, si libres de langage et si verts d'allure, n'en étaient pas moins astreints à la censure préalable. (Voy. dans Delamare, t. I, p. 404, ou dans Félibien, t. II, p. 1025, l'ordonnance de police du 12 novembre 1609.) Certes, ou dame Censure n'était pas facile à scandaliser, ou elle savait fermer les yeux.

se faisait entendre pendant les entr'actes[1]. Elle « était d'une flûte et d'un tambour, ou de deux méchants violons au plus », dit Perrault[2]; et Perrault n'exagère guère, car Molière n'avait d'abord que trois violons[3], et l'on n'arriva qu'assez tard à en avoir six. La place qu'occupaient ces musiciens n'est pas bien connue[4]; quelle qu'elle fût, l'effet de la *symphonie* ne pouvait être que médiocre.

Voilà ce qu'étaient les représentations à la veille de l'âge classique; voilà ce que les comédiens appelaient pompeusement « une honnête récréation, un modeste passe-temps pour tromper l'oisiveté, un exercice délectable qui invite les plus rustiques âmes à chérir et caresser la vertu[5] ». La pièce sérieuse, à laquelle seule, à la grande rigueur, pouvaient s'appliquer de tels éloges, ne passait qu'à la faveur de cet accompagnement grotesque et moins louable:

---

1. Le moyen âge employait déjà, et certains théâtres emploient encore la musique de la même façon, pour faire prendre patience aux spectateurs. Voy. Petit de Julleville, *les Mystères*, t. I, p. 251. — Dans un prologue de ses *Facecieuses Paradoxes* (f°s 16-18), Bruscambille analyse une prétendue *Comédie du monde*; et à la fin de chaque acte revient ce commandement: *Sonnez, violons*.

2. *Parallèle*, t. III, p. 192.

3. Voy. une note de Fournier dans son édition de Chappuzeau, l. III, p. 52.

4. Les renseignements de Chappuzeau (l. III, ch. I.II, p. 240) ne s'appliquent pas à une époque aussi éloignée: « Ci-devant, on les plaçait ou derrière le théâtre, ou sur les ailes, ou dans un retranchement entre le théâtre et le parterre, comme en une forme de parquet. Depuis peu, on les met dans une des loges du fond, d'où ils font plus de bruit que de tout autre lieu où on les pourrait placer. » Au début du siècle, il paraît difficile qu'on ait mis les musiciens, soit sur le théâtre où ils auraient été gênés par les décorations, soit entre le théâtre et le parterre où ils auraient eu à craindre la turbulence du public. Leur place naturelle paraît avoir été dans une de ces loges de côté, d'où l'on voyait très mal la scène et qu'évitaient les spectateurs.

5. *Nouv. imaginations*, p. 11; cf. p. 62: « Un vertueux passe-temps »; p. 64: « Un honnête loisir », et *passim*.

un prologue, une farce, une chanson[1]. Quel déboire pour un poète tragique! mais quelles circonstances atténuantes pour ses fautes, si nous tenons à être justes! Qui lui savait gré, en effet, de faire effort vers le grand art? Qu'aurait-il gagné à chercher longuement la vérité des caractères, la régularité et la vraisemblance de l'intrigue, la pureté et la poésie du style? Ses pièces en auraient-elles été jouées plus longtemps? Auraient-elles mieux fait vivre leurs interprètes et leur auteur?

Des incidents multiples pouvaient seuls intéresser le public; la variété seule pouvait l'empêcher de fuir. Il fallait produire, et produire sans cesse. En Espagne même, où le public était moins inexpérimenté, où la tradition théâtrale était depuis longtemps établie, un directeur de troupe montait en dix-huit mois cinquante-quatre comé-

---

[1]. Une pareille disposition de spectacle est si naturelle, avec un public foncièrement populaire et grossier, qu'on la retrouve chez plusieurs nations. A Rome, quand Livius Andronicus introduit la pièce sérieuse et artistique, l'ancienne farce (satire, atellane, mime) devient exode et termine la représentation. La chanson accompagnée de la flûte ne disparaît pas non plus, mais sert d'entr'acte; le prologue latin lui-même rappelle quelquefois ceux de nos farceurs. (Voy. Teuffel, *Hist. de la litt. rom.*, trad. fr., Paris, Vieweg, 1879-1883, 3 vol. in-8; t. I, p. 6, n. 3.) — En Espagne, une représentation commençait par la *loa*, sorte de prologue; puis « une demi-douzaine de musiciens exécutaient sur la guitare quelque air à la mode ». Enfin la *comédie*, morceau principal, était accompagné d'*entremets* d'un caractère plaisant et burlesque. Il n'y avait qu'un *entremets* à la fin du temps de Lope, il y en avait trois avant et après lui. Il arrivait souvent qu'une danse voluptueuse couronnait le tout. (Damas-Hinard, § 2, p. 1330, et § 1, p. 1194.) — En Angleterre, à la fin du XVIe siècle, la grande pièce était précédée d'un prologue et suivie de la farce ou du *jig*. (Royer, t. II, p. 414; Gervinus, *Shakespeare*, t. I, p. 116.) — Enfin en France, au moyen âge, il arrivait souvent qu'une farce suivait le mystère, et que, dans le mystère même, entre autres éléments plaisants, figuraient des chansons comiques.

dies et quarante intermèdes[1] : il ne fallait pas moins faire à Paris.

Pour que les œuvres dramatiques puissent fournir une assez longue série de représentations, il faut, en effet, ou un public nombreux et qui se renouvelle fréquemment, — mais il n'existait pas au temps de Hardy ; — ou un public lettré, aimant à revoir des œuvres fortes et bien écrites, — mais on n'avait alors ni ces sortes d'œuvres pour le public, ni un public pour ces sortes d'œuvres. L'Hôtel de Bourgogne changeait donc sans cesse son affiche, comme nos théâtres de province, et sans avoir comme eux la ressource d'un vaste répertoire. Que de pièces ne fallait-il pas, puisqu'il en fallait encore tant en 1840 ? Les choses, a-t-on dit, ont bien changé depuis cette époque ! « Les théâtres livrés aux Parisiens et visités seulement par une petite troupe d'étrangers et de provinciaux devaient renouveler incessamment leur affiche. De là une consommation de pièces à laquelle Scribe lui-même, avec son armée de collaborateurs, ne pouvait suffire. Les auteurs naissaient sous les pas des directeurs[2]...... » — Et Alexandre Hardy fut longtemps seul !

Que pouvaient donc exiger les comédiens en échange de la situation précaire qu'ils assuraient à leurs poètes ? Qu'ils fussent féconds et intéressants. Or, de ces qualités, Hardy surtout posséda largement la première et suffisamment la seconde ; il leur en joignit quelques autres par surcroît. Jamais, on peut le dire, service plus mal payé ne fut mieux rempli.

1. Voy. Rojas, p. 48-55. Cf. Damas-Hinard, § 2, p. 1329.
2. Abr. Dreyfus, *l'Auteur dramatique* (dans la *Revue d'art dramatique*, 15 janvier 1887, p. 66).

CHAPITRE VI

LA MISE EN SCÈNE

I

Les œuvres dramatiques qui n'ont pas été faites pour être jouées, comme celles de Garnier et de son école, doivent manifestement n'être jugées qu'à la lecture. D'autres, bien que composées pour la scène, ne perdent guère à être jugées à la lecture seule : celles de Racine, par exemple, où les caractères sont si vrais, les sentiments exprimés si puissants, la forme presque absolument parfaite. Mais on s'exposerait à se tromper beaucoup, si l'on se plaçait au seul point de vue de la lecture pour juger les pièces de Hardy. Examine-t-on même des œuvres plus intéressantes, où les mœurs sont mieux saisies, où les passions sont mieux maniées, où le style a déjà d'éminentes qualités, celles de Mairet, celles de Rotrou et les premières de Corneille, que d'erreurs ne risque-t-on pas de commettre, si l'on ignore dans quel milieu elles se sont produites et à quelles exigences scéniques leurs auteurs ont dû les adapter ! Enfin, même pour juger un *Cid*, un *Horace*, un *Cinna*, cette ignorance peut être nuisible, et il suffit pour s'en convaincre de lire les *Commentaires* de Voltaire. Nous n'avons donc qu'un moyen de comprendre pleinement les pièces qui se sont produites au commencement du XVIIe siècle : c'est de nous familiariser avec les ressources et les habitudes du théâtre pour lequel elles ont été faites, et, pour cela, d'étudier la disposition et la décoration de ce théâtre, le cadre scénique, en un mot, qui semble ici faire partie du tableau lui-même et n'en pouvoir être détaché.

Faut-il ajouter que ce n'est pas dans les récits de représentations données à la cour ou dans les châteaux que nous devons chercher des renseignements ? Certes, tous les procédés qu'on employait dans ces théâtres de circonstance ne leur étaient pas spéciaux, plus d'un leur était commun avec le théâtre public. Mais on y déployait le luxe le plus extraordinaire, on y usait des machines les plus ingénieuses ; le temps était proche où, sur une scène spécialement construite pour ses comédies, Richelieu allait faire « lever le soleil et la lune et paraître la mer dans l'éloignement, chargée de vaisseaux[1] ». Détournons nos yeux de ces splendeurs.

La misère des comédiens de campagne serait pour nous beaucoup plus instructive, si nous la pouvions bien connaître. Hardy n'a-t-il pas écrit pour eux une partie notable de son œuvre ? Mais quels documents consulter, quels indices recueillir sur la mise en scène des troupes nomades ? Leur décoration, analogue en principe à celle du moyen âge, puisque souvent elle en encadrait les œuvres et qu'il était plus facile d'y plier tant bien que mal les pièces dans le goût de la Renaissance que d'en priver les mystères ou les « histoires », — cette décoration était sans doute fort sommaire et, dans certains moments de détresse, il pouvait arriver qu'elle fût nulle. Transpor-

---

1. Marolles, t. I, p. 236, à propos de *Mirame*. — Cf. ce que dit Jean Beaudouin de *la Comédie des Tuileries* (fr. Parfait, t. V, p. 116) ; cf. Lud. Celler, *les Décors, les Costumes...*, ch. I et II.

tons-nous donc à Paris ; voyons ce qui se passait à l'Hôtel de Bourgogne.

II

Nous n'insisterons pas sur les costumes; ils n'étaient guère remarquables que par leur pauvreté. Au temps d'Agnan, les comédiens *les louaient à la friperie; ils étaient vêtus infâmement*[1]; Valleran et ses compagnons, dont nous connaissons la misère, durent pendant assez longtemps n'être pas plus somptueux; et, si cet état de choses se modifia, ce ne fut que lentement. Nul sans doute avant Bellerose et Mondory, objets de l'engouement et de la libéralité des grands, ne put songer à acquérir une riche garde-robe.

[1]. Tallemant, t. VII, p. 170. — Quant aux comédiens de campagne, leurs habits de théâtre étaient souvent « si piètres que ce n'était qu'une défroque de carême-prenant ». Ainsi, du moins, en parle Hermogène, le défenseur de la comédie, dans Sorel, *la Maison des jeux*, p. 448. Il dit encore (p. 445-447) : « J'ai vu quelquefois passer à Paris de ces gens-là, qui n'avaient chacun qu'un habit pour toute sorte de personnages, et ne se déguisaient que par de fausses barbes ou par quelque marque assez faible selon le personnage qu'ils représentaient. Apollon et Hercule y paraissaient en chausse et en pourpoint. Mais pourquoi ne les eût-on pas habillés à la française ? N'y a-t-il pas eu un Hercule gaulois ? Et Hercule, se voulant faire remarquer, avait seulement les bras retroussés comme un cuisinier qui est en faction, et tenait une petite bûche sur son épaule pour sa massue, de telle sorte qu'en cet équipage l'on l'eût pris pour un gagne-denier qui demande à fendre du bois. Pour Apollon, il avait derrière sa tête une grande plaque jaune prise de quelque armoirie pour contrefaire le soleil, et tous les autres dieux n'étaient pas mieux atournés. Jugez donc ce que ce pouvait être des mortels. » Suit, p. 448-453, l'amusant récit d'une représentation donnée dans l'obscurité par des comédiens de campagne, dont on ne voulait pas voir la mauvaise mine et l'accoutrement misérable.

Mais qu'importe la richesse ou la pauvreté des costumes? Il n'y a, à leur sujet, qu'une question intéressante à examiner: étaient-ils dans une certaine mesure fidèles à la vérité historique? ou restaient-ils toujours les mêmes, quels que fussent le pays et l'antiquité des personnages qui les revêtaient? La réponse ne saurait être douteuse. Placé entre le théâtre du moyen âge, qui n'eut jamais aucun souci de la couleur locale[1], et celui de la période classique, qui s'en inquiéta médiocrement[2], il ne se peut pas que le théâtre de 1610 ou de 1620 y ait attribué une grande importance; aucun théâtre étranger n'y en attribuait non plus. Si le Pilate des mystères avait été déguisé en grand seigneur français, le Polyeucte de Corneille allait porter un pourpoint espagnol, un haut-de-chausses à crevés et une toque à plumes[3]; et le Coriolan de Calderon allait être vêtu comme don Juan d'Autriche[4]. Que pouvaient donc être les Coriolan, les Darius, les comtes de Gleichen de Hardy? Plus pauvres évidemment, mais pas plus fidèles à la vérité historique. En ce temps-là, les héros de l'antiquité portaient perruque[5] et avaient « des chausses troussées à bas d'attache[6] »; capitaines d'Alexandre et marquis napolitains étaient également coiffés de

---

1. Petit de Julleville, *les Mystères*, t. I, p. 379.
2. Sur les costumes dans le théâtre classique, voy. surtout Ad. Jullien, *Hist. du costume au théâtre depuis les origines du théâtre en France jusqu'à nos jours*, Paris, Charpentier, 1880, in-8; D. pois, p. 133-139; V. Fournel, *Curiosités*, ch. III; Perrin, *Étude sur la mise en scène*, p. XLIV-XLVII. Cf. Fr. Sarcey, *Temps*, 20 août 1883 et *passim*.
3. Marty-Laveaux, *Œuvres de P. Corneille*, t. III, p. 468. Cf. Voltaire, *Commentaire*, t. I, p. 402 (*Polyeucte*, acte V, sc. dernière).
4. Ticknor, t. II, p. 482.
5. On dit que Mondory ne voulut point suivre cette mode et joua avec de petits cheveux coupés. Voy. Lemazurier, t. I, p. 420-423.
6. Scarron, *Rom. com.*, 1re partie, ch. 1; t. I, p. 9.

chapeaux à plumes[1]. Quelques détails de costume distinguaient seulement les rôles les plus particuliers. A côté des grands, dont le chapeau était orné de plumes, les rois de tous pays portaient une couronne, ou une façon de bourrelet qui en tenait lieu ; avec cela une *belle robe*, une *chaîne* et une *médaille en façon d'or*. Les bourreaux avaient une barbe ; les ermites une robe, un mantelet et un bourdon. On reconnaissait les bergers à leurs houlettes, les gueux à leurs manteaux et à leurs chapeaux, les cochers à leurs manteaux et à leurs fouets. Les différents dieux avaient aussi leurs signes distinctifs : aux *accessoires* figuraient un sceptre pour Pluton, des ailes pour Éole, un chapeau, un caducée et des talonnières pour Mercure, des peaux couvertes de poil pour Pan[2].

Parfois, cependant, il semble qu'on se préoccupât davantage de donner aux personnages un extérieur conforme à la vérité historique. Dans la *Sophonisbe* de Mairet, Masinissa reconnaît un Romain à son « costume », c'est-à-dire à quelque détail particulier de son costume[3] ; et les soldats turcs portent des turbans[4]. Mais ceci n'était que l'exception, et c'est comme par hasard que le costume et le personnage se trouvaient en harmonie. D'ordinaire, auteurs et spectateurs étaient sur ce point d'une grande indifférence : « *Si l'on veut*, il faut des turbans pour des Turcs », dit quelque part le mémoire de Mahelot[5]. Rete-

1. Voy., dans le frontispice du *Théâtre* de Hardy, t. IV, les cartouches consacrés à *Alexandre* et à *Frégonde*.
2. Voy. le frontispice déjà cité ; Mahelot, *passim* ; Scarron, *Roman comique*, 1re partie, ch. 11 ; t. I, p. 15 ; *le Testament de Gaultier Garguille*, p. 158 ; Courval-Sonnet, *Exercices de ce temps*, sat. IX, t. II, p. 104. Voyez notamment ce dernier passage, où *le Débauché* examine « le meuble » des acteurs de l'Hôtel de Bourgogne et en dresse un inventaire.
3. Fin du 4e acte. Voy. Lotheissen, t. II, p. 392.
4. Mahelot, f° 24, *Leucosie*.
5. F° 47, *Clitophon*.

nons ce mot caractéristique, il nous instruit à la fois sur le compte des poètes du temps et sur celui des comédiens. Ni les uns ni les autres ne tenaient beaucoup à donner à leurs personnages une physionomie exacte, à mettre des turbans aux Turcs[1].

III

La connaissance du système décoratif est beaucoup plus nécessaire que celle des costumes. Si celle-ci, en effet, peut nous donner quelques indications sur le souci que les poètes prenaient de l'exactitude historique, celle-là nous explique la forme même des pièces, les règles suivies par leurs auteurs, et jusqu'aux genres qu'ils ont adoptés. Faute de la posséder, on juge un auteur dramatique au nom de lois qu'il ignorait, et par conséquent avec injus-

---

1. Nous ferons deux observations au sujet du passage qui précède. La première est que les documents à consulter, datant pour la plupart des dernières années que nous ayons à étudier, ne nous font connaître que la meilleure situation où se soit trouvé le théâtre avant les chefs-d'œuvre de Corneille. La seconde est qu'il ne faut pas accepter sans contrôle les renseignements que semblent donner les gravures placées en tête des pièces du temps : parfois en effet le dessinateur imite ce qu'il a vu à la scène, mais le plus souvent il s'inspire de l'histoire ou de la réalité contemporaine. Les personnages de *la Mort de César* de Scudéry (1636) se présentent à nous avec des costumes romains ; *Didon* (1637) est « en robe décolletée, avec un collier de perles, des cheveux à la Marie de Médicis, et, sur le dos, un vaste manteau doublé d'hermine ». Peut-on dire qu'une au moins de ces gravures nous donne une idée juste des représentations? (Voy. Lud. Celler, ch. IX.) — Si l'on voulait se faire une idée du costume tragique au temps de Rotrou, il faudrait plutôt regarder les *soudards* de Callot que les princes d'Abraham Bosse. Pour la période antérieure, peut-être conseillerions-nous de jeter un coup d'œil sur les *gueux*. (Voy. Émile Lamé, *le Costume au théâtre*, reproduit dans la *Revue d'art dramatique*, 1er octobre 1886, p. 16.)

tice ; et, tandis qu'on cherche dans ses pièces ce qu'il n'y pouvait mettre, on se scandalise d'y trouver ce qu'il était obligé d'y introduire.

Aussi, que de railleries, que d'anathèmes n'a-t-on pas lancés contre Hardy ! Quelles responsabilités ne lui a-t-on pas fait porter ! Les classiques lui auraient sans doute pardonné de n'avoir pas su fonder la tragédie régulière, s'il lui avait fallu emprunter lui-même à Aristote les indispensables unités. Mais les unités étaient généralement observées, mais la tragédie régulière était établie sur le théâtre, lorsque Hardy y a paru ; c'est lui qui l'en a chassée, c'est à lui qu'est due la barbarie du théâtre avant Corneille ! « Au siècle de Ronsard, écrit d'Aubignac[1], le théâtre commença à se remettre en sa première vigueur. Jodelle et Garnier, qui s'en rendirent les premiers restaurateurs, observèrent assez raisonnablement cette règle du temps. Muret, Scaliger et d'autres en firent de même en plusieurs poèmes latins ; mais aussitôt le dérèglement se remit sur le théâtre par l'ignorance des poëtes, qui tiraient vanité de faire beaucoup de pièces et qui peut-être en avaient besoin. Hardy fut celui qui fournit le plus abondamment à nos comédiens de quoi divertir le peuple ; *et ce fut lui sans doute qui tout d'un coup arrêta les progrès du théâtre,* donnant le mauvais exemple des désordres que nous y avons vu régner en notre temps. »

Ainsi parlaient les classiques, pour qui les pièces de ce temps étaient des pièces monstrueuses et sans nom[2]. Mais ceux qui, depuis, les ont jugées beaucoup plus favorablement, ceux même qui leur ont su gré de leurs libertés et de leur irrégularité, n'ont pas compris différemment le rôle de Hardy. D'après eux aussi, ce dramaturge aurait pu composer ses œuvres selon la poétique classique, déjà

1. L. II, ch. vii ; t. I, p. 105.
2. Voy. même passage, suite.

formée ; mais il a mieux aimé se conformer à la pratique plus libre des Espagnols. Au théâtre classique, qui régnait chez nous, il a substitué le théâtre romantique, qui régnait en Angleterre et en Espagne. Alors que cette dernière nation exerçait une immense influence sur notre littérature comme sur nos mœurs, Hardy a subi plus que personne cette influence, et, plus que personne, il a contribué à la répandre, il l'a fait dominer sur notre scène.

Théorie spécieuse, et qui a même sa part de vérité. Oui, sans doute, à une date tardive, aux environs de 1628, Hardy, ses rivaux, une partie des spectateurs ont été soumis, en quelque mesure, à l'influence espagnole, et le drame libre français, la tragi-comédie, lui a dû de résister plus longtemps aux attaques de la tragédie reparue. Mais ce n'est pas à la *comedia* que la tragi-comédie doit sa naissance et son succès. Hardy ne connaissait pas le théâtre espagnol, dont il n'a rien imité, quoi qu'on en ait dit, pas plus qu'il n'a imité ou connu le théâtre de l'Angleterre[1]. Et, de plus, si la tragi-comédie était redevable à la *comedia* de son existence même, elle lui aurait emprunté tout à la fois ses procédés de décoration et ses procédés de composition ; à moins qu'en adoptant la forme de la *comedia* espagnole, elle n'eût gardé les procédés matériels de la tragédie française, à laquelle, dit-on, elle succédait. Or, ni l'une ni l'autre de ces hypothèses ne se vérifie par les faits. Généralement soumise à l'unité de lieu, la tragédie du xvie siècle ne pouvait avoir qu'une décoration analogue à celle qui finit par prévaloir au siècle suivant. Quant à la *comedia*, à laquelle l'unité de lieu était inconnue, elle aurait pu se jouer dans une décoration toute différente et fort compliquée ; mais la mise en scène était rudimentaire en Espagne comme en Angleterre, et l'ima-

---

1. Voy. Rigal, *Alex. Hardy*, l. III, chap. 1.

gination seule des spectateurs créait les différents lieux où se passait l'action, à moins que des tapisseries banales ne fussent chargées de les représenter [1]. Tout autre, nous allons le voir, était le système décoratif français au temps de Hardy. D'où venait-il donc? Du moyen âge et de ses mystères.

En usage chez les confrères de la Passion, il s'était installé avec eux à l'Hôtel de Bourgogne, et avec eux y était resté jusqu'à la fin du xvie siècle. Le départ des Confrères ne l'en fit pas déloger, et ceux-ci le cédèrent, pour ainsi dire, avec ce qui leur restait de public, aux comédiens leurs successeurs ; c'était comme un fonds de commerce et une clientèle ; il fallait garder l'un pour conserver l'autre, et les comédiens n'y manquèrent pas. Aussi comprend-on que les pièces jouées par les comédiens fussent acommodées au système décoratif qui leur était imposé, et analogues en quelques parties aux anciens mystères des Confrères ; elles gardèrent la liberté, l'irrégularité de ces mystères, et par là se trouvèrent ressembler aux pièces des Anglais ou des Espagnols.

« Cette liberté si vantée du théâtre anglais et espagnol, dit un historien [2], qu'est-ce autre chose que la liberté même des drames du moyen âge? Ici et là, avec plus ou moins d'habileté, de verve et de génie, on met sur la scène des romans entiers, compliqués d'incidents, mêlés de bouffonneries et de trivialités cyniques ; en lisant les tragi-comédies que le poète Hardy empruntait à l'Espa-

---

1. Voy. von Schack, *Geschichte der dramatischen Lit. und Kunst in Spanien*, 2e éd., Francfort, 1854, 3 vol. in-8, t. II, p. 118-124. — Il ne nous paraît pas qu'on ait suffisamment fait la lumière sur cette importante question de la mise en scène au temps de Lope et de Shakespeare ; mais le fond de la théorie que nous reproduisons, et qui est adoptée par tous, est certainement exact.

2. Ch. Aubertin, *Hist. de la langue et de la litt. fr. au moyen âge*, t. I, p. 480.

gne, de 1600 à 1620, on croit reculer de deux siècles et revenir aux *miracles* publiés par M. de Monmerqué ! Quand donc ces compositions exotiques passèrent les Pyrénées, et firent fureur sous Henri IV et Louis XIII, c'était, à vrai dire, le moyen âge qui reparaissait, ce moyen âge tant moqué de la Pléiade, et tellement oublié et perdu de vue par les disciples de la Renaissance qu'on ne le reconnaissait plus sous les couleurs espagnoles qui lui rendaient du piquant et de la nouveauté ». On voit ce qu'il faut changer à ce jugement. Non, l'art du moyen âge ne reparaissait pas ; il se continuait avec tous les changements que le temps, les arrêts du Parlement et les souvenirs de la Renaissance y avaient apportés ; il se continuait en se transformant. Si les écrivains du xviie siècle le méconnurent, c'est qu'absorbés dans l'admiration de leur propre civilisation et de la civilisation antique, ils fermaient obstinément les yeux sur tout ce qui séparait l'une de l'autre. Corneille, auteur de *Polyeucte*, cherchait les exemples qui l'autorisaient à mettre sur la scène un héros presque parfait, un saint, et ne songeait pas un instant à nos mystères.

Mais les spectateurs populaires de Hardy ne purent s'y tromper. Ils se rappelaient, eux, les mystères et les histoires ; ils en avaient vu jouer par les Confrères ; et, si la représentation constante des mêmes sujets, les hésitations de ces artisans-comédiens entre le genre sacré et le genre profane, la faiblesse extrême de ces acteurs, si toutes ces raisons et d'autres encore avaient ralenti leur zèle pour l'Hôtel de Bourgogne, ils n'étaient pas prêts cependant, quand finit le xvie siècle, à renier le drame libre, dont l'action, s'étendant sur un long espace de temps et sur une grande étendue de pays, convenait à des esprits peu formés et peu réfléchis ; ils n'étaient pas prêts à laisser se perdre une mise en scène qui les amusait et à laquelle ils étaient habitués de si longue date.

Aussi, lorsque Hardy leur apporta de province ses tragédies plus vivantes, plus fournies d'action, plus libres que celles des Jodelle et des Garnier, beaucoup plus concentrées cependant et plus régulières, beaucoup moins adaptées à leur mise en scène favorite que les mystères et les histoires, je me figure qu'ils restèrent froids, et que, s'ils applaudirent, ce fut d'un air étonné et embarrassé ; l'insipide *Théagène* obtint plus de succès que *Mariamne* et que *Didon*. Hardy essaya-t-il longtemps de lutter contre le goût du public, ou reconnut-il vite qu'il lui fallait abandonner la tragédie pour la tragi-comédie ? Nous ne le savons ; mais, ce qui est certain, c'est que les préférences de Hardy étaient pour la tragédie, et que cependant la plupart de ses tragédies datent de sa jeunesse et de la province, la plupart de ses tragi-comédies de l'âge suivant et de Paris. Ce qui est également certain, c'est qu'après la mort de Hardy, le public tenait encore beaucoup à la tragi-comédie et à sa mise en scène particulière : sur 71 pièces, que nous savons avoir été jouées à l'Hôtel de Bourgogne, 2 seulement portent le titre de tragédie, et l'on peut se demander si elles le méritent : ce sont *Pyrame et Thisbé* et l'*Hercule mourant*[1].

Ainsi, et sans vouloir épuiser ici un sujet que nous avons traité ailleurs[2], l'art dramatique du moyen âge n'avait été, à aucune date, brusquement abandonné ; jamais son système décoratif n'avait été rejeté comme grossier et suranné ; mais l'un et l'autre, avec des modifications plus ou moins profondes, régnèrent pendant près de cent ans à l'Hôtel de Bourgogne, le seul théâtre public de Paris pendant la seconde moitié du xvie siècle et les trente premières années du xviie. Si l'on n'adoptait pas cette expli-

---

1. Voy. le manuscrit de Mahelot, ou la note 11 de notre Appendice.
2. Voy. *Alex. Hardy*, l. III, ch. iv : *les Tragi-comédies*.

cation si simple, comme la mise en scène du moyen âge se retrouve encore en vigueur après 1630 à l'Hôtel de Bourgogne, force serait d'admettre que cette mise en scène singulière, qui ne pouvait être acceptée que par des spectateurs accoutumés à elle et aveuglés par là sur ses défauts, a été d'abord abandonnée par les Confrères, ses défenseurs naturels, puis reprise par des comédiens ; — et cela vraiment est-il vraisemblable [1] ?

IV

On sait, depuis les travaux de Paulin Paris, comment était disposée la scène des mystères. Elle « comprenait deux parties distinctes : les *mansions* et la *scène* proprement dite, autrement dit l'espace vague et libre qui s'étendait entre les mansions, comme la mer entre les îles d'un archipel. Les mansions (demeures ou simplement maisons), ce sont les édifices où l'action se transportait pendant le drame. Ainsi la maison de la Vierge à Nazareth, le temple de Jérusalem, le palais de Ponce-Pilate, formaient autant de mansions dans le mystère de la Passion. Toutes les fois que l'action ne se passait pas dans une mansion déterminée, elle occupait la scène proprement dite, à telle ou telle place entre les mansions ; autrement dit, l'action se transportait sans cesse d'une mansion à l'autre, en traversant la scène. La scène et les mansions étaient de plain-pied et au même niveau, sauf certains cas déterminés : ainsi le Calvaire formait sans doute une éminence » [2] ;

---

[1]. Cette théorie a pourtant été implicitement admise par M. Bapst, *Essai sur l'histoire du th.*, p. 145 et suiv. Cf. le compte-rendu que j'ai donné de cet ouvrage dans la *Revue des langues romanes*, juillet 1894.
[2]. Petit de Julleville, *les Mystères*, t. I, p. 387. Voy. tout le chapitre XI, qui a pour titre : *la Mise en scène et les spectateurs*.

ainsi le Paradis, où siégeaient Dieu et ses anges, s'élevait au-dessus de toutes les autres mansions, tandis que l'enfer était supposé placé sous la scène, et que, seule, son entrée horrible était figurée aux yeux des spectateurs.

C'est sur un théâtre de ce genre que la *Passion* fut représentée à Valenciennes en 1547, et l'on a pu faire, pour l'Exposition universelle de 1878, une restitution très sûre de ce théâtre d'après la gouache qui se trouve en tête d'un manuscrit. Voici comment Petit de Julleville décrit cette restitution [1] : « Sur une scène supposée large de cinquante mètres et profonde environ de la moitié (ces dimensions n'ont rien d'exagéré), on voyait disposés de gauche à droite : un pavillon à colonnes, au-dessus duquel était le paradis où Dieu trônait dans une gloire, entouré d'anges et des quatres vertus. Une muraille percée d'une porte entre deux colonnes doriques ; c'était Nazareth. Un second pavillon à colonnes entouré d'une balustrade et renfermant un autel et l'arche d'alliance : c'était le Temple. Une seconde muraille, également percée d'une porte, et derrière laquelle on voyait se dresser le sommet d'une tour et le faîte d'une maison : c'était Jérusalem. Au centre, un pavillon à quatre colonnes, surmonté d'un fronton, avec escalier à droite et à gauche, trône au millieu, figure de roi dans le fronton, représentait le Palais. Une nouvelle muraille, percée de deux portes, et derrière laquelle se dressait le toit d'une maison, s'appelait la « maison des évêques » et la « porte Dorée ». Devant ces deux portes, un bassin carré, portant bateau, figurait la mer, c'est-à-dire le lac de Tibériade. A droite, enfin, l'en-

---

1. *Les Mystères*, t. I, p. 391-392. On peut voir la gouache du manuscrit de la Passion reproduite, ainsi que d'autres dessins tirés de ce manuscrit, dans le livre de V. Fournel, *le Vieux Paris*, p. 20 et p. 16-17. Elle l'est aussi dans l'*Histoire de la langue et de la litt. fr.*, t. II, p. 416.

fer et les limbes représentés par deux tours percées d'ouvertures grillées et par la gueule d'un énorme dragon ».

En somme, onze lieux différents étaient figurés sur la scène ; « mais la représentation du mystère de Valenciennes exigeait bien d'autres mansions : l'auteur de la miniature a simplifié et comme résumé la réalité »[1].

Ajoutons, comme dernier trait, que les coulisses n'existaient pas ou ne servaient guère. Les personnages restaient sur la scène pendant toute la durée de la représentation et attendaient, à la place qui leur convenait le mieux, que leur tour vînt de prendre la parole. « Les personnages ne disparaissent jamais, disait Scaliger[2], ceux qui se taisent sont réputés absents ; mais certes il est bien ridicule que les spectateurs connaissent bien que tu entends et que tu vois, et que toi-même n'entendes pas ce qu'un autre dit de toi-même en ta présence, comme si tu n'étais pas où tu es. »

On voit ce qu'était le système décoratif du moyen âge et quelles modifications il dut subir, lorsqu'il passa des grands échafauds dressés en plein air aux scènes étroites des Confrères. Faisons effort par la pensée pour placer sur la scène de l'Hôtel de Bourgogne la moitié des mansions d'un mystère et la moitié de ses acteurs. S'ils y peuvent tenir, c'est que la confusion sera complète et qu'il ne restera plus nulle place, ni pour les mouvements des ac-

---

[1]. Un théâtre allemand, dont le plan a été découvert par Mone, comprenait aussi douze lieux. (Voy. Royer. t. I, p. 153-154 ; Petit de Julleville, t. I, p. 392.) D'ailleurs, la disposition scénique des mystères s'était étendue aux autres genres de pièces : le théâtre de *Pathelin*, « figuré dans certaines éditions très anciennes, était divisé en trois compartiments : il représentait une boutique de drapier, une chambre à coucher, et une place publique où se tenait le juge ». Aubertin, *Hist. de la langue et de la litt. fr.*, t. I, p. 544, n. 1.

[2]. *Poétique*, l. I, ch. xxi, traduit et cité par d'Aubignac, l. III, ch. ix ; t. I, p. 240. Cf. Petit de Julleville, t. I, p. 389

teurs, ni pour les déplacements de l'action. Il fallait de la place à tout prix, et voici peut-être comment on en obtint.

On fit d'abord une concession forcée aux ennemis de l'art populaire : les personnages — au moins les personnages secondaires — disparurent de la scène, lorsque leur rôle ne les obligeait pas à s'y tenir ; et, comme la place n'était pas grande où ils pouvaient se retirer hors du théâtre, leur nombre fut réduit au strict nécessaire. — Ensuite, lorsque la représentation d'une pièce devait se dérouler durant plusieurs séances, on cessa de mettre sur la scène toutes les mansions qu'elle comportait ; seules, celles qui devaient servir pendant la séance y figurèrent, encore ces séances étaient-elles beaucoup plus courtes que celles des anciens jeux en plein vent. — On comprend que de telles réformes devaient singulièrement dégager la scène et réduire le nombre des décorations. Mais lorsqu'il se trouvait trop grand encore, un dernier moyen restait d'y porter remède : c'était de pratiquer quelques coupures dans le texte touffu et diffus des pièces, c'était de supprimer quelques parties d'une action toujours lâche et éparpillée. Pratiquée avec habileté, cette opération ne pouvait qu'être utile aux longues œuvres du moyen âge.

Ainsi, le plus souvent, il devait être possible de se contenter de cinq ou six mansions, surtout dans les drames non religieux, dispensés de posséder un paradis et un enfer. Or, cinq ou six mansions tenaient fort bien sur la scène étroite de l'Hôtel de Bourgogne ; en en plaçant deux sur chacun des côtés, une ou deux encore sur le dernier plan, on laissait vides tout le centre et l'avant-scène ; les personnages pouvaient se mouvoir, et l'action évoluer librement.

C'est justement dans ces conditions que se trouvait le théâtre au commencement du xviie siècle.

Jusqu'à ces dernières années, des opinions très fausses avaient cours sur le système décoratif de cette époque. La plus répandue reposait sur une assertion hasardée de Perrault[1] : « La scène (de l'Hôtel de Bourgogne), formée comme aujourd'hui d'un plancher continu, n'avait point de coulisses ; trois morceaux de tapisseries, dont deux tendus latéralement et le troisième dans le fond, décoraient et déterminaient l'espace occupé par les acteurs. Les pièces de Jodelle ne furent pas mieux traitées. La mécanique ne fit rien de plus pour le théâtre jusqu'à Corneille, dont *le Cid* fut d'abord représenté avec ce simple appareil[2]. »

Mais si telle était la disposition de la scène, comment le public était-il averti des changements de lieu, si fréquents alors dans les œuvres dramatiques ? Sainte-Beuve pensait sans doute qu'il ne l'était pas du tout, et que les acteurs ne prenaient pas la peine de s'en inquiéter eux-mêmes. « C'est comme à l'aventure, dit-il à propos de Hardy[3], qu'il voyage dans l'espace et dans la durée. Bien souvent, si l'on avait permission de lui demander où il est, dans une chambre ou dans une rue, à la ville ou à la campagne, et à quel instant de l'action, il serait fort embarrassé de répondre. » Lemazurier, moins dédaigneux, résolvait la difficulté par cette explication : « Quand on voulait faire connaître au spectateur que le lieu de la scène allait changer, on levait ou on tirait une tapisserie, et cela se faisait jusqu'à dix ou douze fois dans la même pièce[4]. » D'autres, enfin, allaient jusqu'à admettre que le théâtre était « machiné pour les changements à vue et la variété attrayante des tableaux[5] ».

1. *Parallèle*, t. III, p. 191.
2. Émile Morice, *la Mise en scène depuis les mystères jusqu'au Cid*. (Deux articles de la *Revue de Paris*, t. XXIII, 1835, p. 105-106.)
3. *Tableau de la poés. fr. au* XVIe s., p. 245.
4. *Galerie hist.*, t. I, p. 4.
5. Jarry, *Essai sur les œuvres dramatiques de J. Rotrou*, p. 42.

Rien de tout cela n'est exact ; et pourtant la disposition réelle du théâtre au commencement du xviie siècle avait été nettement indiquée par des auteurs connus.

« Il n'y a pas encore fort longtemps, écrivait Sarazin en 1640, que la fable était ce qui faisait le moins de peine à *nos poëtes*,... et pourvu que dans leurs poèmes ils eussent mêlé confusément les amours, les jalousies, les duels, les déguisements, les prisons et les naufrages sur *une scène divisée en plusieurs régions*, ils croyaient avoir fait un excellent poème dramatique [1]. » Cette scène divisée en plusieurs régions, Sarazin la connaissait si bien qu'il l'attribuait même à la tragédie latine : « L'auteur tragique qui a mis sa mort (d'Hercule) sur la scène, et duquel l'ouvrage se lit parmi ceux de Sénèque, quoiqu'il n'en soit pas au sentiment d'Heinsius, est tombé dans la même faute ; *sa scène est partagée en plusieurs lieux*, et son action dure plusieurs jours [2]. »

La Mesnardière écrit d'un style moins clair ; il n'est pas cependant moins instructif. « La scène, dit-il [3], autrement le lieu où l'action a été faite, désignant pour l'ordinaire une ville tout entière, souvent un petit pays, et quelquefois une maison, il faut de nécessité *qu'elle change d'autant de faces qu'elle marque d'endroits divers*, qu'elle ne découvre pas un jardin, ni une forêt, pour la scène d'une

---

1. *Discours sur l'amour tyrannique*, p. 311-312.
2. *Id.*, p. 314. Notons que ces lieux, supposés placés sur la même scène, sont l'Eubée, le promontoire Cénéen, le mont OEta, et que « du promontoire Cénéen jusque sur le mont OEta... il y a presque quatre journées de chemin ». — Le moyen âge faisait comme Sarazin, il attribuait aux anciens son système décoratif (Voy. Royer, t. I, p. 220 ; Petit de Julleville, *les Mystères*, t. I, p. 392, n. 2). Et il est vrai que le décor simultané n'a pas été inconnu de la tragédie et de la comédie grecque primitives. Voy. A. et M. Croiset, *Hist. de la litt. grecque*, t. III, Thorin, 1891, in-8, p. 65.
3. *La poétique*, p. 412-413.

action qui s'est passée dans le palais, et que, même en ce palais, elle ne fasse pas voir dans l'appartement du roi ce qui doit avoir été fait dans le cabinet de la reine. Si la chose a été faite à la côte de la mer, il faut nécessairement *que la scène soit maritime en quelqu'une de ses façades*, de peur que, s'il ne paraissait pas quelque trace manifeste du voisinage de la mer, le spectateur ne conçût, au désavantage du poète et contre son intention, que la mer est fort loin de là, puisqu'on n'en voit point le rivage. Si l'aventure s'est passée moitié dans le palais d'un roi en plusieurs appartements, et moitié hors de la maison en beaucoup d'endroits différents, il faut *que le grand du théâtre, le προσκήνιον des Grecs, je veux dire cette largeur qui limite le parterre, serve pour tous les dehors où ces choses ont été faites, et que les renfondrements soient divisés en plusieurs chambres par les divers frontispices, portaux, colonnes ou arcades...* » Ailleurs, le législateur ordonne au poète de ne jamais transporter sa scène « à des climats différents », mais de la borner, « pour sa plus grande étendue, par celle d'un petit pays, de qui les divers endroits communiquent en peu de temps [1] ».

On voit que, pour un classique et pour un partisan de l'unité de lieu, La Mesnardière n'est pas exigeant. Son ami d'Aubignac l'est davantage, bien qu'il accorde à l'auteur dramatique des facilités dont Racine n'aurait point voulu ; mais lui aussi nous donne une idée du système décoratif qui avait longtemps régné sur le théâtre. Il recommande de ne « pas tellement rapprocher les lieux qui sont connus, contre leur véritable distance, que les spectateurs ne se puissent facilement accommoder à la pensée du poète ; par exemple, si l'on mettait les Alpes et les Pyrénées en la place du mont Valérien » ; et il ajoute que, si les anciens ont quelquefois fait « cette violence à

1. P. 419.

la distance des lieux », les modernes surtout ont dépassé les bornes, « car chacun sait qu'il n'y a jamais eu rien de plus monstrueux en ce point que les poèmes que nous avons vus depuis le renouvellement du théâtre ». Comment, en effet, procède l'apprenti dramaturge ? « Il prend une histoire qui lui plaît, sans savoir ce qu'elle a de convenable ou de malpropre au théâtre, sans regarder quels ornements elle peut souffrir, et quels inconvénients il faut éviter. Il résout de cacher sous un rideau tout ce qui l'incommodera, de *mettre la France dans un coin du théâtre, la Turquie dans l'autre et l'Espagne au milieu.* Tantôt ses acteurs paraîtront dans la salle du Louvre, tantôt sur un grand chemin, et aussitôt dans un parterre de fleurs. Il dispose une toile verte pour faire passer quelqu'un sur mer de France en Danemark, et remplit tout de ridicules imaginations et de pensées directement opposées à la vraisemblance [1]. »

Enfin le témoignage le plus décisif nous est fourni, comme il est naturel, par un ami et un apologiste du drame irrégulier. « Il ne faut pas », recommande expressément l'auteur du *Traité de la disposition du poème dramatique*, « *il ne faut pas introduire ni approuver la règle qui ne représente qu'un lieu dans la scène...* Le théâtre ne diffère en rien d'une table d'attente, dont le ciel est la perspective, la terre et la mer en sont les confins, et ce qu'on fait en Orient et en Occident y peut être représenté. Par exemple, il se tient aujourd'hui, à même heure et en même temps, à Paris et à Constantinople, un conseil de guerre. C'est à savoir, le roi de France délibère d'aller mettre le siège devant quelque ville du Grand Seigneur, et le Grand Seigneur se prépare au contraire. Si des intelligences qui peuvent être de part et d'autre il doit réussir

---

1. *La Pratique du théâtre*, l. II, ch. vi ; t. I, p. 99 ; et l. I, ch. V ; t. I, p. 24.

quelque belle action, pour en représenter le commencement, le progrès et la fin, et la bien imiter comme naturellement elle aura réussi, *il faudra pratiquer dessus le théâtre la ville de Paris et de Constantinople, et il ne sera pas inconvénient de faire sortir des Turcs d'un côté, des Français de l'autre.* Il est vrai que ces Turcs et ces Français ne se parleront pas... *Les lieux seront discernés par les différentes faces du théâtre* [1]. »

Et l'on comprend maintenant qu'il faut prendre au sens littéral, et en y voyant une allusion à la décoration multiple, ces lignes jusqu'ici mal entendues de Corneille dans son *Examen de Mélite* : « Le sens commun, qui était toute ma règle..., m'avait donné assez d'aversion de cet horrible dérèglement *qui mettait Paris, Rome et Constantinople sur le même théâtre*, pour réduire le mien dans une seule ville [2]. »

Si les passages que nous venons de citer sont précieux pour nous, ils ne peuvent pourtant entrer en parallèle avec ce registre de Mahelot dont nous avons plusieurs fois parlé. Là, en effet, se trouve indiquée ou même dessinée la mise en scène de nombreuses pièces ; là se trouvent réunis les renseignements les plus précis et les plus nombreux.

V

Le principe de la mise en scène que Mahelot nous a décrite est encore celui de la mise en scène du moyen âge, c'est-à-dire que les lieux divers où doit se transporter

1. *Traité de la disposition du poème dramatique*, 1637, p. 268-269.
2. *Œuvres*, t. I, p. 137-138. Je n'ai pas voulu citer plus haut ce passage, parce qu'il se peut expliquer, à la rigueur, sans qu'on y voie une allusion à la décoration multiple ; mais on sent bien maintenant que telle en est la portée et qu'il le faut entendre complètement à la lettre.

l'action ne sont pas présentés successivement, comme cela se fait aujourd'hui, aux regards des spectateurs, mais juxtaposés et toujours présents sur le théâtre. Ainsi celui-ci peut représenter un palais, une prison et un campement de Bohémiens, comme dans *la Belle Égyptienne* de Hardy ; ou un palais, une prison, un temple, une mer, comme dans la première journée de *Pandoste*. Qu'on lise une des décorations les plus compliquées du *Mémoire*, celle de l'*Agarite* de Durval : « Au milieu du théâtre, il faut une chambre garnie d'un superbe lit, lequel se ferme et ouvre quand il en est besoin. A un côté du théâtre, il faut une forteresse vieille, où se puisse mettre un petit bateau, laquelle forteresse doit avoir un antre à la hauteur de l'homme, d'où sort le bateau. Autour de ladite forteresse doit avoir une mer haute de deux pieds huit pouces ; et à côté de la forteresse, un cimetière garni d'un clocher de brique cassé et courbé. Trois tombeaux et un siège du même côté du cimetière. Une fenêtre d'où l'on voit la boutique du peintre, qui soit à l'autre côté du théâtre, garnie de tableaux et autres peintures, et, à côté de la boutique, il faut un jardin ou bois, où il y ait des pommes, des grignons, des ardans, un moulin...[1] »

Pour compliqué que paraisse ce décor, et il n'en est guère de plus compliqué dans le *Mémoire*, il ne comprend en somme que cinq compartiments. Un au fond, la chambre ; deux sur un des côtés, la forteresse baignée par la mer et le cimetière ; enfin deux sur l'autre, la boutique du peintre et le bois. Or, ce décor peut servir à nous représenter la plupart des autres : le nombre de compartiments qu'il contient paraît avoir été souvent atteint, rarement dépassé et, quant à la disposition symétrique qu'il présente, elle plaisait tellement au décorateur que, quel

---

1. Voy. le frontispice de ce volume. — Les ardans sont des feux follets (voy. Nicot), les grignons des sortes de poires.

que fût le nombre des lieux où se transportait l'action d'une pièce, il s'efforçait le plus souvent de la reproduire[1].

Étudions, par exemple, les quinze pièces de Hardy qu'a enregistrées Mahelot. Une première remarque va nous frapper : c'est que, si les indications écrites sont toujours exactes, elles n'ont pas toujours la prétention d'être complètes ; souvent elles supposent des détails connus — peut-être pour les pièces du répertoire — et ne rappellent que ceux dont le *metteur en scène* a jugé la mention le plus nécessaire. Ou encore, elles sont l'œuvre de l'auteur dramatique, qui n'avait donné par écrit à ses interprètes que ses recommandations les plus pressantes, et s'était réservé de les compléter par des explications orales[2]. En pareil cas, le dessin seul peut nous donner une idée juste de la décoration employée.

La Folie d'Isabelle en est une preuve. Voici en effet ce que porte la notice écrite : « Il faut que le théâtre soit beau, et à un des côtés une belle chambre, où il y ait un

1. La symétrie est compromise dans *Agarite* par ce fait que, la chambre du fond ne pouvant être complètement isolée, le décorateur a placé à côté d'elle et sur la gauche un morceau de palais ou de maison. Mais ce morceau de palais est fort rapproché du cimetière, la boutique du peintre qui leur fait face est fort large, de sorte qu'au premier abord l'œil ne distingue dans le décor que cinq compartiments. Si donc *Agarite* est une exception, c'est une de ces exceptions qui confirment la règle.

2. Cette hypothèse semble autorisée par la présence fréquente d'expressions comme celles-ci : « Il faut un beau jardin ; — il faut un beau palais ; — il faut que le théâtre soit enrichi ; — un palais bas, mais qui soit riche ; — il faut que le théâtre soit en pastorale à la discrétion du feinteur ; — un tombeau enrichi de l'invention du feinteur ; — forme de palais rustique à la fantaisie du feinteur ; — le feinteur doit faire paraître sur le théâtre la place Royale ou l'imiter à peu près, etc., etc. » Ne seraient-ce pas là des recommandations d'auteurs ? Ajoutons qu'on trouve une *seule* fois dans le registre l'expression : « au *mitan* du cinquième acte », et cela dans la notice d'*Iphis et Iante*, la *seule* pièce de Benserade qui y figure. Ne semble-t-il pas qu'on soit en face d'une expression particulière à ce poète ?

beau lit, des sièges pour s'asseoir. Ladite chambre s'ouvre et se ferme plusieurs fois. Vous la pouvez mettre au milieu du théâtre, si vous voulez. » — Mais si on la met « à un des côtés » ou « au milieu du théâtre », qu'y aura-t-il sur le reste de la scène? — Le dessin répond nettement à cette question: il représente une sorte de cour intérieure d'un palais, sur laquelle s'ouvrent deux corps de logis de chaque côté, et la belle chambre au fond.

Il faut donc examiner les dessins, en même temps que les notices; prenons les treize qui sont consacrés à des pièces de Hardy.

De ces treize dessins, un seul ne nous offre pas la disposition symétrique que nous avons signalée; c'est celui de *Pandoste, première journée*. Il représente un palais au fond, à gauche (pour le spectateur) un temple et une mer d'où s'avance *une pointe de vaisseau*, à droite une prison seulement; il est vrai que la prison est vaste et munie de deux larges fenêtres pour qu'on puisse bien voir le prisonnier. Pour les douze autres dessins, ils contiennent uniformément cinq lieux; et probablement tous les cinq n'étaient pas réellement nécessaires dans chaque pièce, mais, afin d'arriver à la symétrie, le décorateur n'en a pas moins eu soin de les représenter. D'après la notice, *la Folie de Turlupin* exigeait un bois représenté par des arcades de verdure: elles forment le fond; un antre et une fontaine surmontée d'un arbre fourchu: on les voit à droite; une montagne enfin: le décorateur en a mis deux à gauche, percées d'antres. Pour la *Cintie*, la notice demande des maisons: on en voit deux de chaque côté, et le fond représente une grande rue d'une ville. Pour *Cornélie*, un ermitage et une chambre: on voit de plus deux maisons et une grande rue formant le fond[1]. Pour la *deuxième jour-*

---

1. Voy. en tête d'*Alex. Hardy* la reproduction du dessin consacré par Mahelot à la décoration de *Cornélie*.

née de *Pandoste*, deux palais, une maison de paysans, un bois : le fond est encore formé par une rue. Pour *Parthénie*, *première journée*, deux palais et une prison : la scène représentait une prison, une maison et deux palais, dont l'un occupe le fond et une partie du côté droit[1]. La *deuxième journée* diffère à peine de la première : une chambre y remplace la prison. Pour *l'Inceste supposé*, il n'est question, dans la notice que d'une chambre funèbre et d'un ermitage : mais la chambre funèbre occupe le fond et la moitié des deux côtés ; une maison complète la disposition ordinaire. Quatre autres pièces exigent trois lieux différents : *Ozmin*, un palais, un jardin, une maison champêtre ; *la Folie de Clidamant*, un palais, une chambre et une mer portant vaisseau ; *Félismène*, un palais, une chambre et une grotte ; *la Belle Égyptienne*, un palais, une tente et une prison. Or, dans ces quatre pièces, le palais forme le fond et la moitié des deux côtés, de sorte que le théâtre paraît toujours avoir cinq compartiments[2]. Enfin, nous avons vu comment *la Folie d'Isabelle* est disposée de la même manière, quoique la notice ne mentionne qu'une chambre, et que toute l'action semble se passer dans le même palais.

On comprend, par ce que nous venons de dire, quelles peuvent être la valeur et l'exactitude de telles décorations. Si on ne peut les comparer aux chefs-d'œuvre dans lesquels se sont encadrées tant de pièces de nos jours, on ne saurait sans injustice les appeler rudimentaires et grossières. En réalité, l'ensemble de la décoration ne devait pas être désagréable aux yeux ; mais les différentes parties

---

1. Mais l'architecture en est bizarre ; on pourrait aisément les prendre pour trois palais ou pour un seul.
2. Il en faudrait six pour représenter convenablement *Félismène*, mais le moins nécessaire a été supprimé. Voy. dans mon *Alex. Hardy* l'analyse de cette pièce. — Voy. aussi l'analyse de *la Belle Egyptienne*.

en étaient de valeur très variable, selon qu'elles s'accommodaient plus ou moins de l'étroit espace qui leur était concédé. Si les palais qui occupaient un seul compartiment étaient bien exigus, ceux qui en occupaient trois avaient fort bon air ; les maisons, les cabanes étaient présentables, les ermitages pittoresques, les prisons suffisamment terribles. En revanche, les bois n'étaient représentés que par un peu de feuillage ; un campement était figuré par une moitié de tente : les mers et les montagnes manquaient absolument de majesté.

Plus le poète donnait carrière à son imagination, plus il éloignait son action des lieux ordinairement choisis pour être le théâtre des pièces, et plus les décorations devenaient imparfaites et confuses. Nous n'avons pas celles de *la Gigantomachie* et de *l'Enlèvement de Proserpine* de Hardy : cela est regrettable ; mais nous connaissons celle des *Travaux d'Ulysse* de Durval, elle peut nous en donner quelque idée : « Au milieu du théâtre, il faut un enfer caché et les mêmes tourments d'enfer ; au-dessus de l'enfer le ciel d'Apollon, et au-dessus d'Apollon le ciel de Jupiter. A côté de l'enfer la montagne de Sisyphe, et de l'autre côté le jardin d'Hespéride ; à côté du jardin le pacage du vaisseau ; à l'autre côté le palais de Circé ; la sortie du vaisseau se fait entre le mont de Sisyphe et le palais d'Antiphate ; une mer, auprès du fleuve du Styx, où Caron paraît dans sa barque garnie d'un aviron. Le tout se cache et s'ouvre... » Quelle complication ! Et comme le décorateur devait se travailler pour produire une œuvre qui nous paraîtrait ridicule ! Mais alors on ne la jugeait pas ainsi, et les soleils entourés de nuages qui figuraient les ciels d'Apollon et de Jupiter excitaient l'admiration.

On vient de voir par plusieurs exemples que, si le principe fondamental de la mise en scène était la juxtaposition des lieux où se transportait l'action, le principe de leur apparition successive n'était pas complètement inconnu.

Il ne l'était pas non plus au moyen âge, et nos décorateurs contemporains n'ont à son sujet qu'une innovation à revendiquer : son application constante et exclusive[1]. Quoique les mystères ne cherchassent guère à piquer la curiosité, ils avaient pourtant un enfer qui s'ouvrait et se fermait, comme celui des *Travaux d'Ulysse*; leurs limbes étaient cachés par des rideaux, jusqu'à ce que la vue en fût nécessaire ; bien d'autres *mansions* aussi pouvaient paraître et disparaître[2]. Ainsi faisaient-elles encore au XVIIe siècle. La chambre funèbre de *l'Inceste supposé* « s'ouvre et ferme au cinquième acte » ; d'autres chambres s'ouvrent et ferment dans *la Folie de Clidamant*, dans *la Folie d'Isabelle*, dans *Cornélie*. *Leucosie* a un tombeau caché qui s'ouvre deux fois, *Cintie* un bûcher qui paraît au cinquième acte. Ailleurs, ce sont des échafauds tendus de noir, des bûchers, des tombeaux, des feux d'artifice dans une mer[3], qui attendent, couverts d'un rideau, le moment de se montrer aux spectateurs. Par là les coups de théâtre deviennent possibles, et les rideaux eux-mêmes, utilisés, ajoutent quelque partie à la décoration.

« Il faut », dit la notice de *Lisandre et Caliste*, « il faut

---

[1]. Le décor multiple est pourtant employé de nos jours, quand un auteur veut produire simultanément plusieurs actions particulières. « Dans *Guido et Ginevra*, dans *Aïda*, le théâtre est divisé en deux dans le sens de sa hauteur, dans *le Roi s'amuse*, la scène offre trois parties différentes, et elle est partagée en quatre dans *les Contes d'Hoffmann*. » (Pougin, *Dictionnaire historique et pittoresque du théâtre et des arts qui s'y rattachent*, Paris, Didot, 1885, gr. in-8, p. 523.) Mais cette ressemblance avec la scène de Hardy est beaucoup plus apparente que réelle, car les compartiments que l'on représente comme contigus doivent l'être aussi dans la nature ; les actions que l'on produit simultanément doivent être conçues comme réellement simultanées.

[2]. Voy. Petit de Julleville, *les Mystères*, t. I, p. 388, 389, 394.

[3]. *La Bague de l'oubli*, *la Moscovite*, *Silvanire*, *Poliarque et Argenis*. Voy. aussi *l'Hypocondriaque*, et *passim*.

au milieu du théâtre le petit Châtelet de la rue de Saint-Jacques, et faire paraître une rue où sont les bouchers... Il faut que cela soit caché durant le premier acte, et l'on ne fait paraître cela qu'au second acte et se referme au même acte. La fermeture sert de palais. » Ainsi ce procédé, qui nous paraît moderne et qui était déjà ancien, était alors fréquemment et judicieusement employé. Il aurait pu devenir plus habituel encore et remplacer complètement la décoration multiple[1]. Le succès de la tragédie classique s'y opposa [2].

Outre les décorations permanentes et celles qui ne paraissaient qu'à certains moments de la représentation, les comédiens usaient encore de machines plus ou moins ingénieuses. Tantôt ils faisaient « paraître l'aurore dans un

---

1. Nous serions même obligés de croire que les décorateurs étaient arrivés à appliquer notre système de la décoration successive, si nous prenions à la lettre ce qu'invoque Scudéry pour expliquer le succès de son *Prince déguisé* : « Le superbe appareil de la scène, la face du théâtre qui change cinq ou six fois *entièrement* à la représentation de ce poème. » Mais l'adverbe *entièrement* est trompeur, et il faudrait bien plus de cinq ou six changements pour représenter aujourd'hui la tragi-comédie de Scudéry. En fait, la décoration du *Prince déguisé* comporte une rue, un palais, un temple de la Vengeance, une maison de jardinier, un jardin fermé par une muraille et orné d'une fontaine de marbre, deux prisons, une place publique. Un certain nombre de ces lieux — probablement le palais, la maison, le jardin et les prisons — constituaient une décoration fixe et complexe, tandis que le temple, la place publique, peut-être la rue, n'étaient présentés aux yeux qu'en temps opportun et par le jeu traditionnel des rideaux. Et c'était ainsi que changeait la face du théâtre. (Voy. *le Prince déguisé, tragi-comedie, par Monsieur de Scudery*. A Paris, chez Augustin Courbé, imprimeur libraire de Monseigneur frere du Roy, dans la petite Salle du Palais, à la Palme. MDCXXXVI, avec Privilege du Roy, in 8.)

2. D'Aubignac met une vivacité particulière à condamner le système des rideaux, « car ces rideaux ne sont bons qu'à faire des couvertures pour berner ceux qui les ont inventés et ceux qui les approuvent. » L. II, ch. VI ; t. I, p. 94.

char et sur un pivot traîné par des chevaux[1] » ; tantôt la nuit venait, et la lune marchait au milieu des étoiles[2] ; d'autres fois, l'Amour paraissait en l'air, annoncé par les éclairs et les tonnerres[3]. Que ces *trucs* fussent toujours réussis, c'est ce que nous nous garderions d'affirmer ; rien n'est plus coûteux que la machinerie théâtrale, et maître Georges[4] pouvait toujours répondre à ses détracteurs à peu près ce que Rotrou faisait dire au décorateur de son *Saint-Genest* :

L'argent nous a manqué plutôt que l'industrie[5].

Encore en 1642, d'Aubignac se plaignait amèrement de ceux qui avaient mis à la scène sa tragédie de *la Pucelle d'Orléans* : « Au lieu de faire paraître un ange dans un grand ciel, dont l'ouverture eût fait celle du théâtre, ils l'ont fait venir quelquefois à pied et quelquefois dans une machine impertinemment conduite. Au lieu de faire voir dans le renfondrement l'image de la Pucelle, au milieu d'un feu allumé et environné d'un grand peuple, ils firent peindre un méchant tableau sans art, sans raison et tout contraire au sujet[6]. » Et cependant, en 1642, on approchait du temps où le *Marais* allait éblouir les yeux par la splendeur de ses décorations et de ses machines[7].

---

1. *Amaranthe*.
2. *Les Occasions perdues, la Mélite* (c.-à-d. *l'Illusion comique* ; voy. la note 11 de l'Appendice). *la Filis de Scire*.
3. *Astrée et Céladon*. Voy. l'analyse des pastorales de Hardy (*Alex. Hardy*, l. III, ch. v).
4. Tel était le nom du décorateur de l'Hôtel de Bourgogne. Voy. la note 11 de l'Appendice.
5. Le texte porte « le temps... », acte II, scène 1.
6. Cité dans *Gaultier Garguille*, p. 159, n. — Cf. des plaintes moins intéressées dans *la Pratique du théâtre*, l. IV, ch. viii ; t. I, p. 321 ; cf. p. 353 et 356, le *Projet pour le rétablissement du théâtre françois*.
7. *L'Ulysse dans l'île de Circé*, par Boyer, est de 1648, mais les merveilles de *la Toison d'or* ne devaient paraître qu'en 1660.

Mais, réussies ou non, il fallait des machines au public, il aimait le spectacle et le tintamarre, il réclamait des *feintes*[1]. Aussi les comédiens visaient-ils à un certain réalisme dans leur jeu et ne négligeaient-ils aucun moyen de faire impression sur leurs spectateurs. Les prisons, fréquemment représentées, étaient « effroyables », munies de grilles, au risque de cacher l'acteur au spectateur et de rendre son action languissante[2]; les bûchers et les tombeaux ne paraissaient pas moins souvent sur le théâtre; on s'y blessait, on s'y tuait, et, en pareil cas, il fallait que le sang coulât. Le mémoire de Mahelot abonde en recommandations qui pourraient figurer dans un mystère du moyen âge. Ici il demande « du sang, des éponges, une

---

On peut voir l'indication de quelques machines remarquables dans *s* du Tralage. *Notes et documents sur l'hist. des th. de Paris*, Paris, Jouaust, 1880, in-12. — Plus tard encore, M*me* d'Aulnoy déclarait les machines du théâtre espagnol absolument « pitoyables ». Voy. Damas-Hinard § 2. p. 1330.

1. Voy. le passage de Bruscambille que nous avons cité au chap. v. p. 215

2. Sur la représentation des prisons, voy. de curieuses observations de La Mesnardière, p. 413-414. Le critique veut qu'on les fasse *effroyables*, et que les prisonniers aient soin de s'y tenir. Corneille dit au contraire, dans son *Examen de Médée* (t. II, p. 337) : « J'oubliais à remarquer que la prison où je mets Égée est un spectacle désagréable, que je conseillerais d'éviter; ces grilles, qui éloignent l'acteur du spectateur et lui cachent toujours plus de la moitié de sa personne, ne manquent jamais de rendre son action fort languissante. Il arrive quelquefois des occasions indispensables de faire arrêter prisonniers sur nos théâtres quelques-uns de nos principaux acteurs; mais alors il vaut mieux se contenter de leur donner des gardes qui les suivent et n'affaiblissent ni le spectacle ni l'action, comme dans le *Polyeucte* et dans *Héraclius*. » Dans *Sophonisbe*, Syphax paraissait enchaîné; mais, comme ses chaînes offraient aussi « un spectacle désagréable », Lélius, au bout de trois scènes, se ravisait :

Détachez-lui ces fers, il suffit qu'on le garde.

(Voy. Marty-Laveaux, *Notice sur Sophonisbe*, t. VI, p. 454.)

petite peau, pour faire la feinte du coup du sacrificateur[1] » ;
là « un plastron feint, pour tirer du sang du corps d'une
épée à dessein, et du sang pour la feinte[2] » ; ailleurs enfin,
« l'on tranche une tête, il faut un brancard de deuil où
l'on porte une femme sans tête[3] » ; il faut aussi « une
tête feinte[4] ». Quelle curieuse liste on pourrait dresser
des *accessoires* de l'Hôtel de Bourgogne ! Contentons-nous
de citer ceux qu'il fallait pour une seule pièce, une des
plus exigeantes, à la vérité[5] : « Trois casques garnis de
leurs visières, un porc, six queues de sirènes[6], six miroirs,
des ailes pour Éole, une verge d'argent, une verge d'or,
un pot de confiture, une serviette, une fourchette, un
verre de vin, quatre chapeaux de cyprès, deux de fleurs,
une fleur de moly, chapeau de Mercure, caducée et des
talonnières, un foudre, un sceptre de Pluton, couronne,
arbre doré dans le jardin (des Hespérides), vents, tonnerres, flammes et bruits, un caillou pour Sisyphe, un
artifice dans l'antenne du vaisseau d'Ulysse. »

Les animaux jouaient aussi leur rôle dans ce théâtre,
comme dans le théâtre contemporain. Mahelot demande
un *ours* pour *la Folie de Turlupin*, des lions pour *Ligda-*

---

1. *Clitophon.* Le texte porte : *du cou.*
2. *Le Roman de Paris.*
3. *Leucosie.*
4. *Parténie, seconde journée.* Contre les gibets, les roues, le
sang, voy. les recommandations de La Mesnardière, p. 419. Sur
les grottes, voy. p. 414-415. — Constatons, encore une fois, que
le théâtre scolaire gardait fidèlement les traditions du moyen âge.
L'auteur d'une tragédie que les frères Parfait datent de 1646, *le
Turne de Virgile*, explique à son lecteur comment il a évité de
mettre une bataille sur la scène. « J'ai placé ici cette observation,
dit-il, afin de prévenir ta censure, qui m'aurait pu reprendre d'en-
sanglanter la scène et d'imiter hors de temps les rudes spectacles
des collèges. » Voy. les frères Parfait, t. VII, p. 68.
5. *Les Travaux d'Ulysse.* Les lignes qui suivent complètent
la notice que nous avons en partie citée p. 252.
6. De *sereins*, dit le texte.

mon, ainsi que pour *Pyrame et Thisbé*; pour *la Filis de Scire*, « un agneau qui soit en vie ». Dans *Chriséide et Arimant*, on ne sacrifie qu' « un mouton feint », mais on fait « jouer des rossignols »... Enfin Scarron nous donne, sur les animaux au théâtre, des renseignements analogues à ceux que fournit Shakespeare dans *le Songe d'une nuit d'été* : « J'ai fait autrefois le chien de Tobie, dit La Rancune, et je le fis si bien, que toute l'assistance en fut ravie. Et pour moi, continua-t-il, si l'on doit juger les choses par l'effet qu'elles font dans l'esprit, toutes les fois que j'ai vu jouer *Pyrame et Thisbé*, je n'ai pas été tant touché de la mort de Pyrame qu'effrayé du lion [1]. »

Nous avons le jugement, naturellement flatteur, que les comédiens portaient eux-mêmes sur une de leurs mises en scène : « Si vous ne voulez aller si loin (que la foire), il ne faut qu'aller à l'Hôtel de Bourgogne, et eussiez eu envie d'y acheter quelque chose, tant les marchands avaient de grâce pour attirer le monde, vu qu'on représentait la foire de Saint-Germain; et comme on commence par mettre les faubourgs dans la ville, Saint-Germain et la foire étaient en l'Hôtel de Bourgogne. Là vous eussiez vu et pouvez voir encore, si vous le voulez, une image parfaite et accomplie de cette dite foire, une décoration superbe, des acteurs vêtus à l'avantage, la naïveté des vers accommodés au sujet; vous eussiez vu les plus exquises peintures de Flandre, où présidait Catin, noble fille de Guillot Gorju; vous eussiez vu Guillaume le Gros, dans une boutique d'orfèvre, apprêter à rire à tout le monde, et dont vous ririez encore sans une fâcheuse réflexion que l'on faisait, voyant manger des dragées de Verdun à ceux qui étaient sur le théâtre sans en manger; car il n'y avait rien de si triste que de voir manger les autres et ne pas

---

1. *Rom. com.*, 1re partie, ch. x; t. I, p. 82.

manger soi-même, et être comme un Tantale dans les eaux[1]. »

Ne croyons pas trop à « la décoration superbe », non plus qu'aux « plus exquises peintures de Flandre » : nos comédiens n'ont-ils pas longtemps, par économie, remplacé les figurants par de grossières toiles peintes[2]? mais voyons dans ce *boniment* un indice de ce que le public cherchait au théâtre et de ce que les acteurs s'efforçaient de lui donner.

VI

Il est facile de comprendre quelles obligations résultaient pour l'auteur dramatique de ces habitudes et de ces goûts du public. A moins qu'il n'eût un de ces génies qui triomphent de tous les obstacles et qui de vive force imposent au public leurs conceptions propres, tout genre de drame simple, sévère, s'adressant à l'âme plutôt qu'aux yeux, et à la raison plutôt qu'à la curiosité, lui était à peu près interdit ; ce qu'on lui demandait avant tout, c'était du mouvement et de la variété. « La plus grande part de ceux qui portent le teston à l'Hôtel de Bourgogne, disait Rayssiguier[3], veulent que l'on contente leurs yeux par la diversité et le changement de la scène du théâtre, et que le grand nombre des accidents et aventures extraordinaires leur ôtent la connaissance du sujet. Ainsi ceux qui veulent faire le profit et l'avantage des messieurs qui récitent leurs vers, sont obligés d'écrire sans observer aucune

---

1. *L'Ouverture des jours gras*, 1634 ; dans Éd. Fournier, *Variétés...*, t. II, p. 349.
2. Roy, *Sorel*, p. 28 (d'après Sorel, *la Prudence*, p. 152).
3. Préface de *l'Aminte du Tasse*, tragi-comédie, 1631 (fr. Parfait, t. IV, p. 534).

règle [1]. » N'était-ce pas là justement la situation de Hardy et, pendant quelques années du moins, de Rotrou, tenus dans une étroite dépendance par les comédiens, forcés de leur fournir le genre de pièces aimé du public. Certes, un poète de goûts irréguliers et, si l'on veut, romantiques, aurait pu s'en accommoder, mettre dans ses pièces des *mœurs* en même temps que du mouvement, satisfaire les sages aussi bien que les frivoles, et produire quand même des chefs-d'œuvre. C'est ce que Rotrou a failli faire quand il a écrit des pièces comme *Laure persécutée*. C'est ce qu'après ses débuts a souvent fait Shakespeare, dont la situation n'était pas sans analogie avec celle de nos poètes. Mais Hardy avait des goûts classiques, Hardy regrettait la tragédie, et son génie n'était pas assez souple pour se plier aisément à un autre genre; il s'y sentait comme dépaysé, et n'y était plus en possession de tous ses moyens.

On a dit et répété que la muse de Hardy s'était trouvée dans une situation privilégiée, car elle était libre. Après ce que nous venons de voir, pouvons-nous admettre un tel jugement? Sans doute, Hardy était affranchi du joug des règles classiques; mais n'était-il pas astreint à une constante irrégularité? Est-ce être libre que d'être forcé d'adapter ses inventions au système décoratif le plus spécial, le plus contestable, et — nous pouvons ajouter — le plus combattu?

Nous avons vu quel était ce système décoratif. Parfaitement approprié aux conditions dans lesquelles se trouvait l'art dramatique du moyen âge, il convenait beaucoup moins à celles de l'art nouveau, et il était condamné à disparaître; seul, le gros du public y tenait encore, mais une

---

[1]. Comparez à ces plaintes les raisons par lesquelles Montégut explique le succès du *Périclès* de Shakespeare auprès du public anglais : « La pièce, tout absurde qu'elle nous paraisse, réunit toutes les conditions voulues pour plaire à un public illettré. » *Œuvres complètes de Shakesp.*, t. VIII, p. 141.

élite de plus en plus nombreuse le jugeait grossier et suranné. Étaient-ce là des conditions favorables pour le dramaturge qui était obligé de s'en servir ?

On sait quelle est la fin et l'utilité de la décoration théâtrale. En reproduisant sous les yeux des spectateurs le milieu dans lequel s'est passée ou aurait pu se passer l'action du drame, elle contribue à rendre cette action intelligible et vraisemblable, à produire l'illusion. Mais une reproduction exacte est impossible, le théâtre ne pouvant lutter avec la nature; on se contente donc d'à peu près, de trompe-l'œil, ou même de signes qui rappellent, sans les figurer, les objets qu'ils représentent. Pourvu qu'il n'y ait pas de malentendu entre le décorateur et le spectateur, pourvu que celui-ci conçoive toujours les mêmes idées que celui-là veut évoquer en son esprit, la tâche de la décoration théâtrale est remplie. Seulement, le système décoratif ainsi créé se trouve dans un rapport plus ou moins visible, mais intime, avec les idées, les mœurs, les goûts d'un temps ou d'un pays; et, lorsque ces idées, ces mœurs, ces goûts se transforment, le système décoratif ne peut tarder à en faire autant. Alors les conventions les plus généralement admises, celles qui faisaient le mieux office de vérité, commencent à frapper les yeux clairvoyants par leur caractère de fausseté et d'étrangeté; une partie du public s'étonne qu'elles puissent être acceptées par l'autre: une crise est commencée. Elle peut être plus ou moins longue; mais les conventions ébranlées finissent toujours par tomber, et de nouvelles les remplacent[1].

C'est une crise de ce genre que subissait le théâtre français au commencement du XVIIe siècle; les dramaturges qui s'y sont trouvés mêlés en ont souffert.

---

1. Les idées et même quelques expressions de ce paragraphe ont été empruntées au critique si regretté du *Temps*, Francisque Sarcey. (Voy. notamment le feuilleton du 23 juillet 1883.)

En effet, les conventions établies entre le décorateur et le public intéressent à un haut degré l'auteur dramatique. Selon que le système adopté pour la mise en scène sera celui de la décoration simple et immuable, ou celui de la décoration changeante, ou celui de la décoration multiple, l'auteur coupera différemment sa pièce, choisira différemment les parties de l'action qui doivent paraître sur le théâtre, et celles qui doivent être dérobées aux yeux des spectateurs; il aura un art dramatique différent. Que le système décoratif change, ses œuvres paraîtront vieillies comme les conventions sur lesquelles elles reposaient; le discrédit qui frappe celles-ci s'attachera aussi à celles-là.

Il convient donc de ne pas imiter les critiques des deux derniers siècles, et de ne pas reprocher à un Hardy, à un Théophile, à un Rotrou, d'avoir construit leurs pièces comme ils étaient obligés de les construire. Il faut, au contraire, pour les juger, se placer au même point de vue que leurs contemporains. Qu'on passe en revue les principales conventions dont le public était d'accord avec eux; on sera ensuite en état d'apprécier la façon dont ils en ont usé.

VII

Tout d'abord, et pour prévenir une confusion possible, disons qu'en étudiant les décorations du temps, nous sommes amenés à distinguer trois cas :

Tantôt, en effet, elles ressemblaient aux nôtres ou même à celles de l'époque classique : la scène était divisée en plusieurs compartiments, mais ces compartiments formaient un ensemble et n'avaient pas de valeur pris isolément. Qu'on se rappelle la pièce de *la Folie d'Isabelle*.

Tantôt le système décoratif était mixte, et trois compartiments, par exemple, formant un ensemble, il y en avait encore deux sur la scène, indépendants l'un de l'autre et des trois premiers.

Tantôt, enfin, la scène appartenait tout entière à la décoration multiple, à celle du moyen âge.

On conçoit que nous n'ayons rien à dire du premier cas ; le second ne demande pas d'explication spéciale ; c'est le troisième qui est le plus intéressant pour nous, et c'est le seul que nous ayons à étudier.

Or, dans ce cas, le public admettait que les divers lieux nécessaires à l'action fussent sommairement représentés, et isolés de tout ce qui les entoure dans la réalité : les mers, étendues de quelques pieds, commençaient et finissaient d'une façon brusque; les cavernes s'ouvraient dans des rochers isolés, poussés on ne sait comment; les prisons consistaient en une salle où se tenait le prisonnier, et le geôlier même n'y avait point de place : la plupart des chambres formaient un rez-de-chaussée modeste et ne faisaient partie d'aucune maison. Ainsi chaque compartiment était réduit au strict nécessaire, et, comme il était complètement indépendant des autres, le plus souvent des balustrades marquaient nettement aux yeux les séparations.

Les rôles des divers compartiments étaient aussi indépendants que leurs figurations. A chaque moment de la représentation, il n'y en avait qu'un qui fût utile — on pourrait presque dire : qui existât — pour les spectateurs, celui où se tenaient et parlaient les personnages. Les autres « étaient supprimés par convention », jusqu'à ce que leur tour vînt d'exciter l'intérêt et d'attirer les yeux. Mais on comprend que chaque compartiment offrait bien peu de place aux personnages. Comment se seraient-ils tenus dans un bois, qu'un arbre ou deux figuraient? dans un campement, qui se réduisait à la moitié d'une tente? Ils se montraient donc dans le bois ou sous la tente, peut-être à côté, puis s'avançaient sur la scène même ; le public admettait qu'ils étaient toujours dans le campement ou dans le bois.

Pour les habitations, la nécessité d'une telle convention était plus grande encore, parce que la plupart des cabanes, des ermitages, des chambres, faisaient face, non au public, mais à la scène. Il était impossible d'y faire dialoguer les acteurs; tout un côté de la salle ne les eût point vus, et l'autre côté lui-même aurait eu de la peine à les entendre. Que faisait-on? Si la chambre renfermait « un lit bien paré [1] », un personnage pouvait se montrer d'abord sur ce lit, qui occupait le point le plus en vue du compartiment; mais il s'en levait bien vite, et venait parler hors de sa chambre. La plupart du temps, c'était sur le seuil même des chambres, des ermitages, des cabanes, que les personnages se montraient, et ils ne s'y tenaient même pas.

— Sans doute, dira-t-on, ces procédés sont étranges; mais le théâtre contemporain lui-même n'en admet-il pas d'analogues? Est-ce que nos acteurs, pour être mieux entendus, ne se placent pas sans cesse sur l'avant-scène, en dehors du décor que limite le plan du rideau, et par conséquent en dehors du lieu où ils sont censés se trouver? Est-ce que nous n'avons pas tous vu, dans des pièces où la scène représente deux chambres contiguës, dont les habitants ne se connaissent point [2], ces personnages s'avancer devant la rampe, sortir ainsi de leurs chambres, être parfaitement en vue l'un de l'autre, et pourtant ne pas se voir, par convention? Cela est-il moins extraordinaire?

— En réalité, il existe une différence essentielle entre la convention d'aujourd'hui et celle de ce temps. Celle d'aujourd'hui n'est établie qu'entre les acteurs et les spec-

1. *La Folie de Clidamant.*
2. Dans *Bonsoir, voisin*, par exemple, ou au second acte de *la Vie de Bohême*.

tateurs, dans l'intérêt des uns et des autres; qu'on l'admette ou qu'on ne l'admette pas, on ne saurait s'en prendre au décorateur ni à l'auteur; tandis que, sur la scène de l'Hôtel de Bourgogne, l'acteur n'avait pas seulement avantage à parler hors du décor, il était absolument obligé de le faire. Or, si rien n'avait paru plus naturel au xve siècle, au temps où la foi dans la décoration multiple n'était pas ébranlée, rien ne devait être plus critiqué au xviie, et le poète ne pouvait s'empêcher de tenir compte des sentiments d'une partie de son public. Il s'efforçait donc d'atténuer l'étrangeté de cet état de choses par des inventions plus ou moins plausibles, et même, lorsqu'un amant allait visiter sa maîtresse, il lui mettait souvent dans la bouche cette remarque que la belle sortait fort à propos ou qu'elle l'attendait sur le seuil. Cela, il est vrai, n'était guère ni vraisemblable, ni convenable; mais cela avait l'air d'une explication. Le poète assumait ainsi la responsabilité que le système décoratif seul aurait dû porter [1].

[1]. Dans *Théag. et Car.*, 1re journée, acte III, sc. III, après que les deux amants, poursuivis par Charicle et qui ont le plus grand intérêt à se cacher, viennent de dialoguer longuement avec Calasire, celui-ci ajoute en les quittant : « Entrez dans la maison », p. 39 de la 1re édition. — 5e *journée*, acte III, sc. III, Arsace et Cibèle s'entretiennent de leurs honteux projets, et Cibèle termine la conversation en disant : « Allez dans le palais nous attendre seulette », p. 329. — Même *journée*, acte III, sc. VII, p. 334, Cibèle amène Théagène à Arsace : « Ta déesse t'attend à la porte seulette. » — Dans *Aristoclée*, acte II, sc. I et II, il semble que Straton et Calistène, demandant à Téophane la main de sa fille, soient devant la porte même de Téophane : la scène III seule se passerait dans l'intérieur de la maison. — Dans *Phraarte*, acte I, sc. III et IV, après une conversation intime entre Cotys et Philagnie, et la présentation même de Phraarte, Cotys ajoute : « Mais entrons au palais », p. 395. — « Entrons dans le palais », dit aussi Philippe à la fin d'une délibération politique importante, acte II, sc. II, p. 413. — « Entrons », dit Philagnie après une conversation dangereuse avec ses dames, acte III, sc. I, p. 424. — Enfin il n'est pas jusqu'à la scène, si passionnée et si nécessaire à cacher, où Phraarte prend congé de Philagnie, qui ne soit termi-

Après tout, les conventions que nous venons d'analyser n'avaient qu'une importance secondaire et n'influaient que sur le détail des œuvres dramatiques [1]; on en trou-

née par le même mot (acte III, sc. v, p. 439). — Veut-on encore d'autres exemples ? La sc. II, acte II, de *la Force du sang* devrait être dérobée à tous les yeux et à toutes les oreilles ; elle ne s'en termine pas moins par le mot : « Entrons dedans » (p. 137). — Dans *Dorise*, plusieurs scènes du caractère le plus intime se passent hors des habitations : acte I, sc. I (voy. p. 395 et 399) ; acte II (voy. p. 405); acte III, sc. II (voy. p. 427); acte IV, sc. II (voy. p. 499). — De même dans *Alcée*, acte II, sc. III, p. 542 ; dans *le Triomphe d'Amour*, acte I, sc. IV, p. 501 sqq.

Alors que la décoration multiple n'était même plus un souvenir, Corneille s'excusait de la façon suivante d'avoir autrefois tenu compte de la convention dont nous parlons : « Célidée et Hippolyte, dit-il,... ne sont pas d'une condition trop élevée pour souffrir que leurs amants les entretiennent à leur porte. Il est vrai que ce qu'elles y disent serait mieux dit dans une chambre ou dans une salle, et même ce n'est que pour se faire voir aux spectateurs qu'elles quittent cette porte où elles devraient être retranchées, et viennent parler au milieu de la scène ; mais c'est un accommodement de théâtre qu'il faut souffrir pour trouver cette rigoureuse unité de lieu qu'exigent les grands réguliers. Il sort un peu de l'exacte vraisemblance et de la bienséance même ; mais il est presque impossible d'en user autrement, et les spectateurs y sont si accoutumés qu'ils n'y trouvent rien qui les blesse. Les anciens, sur les exemples desquels on a formé les règles, se donnaient cette liberté. Ils choisissaient pour le lieu de leurs comédies, et même de leurs tragédies, une place publique ; mais je m'assure qu'à les bien examiner, il y a plus de la moitié de ce qu'ils font dire qui serait mieux dit dans la maison qu'en cette place. » *Examen de la Galerie du Palais*, t. II, p. 13.

1. Parfois cependant, l'exiguïté des compartiments mettait l'auteur dramatique dans un cruel embarras. Ainsi l'héroïne de *la Force du sang* de Cervantès, se trouvant seule dans la chambre où elle a été violée, ouvre une fenêtre et remarque la disposition de la pièce, ce qui lui permet plus tard de la reconnaître. Dans *la Force du sang* de Hardy, l'héroïne reste dans l'obscurité, s'aperçoit à peine, en tâtonnant, que le lit est brodé et le sol couvert de tapis, — et n'en reconnaît pas moins la chambre, lorsqu'elle y est introduite, sept ans après. (Cf. les sc. II, I, et IV, II.) L'absurdité est flagrante ; mais pouvait-on mieux imiter Cervantès ? Après que le décorateur avait mis un lit dans la chambre, toute la place était prise, et il ne fallait pas songer à en trouver pour une fenêtre.

verait d'ailleurs d'analogues, sinon d'aussi hardies, dans tous les théâtres. Mais voici la convention capitale, celle qui a imposé aux œuvres leur forme même : c'est en même temps celle qui résulte le plus naturellement et le plus évidemment du système de la décoration multiple.

Les diverses parties de la décoration étant indépendantes, le public était obligé d'admettre que ces parties étaient à des distances très variables les unes des autres, aussi bien à quelques toises qu'à des milliers de lieues, selon que l'auteur l'avait voulu et le lui indiquait. Ainsi l'action de *la Force du sang* se déroule en plusieurs endroits qui font partie de la ville de Tolède ou de ses promenades extérieures ; un seul fait exception, et celui-là est en Italie. — *Gésippe ou les Deux Amis* se devait jouer au moyen de cinq compartiments : deux peuvent être rapprochés, puisqu'ils représentent une maison et un monument de Rome ; un troisième n'a pas besoin d'être éloigné, c'est une caverne dans un bois romain ; mais les deux autres sont deux maisons d'Athènes. — Pour *Elmire*, on avait sans doute deux salles qui appartenaient au même palais, celui du sultan d'Égypte ; les autres parties de la décoration transportaient le public à Rome, et à Erford en Allemagne. C'était bien là une « scène ambulatoire », comme l'appelle Sarazin, et l'on peut dire avec lui que le théâtre était « comme ces cartes de géographie, qui, dans leur petitesse, représentent néanmoins toute l'étendue de la terre[1] ». Seulement, ces cartes étaient fort incomplètes,

---

1. *Discours sur l'Amour tyrannique*, p. 321. — La comparaison est si naturelle, que Cervantès déjà l'avait employée. Il fait dire à la comédie elle-même : « Je représente mille choses, non plus en récit comme autrefois, mais en actions ; et ainsi, par force, il me faut changer de lieu. Et comme ces actions se passent dans différents pays, je vais où elles se passent ; là est l'excuse de mon extravagance. Aujourd'hui la comédie est une mappemonde où, à moins d'un doigt de distance, tu verras Londres, Rome, Valladolid et Gand. Peu importe aux spectateurs que soudain j'aille

et les lieux y étaient marqués en dépit de toutes les règles de la proportion.

De là des conséquences fort singulières. Tel personnage qui voulait passer d'un lieu dans un autre, traversait lentement la scène sans interrompre son monologue ou son dialogue, et changeait de compartiment : c'est que les deux lieux étaient rapprochés[1]. Tel autre, voulant se rendre dans un compartiment qui était devant lui et qu'il touchait presque, quittait la scène à la hâte[2] et n'y reparaissait qu'au bout d'un temps plus ou moins long, fatigué, mais satisfait d'avoir terminé son voyage : c'est que les deux lieux étaient éloignés[3].

Dans un pareil système dramatique, on comprend toute l'importance des changements de lieu. N'étant pas fortement accusés aux yeux, comme ils le sont aujourd'hui par

---

d'Allemagne en Guinée sans bouger des planches du théâtre. La pensée a des ailes; ils peuvent bien m'accompagner où je veux les conduire, et cela sans perdre ma trace, et sans se fatiguer. » *Théâtre de Michel Cervantès*. (*Cristoval de Lugo* [*El Rufian dichoso*], 2e j., début.)

1. Nous donnons d'ailleurs à ces termes de *rapprochés* et d'*éloignés* une valeur toute relative et très élastique. Le public admettait fort bien que, sans sortir de la scène et avant d'avoir prononcé dix vers, on pût se transporter d'une maison d'une ville dans un ermitage écarté des environs (*Cornélie*, acte IV, sc. IV, p. 272).

2. Ou même en courant ; voy. *le Triomphe d'Amour*, acte I, sc. I et II.

3. Voy. *Th. et Car.*, 3e journ., acte I, sc. I, et acte II, sc. II. Dans *la Belle Égyptienne*, don Sancho, blessé par les chiens, se trouve devant la tente de la soi-disant grand'mère de Précieuse. Les Égyptiens, qui s'offrent à l'y transporter, ne l'en emportent pas moins hors de la scène, et n'arrivent enfin dans la tente qu'après que divers personnages ont eu le temps de prononcer 16 vers. (Voy. acte III, sc. I et II, p. 236-238.) Voy. encore *Alphée*, I, I, et I, II; *Alcée*, I, I, et I, II; *le Triomphe d'Amour*, III, I, p. 529, et III, II, p. 532. — Le moyen âge ne prenait pas toujours tant de précautions. Dans un des *miracles de Notre-Dame*, un messager va de France en Hongrie sans quitter la scène ; il se contente d'indiquer toutes ses étapes en quelques vers. (Petit de Julleville, *les Mystères*, t. I, p. 148.)

la succession des *tableaux*, il fallait qu'ils fussent nettement indiqués aux spectateurs de quelque autre façon. Or, s'ils l'étaient surtout par les mouvements des comédiens, très souvent aussi ils l'étaient par les paroles que l'auteur leur mettait à la bouche. Au début de l'*Illusion comique* de Corneille, Dorante désigne le premier lieu où va se passer l'action :

> Ce mage, qui d'un mot renverse la nature,
> N'a choisi pour palais que cette grotte obscure;

et *les Folies de Cardenio* de Pichou contiennent ces deux indications :

> J'approche du logis où ma belle captive
> Abandonne aux soupirs sa passion craintive.

> J'ai choisi ce désert et l'horreur de ces lieux[1].

Cette importance des changements de lieu faisait encore que, lorsqu'il publiait ses pièces, l'auteur se servait d'eux pour diviser ses actes; autrement dit, qu'il comptait ses *scènes* par les changements de lieu. Mais il faut ajouter, pour être exact, qu'il ne le faisait pas toujours. Quand un personnage changeait de compartiment sans quitter le théâtre, Hardy ne marquait généralement pas de changement : à quel vers, en effet, à quel mot précis la scène nouvelle eût-elle commencé[2]?

---

1. Acte II, sc. 1, v. 59, et acte III, sc. 1, v. 9. (Lotheissen, t. II, p. 383 et 384.) De même, dans la seule pièce de Racine qui contienne des changements de lieux, dans *Esther*, le nouveau lieu de la scène est chaque fois expressément désigné par le poète :

> Dans ce lieu redoutable oses-tu m'introduire ?
> (Acte II, sc. 1, v. 2.)

> C'est donc ici d'Esther le superbe palais.
> (Acte III, sc. 1, v. 1.)

2. Dans *Th. et Car.*, 2e *journée*, la sc. III, II, commence dans la tente de Gnémon et finit dans celle de Thiamis. — Dans *Cornélie*, la sc. I, IV, commence chez les deux cavaliers espagnols

D'autre part, les éditions de Hardy indiquent souvent un changement de scène là où le lieu pourtant ne change pas. Quelle raison donner de cette contradiction? Est-elle l'effet d'une simple négligence? ou bien Hardy hésitait-il entre le procédé romantique et le procédé classique? Non; mais Hardy, homme de théâtre jusqu'au bout, et qui n'oublie jamais le public de l'Hôtel de Bourgogne, même alors qu'il s'adresse à des lecteurs, Hardy connaissait dans un acte deux sortes de moments importants et utiles à noter : ceux où le lieu change, d'abord; puis, ceux où l'entrée, la sortie d'un personnage vont faire faire un pas à l'action, où la curiosité du spectateur va trouver un aliment, où le public va faire entendre un « Ah! » d'impatience satisfaite. Ici, comme là, il marquait quelquefois un changement de scène. Ainsi a-t-il fait au second acte de *Gésippe*. Lorsque Tite, amoureux de la fiancée de son ami et torturé par le remords, est interrogé sur la nature du mal qu'il cache, il s'obstine à ne pas répondre; mais voilà que son confident se retire, et que Tite reste seul. Évidemment il va parler, et le public redouble d'attention. Hardy, qui le voit ou qui l'a prévu, écrit en tête du monologue : *scène* II.

et se continue devant la maison de Bentivole; — sc. IV, IV, Alphonse d'Este sort de la maison des deux Espagnols, perdu dans ses pensées; puis, tout en marchant, et après avoir eu le temps de prononcer 9 vers seulement, il arrive à l'ermitage. — Dans *la Force du sang*, la sc. IV, 1, commence chez Léocadie et finit à l'entrée de la maison de don Inigue. — Dans *Félismène*, la scène unique de l'acte III commence chez don Félix et se continue dans la rue, puis chez Célie. — La 1re scène de *Dorise* se joue successivement chez Salmacis, dans la rue, et chez Dorise. — Dans *Lucrèce*, sc. IV (II), Éverard et Myrhène se trouvent d'abord chez ce dernier, puis vont jusqu'à la porte de Lucrèce, et reviennent vers leur point de départ. — Dans *le Triomphe d'Amour*, la sc. III, IV, se transporte d'une grotte de satyre à une autre. — N. B. Nous mettons entre parenthèses les numéros des scènes qui ne sont pas numérotées dans le texte de Hardy.

Cette rectification faite à l'opinion traditionnelle[1], il n'en reste pas moins que Hardy attribuait une grande importance aux changements de lieu, et nous ne saurions mieux faire que de l'imiter en ce point. C'est par eux, en effet, c'est par cette conséquence nécessaire de la décoration multiple, que s'expliquent et se justifient toutes les bizarreries reprochées à cet auteur comme à ses émules.

On sait quelles moqueries l'âge classique leur a prodiguées. Desmarets l'avait devancé à cet égard, puisque, dès 1637, il traçait cette caricature du drame libre[2] :

> On expose un enfant dans un bois écarté,
> Qui par une tigresse est un temps allaité.
> La tigresse s'éloigne ; on la blesse à la chasse ;
> Elle perd tout son sang ; on la suit à la trace ;
> On la trouve, et l'enfant, que l'on apporte au roi,
> Beau, d'un fixe regard incapable d'effroi.
> Le roi l'aime, il l'élève, il en fait ses délices ;
> On le voit réussir dans tous ses exercices.
> Voilà le premier acte ; et, dans l'autre suivant,
> Il s'échappe et se met à la merci du vent.
> Il aborde en une île où l'on faisait la guerre ;
> Au milieu du combat il vient comme un tonnerre,
> Prend le faible parti, relève son espoir.
> Un roi lui doit son sceptre et désire le voir.
> Il veut en sa faveur partager sa couronne.
> Sa fille, en le voyant, à l'amour s'abandonne.
> Un horrible géant du contraire parti
> Fait semer un cartel ; il en est averti ;
> Il se présente au champ, il se bat, il le tue.
> Voilà des ennemis la fortune abattue...

L'exagération est évidente : mais on sent la vérité sous la charge. Oui, le drame de 1630 promène de divers côtés

---

1. Laquelle a pour origine une note de Sainte-Beuve, *Tableau*, p. 245. — Voy. ci-dessous, p. 298.
2. En s'inspirant du roman de *Valentin et Orson*. Dix ans plus tard, le sujet proposé par sa Sestiane était mis au théâtre par Desfontaines dans la tragi-comédie de *Bellissante ou la fidélité reconnue*; mais Desfontaines adoptait un plan beaucoup moins hardi que celui de Sestiane.

ses personnages, les fait grandir pendant la durée même d'un seul acte, multiplie les incidents, éparpille l'action. Il fait tout cela, et on peut l'en blâmer. Mais c'est en triompher trop facilement, et lui attribuer sans raison la plus grande part du ridicule sous lequel on l'accable, que de le juger d'après les règles classiques, et d'insinuer qu'il les a connues et n'a pas su les appliquer :

> Voyez si cet amas de grands événements,
> Capable d'employer les plus beaux ornements,
> Trois voyages sur mer, les combats d'une guerre,
> Un roi mort de regret, que l'on a mis en terre,
> Un retour au pays, l'appareil d'un tombeau,
> Les états assemblés pour faire un roi nouveau,
> Et la princesse en deuil qui les y vient surprendre,
> En un jour, en un lieu se pourraient bien étendre[1].

Non, ce drame ne respectait pas les unités ; mais il ne pouvait le faire, puisque son système décoratif l'en empêchait.

Nous n'avons pas besoin de montrer comment la décoration multiple était un obstacle à l'unité de lieu[2]. Mais elle n'était guère moins opposée à ce qu'on appelle l'unité de temps, et peut-être ne sera-t-il pas inutile de donner sur ce sujet quelques explications. Tel qui comprend fort bien pourquoi la durée d'une pièce entière n'est pas bornée à douze heures ou à vingt-quatre, mais s'étend pendant des mois et des années, aura de la peine à voir la raison

---

1. *Les Visionnaires*, acte II, sc. IV (dans *le Th. fr. au XVIe et au XVIIe s.*, d'Éd. Fournier). — Voy. les mêmes reproches, faits au drame de ce temps ou spécialement à Hardy, dans *la Maison des jeux*, de Sorel, t. I, p. 415. Cf. Sarazin, p. 321 ; Guéret, *Guerre des auteurs*, p. 58 (c'est Tristan qui parle) ; l'abbé Mervesin, *Histoire de la Poësie Françoise*, à Paris, chez Pierre Giffart, MDCCVI, in-8, p. 193-195.

2. L'obstacle pouvait être tourné quelquefois, comme le montre la mise en scène de *la Folie d'Isabelle*. Mais si on l'avait tourné toujours, on aurait, par le fait, supprimé la décoration multiple, et ni la majorité du public, ni les comédiens ne le permettaient.

pour laquelle un dramaturge accorde à un seul acte une durée semblable, et, après nous avoir montré une femme enceinte à sa première scène, nous la montre à la scène IV mère d'un enfant qui a déjà sept ans [1]. Or, ce n'en est pas moins là une conséquence, je ne dirai pas nécessaire, mais naturelle, de la décoration multiple.

Pour nous en convaincre, analysons les théories mises en avant, et par les partisans de l'*unité de temps*, et par leurs adversaires.

A vrai dire, le mot *unité de temps* est inexplicable, et, autant il est facile de comprendre ce qu'est pour une pièce une action unique ou un lieu unique, autant il est impossible de savoir ce qu'un temps unique peut bien être. Aussi ce mot ne se pourrait-il admettre, quoique impropre, que s'il désignait l'égalité de la durée de la représentation avec la durée de l'action même, et s'il marquait ainsi l'absence d'une convention spéciale au temps. Tel cependant n'est point le sens qu'on lui a donné, et ce terme trompeur d'*unité de temps* désigne au contraire une des conventions les plus fortes de l'art dramatique. « Leur folie va bien plus avant », dit un *prologue* de Scudéry, après avoir énuméré quelques conventions admises par les comédiens, « car la pièce qu'ils représentent ne saurait durer qu'une heure et demie, mais ces insensés assurent qu'elle en dure vingt et quatre ; et ces esprits déréglés appellent cela suivre les règles ! Mais s'ils étaient véritables, vous devriez envoyer quérir à dîner, à souper, et des lits ; jugez si vous ne seriez pas couchés bien chaudement, de dormir dans un jeu de paume [2]. » Scudéry plaisante,

---

1. Voy. *la Force du sang*, acte III.
2. *Comédie des comédiens*, prologue, p. 3. — L'Hermogène de *la Maison des jeux* est favorable aux classiques, mais il analyse avec exactitude les arguments de Hardy et de ses contemporains : « Toute leur excuse, c'est de dire que l'on peut entendre le récit des comédies comme celui d'une histoire qui est écrite,

mais il a quelque peu raison, et nous voyons que les théoriciens classiques ont été longs à s'entendre au sujet de la règle du temps. Ceux qui accordaient vingt-quatre heures à l'action étaient des *réguliers* pour Ménage, mais ils n'en étaient pas pour d'Aubignac, qui eût lui-même paru trop libéral à Scaliger [1].

En réalité, dès qu'on accorde à l'action plus de durée qu'à la représentation même, on fait appel à la convention. Pourquoi donc ne le faire que d'une façon timide et insuffisante? Pourquoi supposer un entr'acte de quatre ou cinq heures, et jamais d'un jour, jamais d'un mois? Craint-on que l'imagination du spectateur ne marchande

laquelle en quatre ou cinq pages peut déclarer ce qui est advenu en une centaine d'années ; qu'ils n'ont point fait état de représenter les choses de la même sorte qu'elles sont arrivées et avec de semblables espaces, d'autant que cela serait impossible, ou trop malaisé, et trop ennuyeux, et que, par la même raison, ce qui ne s'est passé qu'en vingt-quatre heures ne devrait pas être représenté en trois heures, comme l'on fait; que ce n'est que pour remédier à de tels inconvénients que la séparation des actes a été inventée, et que si l'on ne voulait représenter que ce qui est arrivé dans un terme pareil à celui que l'on prend, il ne faudrait aucune division à la pièce; que, quand un acte est fini, l'on se peut imaginer que ce qui se jouera après sera pour un autre intervalle de temps. » *La Maison des jeux*, t. I, p. 416-417. — « En voyant représenter une pièce de théâtre », dit l'auteur du *Traité de la disposition du poème dramatique*, p. 268, « il ne coûtera pas plus au spectateur de suppléer un an de temps qu'une journée ou une semaine » ; et il ajoute : « ni de s'imaginer tout un royaume comme une province ou une île. » Les mêmes revendications, on le voit, valent pour le temps comme pour l'espace. — Cf. des arguments analogues, émis en 1624 par Tirso de Molina. (Breitinger, *les Unités d'Aristote avant le Cid de Corneille*, p. 29.)

1. Voy. *la Pratique du théâtre*, l. II, ch. VII ; et, dans les t. II et III du même ouvrage, les dissertations de d'Aubignac et de Ménage sur l'*Heautontimoroumenos*. Cf. Breitinger, *les Unités d'Aristote avant le Cid de Corneille* ; Ch. Arnaud, *les Théories dramatiques au XVIIe siècle*, p. 240 ; Dannheisser, *Zur Geschichte der Einheiten in Frankreich (Zeitschrift für franz. Sprache und Litt., XIV)*; et Rigal, *le Théâtre au XVIIe siècle avant Corneille*.

à celle du poète son concours ? « Quand le rideau tombe, lit-on dans un *Essai d'esthétique théâtrale*, l'esprit du spectateur, dégagé de l'étreinte du poète, redevient immédiatement libre. Il y a dans cette chute du rideau, dans cette disparition absolue du spectacle, un signe manifeste de l'interruption de l'action dramatique. Une partie de cette action est dès lors accomplie, et l'esprit du spectateur est prêt à franchir l'espace de temps que voudra le poète... [1] »

Si cet espace est court, le public a moins d'efforts à faire, après l'entr'acte, pour se transporter au temps où le poète a placé une nouvelle partie de l'action ; l'intérêt a ainsi chance d'être plus concentré. Mais bien des sujets ne peuvent être traités de cette manière, et il serait fâcheux de les rejeter pour cela. Ce n'est pas au temps de l'action, après tout, que s'intéresse le public, mais à l'action même, et aux impressions qu'elle produit sur lui. Pourvu qu'au début de chaque acte, l'auteur fasse entendre clairement au public quel est le temps qui s'est écoulé, pourvu que les personnages principaux soient reconnaissables, pourvu que la chaîne des impressions n'ait point été rompue [2], aucune révolte, aucune résistance du public n'est à craindre. Rien de plus vrai, ces réserves faites, que la règle posée par Becq de Fouquières : « Dans un entr'acte, si court qu'il soit, le poète peut faire tenir un temps quelconque, si long qu'il soit. »

Voilà qui est parfaitement admis aujourd'hui, et l'était de même au temps de Hardy. Voyons ce qui se passe aujourd'hui dans le cours d'un seul et même acte.

---

1. Becq de Fouquières, *l'Art de la mise en scène*, p. 176. — D'ailleurs, d'Aubignac lui-même avoue, non sans quelque naïveté, qu'il a « vu des gens, travaillant depuis longtemps au théâtre, lire ou voir un poème par plusieurs fois sans reconnaître la durée du temps ». Voy. Arnaud, *les Théories dram. au XVIIe s.*, p. 233.

2. Voy. Guizot, *Shakespeare*, p. 155.

Ou la scène change, ou elle ne change pas. Si elle ne change pas, nous avons une succession de paroles et de faits qui se tiennent et dans le temps et dans l'espace ; c'est le système classique.

Si la scène change, on dit que l'acte renferme deux ou plusieurs *tableaux*, et nous nous trouvons encore en présence de deux cas. Tantôt, en effet, les événements se tiennent dans le temps, ou du moins l'intervalle qui sépare deux tableaux est très petit et inappréciable pour les spectateurs : les changements de pareils tableaux devraient toujours se faire *à vue*. Tantôt, au contraire, les tableaux sont séparés et par le lieu et par le temps : la pièce reste pourtant divisée en actes, mais chaque acte ne marque plus un moment indivisible de l'action, il en marque une période, une phase ; et l'on comprend l'existence de temps d'arrêt, d'entr'actes entre les divers tableaux.

Ces entr'actes ont un inconvénient. Les tableaux étant courts, l'attention du public est à peine éveillée quand chaque tableau prend fin ; la pièce est souvent coupée, et, si elle peut être une distraction pour les yeux, elle ne saurait captiver l'esprit. Aussi, dans beaucoup d'œuvres dramatiques, dont les tableaux se placent à des moments évidemment distincts, on n'en fait pas moins tous les changements de décors *à vue*. En a-t-on le droit ? Sans doute ; mais on admet alors une convention nouvelle, c'est qu'un changement de décor équivaut à un entr'acte, et nous avons vu que, « dans un entr'acte, si court qu'il soit, le poète peut faire tenir un temps quelconque, si long qu'il soit ».

La convention admise par les spectateurs de Hardy n'était pas autre que celle-là. Pour eux aussi, on peut dire qu'un changement de décor équivalait à un entr'acte, seulement *ce n'était pas le décor lui-même qui changeait, c'était l'action qui changeait de décor en se transportant* d'un compartiment du théâtre dans un autre. Lorsque ce transfert avait lieu, il était entendu qu'un temps venait de s'écouler. Quel temps ? une heure ou un jour ? un jour ou un mois ? Peu importait au public, pourvu qu'il en fût informé par les premières paroles des personnages [1].

Une telle convention résultant naturellement de la décoration multiple, il est clair que le théâtre du XVIIe siècle ne l'avait pas inventée ; il l'avait reçue du moyen âge comme tant d'autres, et nous la retrouvons partout dans les mystères. A certains égards, elle nous y paraît plus à sa place, parce que les mystères ne sont pas divisés en actes, et que les journées en sont beaucoup trop longues pour ne pas admettre de coupures et de changements de temps. Mais il faut reconnaître aussi que la présence permanente de tous les acteurs sur la scène rendait ces changements singuliers. Et, comme le théâtre de Hardy n'admettait pas la présence permanente des personnages sur la scène, il paraît bien que, à tout prendre, il pouvait admettre cette convention du temps aussi bien que le théâtre des mystères. S'il nous en semble autrement, c'est que la coupe en cinq actes nous rappelle invinciblement le théâtre classique, et qu'ainsi des habitudes d'es-

---

[1]. Parfois l'auteur profitait de la convention pour se donner plus de liberté encore ; deux scènes qu'il nous présentait successivement devaient être considérées comme simultanées, l'intervalle qui les séparait étant alors égal à zéro. (Voy. p. ex. *Th. et Car.*, 3e *journ.*, sc. III, I, et sc. III, II.) Rarement — et dans ce cas on peut dire qu'il abusait de la convention — il se permettait de revenir en arrière, comme un romancier. Ainsi, il est bien difficile d'admettre que la scène IV, II, dans la 3e *journée* de *Th. et Car.*, ne soit pas antérieure à la sc. IV, I. Quant à la sc. IV, IV, elle est certainement antérieure à la scène IV, III ; en effet « une heure » seulement sépare cette dernière du duel de l'acte V, et dans la scène IV, IV, Calasire et Cariclée, qui vont arriver à temps pour le duel, sont encore sur le champ de bataille de Bessa : la nuit commence.

prit et des préjugés, écartés quand nous étudions les mystères, viennent, alors que nous sommes en face d'œuvres moins étranges pour nous, troubler et fausser notre jugement.

A un autre point de vue encore, il faut, si l'on veut être juste, tenir compte au théâtre de Hardy et de ses contemporains de sa mise en scène, et le rapprocher de celui du moyen âge. On ne l'a pas fait à l'époque classique, et l'on a blâmé ces auteurs d'avoir manqué sans cesse à l'unité d'action. Mais qu'est-ce que l'unité d'action, telle que la comprenaient nos classiques ? C'est l'obligation de faire de la tragédie une *crise*, de ne mettre dans une pièce qu'un fait important, qui forme le dénoument, et que les préparations de ce fait, qui remplissent les premiers actes. Or, si une telle unité s'accorde admirablement avec celles du lieu et du temps, dont elle est la conséquence presque nécessaire [1], elle s'accorde peu, au

---

[1]. Le mot peut paraître singulier, car logiquement c'est à l'unité d'action, la seule nécessaire, qu'il appartenait d'être le principe des autres. Mais je crois bien que l'ordre fut interverti chez nous. Peut-être pourrait-on le soutenir même pour Racine : « La simplicité d'action, qu'il considère comme essentielle à la tragédie semble être à ses yeux une conséquence de l'unité de temps. « Quelle vraisemblance y a-t-il, dit-il dans la préface de « *Bérénice*, qu'il arrive en un jour une multitude de choses qui « pourraient à peine arriver en plusieurs semaines? » (A. Benoist, *Le système dramatique de Racine*, dans *Annales de la Fac. des Lettres de Bordeaux*, 1890, p. 336.) M. Benoist ajoute fort justement : « Il ne faudrait pas sans doute voir dans cette unique phrase plus de choses qu'il n'a voulu y en mettre ; tout ce qu'on peut en conclure légitimement, c'est qu'il y a, suivant lui, une harmonie naturelle entre l'unité de jour et la simplicité d'action, que ce sont des éléments inséparables d'un même système. » Mais Racine, quand il s'exprimait ainsi, obéissait plus ou moins inconsciemment aux habitudes d'esprit de ses contemporains et de ses prédécesseurs. C'est surtout à propos du jour et du lieu que l'on avait bataillé au xviie siècle, et cela parce qu'on étudiait le drame du dehors, en se plaçant aux deux points de vue des textes anciens et de la mise en scène contemporaine.

contraire, avec la diversité des lieux, et avec la liberté du temps qui en résulte. Comment se contenter de résoudre une crise, quand on donne à l'action des mois et des années de durée ? Comment ne faire agir qu'une fois ses personnages, quand on les fait paraître ou qu'on les promène en tant de lieux divers?

Le moyen âge n'y avait même pas songé. « Le théâtre classique noue une action restreinte, dit Petit de Julleville [1], et le théâtre des mystères déroule une action étendue. Dans l'un, les scènes s'appellent et pour ainsi dire s'engendrent l'une l'autre. Dans le théâtre du moyen âge, elles se succèdent. » Hardy avait d'autres goûts que les auteurs des mystères, et il l'a montré en composant quelques tragédies qui sont déjà dans le système classique ; même lorsqu'il se fut donné presque tout entier à la tragi-comédie, il y porta quelque chose de ce désir de concentration, de resserrement de l'action, de simplicité, qui l'avait autrefois dominé ; mais, malgré tout, il fallait tirer parti de la décoration multiple et, pour cela, éparpiller l'action, multiplier les faits. « C'était faire une comédie que de mettre une vie de Plutarque en vers [2] » ; c'était en faire une encore que de mettre une histoire *par personnages*, comme on disait au xve siècle, et de découper en actes et en scènes une nouvelle italienne ou espagnole. Pendant de longues années, ce fut ainsi que les Rotrou, les Scudéry, les du Ryer entendirent l'art dramatique.

Encore ici, le drame libre français se rencontrait avec le drame anglais ou espagnol [3] ; et on ne pouvait pas plus

---

1. *Les Mystères*, t. I, p. 244.
2. Guéret, p. 58 (c'est Tristan qui parle). — Cf. le *Coriolan* de Shakespeare, et, dans mon *Alex. Hardy*, l'analyse de la tragédie qui porte ce nom.
3. Dryden dira plus tard : « Un autre avantage des Français sur nous et sur les Espagnols, c'est qu'ils ne prennent d'une

exiger de lui que des autres une étroite unité d'action. Tout ce qu'on avait le droit de lui demander, c'était une réelle unité d'intérêt, une sérieuse unité d'impression, parce qu'il n'est pas sans cela d'art dramatique.

VIII

Maintenant que nous avons étudié rapidement le système décoratif en vigueur pendant les trente premières années du xviie siècle, et l'influence qu'il exerçait naturellement sur l'art dramatique, on se demandera peut-être pourquoi ce système décoratif a si vite disparu, pourquoi l'art dramatique s'est si vite transformé.

On sait combien elle avait d'adversaires et de détracteurs. Après s'être tenus, pendant toute la seconde moitié du xvie siècle, à l'écart du théâtre populaire et de ses grossières représentations, les lettrés y avaient été attirés par l'art relativement classique de Hardy. D'abord sans action sur le public, ils avaient peu à peu vu grossir leur nombre et s'augmenter leur influence. C'est pour plaire à cette élite raffinée que Racan et Mairet avaient cultivé le théâtre ; d'autres poètes avaient imité ceux-là ; et maintenant les lettrés se croyaient assez forts pour lutter contre le public populaire, pour détrôner son poète ordinaire, Hardy, leur allié secret, mais impuissant, et pour abolir enfin un système décoratif suranné.

Que de reproches n'avaient-ils pas à lui adresser ! Est-ce que la présence sur la même scène de lieux et d'objets si différents : palais, cabanes, forêts, rivages, n'offrait pas

---

histoire que ce qui est nécessaire à l'action, sans l'embarrasser d'une foule d'incidents subalternes privés de liaison entre eux. » Mais les Français du temps de Hardy ne s'étaient pas encore distingués des Anglais et des Espagnols. (Voy. Dryden, *An Essay on dramatic Poetry*, dans Royer, t. IV, p. 8.)

quelque chose de choquant, et ne répugnait pas à des goûts artistiques un peu délicats? Est-ce que, sur cette scène mal éclairée et de dimensions restreintes, auteurs et acteurs parvenaient toujours à faire comprendre en quel lieu se passait chaque partie de l'action? Est-ce que les libertés prises par les dramaturges : pérégrinations dans l'espace et dans le temps, décousu de l'action, pouvaient convenir à des esprits nourris de l'antiquité classique, et qui se souvenaient peut-être des Garnier et des Montchrestien? Il fallait donc reprendre, mais dans des conditions tout autres et bien plus favorables, la tentative de Jodelle et de la Pléiade : il fallait introniser définitivement sur le théâtre les règles classiques. Une telle œuvre ne devait être ni courte ni aisée, le gros du public étant contre elle : mais, avec de l'habileté et de la prudence, on devait arriver à l'accomplir.

Le premier qui travailla et contribua puissamment à cette réforme, ce fut Mairet[1]. Mis par son état de fortune hors de la dépendance des comédiens, protégé presque dès ses débuts par des hommes haut placés, accueilli au théâtre par de brillants succès, Mairet était plus en position que personne de soutenir et de faire réussir sa cause ; et cependant son histoire même montre combien cette cause était difficile à plaider auprès du public.

Ses deux premières pièces, *Chriséide et Arimand* et la *Sylvie*[2], étaient de tout point irrégulières, ce qui leur avait permis d'être bruyamment et longuement applaudies. La troisième, en 1629, afficha la prétention d'être régulière ; aussi l'auteur ne l'avait-il pas composée pour l'Hôtel de Bourgogne, mais pour l'Hôtel de Montmo-

---

1. Voy. l'intéressante monographie de M. Bizos, *Étude sur Jean de Mairet* ; la savante dissertation de M. Dannheisser : *Zur Chronologie der Dramen Jean de Mairet's* ; et mon étude sur *le Théâtre au XVIIe siècle avant Corneille*.
2. 1625 et 1626.

rency[1]. C'est de Chantilly, et après avoir obtenu les applaudissements de la cour, que la *Silvanire* passa au théâtre, peut-être par la protection de Montmorency. D'ailleurs, qu'y avait-il de si nouveau dans la *Silvanire* ? et en quoi son triomphe pouvait-il passer pour celui des règles ? Si celle des vingt-quatre heures était observée, c'était au prix de bien des invraisemblances ; de l'unité de lieu il ne pouvait être sérieusement question quand on usait d'un décor fort compliqué et qu'on faisait manœuvrer un de ces rideaux si désagréables à d'Aubignac[2] ; enfin l'unité d'action était compromise par un épisode parasite. Ce qui rend la *Silvanire* importante pour l'histoire du théâtre, c'est surtout le discours-manifeste dont Mairet l'a fait précéder en la publiant ; mais ce discours n'a paru qu'en 1631, et le public qui applaudissait la *Silvanire* ne l'avait pas lu.

En 1632, Mairet fait jouer *les Galanteries du duc d'Ossonne*. Cette fois l'œuvre n'a pas été faite pour Chantilly, elle s'adresse directement au public, et il y paraît. Unité de temps et unité de lieu y sont outrageusement violées ; le théâtre est divisé en plusieurs compartiments, dont deux

---

1. *Préface, en forme de discours poétique* ; en tête de *la Silvanire*, p. 22.

2. « A un côté du théâtre il faut un rocher en forme d'un antre, où l'on puisse monter deux marches ou trois, un plafond où l'on met un tombeau et une femme dedans couverte d'un linceul. Il faut que l'on tourne autour du tombeau, s'il se peut, et une entrée derrière pour mettre cette femme dans le tombeau ; il faut qu'il soit caché de toile de pastorale. Au pied du rocher dont nous avons parlé il faut un ruisseau où l'on jette un miroir que l'on casse sur le théâtre. Au milieu du théâtre il faut pratiquer une fontaine en pastorale ; de l'autre côté forme de ruine et antre, bois en pastorale, et tout le théâtre en verdure. Il faut des dards, des houlettes, deux poignards et une gondole pour un des bergers. » *Mémoire* de Mahelot, f° 48 v°. Voy. le dessin qui accompagne cette description, dans Faguet, *Hist. de la litt. fr.*; Paris, Plon, 1900, pet. in-8, t. II, p. 31.

« s'ouvrent et ferment » au moyen de toiles[1]. Dirons-nous que *les Galanteries du duc d'Ossonne* sont une comédie et que la réforme devait commencer par les genres les plus sérieux ? Mairet lui-même nous contredirait, ayant déclaré dans la préface de *Silvanire* que la règle des vingt-quatre heures s'imposait surtout à la pastorale, et l'auteur du *Traité de la disposition du poème dramatique* écrit de son côté que les uns « exceptent de cette loi la tragédie et la tragi-comédie », que les autres, au contraire, en dispensent plutôt les genres inconnus des anciens, la tragi-comédie et la pastorale, mais que tous les amis des règles sont d'accord pour exiger la plus grande sévérité dans la comédie[2] ?

Pourquoi donc Mairet s'en tient-il encore aux vieux errements ? Pourquoi n'attaque-t-il pas la décoration simultanée, alors que sans doute plusieurs grands personnages l'y avaient poussé, alors que d'Aubignac allait prêchant la doctrine aristotélique[3], et que le tout-puissant Richelieu l'avait embrassée.

Il ne suffit pas d'invoquer les habitudes de Mairet : la réforme rencontrait aussi des résistances. De la part de qui ? des auteurs, qui trouvaient leur compte à imiter les *comedias* espagnoles, maintenant connues, ou à rivaliser de romanesque avec elles ; du public, qui tenait au drame irrégulier, plus varié et plus amusant ; et surtout peut-être des comédiens. Le *Traité de la disposition du poème dramatique*, il est vrai, accuse plutôt les comédiens d'être favorables aux idées nouvelles : « Pour l'avarice des comé-

---

1. Voy. acte II, sc. II et III, et acte III, sc. II, III et IV (dans Éd. Fournier, *le Th. fr. au XVIe et au XVIIe s.*)
2. *Traité*, p. 249-250 ; cf. *Alex. Hardy*, p. 537-538.
3. Voy. d'Aubignac, l. I, ch. IV ; t. I, p. 19 ; l. II, ch. VII ; t. IV, p. 106. Cf. Arnaud, *les Théories dramatiques au XVIIe s.*, p. 177, et, dans le même ouvrage, p. 139 et suiv., la dissertation de Chapelain en faveur des règles (29 nov. 1630).

diens et pour l'ignorance des peintures et décorateurs de théâtre, il ne faut pas introduire ni approuver la règle qui ne représente qu'un lieu dans la scène ; les poètes ne doivent pas laisser de faire de bonnes pièces, encore que les acteurs ne les représentent pas bien[1]. » Mais est-ce vraiment à l'Hôtel de Bourgogne que les reproches de l'auteur anonyme s'adressent ? Ces *ignorants* qui ne savent plus dresser de belles *mansions* comme autrefois, sont-ce les « peintres et décorateurs » qui avaient collaboré avec Hardy et Rotrou, et dont le mémoire de Mahelot nous a fait connaître l'habileté ? et ces comédiens *avares* qui, pour ménager leurs ressources, ne veulent qu'une scène nue ou tout au moins qu'une décoration unique, sont-ce bien ceux qui, maîtres d'un riche répertoire, pourraient, sans bourse délier, mettre à profit tant de palais, tant de prisons, tant de cabanes et d'ermitages autrefois brossés pour leur théâtre ? Non, c'est pour des décorateurs tout neufs dans leur métier, c'est pour des comédiens nouvellement installés sur leur scène que peuvent être justes de pareilles imputations[2]. L'intérêt de Mondory était de favoriser les idées nouvelles ; mais, parce qu'elles devaient lui faire perdre tout un magasin de décors, les règles aristotéliques ne pouvaient que déplaire à l'Hôtel de Bourgogne. Aussi n'est-ce pas à l'Hôtel de Bourgogne que

---

1. *Traité*, p. 268.
2. A vrai dire, il se pourrait que l'auteur du *Traité* songeât à l'Hôtel de Bourgogne aussi bien qu'au théâtre de Mondory, car il n'a pas l'air plus favorable à l'un qu'à l'autre. Il semble accuser les comédiens royaux d'avoir — si j'ose emprunter son vocabulaire à M. Bergerat — *tripatouillé* des pièces qu'il leur avait fait l'honneur de leur confier. Et peut-être lui avaient-ils demandé de simplifier quelque décoration trop touffue. Là-dessus, le dépit lui a fait mettre les deux troupes dans le même sac et lui a fait dire de toutes deux ce qui ne pouvait convenir qu'à l'une d'elles. Voy. *Traité*, p. 273 et 278, et, ci-dessous, la note VIII de l'Appendice.

paraît en 1633 la *Virginie*, tragi-comédie mélodramatique, mais où Mairet s'essaie gauchement à observer les règles ; et ce n'est pas à l'Hôtel de Bourgogne que, en 1634, la première tragédie classique paraît enfin.

Citons le récit du *Segraisiana*, déjà tant cité[1] : « Ce fut M. Chapelain qui fut cause que l'on commença à observer la règle de vingt-quatre heures dans les pièces de théâtre, et parce qu'il fallait premièrement la faire agréer aux comédiens, qui imposaient alors la loi aux auteurs, sachant que Monsieur le Comte de Fiesque, qui avait infiniment de l'esprit, avait du crédit auprès d'eux, il le pria de leur en parler, comme il fit : il communiqua la chose à M. Mairet, qui fit la *Sophonisbe*, qui est la première pièce où cette règle est observée. » Nous n'insisterons pas sur ce passage : le rôle de Chapelain y est exagéré sans doute, et il est trop évident que ce n'est pas aux vingt-quatre heures que les comédiens étaient le plus opposés. Mais ce qu'on a surtout négligé de voir, et ce qu'il était nécessaire d'établir, c'est que la *Sophonisbe* n'a pas été faite pour l'Hôtel de Bourgogne : Mondory la représentait en 1634 dans toute sa nouveauté et alors que la pièce, non imprimée encore, n'était pas tombée dans le domaine commun [2] ; et on sait d'autre part que le comte de Fiesque fut un des bienfaiteurs de Mondory [3].

---

1. *Mémoires anecdotes*, p. 116.
2. *Sophonisbe* ne fut imprimée qu'en 1635 ; or, on lit dans la *Gazette* du 23 décembre 1634, p. 584 : « Monsieur ouït le soir du même jour (du 18) la comédie chez le duc de Puylaurent (qui fut la *Sophonisbe* de Mairet, représentée par Mondory et son ancienne troupe, encore ralliée pour cette fois). » — L'auteur d'un *Essai sur les théories dramatiques de Corneille* s'est efforcé de démontrer que la *Sophonisbe* n'avait pas été jouée avant 1635. (Voy. A. Lisle, *Essai...*, p. 91-92.) Il était plus près de la vérité que ceux qui ont si longtemps maintenu ou qui maintiennent encore pour cette œuvre la date de 1629.
3. Bizos, p. 286. — Cette aide prêtée aux classiques par Mon-

Avec la *Sophonisbe*, les classiques avaient leur modèle ; avec la préface de la *Silvanire*, ils avaient eu leur poétique. Est-ce à dire qu'ils se retrouvaient dans la même situation où ils s'étaient trouvés plus d'un demi-siècle auparavant ?

Au premier coup d'œil, ils paraissent même beaucoup moins avancés qu'autrefois. Au XVI° siècle, Jean de la Taille écrivait résolument : « Il faut toujours représenter l'histoire ou le jeu en un même jour, en un même temps et en un même lieu [1]. » En 1631, Mairet ne présentait les mêmes idées qu'avec réserve, et il ajoutait : « Ce n'est pas que je veuille condamner ou que je n'estime beaucoup quantité de belles pièces de théâtre, de qui les sujets ne se trouvent pas dans les bornes de cette règle. » — Au XVI° siècle, l'action des premières tragédies se passait dans un lieu unique. En 1634, la décoration de *Sophonisbe* comprenait encore plusieurs salles du palais de Syphax (parmi lesquelles la chambre de la Reine, qu'un rideau laissait voir au dénouement), et un endroit, plus ou moins éloigné de ce palais, dans la même ville de Cirtha. — Enfin, au XVI° siècle, l'autorité des règles était si bien établie, que l'auteur d'un *Régulus* publié en 1582 s'excusait « d'avoir dû s'affranchir de la règle superstitieuse des unités », impossible à observer dans un tel sujet [2]. Vers 1630, au contraire, les règles rencontraient encore beaucoup plus de détracteurs que de partisans.

---

dory fut sans doute une des raisons pour lesquelles Richelieu protégea le théâtre dit *du Marais*, au détriment des *comédiens royaux*, réfractaires à la loi nouvelle.

1. *L'Art de la tragédie*, f° 3, r°. Il est vrai que cette formule de Jean de la Taille a un sens un peu différent de celui qu'on lui attribue d'ordinaire et signifie : « Les œuvres dramatiques ne doivent jamais être formées de plusieurs *journées* ; elles doivent se passer en un même temps (ce qui est vague) et en un même lieu. » Voy. mon étude sur *le Théâtre de la Renaissance*, dans l'*Hist. de la langue et de la litt. fr.*, t. III, p. 282.

2. Faguet, p. 317. (Cet auteur est Jean de Baubreuil.)

Mais ce ne sont là que des apparences, par lesquelles il ne faudrait pas se laisser tromper. Les classiques du xvi⁰ siècle n'avaient pas de théâtre, et, par conséquent, leurs œuvres pouvaient posséder toutes sortes de qualités : il leur manquait la vie ; ceux du xvii⁰ venaient de mettre la main sur un des deux théâtres publics, et le second ne pouvait manquer de se soumettre bientôt à eux.

Pour le moment, il s'obstinait dans sa résistance, et Mairet le constate très clairement. « Il faut avouer, dit-il à propos des vingt-quatre heures, que cette règle est de très bonne grâce et de très difficile observation tout ensemble, à cause de la stérilité des beaux effets qui rarement se peuvent rencontrer dans un si petit espace de temps. *C'est la raison de l'Hôtel de Bourgogne*, que mettent en avant quelques-uns de nos poètes qui ne s'y veulent pas assujettir¹. » Ainsi, l'Hôtel de Bourgogne appartenant encore aux irréguliers, et le théâtre de Mondory étant ouvert aux deux partis, commence une longue période de transition et de lutte, où les uns attaquent les règles ², où

1. Préface de la *Silvanire*, p. 18 — Pourquoi Mairet ne parle-t-il ici que de la règle du temps ? Sans doute parce que celle du lieu n'avait pas pour elle l'autorité expresse d'Aristote, (voy. d'Aubignac, l. II, ch. vi ; t. I, p. 87) ; mais on peut ajouter que la règle de l'unité de lieu était la plus difficile à faire accepter — et l'on pourrait presque dire : à faire comprendre — à des spectateurs familiers avec la décoration multiple. En Italie, en Espagne, en France, les classiques ne s'avisent de réclamer l'unité de lieu qu'après avoir longuement réclamé l'unité de temps ; chez nous, Corneille assure qu'en 1629 la règle des vingt-quatre heures était la seule que l'on connût, et, si c'est une erreur, elle est significative. Quoi qu'en pense Breitinger, il y a autre chose ici que la seule influence d'Aristote. (Voy. Breitinger, *les Unités d'Aristote avant le Cid*, p. 12, 22, 32 ; et cf. Arnaud, *les Théories dram. au* xvii⁰ *s.*, p. 124, n. Voy. Corneille, *Examen de Clitandre*, t. I, p. 270.)

2. Contre les règles, voy. la préface mise par Isnard au-devant de *la Filis de Scire* de Pichou (fr. Parfait, t. IV, p. 424) ; l'avertissement « à qui lit » en tête du *Ligdamon et Lydias* de

les autres les défendent, où d'autres enfin s'en servent ou les négligent selon les cas.

« J'ai cru, dit Corneille en tête de *la Veuve*, rendre assez de respect à l'antiquité de lui partager mes ouvrages, et, de six pièces de théâtre qui me sont échappées, en ayant réduit trois dans la contrainte qu'elle nous a prescrite, je n'ai point fait de conscience d'allonger un peu les vingt-quatre heures aux trois autres »[1]. Et Scudéry se montre parfaitement d'accord avec Corneille, tout en étant plus instructif encore pour nous, lorsqu'il écrit en tête de sa *Didon* : « Cette pièce est un peu hors de la sévérité des règles, bien que je ne les ignore pas ; mais souvenez-vous (je vous prie) qu'ayant satisfait les savants par elle, il faut parfois *contenter le peuple par la diversité des spectacles et par les différentes faces du théâtre* ». Et Scudéry ne s'en faisait pas faute : dans *le Trompeur puni* (1631), il mettait sur la même scène l'Allemagne et le Danemark[2] ; dans *le Fils supposé* (1634), l'action se transportait de Paris en Bretagne dans le même acte[3] ; *le Prince*

Scudéry, 1631 ; les préfaces de l'*Agarite*, 1636, et de la *Panthée*, 1639, par Durval, etc. ; et surtout le *Traité de la disposition du poème dramatique*, 1637 (voy. à l'Appendice, note VIII). C'est sans doute là qu'on trouve la formule la plus nette et la plus complète de la poétique fondée sur la décoration multiple : « C'est à l'esprit du poète à disposer la scène en telle sorte qu'il y puisse représenter *plusieurs actions aussi bien comme une, et qu'on y puisse voir et discerner autant de pays, séparés ou contigus, voisins ou éloignés*, que l'argument de la pièce en pourra toucher, parcourir ou comprendre, et tout cela dans *un temps raisonnable* que le jugement de l'auteur saura prescrire, étendre ou raccourcir, non suivant la naturelle dimension, mais *proportionnément, ayant égard à la contenance et capacité du théâtre et la considérant comme un raccourci des lieux et des choses qu'on y veut représenter, et même, si besoin est, comme un abrégé de tout l'univers.* » P. 271.

1. T. I, p. 377-378. Cf. la préface de *Clitandre*, p. 262.
2. Bizos, p. 310.
3. Fr. Parfait, t. V, p. 113.

déguisé séduisait les spectateurs par le « superbe appareil de la scène, et la face du théâtre qui changeait cinq ou six fois entièrement à la représentation de ce poëme[1] ». Que d'autres ne sont pas plus réguliers ! Il est inutile de citer de nombreux exemples, le mémoire de Mahelot nous en fournissant de forts intéressants ; mais nous ne pouvons nous empêcher de rappeler une tragi-comédie de Sallebray, qui porte pour titre *le Jugement de Paris et le ravissement d'Hélène*. L'action s'y passe dans l'Olympe, sur le mont Ida, dans le palais de Priam, à Lacédémone et sur un vaisseau ; les unités de temps et d'action ne sont pas plus respectées que celle de lieu ; et cette pièce a été cependant jouée vers 1639[2].

En dépit de ces hardiesses, la préoccupation des règles est désormais partout[3], et, si quelques-uns de ceux qui les violent s'en font gloire, la plupart s'en excusent et hasardent d'étranges justifications : « Ici la scène est à Salerne, dit le sieur d'Ouville, et sur la fin à Naples, ville du même royaume, où l'on peut aller en trois heures[4]. »

Mais — et c'est le point le plus important à noter — ceux même qui veulent être classiques comprennent ces unités, et surtout l'unité de lieu, d'une façon très large et avec beaucoup de *libertinage*[5]. « Ma scène est en un château d'un roi, proche d'une forêt », dit Corneille en

---

1. Scudéry, *le Prince déguisé*, tragi-comédie, au lecteur. (Voy. ci-dessus, p. 254, n. 1.) Rotrou fait dérouler l'action de *l'Heureuse constance* (1635, d'après M. Stiefel), tantôt en Dalmatie, tantôt en Hongrie. Dans *la Belle Alphède* (1636, Stiefel), on passe, au milieu du 3e acte, de la prison d'Oran en un bois près de Londres. (Jarry, p. 29.)
2. Fr. Parfait, t. VI, p. 54-57.
3. Voy. Lisle, *Essai sur les théories dramatiques de Corneille*, p. 88 sqq.
4. *Les Trahisons d'Arbiran*, tragi-comédie, 1637, prologue. (Fr. Parfait, t. V, p. 354.)
5. Expression de Corneille dans l'*Examen de Clitandre*.

tête de *Clitandre*, et cette adroite façon de parler signifie que la scène représente à la fois un palais et une forêt, tout en prétendant au mérite de l'unité. Scudéry paraît de même à son apologiste Sarazin avoir parfaitement observé l'unité de lieu dans *l'Amour tyrannique* : « Jamais on n'a vu de théâtre si bien entendu, ni si bien débrouillé que le sien ; et pour ce grand nombre d'aventures qui s'y représentent, il ne faut point de lieu que celui de la pointe d'un bastion de la ville d'Amasie, et les pavillons de Tyridate, qui en sont si proches qu'Ormène dit :

> Et Tyridate alors, favorisé de Mars,
> Plante ses pavillons au pied de ses remparts [1]. »

C'est dans *la Mort de César* surtout que Scudéry a trouvé une façon ingénieuse d'appliquer les règles. Sa scène comprend autant de salles ou chambres différentes qu'on en aurait pu admettre au plus beau temps de la décoration multiple ; mais ces salles communiquent les unes avec les autres, sans qu'il soit facile de comprendre pourquoi, et restent cachées jusqu'à ce que la vue en soit nécessaire. De temps en temps, une porte s'ouvre, et on voit le lit de Calpurnie ou les sièges des sénateurs ; ainsi le lieu de la scène ne s'est qu'agrandi, il n'a pas changé [2].

Une dernière façon d'être classique — et c'est celle dont on usait peut-être le plus fréquemment — consistait à construire une pièce comme si elle devait user de la décoration multiple ; à mettre en effet sur le théâtre une sorte de décoration multiple, mais timide, et sans que les compartiments en fussent nettement distincts ; après quoi, les acteurs ne tenaient nul compte de ces compartiments et donnaient par là à la scène l'unité qu'elle n'avait pas. Ainsi seulement se peut comprendre le reproche adressé

---

1. *Discours sur l'Amour tyr.*, p. 320.
2. Voy. Royer, t. III, p. 23 ; Bizos, p. 316. *La Mort de César* est de 1635.

au *Cid* par Scudéry : « Disons encore que le théâtre en est si mal entendu, qu'un même lieu représentant l'appartement du roi, celui de l'infante, la maison de Chimène et la rue, *presque sans changer de face*, le spectateur ne sait le plus souvent où sont les acteurs[1]. » Ainsi encore s'explique ce passage de Sarazin : « Maintenant », dit-il, après avoir parlé du système décoratif de Hardy, « quoique cette licence ne soit plus supportable et que cette hérésie n'ait plus de fauteurs, il en est pourtant demeuré quelques restes, et nos poètes n'ont pas été assez diligents à s'en prendre garde exactement ; leur scène est bien en une seule ville, mais non pas en un seul lieu ; on ne sait si les acteurs parlent dans les maisons ou dans les rues, et le théâtre est comme une salle du commun, qui n'est affectée à personne et où chacun pourtant peut faire ce que bon lui semble[2]. » On comprend enfin qu'en face d'un tel manque de netteté, un ami du drame irrégulier ait pu

1. *Observations sur le Cid* (Œuvres de P. Corneille, t. XII, p. 455.) Cf. *les Sentiments de l'Académie française sur la tragi-comédie du Cid* (t. XII, p. 482). — Ém. Perrin explique autrement le passage de Scudéry, et se figure la scène du *Cid* comme un de ces « palais à volonté » dont on usa tant plus tard ; mais il supprime les mots si importants : « presque sans changer de face » (p. x). Sarcey, qui a touché cette question dans un de ses feuilletons (6 août 1883), a négligé d'examiner le texte de Scudéry ; il hésite donc, mais n'en donne pas moins quelques indications judicieuses. Observons, pour notre part, que, vers la fin du XVIIe siècle, le théâtre du *Cid* était « une chambre à quatre portes ». (« *Le Cid*. Théâtre est une chambre à quatre portes, il faut un fauteuil pour le roi » *Mémoire des décorations*, 2e partie, f° 82.) On peut croire que ces quatre portes étaient censées donner dans l'appartement de Chimène, dans celui du roi, dans celui de l'infante, sur la place publique. C'était là un souvenir de la mise en scène (sans doute un peu plus claire, mais encore insuffisamment précise) de 1636. — Il est probable que la décoration multiple a servi encore, en 1640, pour *Cinna*, comme l'avait vu Lotheisen (t. II, p. 380, 386, 388).

2. P. 322.

s'écrier, non sans quelque emphase: « Disons, sans faire tort aux nouveaux venus, qu'*un seul Hardy entendait mieux que tous les autres la disposition du théâtre.* Si les pièces qu'il a produites, et dont il nous reste tant de volumes, avaient dû être ajustées sur le cadran de vingt-quatre heures, il n'a jamais eu si mauvaise oreille qu'il n'eût bien ouï sonner l'horloge du temps passé... Ceux qui le méprisent ont peut-être plus de vanité que de suffisance, et plus d'ineptie que de bon sens. Et on ne voit en la plupart d'eux que des paroles oiseuses et des mauvaises pensées, dont ils répondront au jour du jugement[1]. »

Ainsi, peu à peu, l'ancien système décoratif se mourait; ce fut une circonstance, en apparence futile, qui vint lui porter le dernier coup. Lorsque *la merveille du Cid* attira au Marais la cour et la ville[2], les comédiens, ne trouvant pas assez de places dans leur théâtre pour un si nombreux public, en mirent une partie sur la scène même; des deux côtés s'assirent de brillants seigneurs ou de riches bourgeois, qui cachèrent aux autres spectateurs les décorations latérales. Si Corneille avait compté sur elles, sa déconvenue eût été grande, et il fut heureux pour lui ce jour-là que son théâtre fût « mal entendu ». Quant aux comé-

1. *Traité de la disposition du poëme dramatique*, p. 281.
2. On ne pourrait affirmer que l'usage de placer des spectateurs sur le théâtre ait commencé pour la première fois aux représentations du *Cid*. Du moins est-ce à une représentation du *Cid* que se rapporte la première mention de cet usage, qui, du reste, semble n'avoir été appliqué pendant assez longtemps qu'à des représentations exceptionnelles : peut-être ne devint-il général qu'après les chefs-d'œuvre de Corneille. (Voy. Despois, p. 114-118). — Il y avait aussi des spectateurs sur la scène en Angleterre, et ils avaient dû contribuer à ruiner la décoration théâtrale, mais (grâce au génie du peuple anglais) sans modifier pour cela la poétique dramatique. Il n'y a cependant pas de raison pour admettre que cet abus soit venu à la France de l'Angleterre ; il suffisait pour l'établir chez nous de l'habileté de Mondory et de l'avarice des comédiens.

diens, ils comprirent vite tout le parti qu'ils pouvaient tirer de leur innovation : être placés sur la scène flattait la vanité des jeunes seigneurs, et une telle satisfaction ne pouvait être payée trop cher. On prit donc l'habitude, dans les deux théâtres parisiens, de placer des sièges sur la scène : la décoration ne disposa guère plus que de la toile de fond, qui pouvait changer au cours de la représentation ou rester la même; et le plus souvent elle ne changea pas.

Dès lors commença la seconde période de l'histoire de la mise en scène au XVII° siècle. La décoration multiple ne fut plus admise, et l'unité de lieu devint la loi de notre théâtre [1]; mais cette unité fut souvent plus apparente et plus nominale que réelle. On sait toutes les indécisions, les obscurités, les impossibilités de la mise en scène dans les tragédies de Corneille; on sait aussi toutes les subtilités dont s'arme le poète théoricien, quand il veut concilier les règles avec les besoins de l'invention dramatique [2].

1. La résistance de la mise en scène multiple avait été longue, puisque d'Aubignac écrivait en 1657 : « Cette règle de l'unité de lieu commence maintenant à passer pour certaine. » (L. II, ch. VI; t. I, p 86.) Celle des vingt-quatre heures semble avoir eu un triomphe plus facile, puisque Durval écrit en 1639, dans la préface de sa *Panthée* (voy. à l'*Index*) : « Il m'est plus séant de faire place aux maîtres qui l'enseignent que de les choquer. A la vérité, s'ils n'étaient en jouissance de plus de trois ans..., il me serait aisé de mettre ici tout le plaidoyer de partie adverse, et d'appuyer de raisons l'opinion contraire que je soutiens. »
2. Elles sont spirituellement résumées et examinées dans Souriau, *De la convention dans la tragédie classique et dans le drame romantique*, Paris, Hachette, 1885, in-8, p. 22-24. Cf. l'étude plus étendue de M. J. Lemaître, *Corneille et la Poétique d'Aristote*. Paris, Lecène et Oudin, 1888, in-12. — D'Aubignac lui-même ne sait pas s'accommoder de l'unité de lieu, qu'il prêche pourtant d'un ton si convaincu et imagine les moyens les plus singuliers de varier la scène sans la changer. (Voy. l. II, ch. VI; t. I, p. 89-91.) C'est que toute cette génération avait été formée à l'école de Hardy, et qu'elle avait beau y faire effort, elle ne pouvait se défaire des habitudes d'esprit qu'elle y avait contractées.

Combien on sent qu'il serait plus à son aise s'il pouvait disposer sa scène à la façon de celle de Hardy !

C'est à Racine le premier que doit revenir le mérite d'avoir accepté sans arrière-pensée et d'avoir employé avec aisance le nouveau système décoratif. A ce titre, on pourrait l'appeler le premier classique, et avec lui commence la troisième période de l'histoire de la mise en scène [1].

---

1. Le théâtre est revenu à la diversité et à la multiplicité de la mise en scène par une marche inverse à celle que nous venons d'étudier. Après Racine, qui pratique l'unité de lieu de la plus nette et, si l'on peut dire, de la plus loyale façon, nos tragiques du XVIIIe siècle mettent sur la scène, à la place d'un lieu unique, un lieu indéterminé qu'on puisse prendre tantôt pour ceci, tantôt pour cela (Lessing, *Dramaturgie de Hambourg*, trad. Suckau revue et annotée par Crouslé, Paris, Didier, 1873, in-12, p. 224); ils ressemblent par là à Corneille. — Voltaire, qui proclame la règle des trois unités admirable (*Comm. sur Corneille*, t. I, p. 59), n'en contribue pas moins fortement à la renverser. Il demande que les théâtres parisiens soient décorés à la façon de celui de Vicence, et représentent à la fois une place, un temple, un palais, un vestibule, un cabinet : « L'unité de lieu, dit-il, est tout le spectacle que l'œil peut embrasser sans peine. » (Voy. *Commentaire*, t. I, p. 65, remarques sur le 3e *discours* ; p. 276, à propos de *Cinna*, sc. II, 1 ; p. 502, à propos du *Menteur*, II, 1 ; voy. *Dissertation sur la tragédie ancienne et moderne* en tête de *Sémiramis*, etc. Le théâtre de Vicence est représenté et décrit par Riccoboni, *Hist. du th. italien*, Paris, 1731, in-8, t. I, p. 115 et 116. Cf. la mise en scène des *Gelosi* à l'Hôtel de Bourgogne dans Moland, *Molière et la comédie italienne...*, frontispice et p. 62). *La Mort de César* est composée d'après ces idées et par là rappelle celle de Scudéry. — Enfin, les places sur la scène ayant disparu, *Tancrède* ouvre timidement la voie où le théâtre moderne est entré si résolument. Désormais, l'action pourra se passer dans les lieux les plus divers et — conséquence naturelle — pourra durer aussi longtemps qu'on le voudra. Mais ce résultat n'est plus obtenu par la juxtaposition des décorations ; il l'est maintenant par leur apparition successive. *Le Cid*, qui au temps de Hardy aurait exigé cinq compartiments, comprend maintenant cinq tableaux distincts, et, si tous les changements se faisaient à vue, on peut dire que l'impression produite par le nouveau système décoratif serait artistiquement supérieure, mais dramatiquement semblable à celle que l'ancien aurait produite.

IX

Revenons sur nos pas et concluons.

La décoration multiple, comme aussi bien toutes les institutions humaines, avait ses avantages et ses inconvénients : les prédécesseurs de Corneille ont-ils profité des premiers ? ont-ils le plus possible atténué les seconds ? Indiquons rapidement les uns et les autres ; le lecteur sera ainsi mieux préparé à juger équitablement.

Le drame auquel a donné naissance le système décoratif multiple mérite bien de porter le titre de drame libre. Il est libre en effet dans l'espace, à condition de ne pas se transporter en plus de lieux que la scène n'en peut contenir, et il est libre encore dans le temps. Ainsi son champ est beaucoup plus vaste que celui de la tragédie classique, un nombre plus grand de sujets lui est accessible, et il lui est facile de les traiter sans manquer à la vraisemblance. Il n'a pas besoin d'accumuler les suppositions et les prétextes pour amener en un même lieu des hommes qui ne s'y peuvent raisonnablement rencontrer ; il n'est pas obligé de surmener tous ses personnages pour leur faire accomplir en vingt-quatre heures ce qui demande plus de temps dans la vie[1]. Il peut laisser se développer librement les

---

1. Citons encore le *Traité*, si curieux et si peu connu, *de la disposition du poème dramatique* (p. 256) : « Ceux qui ne veulent qu'une action, un temps précis de vingt-quatre heures et une scène en un seul lieu, n'embrassent qu'une petite partie de l'objet de leur art... Par l'unité d'action, ils n'accommodent le théâtre qu'à une sorte d'histoires, au lieu d'accommoder toutes sortes d'histoires au théâtre ; par l'espace de vingt-quatre heures, ils restreignent la puissance de l'imagination et de la mémoire... ; et par la scène qu'ils assignent en un seul lieu, ils ôtent tous les cas fortuits qui sont en la nature, et imposent une nécessité aux choses de se rencontrer ici ou là, en quoi ils détruisent la vrai-

passions, et, peignant les mêmes âmes à des moments bien distincts, obtenir des contrastes plus dramatiques [1].

En revanche, les facilités mêmes que donne au poète le drame libre constituent pour lui de sérieux dangers. En multipliant les lieux de l'action, il peut amuser les yeux des spectateurs ; en distribuant cette action sur un long espace de temps, il peut accumuler les incidents, changer à plusieurs reprises la situation des personnages et satisfaire ainsi la curiosité. A ce prix, le succès est assuré auprès d'un public naïf, qui ne demande pas autre chose [2].

semblance, règle fondamentale de la poésie... La nature ne fait rien que l'art ne puisse imiter : toute action et tout effet possible et naturel peut être imité par l'art de la poésie. La difficulté est de bien imiter et de bien prendre les mesures et proportions des choses représentées à celles qu'on représente... Comme il est besoin aux peintres pour faire de belles perspectives de savoir l'optique, il n'est pas moins nécessaire aux poètes pour bien réussir en leurs desseins d'être clairvoyants au théâtre. »

1. Ainsi, pour prendre un exemple qui nous paraît caractéristique, « Corneille n'a point montré Rodrigue et Chimène ensemble avant la querelle de leurs pères ». Pourquoi cela ? — Guizot répond : « Parce qu'il n'a point voulu nous trop habituer à l'idée de leur bonheur avant de le renverser » (*Shakespeare*, p. 158) ; mais s'il n'y a eu là qu'un scrupule de délicatesse, si le poète a voulu ménager notre sensibilité, il est allé contre le but même de son art et il a affaibli l'importance de sa *crise*. Pourquoi donc Corneille n'a-t-il pas commencé sa pièce par une entrevue, qui eût été elle-même si intéressante et qui surtout eût donné tant d'intérêt à toute la suite ? Parce qu'il n'avait déjà que trop de choses à mettre dans les vingt-quatre heures accordées par Aristote ; parce qu'entre le duo amoureux de Rodrigue avec Chimène et le duel de Rodrigue avec le père de sa bien-aimée, il y aurait eu un revirement trop brusque pour un public qui comptait les heures ou à qui on donnait le droit de les compter. Hardy dispose de plus de temps ; aussi ne manque-t-il jamais de faire le contraire de Corneille : il montre toujours les amoureux ensemble avant de les désunir.

2. Voy. les plaintes de Rayssiguier, ci-dessus, p. 259-260. — Sur ce point encore, le public instruit des collèges sympathisait avec le public grossier de l'Hôtel de Bourgogne ; dans les collèges comme à l'Hôtel, les drames étaient construits sur le même plan. Nous avons entendu Grévin s'en plaindre au XVIe siècle (voy.

Ne faut-il pas beaucoup de fermeté et de désintéressement au poète pour se retenir sur une pente où tout l'attire? pour resserrer son action dans le plus petit nombre de lieux et dans le plus court espace de temps qu'il est possible? pour éviter les changements trop brusques? pour préparer et faire souhaiter par les spectateurs tous ceux qu'il se permet? Or, tout cela est nécessaire, si l'on ne veut pas que le plan des pièces soit décousu, le sujet malaisément saisissable dans son ensemble, les détails eux-mêmes dépourvus de clarté.

S'il fallait en croire d'Aubignac, ce serait justement à ce résultat qu'aurait abouti le drame libre : « Il ne fallait point demander combien de temps durait une action que l'on représentait, en quel lieu se passaient toutes les choses que l'on voyait, ni combien la comédie avait d'actes. Car on répondait hardiment qu'elle avait duré trois heures, que tout s'était fait sur le théâtre, et que les violons en avaient marqué les intervalles des actes. Enfin, c'était assez pour plaire qu'un grand nombre de vers récités sur un théâtre portât le nom de comédie[1]. » Ces paroles sont instructives, mais le jugement est trop sommaire et d'une impertinente sévérité.

---

chap. IV, p. 129. note); voyons ce qui se passait au XVIIe d'après un historien du *Théâtre des Jésuites* : « Bien que les Pères, qui avaient mission d'alimenter les théâtres des collèges, connussent mieux que personne les modèles anciens, cependant ils n'ont pas laissé tout d'abord de s'en éloigner sensiblement. Ils ont pris avec les règles les plus grandes libertés, et certains de leurs ouvrages, sous le rapport de la contexture, ont une allure qui les rapproche beaucoup plus de Shakespeare que de Sophocle ou de Sénèque. Ces poètes, au commencement du XVIIe siècle, ne craignaient pas de changer plusieurs fois dans un même acte le lieu de la scène. Ils faisaient voyager leurs personnages de l'Inde en Europe, en passant par l'Afrique. » Boysse, p. 25. — Sur la richesse de la figuration et du spectacle dans les comédies de collège, voy. le *Roman comique*, 1re partie, ch. x ; t. I, p. 81.

1. *La Pratique du théâtre*, l. I, ch. IV, t. I, p. 18.

Il est seulement un reproche que nous avons à cœur de relever, parce qu'il a été de nouveau adressé à Hardy par Sainte-Beuve et par Jarry à Rotrou : « Bien souvent, dit Sainte-Beuve, si on avait permission de lui demander où il est, dans une chambre ou dans une rue, à la ville ou à la campagne..., il serait fort embarrassé de répondre[1]. » Et pourquoi formule-t-on ce reproche? Parce qu'une lecture rapide ne permet pas toujours d'indiquer le lieu particulier de chaque scène ; et parce qu'on admet implicitement le principe de d'Aubignac, que le poète doit faire connaître par les paroles des acteurs, et le lieu de la scène, et sa décoration. N'est-ce pas oublier que Hardy et Rotrou composaient leurs pièces pour être jouées, non pour être lues? que, les décorations existant sur le théâtre, il ne leur était pas toujours nécessaire de les indiquer dans leurs vers[2]? qu'eux-mêmes enfin présidaient à la mise en scène de leurs pièces, et que nous sommes mauvais juges des obscurités qui s'y pouvaient rencontrer. Là où le texte ne dit pas si les acteurs sont « dans une chambre ou dans une rue, à la ville ou à la campagne », les acteurs eux-mêmes le montraient en se tenant, soit à l'intérieur, soit auprès de tel ou tel compartiment de la scène. Si l'un de ces compartiments représentait une ville, il fallait, il est vrai, que le nom de la ville fût indiqué par le dialogue ou restât inconnu des spectateurs. Posons qu'il leur est parfois resté inconnu ; on peut se demander où est le mal, et si Rotrou n'avait pas le droit de parler ici comme Corneille : « Je laisse le lieu de ma scène au choix du lecteur, bien qu'il ne me coûtât qu'à nommer. Si mon sujet est véritable, j'ai raison de le taire ; si c'est

---

1. *Tableau*, p. 245. Cf. Jarry, *Rotrou*, p. 30.
2. « Il aurait été superflu de les spécifier dans les vers, puisqu'elles sont présentes à la vue. » Corneille, *Examen d'Andromède*, t. V, p. 305.

une fiction, quelle apparence, pour suivre je ne sais quelle chorégraphie, de donner un soufflet à l'histoire, d'attribuer à un pays des princes imaginaires, et d'en rapporter des aventures qui ne se lisent point dans les chroniques de leur royaume? Ma scène est donc en un château d'un roi, proche d'une forêt; je n'en détermine ni la province ni le royaume; où vous l'aurez une fois placée, elle s'y tiendra[1]. »

La critique de d'Aubignac, de Sainte-Beuve et de Jarry ne porte donc pas contre le théâtre de 1630; nous pourrions même ajouter qu'elle se retourne contre le théâtre classique.

Chose curieuse, en effet, on a presque retrouvé, pour critiquer la tragédie française, les termes qu'employait d'Aubignac contre le drame : « De toute façon, le lieu de la scène est souvent désigné d'une manière si indécise et si contradictoire, qu'un écrivain allemand (Joh.-Elias Schlegel) a dit, avec beaucoup de justesse, que dans la plupart des pièces on pourrait substituer à l'indication ordinaire ces mots plus simples: *la scène est sur le théâtre*[2]. »

---

1. Préface de *Clitandre*; t. I, p. 263-264.
2. A.-W. Schlegel, *Cours de litt. dramatique*, traduit par Mme *Necker de Saussure*. Paris. 1865, in-12. t. II, p. 11. — Si d'Aubignac n'a pas fait les réflexions qui précèdent, c'est qu'il en était empêché par son parti pris. Quant à Sainte-Beuve, il peut avoir été trompé, et par son ignorance du système décoratif en vigueur au commencement du xviie siècle, et par la façon dont sont divisés les actes et numérotées les *scènes* de Hardy. (Voy. plus haut, p. 269-270, et dans mon *Hardy*, la note 6 de l'Appendice.) Mais, quoique les changements de lieu ne soient pas désignés dans les publications de Hardy par des titres au sens immuable et par des paroles toujours explicites, le lecteur parvient toujours à les reconnaître, si sa lecture est attentive. C'est ce que nous avons autrefois essayé de prouver en indiquant pour chaque pièce la mise en scène avec laquelle elle semble avoir été jouée, et M. Arnould a fait de même pour *les Bergeries* de Racan (*Racan*, p. 229 et suiv.), M. Bernardin pour la *Mariane* et la *Panthée* de Tristan (*Tristan l'Hermite*, p. 323 et 383). Un au-

Des libertés de lieu et de temps résulte naturellement pour le poète une grande liberté dans le choix et dans la disposition de son action. Il n'est pas réduit à faire de sa pièce une longue préparation d'un fait, qui lui-même se passe le plus souvent hors du théâtre ; il peut y mettre du mouvement, et non pas seulement des conversations et des discours. Enfin, tandis que la tragédie classique concentre l'action au point de lui enlever parfois toute apparence de réalité, tandis qu'elle enchaîne les faits et les causes d'une façon rigoureuse et étroite que la vie ne connaît pas, le drame libre peut laisser prendre à l'action un développement plus aisé et plus conforme à la nature des choses ; il peut l'engager sur plusieurs points différents avant de lui faire prendre une direction déterminée, de même qu'un fleuve se forme en plusieurs endroits avant de se creuser un lit unique.

Ainsi faisait le moyen âge. Mais ce rapprochement même nous montre vers quels écueils court le drame libre, et combien il risque de s'y briser. Si les mystères recherchaient le mouvement, ils n'étudiaient ni les caractères ni les passions ; s'ils n'enchaînaient pas les événements d'après une logique rigide et abstraite, ils les laissaient trop se succéder dans l'incohérence ; s'ils avaient plusieurs points de départ pour leur action, ils n'arrivaient pas toujours à lui imprimer ensuite une direction nette et régulière. En un mot, ils ne constituaient pas un théâtre artistique, et le drame libre doit toujours craindre qu'on ne puisse porter de lui un tel jugement.

dacieux directeur de théâtre, qui est en même temps un fin lettré, M. Ginisty, a fait mieux avec la collaboration de M. Bernardin, et le jeudi 4 février 1897, le public de l'Odéon applaudissait le décor à cinq compartiments, où, comme en 1636, allait se jouer *Mariane*. *Mariane*, il est vrai, était une tragédie ; mais on aurait aussi bien pu remettre à la scène ces tragi-comédies aventureuses : *Elmire* de Hardy et *la Bague de l'oubli* de Rotrou, si les spectateurs avaient dû y trouver le même plaisir.

Au moins la *Passion*, le grand drame religieux du moyen âge, était-elle assurée par son sujet même d'une vague, mais puissante unité d'intérêt. Mais celle-là même n'est pas assurée au drame profane ; on ne sait parfois quel fil suivre de préférence parmi ceux qui s'entre-croisent dans une pièce de Rotrou[1] ; on ne sait à quel personnage s'intéresser de préférence parmi tous ceux qui y jouent un rôle important. Or, là où manque cette unité en quelque sorte matérielle, que les classiques appellent l'unité d'action, il faut une unité morale tout aussi forte, celle de l'ensemble, celle de l'impression, celle de l'intérêt ; là où manque l'unité propre à la tragédie, il faut au moins l'unité propre à l'épopée.

Qu'on le remarque, en effet, le drame libre ressemble à la tragédie en ce que tout s'y fait ou s'y dit sous les yeux des spectateurs, en ce que l'auteur y disparaît complètement derrière ses personnages ; mais il touche à l'épopée par des caractères importants : par la diversité des lieux où il peut transporter l'action, par le temps indéfini dont il dispose, et surtout par la complexité de sa composition. On peut lui appliquer les termes qu'emploie Aristote pour l'épopée : « Elle peut traiter plusieurs événements arrivés en même temps, et qui, s'ils tiennent au sujet, augmentent les proportions du poème : ainsi elle peut l'embellir par de grands effets, changer les émotions des auditeurs, et varier les épisodes, car l'uniformité rassasie vite, et elle fait tomber les tragédies[2]. » Analogue à l'épopée, le drame libre se trouve encore par là analogue au roman, à la nouvelle ; ainsi s'expliquent tant de sujets de Hardy et de ses émules[3].

1. Jarry, p. 32.
2. *Poétique*, ch. xxiv, trad. Egger.
3. Ainsi s'expliquent encore des ressemblances avec le théâtre espagnol, que l'on a voulu attribuer à une imitation directe. « Le drame de Lope est une nouvelle mise sur le théâtre, un roman

Tout ce que nous venons de dire s'applique au drame libre, quel que soit son mode de décoration ; et, pour ne prendre qu'un exemple, à celui de Shakespeare aussi bien qu'à celui de Rotrou. Est-ce à dire que la différence des moyens d'expression n'ait pas créé à ces poètes une situation différente? Et, toute proportion gardée entre eux, que nous puissions espérer trouver chez celui-ci tout ce qui nous frappe chez celui-là? Nous ne le pensons pas, et nous n'hésitons pas à déclarer que le système décoratif de Rotrou était moins favorable que celui de Shakespeare aux manifestations puissantes et variées, aux créations poétiques et vivantes du génie dramatique.

Comme le théâtre français, le théâtre anglais avait été soumis autrefois au système de la décoration multiple, mais il s'en était dégagé peu à peu et n'en avait gardé que des traces[1]. Seulement, c'est en vain qu'une école classique avait essayé d'en profiter pour établir le règne des

---

devenu visible », dit Demogeot ; et ailleurs : les *Nouvelles* de Cervantès, « c'est le drame espagnol avec ses péripéties inattendues et bizarres ». (Demogeot, *Hist. des litt. étrangères considérées dans leurs rapports avec le développement de la litt. fr. Litt. méridionales*. Paris. Hachette, 1880, in-18. p. 267 et 284.) Voilà bien cette ressemblance du drame et de la nouvelle que nous signalions. Qu'y a-t-il d'étonnant, dès lors, à ce que Hardy mit en drames les traductions des *Nouvelles* de Cervantès, comme les dramaturges espagnols mettaient en drames les originaux? N'est-ce pas pour les mêmes motifs que nos dramaturges contemporains — auteurs de drames libres, eux aussi — découpent en actes leurs romans ou ceux des autres, sauf à faire parfois l'inverse, et à transformer des drames en romans?

1. « Certaines pièces anglaises du temps de Shakespeare montrent que la scène était habituellement divisée dans sa largeur, au moyen d'un *praticable*, où les personnages placés sur la partie supérieure sont censés au dehors, et voient, sans être vus, ce qui se passe sur le plan inférieur qui est le théâtre. Ainsi, dans *le Portrait* (*the Picture*) de Philip Massinger, on lit à tout instant : *Ubaldo appears above* (Ubaldo paraît en haut); *Re-enter Corisca below* (Corisca rentre en bas); *Re-enter Ladislaus and others below*, etc... » Royer, t. I, p. 219.

unités[1] : les plus importantes d'entre les conventions que la décoration multiple avait fait naître survécurent à cette décoration et persistèrent. Par suite, l'action put continuer à se transporter dans les lieux les plus divers, un rideau qui se lève ou s'abaisse, un écriteau sur un embryon de décor[2], quelques paroles des acteurs suffisant à informer

1. Voy. p. ex. Jusserand, *Shakesp. en Fr.*, p. 37-39. Sidney préconisait les unités, ainsi que la séparation des deux éléments comique et tragique, dans sa *Défense de la poésie* (1583). En même temps, il attaquait le drame libre anglais, et sa diatribe montre bien quelles étaient les ressemblances et les différences principales entre ce drame et le drame libre de l'Hôtel de Bourgogne : « Dans les pièces nouvelles, vous avez l'Asie d'un côté et l'Afrique de l'autre, et tant d'autres sous-royaumes, que l'acteur, lorsqu'il y arrive, doit toujours commencer par dire où il est, car autrement le sujet ne serait pas compris. Ensuite, vous aurez trois dames qui se promènent pour cueillir des fleurs, et vous devez croire que le théâtre est un jardin. Tout à coup vous entendez parler d'un naufragé dans le même lieu, et vous avez tort si vous ne le prenez pas pour un rocher. Par là-dessus arrive un monstre hideux, au milieu de la flamme et de la fumée, et les malheureux spectateurs sont tenus de croire qu'ils ont devant eux une caverne. Un instant après, ce sont deux armées qui s'élancent, représentées par quatre épées et quatre boucliers, et quel cœur serait assez dur pour ne pas se figurer qu'il y a là une bataille rangée ? Quant au temps, nos auteurs en sont encore plus libéraux : chez eux, d'ordinaire, un jeune prince et une jeune princesse tombent amoureux l'un de l'autre ; après beaucoup d'épreuves, la princesse devient grosse et accouche d'un gros garçon ; elle le perd, il devient un homme, il tombe amoureux et il est tout prêt à faire lui aussi un enfant ; et tout cela dans l'espace de deux heures. » (Mézières, *Prédécesseurs et contemp. de Shakespeare*, Paris, Charpentier, 2° éd., 1863, in-18, p. 53-55.) Cf. des idées analogues dans Whetstone, 1578 (*ibid.*, p. 55) ; dans Ben Jonson (*ibid.*, p. 198-199).

2. « Thèbes inscrit en grandes lettres sur une vieille porte », disait Sidney. Voy. Jusserand, *Shakesp. en Fr.*, p. 61-63. Mais M. Jusserand n'exagère-t-il pas la pauvreté de la décoration en France ou la richesse de la décoration en Angleterre quand il écrit : « Les agencements de Mahelot sont tout pareils à ceux dont s'était moqué Sidney à Londres » ? — Les écriteaux servaient déjà dans l'ancien système décoratif pour suppléer à l'insuffisance de désignation des lieux figurés. Voy. Petit de Julleville, *les Mystères*, t. I, p. 397.

le public des changements de lieu. Elle put continuer à avoir une durée indéfinie, un changement arbitraire du temps correspondant à chaque changement du lieu. Elle put continuer enfin à faire de l'unité d'impression ou d'intérêt le lien unique de ses diverses parties. Mais combien l'imagination créatrice du poète se trouva plus libre! Quelle splendeur il put donner à ses palais, quelle horreur à ses tempêtes, quelle féerique beauté à ses paysages! Dans nos théâtres contemporains, amoureux d'exactitude, les descriptions de Shakespeare font le désespoir des décorateurs et la ruine des directeurs; sur le théâtre français de 1630, elles eussent fait paraître plus mesquins encore, souvent même ridicules, les compartiments qui se partageaient la scène; mais sur le théâtre anglais, où toute décoration proprement dite manquait, elles y suppléaient magnifiquement, grâce à l'imagination toujours agissante des spectateurs. Le poète était stimulé par la nécessité de ne compter que sur lui-même, le public par la nécessité d'entrer en communication immédiate avec la fiction. Heureux public! car il n'avait pas à *subir l'action*; il y collaborait, *il la conduisait lui-même, et l'idéal devenait le réel sans plus d'efforts qu'il n'en coûte à la volonté pour créer une illusion*[1].

Que de beautés ne devons-nous pas à cette étroite collaboration de l'auteur et du spectateur anglais! Que d'inventions hardies, que de tableaux vivants et animés auraient été impossibles sans le vide et la pauvreté de la

---

1. Expressions du général Tcheng-ki-tong, *le Théâtre des Chinois*, Paris, Lévy, 1886, in-18, p. 11. — Cf. Taine, *Hist. de la litt. angl.*, t. I, p. 423-424; Sarcey, *le Temps*, 23 juillet 1883, etc. Les poètes français contemporains qui forment l'école symboliste voudraient ramener le théâtre à la simplicité du temps de Shakespeare; le poète, disent-ils, n'a qu'à peine besoin du décorateur, « la parole crée le décor comme le reste ». Voy. un article de M. Pierre Quillard, *De l'inutilité absolue de la mise en scène exacte* (*Revue d'art dramatique*, 1er mai 1891).

scène anglaise! Là, rien n'empêchait les personnages de se multiplier, les armées de se heurter, et les foules de jouer un rôle important dans l'action. La scène, précisément parce qu'elle ne changeait pas, pouvait être supposée changée aussi souvent qu'on le désirait, et toujours elle appartenait tout entière à l'action[1]. Mais la scène de Hardy et de Rotrou ne pouvait être supposée changée qu'autant de fois que le nombre de ses compartiments le lui permettait; et ces compartiments, encombrants et fixes, étaient un insurmontable obstacle aux mouvements rapides et tumultueux. Comment remplir la scène d'une foule, dont le public n'aurait su dire si elle était à Rome ou à Athènes, à Thèbes ou en Macédoine? Comment faire aller, venir, fuir, triompher des armées ennemies, sans qu'elles eussent l'air de se transporter de compartiment en compartiment, et de faire les plus extravagants voyages? Comment, enfin, réclamer une imagination puissante à un public dont jamais on n'avait exercé l'imagination?

Ainsi la décoration multiple, telle qu'elle était installée à l'Hôtel de Bourgogne[2], était presque aussi défavorable au mouvement que les banquettes sur la scène le devaient être, et que l'avaient déjà été les théories et les procédés d'imitation des tragiques du xvie siècle. A cet égard, tout au moins, les nécessités de la mise en scène servirent les secrètes tendances de Hardy, et l'empêchèrent de rompre

---

1. Ce mot appelle pourtant une réserve. De jeunes seigneurs, nous l'avons dit, étaient installés sur la scène, et même au fond de cette scène, face au public; mais leur présence n'y nuisait pas à l'action et au mouvement comme elle le devait faire chez nous, parce que le public était habitué à se passer de décoration, et à supposer une foule là où on ne voyait que quatre ou cinq figurants. Les poètes anglais avaient exercé l'imagination de leur public, les poètes français avaient toujours parlé aux yeux du leur.

2. La restriction est nécessaire, rien n'étant plus tumultueux que le théâtre du moyen âge.

complètement le fil de la tradition classique. « La tragédie française, dit Saint-Marc Girardin[1]..., aura toujours une sorte de répugnance instinctive pour le mouvement tumultueux de la scène ; elle aimera mieux le récit et le discours, quoique un peu froids, que l'action turbulente et désordonnée. Cette répugnance est déjà visible dans Hardy et ses successeurs...... Corneille et Racine ont perfectionné la tragédie française, mais ils n'en ont pas changé le caractère. »

Nous venons de voir pourquoi ces paroles sont vraies. Classique par goût, romantique par nécessité, Hardy était obligé par sa mise en scène elle-même de servir de transition entre l'art du moyen âge, qui avait été si longtemps le seul maître du théâtre, et l'art classique, qui allait bientôt l'y remplacer. Mais il ne se tint pas partout et toujours à égale distance des deux rivaux. Si nulle part il ne fut exclusivement classique ou romantique, du moins fut-il plus particulièrement classique dans ses tragédies, plus particulièrement romantique dans ses tragi-comédies.

Et ses successeurs firent de même, passant de *Sylvie* à *Sophonisbe* et de *Sophonisbe* à *l'Illustre corsaire* comme Mairet, des *Occasions perdues* à *Hercule mourant* et d'*Hercule mourant* à *l'Innocente infidélité* comme Rotrou, du *Trompeur puni* à *la Mort de César* et de *la Mort de César* à *l'Amant libéral* comme Scudéry, ou encore de *Clitandre* à *Médée* et de *Médée* à *l'Illusion* comme Corneille. Après quoi, la tragédie triompha et le drame libre disparut. Mais le drame libre ne disparut qu'en apparence, remplacé, en attendant la chute des entraves classiques, par la tragédie et la comédie romanesques, ainsi que par les pièces à machines. Et la tragédie, si elle fut beaucoup plus

---

1. *Cours de litt. dramatique*, nouv. éd., Paris, Charpentier, 1875, t. III, p. 305.

rigide et austère que ne l'auraient voulu nos tragiques de
1634 ou de 1635, n'en fut pas moins infiniment plus
souple et agissante que ne l'avaient rêvée les disciples do-
ciles de Sénèque, au xvi° siècle. En dépit des Aristotéli-
ciens, il servait de quelque chose à la tragédie « d'avoir
passé par le décor à cinq compartiments hérité des mystères[1] », et, même pour ses ennemis, le vieil Hôtel de
Bourgogne, si dédaigné, n'avait pas travaillé tout à fait en
vain.

[1]. J. Lemaître, *Journal des Débats*, 21 juillet 1890, article sur mon *Alex. Hardy*.

APPENDICE

NOTE I

(Voyez chapitre II, p. 75.)

La fondation du théâtre du Marais.

Dans son intéressant *Essai sur l'histoire du théâtre*, p. 188, n. 2, M. Bapst a bien voulu ajouter un argument nouveau à ceux que j'avais donnés pour fixer à l'année 1634 la fondation du théâtre du Marais; malheureusement, cet argument me paraît fort contestable. Il a cité (d'une façon inexacte, d'ailleurs) une note qui se trouve au f° 9 du *Mémoire* de Mahelot : « Troupes de comédiens. En 1635, trois bandes de comédiens. La 1re à l'Hôtel de Bourgogne. La 2e au marais du Temple, de laquelle Mondori ouvrit le théâtre le dimanche 1er janvier 16... La 3e au faubourg Saint-Germain. » Les deux chiffres qui suivaient 16 ont été enlevés par le relieur; mais, de 1623 à 1640, l'année 1634 seule a commencé par un dimanche; c'est donc le 1er janvier 1634 que Mondory a ouvert (M. Bapst imprime : *fondé*) le nouveau théâtre. — Cette conclusion n'est pas inconciliable avec le bail cité par Eudore Soulié : Mondory pouvait avoir occupé pendant deux mois sans bail le jeu de paume du Marais, et avoir ensuite passé un bail le 8 mars; mais ce qu'il est difficile d'admettre, c'est que les trois plaquettes, datées de 1634, où il est question du jeu de paume de La Fontaine, soient toutes trois postdatées et toutes trois remontent à 1633. Il est plus naturel de croire que l'auteur de la note a écrit 1635, qu'il a voulu parler de la *réouverture* du Marais après la perte des six comédiens transférés à l'Hôtel, et que, citant exactement le jour de la semaine (facile à se rappeler alors que les représentations étaient si rares) où cet événement a eu lieu, il s'est trompé légèrement sur la date (1er janvier au lieu de 31 décembre). Ceci accepté, la *Gazette* confirmerait pleinement les autres renseignements de la note. Elle dit le 6 janvier 1635 que l'*ouverture du théâtre du Marais* a eu lieu le dimanche précédent. Le 15, elle ajoute qu'il y a une « troisième bande » de comédiens installée au faubourg Saint-Germain. — Éd. Fournier (*Gaultier Garguille*, p. 160, n.), Fournel (*Contemp. de Molière*, t. III, p. XIII) et d'autres encore ont aussi entendu par *ouverture*, dans la *Gazette*, l'inauguration même du théâtre.

NOTE II

(Voy. chapitre III, p. 84, et chapitre VI, p. 238.)

Le « Mémoire » de Mahelot.

ADDITIONS ET RECTIFICATIONS A L'HISTOIRE DU THÉATRE FRANÇAIS

Le *Mémoire* de Mahelot a eu une fortune singulière. Nul n'en avait parlé encore, lorsqu'en 1735 Beauchamps y puisa quelques titres de pièces et le désigna avec beaucoup d'exactitude[1]; ce ne fut là qu'une courte apparition, le *Mémoire* rentra dans l'obscurité. Les frères Parfait doutent de son existence, et La Vallière lui-même ne paraît pas le connaître, bien que ce soit par la collection La Vallière qu'il est entré à la Bibliothèque nationale[2]. Aussi est-ce en 1869 seulement qu'on a commencé à s'en servir pour l'histoire de la décoration théâtrale : l'honneur de cette initiative revient à M. Royer[3]. Depuis, l'humble manuscrit est décidément sorti de son ombre; Despois, Émile Perrin, d'autres encore en ont

---

1. *Recherches sur les th. de Fr.*, II, p. 95.
2. Il portait le n° 58 dans les manuscrits de la collection La Vallière (Royer, t. II, p. 138). Il est aujourd'hui coté : mss. fr. 24330.
3. T. II, p. 138-139.

parlé[1]; les organisateurs de l'Exposition universelle de 1878 lui ont emprunté les éléments de quatre restitutions intéressantes[2]. Malgré tout, avant la publication de mon *Alexandre Hardy*, il n'était pas encore suffisamment connu.

Ce manuscrit se compose de deux parties nettement distinctes, dont la première seule nous intéresse : elle appartenait à l'Hôtel de Bourgogne, et paraît être tout entière l'œuvre de Laurent Mahelot. S'il fallait en croire Émile Perrin, elle aurait été commencée vers 1620 ; mais cette assertion n'est pas soutenable. Si nous n'avons aucun renseignement sur *Amaryllis*, la première pièce du mémoire, la deuxième, *les Occasions perdues*, n'est pas antérieure à 1633[3], et par suite le mémoire ne peut avoir été commencé avant cette date. D'autre part, la 5e est selon toute vraisemblance, de 1632 ; la 4e et la 6e de 1631 ; la 3e de 1628 ; la 11e de 1617 ; d'autres encore, beaucoup plus loin, de 1626 et de 1625 ; trois pièces de Hardy, qui figurent sous les numéros 19, 21 et 22, ont été publiées en 1626, 1625 et 1628[4]. Qu'en faut-il

---

1. Despois, *le Théâtre fr. sous Louis XIV*, appendice, p. 410-411 ; Perrin, *Étude sur la mise en scène*, p. XXVII-XXIX ; J. Moynet, *l'Envers du théâtre, machines et décorations*, 3e éd., Paris, Hachette, 1888, in-18 (Bibl. des merveilles), p. 14-17 ; Léonce Person, *Histoire du Venceslas*, p. 120-122, etc.

2. « *La folie de Clidamant*. Pièce de M. Hardy, vers 1619 ? Maquette exécutée, ainsi que les suivantes, par MM. Davignaud et Gabin, sous la direction de M. Émile Perrin... — *L'Hypocondriaque ou le Mort amoureux*, tragi comédie de M. Rotrou, 1631... — *L'Illusion comique*, comédie de M. Corneille, 1636... — *Lisandre et Caliste*, pièce de M. du Ryer, 1636. » *Exp. univ. de 1878. Catalogue du ministère de l'instruction publique, des cultes et des beaux-arts*. Paris, imprimerie de la Société des publications périodiques, 1878, in-8, t. II, 2e fasc., p. 80-82.) — Les maquettes de *l'Illusion* et de *Lisandre et Caliste* ont été reproduites dans l'*Hist. de la langue et de la litt. fr.* t. IV, p. 270 et 354. — Sur *l'Illusion comique*, voy. ci-dessous, p. 317, n. 1.

3. Voy. Stiefel, *Ueber die Chronologie von J. Rotrou's dram. Werken*, p. 22-23.

4. Ce sont : la 5e, *Lisandre et Caliste* de du Ryer ; — la 4e, *Clorise* de Baro ; — la 6e, *le Trompeur puni* de Scudéry ; — la 3e, *Amaranthe* de Gombauld ; — la 11e, *Pyrame et Thisbé*

conclure? Que ce manuscrit a été entrepris au plus tôt en 1633 et que Mahelot, sans doute nouveau dans ses fonctions, y a, pendant un certain temps, inscrit toutes les pièces représentées par sa troupe, anciennes ou nouvelles, reprises ou jouées d'original [1]. Au début, il faisait suivre l'indication de la *plantation* d'un dessin au crayon ou au lavis qui la représentait, et ces dessins, un peu lourds, mais clairs et évidemment sincères, nous sont d'une utilité inappréciable; puis la fatigue est venue, ou l'expérience acquise a rendu superflu un pareil travail, et les dessins ont cessé. Le manuscrit en renferme 47. Vers la fin, plusieurs pièces datent de 1636; aucune ne paraît être postérieure. C'est donc à cette date que doit avoir été interrompue la première partie.

Celui à qui nous la devons était-il décorateur? On est tout d'abord tenté de le croire. Mais nous connaissons le décorateur de l'Hôtel de Bourgogne en 1634; c'était Georges Buffequin [2]. Lau-

---

de Théophile; — les 46ᵉ et 45ᵉ, *Chriséide et Arimand* et *Sylvie* de Mairet; — les 19ᵉ, 21ᵉ, et 22ᵉ, *Félismène, Cornélie* et *la Belle Égyptienne*, qui font partie des t. III, II et V du *Théâtre* de Hardy.

1. Il se peut cependant que quelques-unes aient été omises, soit par l'effet d'une négligence de Mahelot, soit parce que la mise en scène n'en offrait pas de difficulté; ainsi la *Cléopâtre* de Benserade, qui est de 1635. Mais si *la Comédie des comédiens* de Gougenot, qui doit avoir été jouée à l'Hôtel de Bourgogne, n'est pas mentionnée, c'est sans doute parce qu'elle n'a été représentée qu'avant la rédaction du manuscrit. Publiée en 1633, elle a dû paraître au théâtre l'année précédente.

2. Dans notre *Hardy*, nous nous étions contenté de dire qu'on l'appelait maître Georges, et nous renvoyions à diverses opuscules : *les Révélations de l'ombre de Gaultier Garguille* (Chansons, p. 173), *le Songe arrivé à un homme d'importance* (p. 203) et *le Testament de Gaultier Garguille* (p. 159) : « Maître Georges, notre décorateur, conservera religieusement sa bonne coutume d'employer un cent d'épingles et autant de clous, et de faire si bien son calcul qu'il lui en revienne 25 livres, sans les autres petits tours du bâton. » Nous ajoutions en note : « Quel était ce maître Georges? En 1627, les comédiens avaient un « feinteur et artificieur » qui était avec eux depuis une vingtaine d'années au moins et qui portait le nom de Buffequin, (voy. ci dessus, chap. II, p. 51, n. 1); Buffequin et maître Georges ne constitueraient-ils pas le même Georges Buffequin, décédé

rent Mahelot était donc plutôt machiniste, et peut-être — hasardons cette hypothèse — le premier machiniste de l'Hôtel. En 1633, les comédiens commençaient à devenir riches; ils ont pu débarrasser leur décorateur d'une partie de ses fonctions, et donner un nouvel *officier* à leur théâtre; celui-ci, entrant en service, s'est mis à rédiger et à dessiner son *Mémoire* sur les indications de son devancier.

Quoi qu'il en soit, il ne saurait être sans intérêt de classer les pièces dont parle la première partie du ms. 24330, et de noter quelques additions et rectifications qu'elle nous permet de faire aux histoires du théâtre français, à celle des frères Parfait notamment.

Pour les noms des auteurs connus, nous suivrons l'ordre des frères Parfait; pour ceux des auteurs inconnus, l'ordre même de Mahelot; et sous le nom de chaque auteur, nous disposerons les pièces dans l'ordre où nous les présente le manuscrit.

I. HARDY (Cf. fr. Parfait, t. IV, p. 20-22.)

1. *La folie de Turlupin*, f⁰ˢ 18 et 19 [1].
2. *Pandoste Première Journée*, 20 et 21.
3. *Pandoste Seconde Journée*, 21 et 22.
4. *Ozmin*, 22 et 23.
5. *La Cintie*, 23 et 24.

au Palais Cardinal en 1641 comme « peintre et artificier ingénieur du Roi » et père du fameux Denis Buffequin, le machiniste du Marais, l'auteur des machines de *la Toison d'Or*, du *Mariage d'Orphée et d'Eurydice*, des *Amours de Jupiter*, etc. (Voy. Jal, art. BUFFEQUIN). Ainsi l'histoire de la dynastie des Buffequin se confondrait avec l'histoire de la mise en scène au xvɪɪᵉ siècle. » A cette question M. Bapst a eu l'obligeance de nous communiquer une réponse décisive. Le 21 décembre 1635, un ordre de paiement « pour le théâtre de l'Hostel de Richelieu à Paris » est donné en faveur de « Monsieur Georges », et le reçu de *Monsieur Georges* est signé « G. Buffequin ». (Brièle, *Documents pour servir à l'histoire de l'Hôtel-Dieu de Paris*, t. IV, p. 292. B. N. folio R. 68.)

1. Lorsque nous indiquons deux folios, c'est que la décoration de la pièce est décrite au verso du premier et dessinée au recto du second. Le dessin manque, lorsque nous ne donnons qu'un seul chiffre.

6. *Leucosie*, 24.
7. *La follie de Clidamant*, 25 et 26.
8. *Felismene*, 27 et 28 (tragi-comédie).
9. *La follie dysabelle*, 28 et 29. (*La folie d'Isabelle*.)
10. *Cornelie*, 29 et 30 (tragi-comédie).
11. *La belle Egiptienne*, 30 et 31. (*La belle Égyptienne*, tragi-comédie.)
12. *Premiere Journée de Partenie*, 31 et 32.
13. *Partenie Seconde Journée*, 32 et 33.
14. *L'inceste supposé*, 36 et 37.
15. *Le frere Indiscret*, 58.

Les numéros 8, 10 et 11 s'appliquent à des pièces que Hardy lui-même a publiées. Les deux journées de *Pandoste*, *Ozmin*, *l'Inceste supposé* et le *Frère indiscret* formaient des tragi-comédies qui, bien que perdues, ont pu, grâce aux indications de Mahelot, être analysées dans mon *Hardy*, l. III, ch. 6. Sur *la Folie de Turlupin*, qui était sans doute une pastorale bouffonne, voy. l. III, ch. 1, p. 220. Les autres pièces, des tragi-comédies probablement, restent inconnues. Voy. ci-dessus, chap. vi, § 5.

Le dessin consacré par Mahelot à *Cornélie* a été reproduit, d'abord en tête du *Hardy*, puis dans Bapst, p. 185, et dans Mantzius, p. 330.

II. Théophile. (P., t. IV, p. 274.)

Pirame et Thibee, fos 19 et 20. (*Pyrame et Thisbé*, tragédie.)

Le dessin de Mahelot a été reproduit dans l'*Histoire de la langue et de la litt. fr.*, t. IV, p. 220, et commenté dans le même volume, p. 261.

III. Mairet. (P., t. IV, p. 343-344.)

1. *La Silvanire*, 48 et 49. (*La Silvanire ou la Morte vive*, tragi-comédie.) Voy. ci-dessus, p. 282, n. 2.
2. *La Silvie*, 53 et 54 (tragi-comédie pastorale).
3. *Criseide et Arimant*, 54 et 55. (*Chriséide et Arimand*, tragi-comédie.)

IV. Gombauld. (P., t. IV, p. 380.)

L'amaranthe de Monsr de Gombault Pastoralle, 11 et 12. (*Amaranthe*, pastorale.)

V. Rotrou. (P., t. IV, p. 410-412.)

1. *Les Occasions Perdues*, 10 et 11 (tragi-comédie).
2. *La Bague de Loubly*, 15 et 16. (*La Bague de l'oubli*, comédie.)
3. *Lipocondre*, 42 et 43. (*L'Hypocondriaque ou le Mort amoureux*, tragi-comédie.)
4. *Lheureuse Constance*, 46 et 47. (*L'Heureuse constance*, tragi-comédie.)
5. *La Celiane*, 49 et 50 (tragi-comédie).
6. *Les Menechmes*, 51 et 52 (comédie).
7. *La Celimene*, 56 (comédie).
8. *Lamelie*, 62. (*Amélie*, tragi-comédie).
9. *La Pelerine amoureuse*, 63 (tragi-comédie).
10. *La Diane*, 66 (comédie).
11. *Filandre ou Lamitié Trahye par lamour*, 68 (comédie).
12. *La Florante ou les Desdains amoureux*, 69.
13. *Cleagenor et Doristée*, 72 (tragi-comédie).
14. *Hercule*, 74. (*Hercule mourant*, tragédie.)

Ni Léris, ni La Vallière, ni le chevalier de Mouhy (*Abrégé de l'histoire du théâtre françois*) ne nomment *Florante*. Beauchamps en cite le titre sans en affirmer l'existence (part. II, p. 126), et les frères Parfait écrivent au sujet de cette pièce et de quatre autres attribuées à Rotrou par les catalogues : « Personne ne les connaît, et, si elles ont existé, elles n'ont été ni représentées ni imprimées. » (T. IV, p. 412.)

M. Chardon (*La Vie de Rotrou*, p. 49-50) voudrait identifier les deux pièces : *la Célimène* et *la Florante* ; mais il convient que cette identification est difficile, si Mahelot donne deux décorations distinctes pour les deux pièces. Or Mahelot donne deux décorations sensiblement différentes, et, de plus, le titre de *Florante* se trouvant bien après celui de *Célimène* dans le *Mémoire*, on ne comprend pas pourquoi celui de *Célimène* aurait reparu en tête de la pièce imprimée.

VI. Pichou. (P., t. IV, p. 423.)

1. *Linfidelle Confidente*, 39 et 40. (*L'Infidèle Confidente*, tragi-comédie.)
2. *La Filis de Scire*, 45 et 46 (comédie pastorale).

3. *La Folie de Cardenio*, 55 et 56. (*Les Folies de Cardenio*, tragi-comédie.)

Pichou, au dire de son biographe d'Isnard, n'avait composé qu'une quatrième pièce : *les Aventures de Rosileon*, tragi-comédie. Est-ce la même que *l'Ouverture des jours gras* attribuée à Du Ryer sous le titre de *Rossyleon*? (Voy. ci-dessus, chap. III, p. 87.)

VII. BARO. (P., t. IV, p. 429.)

1. *Clorise Pastoralle*, 12 et 13.
2. *La Force du destin de M. Bairo* (ou *Barro*), 44 et 45.

Aucun historien du théâtre ne connaît de pièce sous ce dernier titre.

A côté de *Clorise Pastoralle de M. Baro*, une autre main a écrit que la pièce était de Renaudot et avait été représentée par la troupe de Bellerose dans l'Hôtel de Richelieu, le 27 janvier 1636. L'indication est évidemment erronée.

VIII. SCUDÉRY. (P., t. IV, p. 440-441.)

1. *Le Trompeur Puny ou l'histoire Septentrionalle*, 14 et 15 (tragi-comédie).
2. *Ligdamon et Lidias*, 16 et 17. (*Ligdamon et Lydias ou la Ressemblance*, tragi-comédie.)

IX. CLAVERET. (P., t. IV, p. 454-455.)

1. *Langelie ou l'Esprit fort*, 57. (*L'Esprit fort*, comédie. Voy. ci-dessus, p. 85, n. 4.)
2. *La Place Royalle*, 61 (comédie).
3. *La Visite différée*, 67 (comédie).

X. CORNEILLE. (P., t. IV, p. 460.)

La Melite, 34 et 35. Il s'agit en réalité de *l'Illusion*, comédie. Mahelot n'a pas mis le nom de l'auteur; une autre main l'a ajouté.

Despois n'avait pas vu l'erreur commise par Mahelot, lorsqu'il disait en parlant du *Mémoire* : « Corneille n'y figure que pour sa première pièce, *Mélite*. » (*Le Théâtr. fr. sous Louis XIV*, App., n. 2, p. 410.) Mais Ém. Perrin n'eut pas de peine à la constater, lorsqu'il fit exécuter pour l'Exposition universelle de 1878 la maquette qui répondait au dessin du f° 35; il intitula donc cette maquette : « *l'Illusion comique*, comédie de M. Corneille, 1636. » Voy. ci-dessous, note 1.

Il est bon de remarquer que *l'Illusion*, mentionnée dans le *Mémoire* avant deux pièces de Hardy, n'a été imprimée qu'en 1639 ; il est donc à peu près certain qu'elle a été jouée d'original à l'Hôtel de Bourgogne et, en dépit de tout ce qui a été dit à ce sujet (Voy. le *Corneille* de Marty-Laveaux, t. II, p. 425-426), qu'elle n'a pas été *créée* par Mondory[1].

1. A l'acte I, sc. III, le magicien dit que Clindor s'est occupé à faire

Des chansons pour Gaultier, des pointes pour Guillaume.

Ce vers semble plutôt fait pour l'Hôtel de Bourgogne que pour le Marais. — Tout ce qui touche à Corneille étant important, on nous permettra d'établir avec quelque détail que la décoration donnée par Mahelot sous le nom de *Mélite* est bien celle de *l'Illusion*. Le manuscrit porte : « Il faut au milieu un palais bien orné. A un côté du théâtre un antre pour un magicien au-dessus d'une montagne ; de l'autre côté du théâtre un parc. Au premier acte une nuit, une lune qui marche, des rossignols, un miroir enchanté, une baguette pour le magicien, des carcans ou menottes, des trompettes, des cornets de papier, un chapeau de cyprès pour le magicien. » Le *palais* est nécessaire, p. ex. à l'acte III, sc. I : l'*antre* (qui est fort commodément placé *au-dessus d'une montagne*), dès le début de l'acte I ; le *parc*, acte III, sc. VIII. Il faut une *nuit* au premier acte, et la *lune qui marche* en est l' « accessoire » naturel ; le magicien tient une *baguette*, acte I, sc. II, et il n'y a rien d'étonnant à ce qu'il ait un *chapeau de cyprès* et un *miroir enchanté*. Le texte de la comédie ne montre, il est vrai, la nécessité ni des *rossignols*, ni des *trompettes*, ni des *cornets de papier* ; mais les *rossignols* pouvaient chanter dans le parc au cours des scènes d'amour, les *trompettes* annoncer l'attaque soudaine de l'acte V, sc. III, les *cornets de papier* servir aux comptes des comédiens, acte V, sc. V. La seule difficulté consiste en ce que Clindor doit être en prison pendant une partie de la pièce (acte IV, sc. VII à IX), tandis qu'il n'y a pas de prison indiquée dans la décoration de Mahelot. La contradiction s'explique cependant. Si Clindor eût été véritablement en prison, il lui eût été difficile de se faire voir à la fois aux spectateurs et à Alcandre et Pridamant, cachés en un coin du théâtre ; il ne l'était donc que par convention et c'étaient les *carcans ou menottes* qui étaient le seul signe de sa captivité. Plus tard seulement, lorsque fut publiée sa pièce, Corneille

XI. RAYSSIGUIER. (P., t. IV, p. 474.)

1. *Astrée et Celadon Pastoralle*, 23 et 24 (tragi-comédie pastorale).

Pas de nom d'auteur ; la même main que ci-dessus a écrit le nom de Baro, puis l'a effacé. L'attribution ne paraît pas douteuse.

2. *Calirie de Monsieur Rassiguier*, 77. (*La Célidée, sous le nom de Calirie ou la Générosité d'amour*, tragi-comédie.)

XII. DU RYER. (P., t. IV, p. 539.)

1. *Amarillis Pastoralle de Monsieur Durier*, 9 et 10.
2. *Lisandre et Caliste Piece de Monsieur Durier*, 13 et 14 (tragi-comédie). Voy. ci-dessus, p. 311, n. 2.
3. *Aretaphille Piece de Mr Durier*, 35 et 36 (tragi-comédie).
4. *Poliarque et Argenis de Mr Durier*, 37 et 38. (*Argénis et Poliarque ou Théocrine*, tragi-comédie.)
5. *Clitophon de Mr du Ryer*, 47 et 48. (*Clitophon et Leucippe*, tragi-comédie.)
6. *Les Vendanges de Surêne de Monsieur Durier*, 60 et 61 (comédie).
7. *Alcimedon de Mr Durier*, 70 (tragi-comédie).

La pastorale d'*Amarillis* est mentionnée par Beauchamps (part. II, p. 111) et analysée par La Vallière (t. I, p. 497 et 519-521) comme étant de Du Ryer. Les frères Parfait ne croient pas qu'elle puisse être de cet auteur (t. VII, p. 279) et ne la font pas figurer dans le catalogue de ses œuvres (t. IV, p. 539). Il y a peut-être du vrai dans ces deux opinions, car Du Ryer a certainement fait une pastorale d'*Amarillis*, mais rien ne prouve que ce soit celle qui a paru en 1651 seulement, et sans nom d'auteur.

Les frères Parfait disent aussi qu'*Arétaphile* n'a pas été représentée, non plus que *Clitophon et Leucippe* (t. IV, p. 538); on voit qu'ils se trompent. Ces deux pièces sont restées manu-

l'accompagna d'inexactes, mais naturelles indications. Encore ne le fit-il que peu à peu, et ce n'est pas avant 1660 que la phrase suivante parut en tête de l'acte IV, sc. IX : « Isabelle dit ces mots à Lyse, cependant que le geôlier ouvre la porte à Clindor. » (Voy. l'éd. Marty-Laveaux, t. II, p. 504.)

scrites. Voy. Beauchamps, part. II. p. 109, et La Vallière qui les analyse dans son t. I, p. 495 et 497-501.

XIII. Durval. (P., t. IV, p. 510.)

1. *Agarite*, 40 et 41 (tragi-comédie).
2. *Les Travaux d'Ulysse*, 43 et 44. (*Les Travaux d'Ulysse*, tragi-comédie).

Voy. ci-dessus, frontispice et chap. VI, § 5.

XIV. Boisrobert. (P., t. V, p. 21-22.)

L'heureuse Tromperie, de Mr de Bois Robert, 50 et 51. (*Pyrandre et Lisimène ou l'Heureuse tromperie*, tragi-comédie.)

XV. Beys. (P., t. V, p. 123.)

1. *Clarice de Mr Beis*, 78.

Il s'agit sans doute du *Jaloux sans sujet*, tragi-comédie dont un des principaux personnages porte le nom de Clarice. Tous les historiens du théâtre ne citent d'autre *Clarice* que celle de Rotrou : *Clarice ou l'Amour constant*.

2. *La Celine de Mr Baif*, 59.

Sans doute *Céline ou les Frères rivaux*, tragi-comédie de Beys.

XVI. Benserade. (P., t. VI, p. 118.)

Iphis et Iante, 79 (comédie).

XVII. Canu.

La Moscovitte, 26 et 27.

Aucun historien du théâtre ne connaît cet auteur. Beauchamps, qui avait vu le *Mémoire* de Mahelot, s'est contenté d'écrire à sa table alphabétique : « Canu, *les Moscovites*, sans date. »

XVIII. Desbruyères.

Le Romant de Paris, 52 et 53.

Desbruyères est tout aussi oublié que Canu. Beauchamps met à la table alphabétique : « *le Roman de Paris*, C. de Desbruyères. »

XIX. Passar (Passart).

1. *L'heureuse Inconstance*, 64.

2. *La Florice*, 73.
3. *Celenie*, 75.
4. *Cleonice pastoralle*, 76.

Une pièce imprimée en 1630 sous la signature P. B. porte le titre de *Cléonice ou l'Amour téméraire*, tragi-comédie-pastorale. Voy. fr. Parfait, t. IV, p. 476-481 ; Léris, p. 111 ; La Vallière, t. II, p. 79-81. Beauchamps l'indique aussi, part. II, p. 108, en même temps qu'il met à la table : « *Cléonice*, T. C., Passart. » De là l'hypothèse du chevalier de Mouhy (*Abrégé*, t. I, p. 96), que les deux pièces citées par Beauchamps pourraient n'en faire qu'une. L'hypothèse était justifiée, car un exemplaire de la *Cléonice* imprimée, possédé par de Soleinne, portait sur le titre en écriture du temps : par M. Passart (*Catalogue*, n° 1051)[1].

D'après *l'Ouverture des jours gras* (voy. ci-dessus, p. 87), il faudrait joindre aux quatre pièces indiquées par Mahelot une cinquième intitulée *Dorise* ou *Doriste*[2].

XX. DE LA PIGNERIÈRE.

La foire de Sainct Germain, 71.

Voy. ci-dessus, p. 87, p. 153, n. 2, et p. 258. Pièce et auteur ne sont cités que par Beauchamps à la table alphabétique des *Recherches*, à moins que le sieur de la Pignerière ne se confonde avec le sieur de la Pinelière, auteur d'une tragédie d'*Hippolyte* (Voy. fr. Parfait, t. V, p. 105). Le nom de la Pinelière figure dans la liste d'auteurs dramatiques dressée par Marolles. (*Mémoires*, t. II, p. 226.)

PIÈCES ANONYMES OU D'UNE ATTRIBUTION DOUTEUSE.

1. *Madonthe Piece de M.   , 17 et 18.

Cette seconde main dont nous avons déjà constaté deux erreurs a ajouté : *de La Gornaye*. Il s'agit probablement de la *Madonte*,

---

1. La liste alphabétique des auteurs dans Beauchamps porte « Passart » sans autre indication. Celle des pièces donne, outre l'indication de *Cléonice* : « *L'heureuse inconstance*, comédie d'un inconnu ; — *Florise*, C., Passart ; — *Célénie*, T. C., Passart. »
2. Éd. Fournier suppose que *Doriste* est une fausse appellation pour *Cléagénor et Doristée*, tragi-comédie de Rotrou. En ce cas, la pièce ne serait pas « de l'auteur de la *Cléonice* ».

tragi-comédie du sieur *Auvray*, dont les frères Parfait rendent compte à l'année 1630 et qu'ils croient n'avoir pas été représentée (t. IV, p. 494-495). Mais Beauchamps signale une autre *Madonthe*, tragédie extraite de l'*Astrée* en 1623 par Pierre Collignon (part. II, p. 96).

2. *Les trois semblables*, 38 et 39.

De la seconde main : *Les trois Orontes de Boisrobert*. Il est probable, en effet, que le sujet des *Trois semblables* est celui que Boisrobert a traité dans sa comédie : *les Trois Orontes ou les Trois semblables*; mais ou la date donnée par les frères Parfait pour *les Trois Orontes* (1653, t. IV, p. 21; — 1652, t. VII, p. 361) est radicalement fausse, ou la pièce indiquée par Mahelot et qui, dans le *Mémoire*, précède de beaucoup *le Frère indiscret* de Hardy, n'est pas celle de Boisrobert. A vrai dire, ce dernier était fort capable d'imiter de très près une pièce non imprimée et qu'il avait vu jouer.

Beauchamps a mis dans sa table alphabétique : *Les trois semblables*, sans nom d'auteur.

3. *La prise de Marcilly de M.   , 41 et 42.

De la seconde main : *d'Urval*, et Beauchamps, acceptant peut-être trop facilement cette attribution, a mis dans la liste des œuvres de Durval : « *La Prise de Marcilly*, C. (à la table : T.-C.), tirée de l'*Astrée*. » Aucun autre historien du théâtre ne parle de cette pièce, qui, inspirée par la dernière partie de l'*Astrée*, ne peut être antérieure à 1628.

4. *Le berger fidelle*, 65.

Beauchamps cite sous ce titre six pastorales, dont une pourrait bien être la pièce inscrite par Mahelot : « 1637. *Le B. f.*, en prose, dédié par l'auteur à sa maîtresse, in-8°, 1637. Paris, Aug. Courbé. Pr. du xj septembre, ach. d'imp. le 18. » Part. II, p. 156. L'impression serait postérieure d'un an environ à la représentation.

Léris et de Mouhy répètent les indications de Beauchamps. On ne trouve rien dans les frères Parfait ni dans La Vallière.

La première partie du *Mémoire des décorations* comprend donc 71 pièces, dont 4 sont d'une attribution difficile, et dont les 67 autres appartiennent à 20 auteurs différents.

NOTE III
(Voy. chapitre IV, p. 141).

La tragédie de « Phalante ».

Les nouvelles et plaisantes imaginations de Bruscambille (édition originale) se terminent par un prologue *pour la tragédie de Phalante*, f°s 226 à 230. (Cf. frères Parfait, t. IV, p. 137.) De qui était cette tragédie ? Probablement d'un avocat toulousain nommé Jean Galaut, puisque une tragédie de *Phalante* occupe les p. 73-147 dans un volume intitulé *Recueil des divers poëmes et chants royaux, avec le commencement de la traduction de l'Æneide de I. Galaut, advocat au Parlement de Tolose*, Tolose, M.DC.XI, in-12. Galaut était mort en 1605, comme l'indique une inscription latine qui est au-dessus de son portrait, et Valleran pouvait avoir adopté son œuvre dans un de ses passages à Toulouse. Mais pourquoi l'éditeur n'a-t-il pas dit que cette tragédie eût été jouée ou imprimée ? et pourquoi y avait il déjà un *Phalante* anonyme, publié, dans le format in-8, en 1610, sans nom de ville ni d'imprimeur ? Je n'ai pu trouver ce volume ; mais La Vallière (t. I, p. 440-441) en donne une analyse qui conviendrait aussi bien au *Phalante* toulousain. Faut-il croire qu'en 1610, d'après un manuscrit dérobé ou d'après une audition théâtrale, on avait donné une édition clandestine d'une œuvre de Galaut ? ou l'éditeur de Galaut aurait-il indûment fait entrer dans son recueil une tragédie qui ne lui appartenait point (remarquer qu'il n'en est point question dans le titre) ? ou encore l'édition de 1610 reproduirait-elle une tragédie de Hardy, que Galaut, l'ayant entendue, s'était amusé à récrire, d'où le manuscrit que ses amis avaient découvert et publié ? Il y a là un petit problème, plus curieux certes qu'important. En tous cas, *Phalante* a été imité, vers 1641, par La Calprenède ; voy. fr. Parfait, t. VI, p. 145-146.

NOTE IV
(Voy. chap. v, p. 171 et 182-4.)

Quelques renseignements sur les acteurs les moins connus de l'Hôtel de Bourgogne.

I. — Lefebvre et Vautray

Lefebvre et Vautray se sont-ils retirés tous deux du théâtre vers 1620?

On lit dans un article consacré à mon *Hardy* par Ch.-L. Livet (*Revue générale*, 1er décembre 1890, p. 504) : « Dans la vie civile, les comédiens avaient été d'abord, en masse et tous ensemble, réputés infâmes, incapables d'occuper aucun emploi, même après avoir quitté le théâtre ; plus tard, des réhabilitations individuelles furent accordées, tantôt avec exclusion de toute charge à la Cour, dans la magistrature et à l'armée, comme à Laporte, le 18 janvier 1620, tantôt avec une autorisation « de tenir et exercer charges, offices et dignités », comme à Mathieu Le Febure le 31 décembre 1619 et à Français de Vautrel qui fut pourvu par Sa Majesté d'un office de fourrier de sa grande écurie, « sans que le nom de comédien, dont il a ci-devant fait profession, lui puisse être objecté ni imputé » (juin 1620).

Les renseignements contenus dans ces lignes seraient précieux s'ils étaient exacts, mais le nom de Vautray est bien estropié, ce qui concerne La Porte-Lefebvre est contradictoire, et il n'est renvoyé à aucune pièce justificative.

II. — Bruscambille

Dans le prologue *en faveur des écoliers de Toulouse* (*Fantaisies*, p. 176), Bruscambille dit qu'il a *filé* avec les écoliers, c'est-à-dire avec les étudiants, *le plus délicat de ses ans*. En quelle année a-t-il débuté à l'Hôtel de Bourgogne? Un prologue, qui figurait déjà dans l'édition de 1609, est une sorte de discours d'installation et me paraît dater de 1607, si même il ne date de quelques années plus tôt. Citons-le, il ne manque pas d'importance pour l'histoire de notre théâtre : « Tout ainsi que la terre, produisant un petit arbrisseau, ne le peut décorer d'une grandeur si belle et si parfaite que celle dont l'âge le gratifie en son période,... ainsi notre petite troupe ne faisant encore que se joindre et éclore des flancs de la destinée, qui l'avait amoureusement conçue du propre germe de nos désirs, ne vous pourra figurer au berceau de sa naissance une tant admirable et excellente forme, que si elle était déjà héritière du futur, qui, comme père et possesseur de sa légitime espérance, lui promet tout au moins un rang assez notable pour braver par effet ce que la France adore selon l'intention de ses légèretés : car, si le mérite est plus digne de louange que la folie, l'on quittera la mignardise Italienne, l'Espagnole gravité et la curiosité Anglaise, puisqu'après cela rien ne reste plus que le silence ne soit capable d'exprimer, afin de voir d'un œil amoureux l'éloquence Française, comme sur un théâtre plus élevé, fouler le gazon du Parnasse et triompher en toutes sortes de merveilles que le Ciel, comme son géniteur, se délecte d'offrir à son avantage... Nous nous en rapporterons à vos beaux jugements, qui sauront trop mieux découvrir le secret de nos âmes », et nous espérons acquérir et conserver « la réputation due à nos labeurs en faveur du contentement que nous vous promettons et du service que nous vous jurons en toute humilité. » *Prologues* de 1610, f°s 110 à 112 r°. (*Prol.* de 1618 (1609), p. 96-99. — *OEuvres* de 1619, p. 202-204, page marquée par erreur 292.)

Voulons-nous nous faire une idée du costume et de la physionomie de Bruscambille? Lui-même ne parle que de ses « lunettes à grand volume [1] »; mais, dans *la Ville de Lyon en vers burlesques*, poème facétieux et mal rimé de 1683, une « librairesse », cherchant à vendre à un amateur « le Songe et vision de Bruscambille le bouffon », décrit ainsi le portrait qui se trouve en tête du volume :

> Il a pour casque une marmite,
> Pour plastron une lèchefrite
> Ornée d'andouille et saucisson ;
> N'a-t-il pas bien bonne façon ?
> Une broche pour hallebarde
> Pleine de chapons et poulardes,

---

1. *Facecieuses Paradoxes*, IV, *Paradoxe sur la prison*, f° 1.

> A cheval dessus un tonneau,
> Voilà pas un beau jouvenceau,
> Qui, le pot et le verre en main,
> Se moque parbleu du chagrin [1] ?

Le *docteur Mistanguet* trace de son *parent* et *bon ami* Bruscambille un autre portrait trop facétieux pour être toujours clair et exact : « Ce vénérable, ce preux, cet invincible, cet harmonieux, ce drôle, ce camarade, ce soldat, ce poltron, ce bouffon, ce cuisinier, ce gentilhomme, cet artisan, ce laboureur, ce docteur et ce grand et authentique porteur de lunettes », p. 51 ; — « ce père des drôles, Bruscambille », p. 54 ; — « Bruscambille est un peu larron et tient quasi de la nature de toutes sortes d'animaux », p. 56 ; — « d'elle il cut Bruscambille, ce vénérable et mirlifique docteur duquel on parle tant, qui a vécu quatre cents ans, dix-huit mois, sept jours, quatre heures et demie, un quart et trois minutes, en dormant avec un sphinx sous les tavernettes où son père l'avait emmailloté avec les feuilles des livres de la bibliothèque des sept sages de Grèce, d'où vient que les bandes de ses maillots lui ont laissé des marques de toutes sortes de sciences sur les fesses, et porte des lunettes à l'impossible et à l'impareille avec les yeux qu'il a plus pénétrants qu'un loup cervier, ni qu'un chat qui va de nuit » P. 57. (*Abrégé de la généalogie du docteur et capitaine Bruscambille et de son parent et bon ami Mistanguet*, dans *les Plaisantes idées du sieur Mistanguet, docteur à la moderne, parent de Bruscambille* [2]. Paris, 1615, réimpression Gay, Genève, 1867, pet. in-12.)

Enfin, dans un *prologue grotesque et un peu facétieux de l'amitié*, qui fait partie des *Pensées facétieuses* de 1709 (p. 245-252), Bruscambille lui-même donne sur sa vie des renseignements qui seraient précieux, si nous les pouvions croire authen-

---

1. Tricotel, *Variétés bibliographiques*, Paris, Gay, 1863, in-12, p. 360.
2. Quel était ce Mistanguet ? Paul Lacroix, dans la notice du volume, p. v à xv, en fait un farceur en plein vent, ce qui est possible ; veut que ses *plaisantes idées* aient été débitées à Paris sur des tréteaux, ce qui est possible encore ; après quoi, il l'identifie avec Guillot Gorju, sans aucune espèce de raison sérieuse. Cf. ci-dessus, chap. v, p. 218, n.

tiques ; mais les interpolations abondent dans cette édition tardive de notre farceur [1].

III. — Jean Farine et Pierre Du Puy [2]

Voici sur Jean Farine quelques textes curieux qui nous serviront de pièces justificatives : « Si vous voulez que je m'en retourne content, et que Jean Farine ne m'accuse de vous avoir exhortés de rire à sa farce, où il ne vous dira que la vérité quand il mentirait. » *Fantaisies de Bruscambille*, p. 269. (Cf. *Facecieuses Paradoxes*, f°s 32, 46, 71.) — « Bacchus ne manquera point d'y venir, car je suis un de ses bons disciples ; c'est un gros garçon, sans comparaison, tout comme Jean Farine. » *Nouvelles et plaisantes imaginations*, p. 132. — *Harangue funèbre en faveur du bonnet de Jean Farine*, Ibid., p. 165-168. —

> Je prête le serment ès mains de Jean Farine,
> Qui d'un plat plein de fleur m'enfarine la mine,
> En usant de ces mots : « Or sus ! je te reçois
> Pour être à tout jamais comédien françois. »

(Courval-Sonnet, *Exercices de ce temps*, sat. IX *le Débauché*, t. II, p. 101.) — *Les Debats et facetieuses rencontres de Gringalet et de Guillot Gorjeu son maistre* (Joyeusetez) sont dédiés « à très haute et très réverendissime et discrète personne maitre Jean Farine ». « Mon fallotissime et jovialiste Jean Farine », lui dit Gringalet ; et l'approbation, signée Gros-Guillaume et Gaultier Garguille, constate que celui-ci « a de son bon gré et sans aucune contrainte dédié son livre au père de sobriété, le grotesque Jean Farine ».

---

1. On peut voir encore sur Bruscambille un petit article que j'ai publié dans la *Revue des langues romanes* (juin 1886, p. 305) sous le titre de *Bruscambille fabuliste*.
2. Ou du Puys, du Puits, Dupuis. — Il se pourrait que le nom de Jean Farine fût emprunté à la comédie italienne, puisque dans la suite dite des *Balli*, de Callot, composée vers 1622, figurent ensemble *Fracischina* et *Gian Farina*. Mais *Gian Farina*, qui est un Scapin dansant, ne ressemble guère aux descriptions du Jean Farine français.

Jean Farine est signalé comme faisant partie de l'Hôtel de Bourgogne : en 1612, dans les *Fantaisies* ; en 1615, dans les *Nouvelles et plaisantes imaginations*, ainsi que dans les *Faccicieuses Paradoxes* ; en 1618, dans les *Prédictions grotesques et récréatives du docteur Bruscambille pour l'année 1619* (*Chansons de Gaultier Garguille*, p. 129) ; en 1622, dans les *Caquets de l'accouchée*, p. 281 ; en 1626, dans les *Exercices de ce temps*, dont les pièces peuvent, d'ailleurs, avoir été composées à des dates antérieures ; en 1633 environ, dans les *Debats et facecieuses rencontres de Gringalet et de Guillot Gorjeu*. M. Fournel cite encore les *Jeux de l'Inconnu* (Rouen, in-8. 1635, p. 158).

C'est sans doute entre 1610 et 1612 que Jean Farine est entré à l'Hôtel de Bourgogne, à moins que ce ne soit vers cette époque qu'un acteur de l'Hôtel, nommé Pierre du Puy, ait été décoré de ce surnom. En effet, le *Prologue facétieux sur un plaidoyer* renferme ce passage dans l'édition de 1610 : « Je ne laisserai, en attendant que *Pierre du Puy* sera attaché, et qu'il aura pris ses pantoufles pour aller chercher dans le jardin de ses imaginations toutes sortes de menues herbes propres à éveiller l'esprit, de vous entretenir... » f. 33 r°. (*Prologues* de 1618, 14.) Et voici ce que devient ce passage dans les éditions suivantes : « Je ne laisserai, en attendant que *Jean Farine* aura trouvé dans le jardin de ses imaginations toutes sortes de menues herbes... » (*Fantaisies*, p. 67 ; *Œuvres* de 1619, p. 72.)

Il est encore parlé de Pierre du Puy dans les *Faccieuses Paradoxes*, et, cette fois, il ne semble pas que ce soit là un nom d'acteur : « Certain livre composé par misérable et indiscrète personne, maître Pierre du Puy, archifol en robe longue et grand maître de ses imaginations ». f° 27 ; « trois grands fols, Diogène, Pierre du Puy et moi », f° 43. Dans la *Harangue de Midas*, Bruscambille se donne ce nom à lui-même : « Je serais prou content, si je pouvais toujours être à l'abri de la folie (c'est-à-dire protégé par mon renom de folie) ; et quand j'aurais tué, pillé, massacré, — ayez pitié, dirait le monde, de ce pauvre Pierre du Puys, qui ne fut jamais sage et n'a point encore envie de l'être. »

On trouve ce même nom en tête d'une plaquette de 1614 : *La Remonstrance de Pierre du puits sur le resveil de maistre Guillaume...*

> Avec ma jacquette grise,
> Plusieurs lourdauts je mesprise.

A Paris, jouxte la copie Imprimee par Pierre Bardin, M.DC.XIV.

> Pierre du Puits n'est pas seul en folie,
> Ni tous les fols ne sont Pierre du Puits...,

lit-on à la fin de cette brochure.

Pierre du Puits était un fou, cité, en 1605 probablement, comme le type même du fou par Regnier, sat. VI, v. 72 :

> Je suis
> Aussi perclus d'esprit comme Pierre du Puis.

(Cf. Fournier, *Variétés*, t. II, p. 273, n.); mais quelque acteur de l'Hôtel pouvait s'être affublé de son nom; ou encore tous le prenaient, quand bon leur semblait, pour faire rire les spectateurs.

IV. — Gringalet

Le nom de Gringalet est ancien ; on le trouve dans les *Contes d'Eutrapel* de Noël du Fail. (Voy. Fournier, *la Farce et la Chanson*, p. lxxvj.) En 1612, il figure dans les *Fantaisies de Bruscambille*, p. 151, sans qu'on puisse encore affirmer que Bruscambille parle d'un acteur. Mais c'est bien un acteur de l'Hôtel de Bourgogne qui est ainsi désigné par *l'Espadon satyrique*, vers 1612. (Voy. ci-dessus, chap. II, p. 63, n. 3.) Enfin l'approbation des *Debats et facetieuses rencontres* est ainsi conçue : « Nous soussignés docteurs et régents en l'économie de l'Hôtel de Bourgogne à Paris... S'est présenté devant nous le vénérable, parfait, chéri, honoré et entièrement bien nourri, le fallotissime Gringalet; lequel, sans aucune contrainte, nous a protesté vœu de fidélité, comme étant l'un de nos écoliers, par protestation de n'avoir poursuivi ses études que dans les collèges de nos gens tenant nos maisons comiques... »

V. — Autres noms de farceurs

Philippot. « *Philippot* viendra incontinent, qui se promet sous l'assurance de votre supplément de vous faire rire et pleurer tout ensemble. » *OEuvres* de 1619, p. 50; *Prologues* de 1618 (1609), p. 11; de 1610, f° 17 r°.

Josias. « A ce propos, je mettrai un exemple sur le bureau en attendant que *Josias* sera botté et éperonné pour apporter en poste sur le traquenard de ses bricoles à rubriques salées et dessalées, fricassées, étuvées, bouillies et rôties, quelque paquet, l'histoire duquel vous chatouillant l'oreille gauche vous fera montrer toutes vos dents à force de rire... » *OEuvres* de 1619, p. 162 *bis*; *Prologues* de 1618 (1609), p. 38; *Prologues* de 1610, f° 59 [n° 28].

Nicodème est cité comme chef de farce. *OEuvres* de 1619, p. 185; *Fantaisies*, p. 175; *Prologues* de 1610, f° 75 v°, de 1618 (1609), p. 68.

Dame Gigogne, qui était sans doute un homme déguisé en femme, a succédé à *Perrine*, mais nous ne savons à quelle date : « Depuis (après le trio Gros-Guillaume, Gaultier Garguille et Turlupin), entre les Français jouèrent la comédie le capitaine Matamore, Boniface, Jodelet, Bruscambille, avec ses prologues, dont quelques-uns sont imprimés, et dame Gigogne, depuis la mort de Perrine. » Marolles, t. III, 290, *Dénombrement.* — Voy. ci-dessous, p. 334, la fin de la note v.

Je n'ai pas osé nommer parmi ces farceurs Galinette La Galina que Sonnet de Courval, dans sa *Satyre contre les charlatans* (1610), appelait un insigne bouffon ou plaisant de l'Hôtel de Bourgogne, en même temps qu'il le montrait faisant, « il y a sept ou huit ans,... mille singeries, tours de souplesse et bouffonneries pour attirer et amuser le peuple » auprès du charlatan *il signor Hyeronimo* [1]. Il ne pouvait être à la fois bouffon de charlatan et acteur de l'Hôtel ; a-t-il été acteur avant ou après ? Et à quelle date ? Ce renseignement manque trop de précision.

Enfin, M. Émile Roy, dans son livre sur Sorel, p. 430-432, dit de l'avocat et comédien normand Nicolas Moulinet, sieur du Parc, auteur d'un certain nombre d'ouvrages, et auquel Sorel lui-même a attribué son *Francion*, qu'il « semble avoir fait partie de la troupe de l'Hôtel de Bourgogne ». Je n'ai rien trouvé qui confirme cette hypothèse. — Le sieur du Parc est mort avant 1625.

1. *Satyre...*, p. 101-103.

NOTE V
(Voy. chap. v, p. 188.)

Un dessin de Huret et les comédiens enlevés au Marais en 1634.

Dans sa savante histoire de l'art dramatique (t. II, p. 184-185), M. Karl Mantzius a publié, d'après deux exemplaires de la Bibliothèque royale de Copenhague, un très curieux dessin de Grégoire Huret, gravé par Rousselet et Mariette, que personne encore n'avait signalé. Sur ce dessin et sur quelques autres, il m'a de plus donné, avec une exquise obligeance, des renseignements dont je le remercie et que je mettrai à profit dans cette note.

Le dessin représente, jouant leur rôle sur une même scène, *Michau, le docteur Boniface, Alison* et *Philipin*; *Michau*, long et mince comme Gaultier Garguille, avec le costume et les poses mêmes que la gravure attribue toujours à ce farceur; — *Boniface*, en docteur de la comédie italienne; — *Alison*, en vieille acariâtre et ridicule, avec une taille masculine et un masque; — *Philipin*, en zani plus ou moins transformé, avec une toque plate, un masque sombre, une perruque ébouriffée, une épée ou une batte à la main. Le dessin est commenté — assez vaguement — par ces vers :

> *Michau, Boniface, Alison,*
> Et *Philipin* qui les seconde,
> Se moquent avecque raison
> Des impertinences du monde.
>
> *Michau* ne plaît pas moins aux yeux
> Qu'il est agréable aux oreilles,
> *Boniface* le sérieux
> Ne raconte que des merveilles.
>
> *Alison* se fait admirer,
> *Philipin* raille sans médire,
> Et tous ensemble font pleurer,
> Mais j'entends à force de rire.

Le premier quatrain, aussi bien que la disposition même de la gravure, montre que les quatre farceurs jouaient ensemble sur le même théâtre. Mais sur quel théâtre? et à quelle date?

La date ne saurait être fort antérieure à 1635, puisque Huret est né en 1610, et Gilles Rousselet en 1610 aussi d'après les uns, en 1614 d'après les autres. Le théâtre paraît bien être celui de l'Hôtel de Bourgogne, puisque c'est à l'Hôtel de Bourgogne seulement qu'on nous a signalé la présence d'un *docteur Boniface*.

D'autres indications peuvent nous être données par un recueil factice des œuvres de Huret qui se trouve au Cabinet des Estampes de la Bibliothèque nationale (t. II, Ed. 35 *a*). Il y a là une série de gravures consacrées aux farceurs en renom, et je les énumère dans l'ordre même où elles se présentent : Gaultier Garguille, — Turlupin, — Gros-Guillaume, — Guillot Gorju, — Michau, Boniface, Alison et Philipin (c'est la gravure qu'a publiée M. Mantzius), — le capitan Matamore, — Jodelet. Les vers qui accompagnent le portrait de Gaultier Garguille font allusion à la mort de cet acteur :

> Et l'on le pleure justement,
> Puisqu'il fit rire tout le monde ;

ceux qui accompagnent le portrait de Gros-Guillaume supposent le célèbre enfariné vivant. Cette série paraît donc avoir été commencée en 1634, mais elle a pu être poursuivie pendant quelques mois jusqu'en 1635 : et dès lors, si l'on admet, comme nous l'avons indiqué plus haut (chap. v p. 186, n. 3), que le capitaine Fracasse, dont la présence à l'Hôtel de Bourgogne est bien constatée, pouvait aussi porter le nom de Matamore, la fin de cette série représenterait aussi des acteurs de l'Hôtel de Bourgogne au moment où, par la décision royale de décembre 1634, Jodelet et Alizon, auparavant au Marais, y avaient été transférés tous deux.

Qui seraient, en ce cas, Michau et Philipin ?

Une gravure de Michel Le Blond représente *Jacquemin Jadot* avec le costume de Gaultier Garguille. Il est donc probable que c'est lui qu'a représenté aussi Huret : Jacquemin Jadot, auquel la *Gazette* donne le surnom de La France, s'appelait Michau dans la farce, et ainsi nous connaissons ses trois noms, comme nous connaissons les trois noms de Robert Guérin, d'Hugues Guéru et de Henri Legrand. Guillot Gorju, qui avait d'abord pris la succession de Gaultier Garguille, n'y avait que médiocrement réussi, et *le Songe arrivé à un homme d'importance* (p. 208) en fait l'aveu : « Quoique Guillot Gorju... fasse le mieux qu'il peut, j'ai ouï un bruit, que plusieurs ont dit déjà... qu'il ne me ressemble que d'habit. » L'arrivée de Jacquemin Jadot permit à Guillot Gorju de lui abandonner ce rôle et de prendre celui de docteur ridicule, plus convenable à ses goûts comme à son passé, et dans lequel les dessinateurs du temps nous le représentent [1].

Le nom de Philippin fait songer à l'acteur-auteur de Villiers (Claude Deschamps), qui le porta plus tard [2] et le donna au valet de son *Festin de pierre*. Mais Villiers ne paraît pas avoir quitté de sitôt le Marais. Il était sans doute avec Mondory en 1634, bien qu'au baptême de sa fille Charlotte, le 24 octobre, il soit qualifié de « comédien de Monsieur, frère du roi [3] » ; sa femme y était en 1633, pour jouer la *Virginie* de Mairet [4] ; elle y était pendant l'hiver de 1635-1636, où elle avait une intrigue avec le jeune archevêque de Reims, Henri de Lorraine [5] ; elle y était pendant l'hiver de 1636-1637, où elle interprétait avec talent le rôle de Chimène dans *le Cid* [6] ; Tallemant nous dit que Mondory et elle sont longtemps restés ensemble, entretenant une rivalité qui faisait croître leur mérite, et il ajoute que les Villiers ne sont passés à l'Hôtel qu'avec Baron père, après la paralysie de Mondory [7].

---

1. Dans son *Testament* (*Chansons*, p. 163), Gaultier Garguille reprochait à un comédien du jeu de paume de La Fontaine, Tibaut Garray, de *s'être ingéré de l'imiter*. Mais Tibaut Garray, « avec son masque de visage bouffi et sa taille de pygmée », ne peut être le Michau que nous montrent Huret et Rousselet.

2. Jodelet « fait bien un personnage de valet, et Villiers dit *Philippin*, mari de la Villiers, ne le fait pas mal aussi, mais n'est pas si bien. » Tallemant, VII, 177. Cf. le Molière de Despois, t. III, p. 144, n. 1.

3. Voy. Jal, art. VILLIERS, et cf. Chardon, *Nouv. doc. sur Molière*, p. 66-67.

4. Tallemant, VII, 172. M. Chardon (p. 67, n.) dit 1631 ; mais ce n'est pas la date vraie de *Virginie*.

5. Voy. Bernardin, *Tristan l'Hermite*, p. 188.

6. « Mondory, la Villiers et leurs compagnons n'étant dans ce livre comme sur le théâtre, *le Cid* imprimé n'était plus *le Cid* que l'on a cru voir. » Scudéry, *Lettre... à l'Illustre Académie* (dans Corneille, III, 12.) Vers la même date l'auteur du *Traité de la disposition du poème dramatique* opposait Bellerose à Mondory et la Beaupré à la de Villiers (p. 264-265).

7. « La Villiers y était aussi (dans la troupe). On dit que Mondory s'en éprit, mais qu'elle le haïssait ; et que la haine qui

Ce ne serait donc pas Villiers qui aurait joué à l'Hôtel de Bourgogne avec Boniface, ce ne serait pas lui qui serait le Philippin de Huret ; et, comme Le Noir et Jodelet sont nettement distingués de *Filipin* dans *le Testament de feu Gaultier Garguille* [1], c'est seulement à l'Espy, frère de Jodelet (autrement dit : de Julien Bedeau), que nous pourrions attribuer le nom de Philippin. Ce nom était connu avant lui : dans la *Lucelle* de Louis le Jars, en 1576, c'est celui d'un valet enjoué, spirituel et souvent grossier. Mais l'Espy aurait quelque temps joué les Philippins ; après quoi, il aurait cédé cet emploi à de Villiers en se chargeant lui-même des rôles de vieillards, qu'il jouait (on le sait) à côté de son frère dans les comédies de Scarron.

Philippin et Jodelet seuls — les deux frères, si notre hypothèse est exacte — apportaient à l'Hôtel des types un peu nouveaux. Alizon [2] (dont nous ne savons pas le nom véritable) se

---

était entre eux fut cause qu'à l'envi l'un de l'autre ils se firent deux si excellentes personnes dans leur métier. — Le Cardinal, après que Mondory eut cessé de monter sur le théâtre, faisait jouer les deux troupes ensemble chez lui, et avait dessein de n'en faire qu'une. Baron et la Villiers avec son mari, et Jodelet même allèrent à l'Hôtel de Bourgogne, d'Orgemont et Floridor, avec la Beaupré, soutinrent la troupe du Marais ». VII, 172 et 174. La mention de Jodelet en un pareil endroit est gênante ; mais la construction même de la phrase semble indiquer que cette mention est une sorte de parenthèse mal rattachée au reste. Tallemant a noté plus haut (p. 173) le départ de Le Noir et de sa femme, et son intention ici est bien de dire que les Villiers sont restés avec Mondory après que les Le Noir l'avaient quitté. Il parle de Mondory et de ses camarades en tant qu'interprètes des œuvres sérieuses, où brillaient la Le Noir et la Villiers, et, s'il a d'abord omis de prononcer le nom de Jodelet, c'est que Mondory, comme tragédien, ne perdait rien à son départ.

1. Voy. *Gaultier Garguille*, p. 162-163. Voici ce qui est dit de Philippin : « Pour Filipin, qui n'a rien pour s'en servir qui approche de notre Zani que la terminaison du nom » — *Turlupin* rime avec *Filipin* — « je lui conseille de perdre un peu de la bonne opinion qu'il a de lui-même ». — Notons que l'arlequin, dans *la Comédie des comédiens* de Scudéry, est à peu près équipé et costumé comme le Philippin de Huret : la pièce de Scudéry a été jouée par la troupe de Mondory avant la scission de 1634.

2. Telle est l'orthographe ordinaire du mot.

contentait de continuer Perrine. On a dit que le personnage d'Alizon existait depuis longtemps à l'Hôtel de Bourgogne ; il n'en est rien, et, si ce nom est celui d'une chambrière ou d'une commère dans plusieurs des chansons de Gaultier Garguille (notamment p. 89), dans *les Corrivaux* de Troterel, dans *la Comédie des proverbes* du comte de Cramail, — il l'est aussi dans les facéties de Tabarin (p. 402 sqq.) et dans les *Satires* de Regnier (X. 161-164); il l'est dans les facéties du xvie siècle (voy. le *Recueil* de Barraud, t. II, *passim*) et dans *les Corrivaux* de Jean de la Taille : il l'est même au moyen âge dans un fabliau publié par Montaiglon (vol. II, fab. 8 : *fabliau du prêtre et d'Alison*). Mais, comme acteur, Alizon n'est jamais nommé tant qu'il est question de Perrine ; et il n'est plus question de Perrine dès que l'on parle d'Alizon. Avant la décision royale de décembre 1634, un acteur du Marais essayait donc de rivaliser avec le « personnage incomparable » que nous a vanté Marolles, et qui peut-être était mort récemment. En décembre 1634, il est venu lui succéder sur la scène même où Perrine s'était rendu célèbre.

Maintenant, reprenons la série d'estampes de Huret, et nous verrons qu'elle représente tous les farceurs de l'Hôtel de Bourgogne en 1633-1635 : Gaultier Garguille, Turlupin et Gros-Guillaume qui avaient fait la joie des anciens habitués du théâtre ; — Boniface et Fracasse-Matamore, qui faisaient déjà partie de la troupe en 1632 ; — Guillot Gorju, qui s'y était joint à la fin de 1633 ou en 1634 ; — Jodelet, Jacquemin Jadot, L'Espy, Alizon, entrés en décembre 1634. Nous ne trouverions d'autre nom à ajouter à cette liste que celui de dame Gigogne signalé par Marolles ; mais dame Gigogne est peut-être le même personnage qu'Alizon [1].

Complétons la troupe en citant ceux des acteurs qui étaient particulièrement des tragiques : Bellerose, Beauchâteau, Le Noir, sans doute Louis Gallien et Philibert Robin (à moins que ces deux derniers ne se confondent avec Boniface et Fracasse), la Bellerose, la Beauchâteau, la Le Noir, la Valliot et la Beaupré.

---

1. « Dame Gigogne depuis la mort de Perrine ». Marolles, t. III, p. 290, *Démembrement*.

NOTE VI

(Voy. chap. v, p. 200.)

« Le Cid » et la rivalité des théâtres.

Mondory paraît n'avoir pas moins pratiqué la *réclame* que ses rivaux. « Souvenez-vous », dit Mairet en essayant de rabaisser la pièce du *Cid*, « *que la conjoncture du temps, l'adresse et la bonté des acteurs, tant à la bien représenter qu'à la faire valoir par d'autres inventions étranges que le S. de Mondory n'entend guère moins que son métier*, ont été les plus riches ornements du *Cid* et les premières causes de sa fausse réputation. » (*Responce à l'Amy du Cid*, dans Gasté, *la Querelle du Cid*, p. 302); et les lettres de Mondory qu'on a publiées (dans Tallemant, VII, 185-187) nous montrent en lui un fort habile homme.

La rivalité des deux théâtres, qui, en 1635, oppose la *Cléopâtre* de Benserade, jouée par l'Hôtel de Bourgogne, à la *Cléopâtre* (ou *Marc-Antoine*) de Mairet, jouée par la troupe de Mondory, semble avoir été pour une part — une faible part — dans la querelle du *Cid*. Le *Cid*, en effet, a été joué par Mondory et il a été attaqué surtout par Mairet, Claveret, Scudéry. Or, Mairet faisait ou allait faire répéter le *Solyman* par l'Hôtel de Bourgogne, le *Solyman*, qui était resté longtemps sans trouver d'acteurs (voy. l'*Advertissement au Besançonnois Mairet* dans Gasté, p. 325), ayant sans doute été repoussé par Mondory : de là l'aigreur avec laquelle Mairet parle, dans la citation ci-dessus, du Roscius Auvergnat; de là aussi un surcroît de colère contre la pièce où Roscius triomphait. — Claveret avait aussi à se plaindre de Mondory, ayant eu une pièce rejetée par lui (voy. *l'Amy du Cid à Claveret et Responce à l'Amy du Cid sur ses invectives contre le sieur Claveret*; Gasté, p. 194 et 304). — Enfin Scudéry était le fournisseur ordinaire de l'Hôtel de Bourgogne, et *l'Amant libéral*, qui était sans doute la dernière œuvre du dramaturge « poète et guerrier », était jouée par Bellerose (voy. *l'Inconnu et véritable amy de MM. de Scudéry et Corneille*; Gasté, p. 156).

Du comte de Belin, autre ennemi du *Cid*, et qui entraîna Scarron dans la querelle, Tallemant nous dit (VII, 172), en songeant à une date antérieure : « Le comte de Belin, qui avait Mairet à son commandement, faisait faire des pièces, à condition qu'elle (la Le Noir) eût le principal personnage; car il en était amoureux, et la troupe s'en trouvait bien. » Il serait donc naturel que le comte de Belin eût protégé l'Hôtel, maintenant que la Le Noir était à l'Hôtel, comme il avait protégé le Marais, quand sa belle en faisait partie. Mais M. Chardon admet, avec beaucoup de vraisemblance, que le comte de Belin continua après décembre 1634 à se montrer favorable à Mondory; son irritation contre Corneille viendrait même en partie de ce que l'auteur du *Cid*, en publiant trop tôt sa pièce, avait nui aux intérêts de ses interprètes. Voy. *Tr. du Roman comique*, p. 37-38 et *Vie de Rotrou mieux connue*, p. 89-90, 116 et suiv.

NOTE VII
(Voy. chap. v, p. 218, note.)

Le « Recueil des pièces du temps ».

Cet ouvrage a été réimprimé à Bruxelles en 1865[1], avec une notice où l'on fait des morceaux qu'il contient des prologues débités à l'Hôtel de Bourgogne vers 1635 par Guillot Gorju.

« Ils sont dans le goût des prologues et paradoxes de Bruscambille », dit l'éditeur, « mais ils en diffèrent par le ton général, par le style et par la verve comique qui les distingue. On remarque, à chaque page, des sorties bouffonnes et satiriques contre les médecins, les chirurgiens et les apothicaires... » — « Guillot Gorgeu s'est nommé en toutes lettres à la fin de la pièce des *Crocheteurs* : « Et haut le pied, Guillot, et un pet en l'air, ta tâche est faite... », p. 17. — « On reconnaît encore Guillot Gorgeu à la facilité avec laquelle il énumère toutes les drogues des apothi-

---

1. *Recueil des pièces du temps ou divertissement curieux pour chasser la mélancolie, et faire passer le temps agréablement. Contenant vingt pièces burlesques et facécieuses.* A La Haye chez Jean Strik. M.DC.LXXXV. (Réimpression Mertens, Bruxelles, 1865, pet. in-12.)

caires, tous les remèdes des charlatans... » — Mais comment expliquer que ce livre ait paru pour la première fois à la Haye, et en 1685? On peut admettre « qu'une copie des prologues de Guillot Gorgeu avait été emportée dans les Pays-Bas par un comédien ambulant et qu'elle sera tombée entre les mains d'un libraire de La Haye », p. 127-129.

Tels sont les arguments de l'érudit qui a écrit cette notice; ils ne nous ont pas convaincu.

Reconnaissons d'abord que les *Pièces du temps* se présentent à nous comme des prologues de l'Hôtel de Bourgogne; il y est question du public, des brouillons qui mettent flambergo au vent, des passe-volants qui ne veulent pas payer ou qui veulent payer insuffisamment leur entrée; on y discute sur la tragédie et la comédie; on y nomme Turlupin, Gaultier Gargouille, Perrine, Bruscambille, etc. Mais si ce sont bien là des prologues, ils ne peuvent être de Guillot Gorju. En effet :

1º Le nom de Guillot se trouve ailleurs que dans la pièce des *Crocheteurs*, p. 17; il est encore dans la vingt et unième qui porte pour titre *Questions et réponses*, p. 118 : « Je me doute bien que quelque esprit verreux dira..; un autre de bas aloi et d'un faux coin, coulant la main sur une manchette à trois étages pour faire paraître devant les dames l'embonpoint du poignet, l'une des beautés de la cour, dira : Je crois, quant à moi, que cet homme veut assassiner notre patience et rebuter notre curiosité avec ses questions. C'est le pont aux ânes. Tu as raison, Guillot, c'est de vrai le pont aux ânes, principalement quand tu y passes avec tes camarades qui portent le blé au moulin. » Ainsi le nom de Guillot, qui semblait tout à l'heure celui de l'auteur, est ici nettement le nom supposé d'un spectateur. Qu'est-ce à dire? Que Guillot est un surnom comique, dont l'auteur se sert uniquement parce qu'on s'en servait souvent à cette époque. (Voy. notamment dans les *Fantaisies*, p. 14, *seconde harangue de Midas* : Guillot le songeur; et dans Tabarin, p. 410-411, le procès entre Guillot l'Éventé et Guillemain Blansèvre au sujet de Guillemette.)

2º Bruscambille est beaucoup mieux indiqué que Guillot Gorju comme l'auteur des *Pièces du temps*. Dans la pièce dixième, en effet, de *l'Indifférence*, p. 57, l'orateur proclame son indifférence absolue en toutes choses; puis, voyant l'abus qu'on peut faire de sa déclaration, il ajoute : « Il me semble que je vois quelque Argus sans Mercure faire le guet à notre porte et disputer son entrée avec deux vieux carolus, fondé sur l'indifférence dont il s'agit, avec ces mots adressés au portier : Mon ami, tu es sans raison de refuser ce que je te baille. Puisque toutes choses sont indifférentes au docteur Bruscambille, les carolus et les sols que je paye à la porte, ou que je ne paye pas, lui sont choses indifférentes. »

Allons-nous donc déposséder Guillot Gorju en faveur de Bruscambille ? Certes, la chose serait plus faisable que l'auteur de la notice ne l'avoue : les médecins ou apothicaires et leurs drogues ne sont pas ici, à beaucoup près, aussi envahissants qu'on le veut bien dire ; le seraient-ils, qu'ils ne feraient pas peur à Bruscambille ; lui aussi en parle fort souvent et fort savamment, et il a écrit un prologue spécial *de la médecine* (*Nouvelles et plaisantes imaginations*, p. 142). La grossièreté est ici la même que dans les prologues authentiques. Toutes les locutions, tous les termes et beaucoup des plaisanteries ordinaires de Bruscambille s'y retrouvent. — Malgré tout, le style semble différent, moins franc, moins naturel, et nous trouvons quelque part un passage fort étonnant de la part de Bruscambille (comme il le serait d'ailleurs de la part de Guillot Gorju), celui où l'orateur, qui semble ignorer l'existence de la farce, proclame la supériorité de la tragédie sur la comédie, parce que celle-ci « n'embrasse ordinairement que des sujets bas et ravalés », p. 111-112.

Qu'est-ce donc, selon nous, que le *Recueil des pièces du temps* ? Un simple pastiche de Bruscambille. Tout s'explique par cette hypothèse : la reproduction des traits ordinaires à ce farceur, mêlée à une différence involontaire de style ; les attaques contre les médecins et la discussion sur la tragédie et la comédie, qui sont d'un contemporain de Molière et de Racine ; surtout la date de la publication, peu postérieure sans doute à la rédaction même.

NOTE VIII

(Voy. Chapitre vi, p. 284.)

Le « Traité de la disposition du poëme dramatique ».

Je renvoie pour cet opuscule à la réimpression donnée par M. Gasté dans sa *Querelle du Cid*, parce que l'édition originale en est rare et peu accessible. En voici le titre : *Examen de ce qui s'est fait pour et contre le Cid avec un Traité de la disposition du poëme dramatique et de la prétendue regle de vingt-quatre heures*. A Paris, imprimé aux depens de l'autheur. M.DC.XXXVII, in-8.

On voit que le *Traité* a été publié en 1637, et non en 1639, comme le dit M. Charles Arnaud. Il avait été écrit dès 1631 ou 1632. « Il me souvient », dit l'auteur, p. 247, « d'avoir écrit quelque chose de cette matière il y a cinq ou six ans, principalement de la disposition du poëme dramatique et de la prétendue règle de vingt-quatre heures. » C'est ce *quelque chose* qu'il publie, à la faveur de la Querelle du *Cid*, en le glissant dans un *Discours à Cliton* où il prétend résumer cette querelle. Faut-il d'ailleurs prendre à la lettre sa déclaration : ce traité « est tel que je l'ai trouvé dans mes écrits, et je n'y ai rien changé » ? J'avoue que plusieurs détails me mettent en défiance ; tout ce que dit l'auteur de la situation des théâtres ou de lui-même ne remonte sans doute pas à 1632.

Ce curieux ouvrage a été attribué à Claveret (fr. Parfait, t. V, p. 256 ; Sainte-Beuve, *Tableau*, p. 257 ; Lombard, *Étude sur Al. Hardy, Zeitschrift*, p. 179; etc.), mais Claveret ne se serait pas montré aussi impartial pour Corneille que l'auteur de l'*Examen*, et, comme le remarque Lisle, « cette même année 1637, dans la préface de son *Esprit fort*, il protestait de son respect pour les règles, et se faisait un titre d'honneur de son adresse à leur obéir ». — L'attribution à Mairet est encore moins acceptable (Niceron, *Mémoires*, XX, p. 92 ; cf. Arnaud, *les Théories dramatiques*, p. 159, n. 3) — M. Chardon insinue le nom du Comte de Belin (*La Vie de Rotrou*, p. 116-117). Mais rien de ce que l'auteur dit de lui-même ne convient au gentilhomme manceau (voy. Gasté, introduction, p. 30-32).

L'anonyme notamment déclare avoir travaillé pour le théâtre et ne plus vouloir le faire désormais : « Si je renonce au métier, ce n'est pas qu'il me déplaise ni que je m'en lasse, mais je ne le puis faire ni en mercenaire, n'ayant pas le cœur assez bas, ni gratuitement, n'en pouvant gratifier que des comédiens autant indignes du bien qu'on leur fait qu'ils sont incapables de juger des pièces qu'on leur donne. Je ne veux être ni bien ni mal avec eux ; mais quand, par leur moyen, je pourrais m'acquérir quelque estime et entrer en part de la grande ou petite faveur, j'aimerais mieux demeurer comme je suis que de soumettre mon esprit au leur et ajuster mon travail à leur intérêt. » — Enfin Lisle a attribué le Traité à Durval (*Essai sur les théories dram. de Corneille*, p. 89, n.) et M. Arnaud penche vers la même opinion. A quoi j'avais objecté dans mon *Alex. Hardy* (p. xxi) : « Pour nous, nous avons peine à comprendre pourquoi Durval aurait gardé l'anonyme en publiant ce réquisitoire contre les règles ; ne les avait-il pas attaquées, sous son nom, dans la préface d'*Agarite* (1636) ? N'allait-il pas les attaquer encore dans la préface de *Panthée* (1639) ? Les termes mêmes de cette dernière préface ne permettent guère de supposer que Durval ait publié un traité méthodique sur ce sujet. »

J'avoue que ces objections me frappent moins aujourd'hui : il y a tant de points communs entre l'auteur du *Traité* et celui des *Travaux d'Ulysse*, d'*Agarite* et de *Panthée* ! Tous deux sont des irréguliers ; tous deux parlent de Hardy comme d'un maître (*Panthée*, préface ; *Traité*, p. 281) ; tous deux ont fait un « petit nombre » de pièces de théâtre (*Traité*, 251 et 272). — Non seulement ils ont la même doctrine, mais le même ton et parfois les mêmes expressions, l'un et l'autre distinguant également les poèmes simples et les poèmes composés (préface d'*Agarite*, et *Traité*, 254) ou parlant *d'ajuster* les pièces à la règle des vingt-quatre heures (préface de *Panthée*, et *Traité*, 275). — L'auteur du *Traité* renonce au théâtre sans être pourtant lassé de l'art dramatique ; celui de *Panthée* écrit : « Même quand je me suis retiré de la scène, je n'ai pu m'abstenir de faire deux ou trois pièces à son usage, dont voici la dernière ! ». —

1. La préface d'*Agarite* (1636) promettait déjà au lecteur, s'il se montrait favorable, un volume de quatre pièces, « chacune des-

L'auteur du *Traité* ajoute (p. 272) : « Il me suffit que les pièces que j'ai faites... parviennent ès mains de ceux que j'honore et que je chéris » ; et l'auteur de *Panthée*, quand il publie sa pièce, annonce qu'elle était depuis longtemps entre les mains du prince Louis de Savoie, auquel il la dédie. — Ainsi *Panthée*, parce qu'elle avait paru en 1639, paraissait donner un démenti aux déclarations du *Traité* ; elle les confirme, au contraire, puisque la pièce n'a pas été jouée et que, d'après son auteur, elle était antérieure même à la *Panthée* de Tristan, jouée en 1636. — *Panthée*, pièce irrégulière et folle (voy. *Alex. Hardy*, p. 302-303), venant à la suite des *Travaux d'Ulysse* et d'*Agarite*, dont les décorations étaient déjà les plus compliquées et les plus hardies que décrive le mémoire de Mahelot (voy. ci-dessus le chapitre VI, p. 252 et 248), nous fait comprendre les résistances que l'auteur du *Traité* a trouvées chez les comédiens, les modifications qu'ils se sont permis d'apporter dans ses œuvres, et l'exagération irritée avec laquelle il parle de « l'ignorance des feinteurs et décorateurs » et de « l'avarice des comédiens » (*Traité*, p. 278 et 268).

Que faudrait-il donc, si l'on admettait que le *Traité* est de Durval, répondre aux objections que j'ai formulées moi-même? Ceci sans doute. Déjà victime, pour ses pièces représentées, des exigences — fort naturelles, vraiment — des comédiens de l'Hôtel de Bourgogne, Durval s'est révolté devant des exigences plus fortes ; ou peut-être a-t-il été éconduit par eux ; et, sûr d'être plus mal accueilli encore par Mondory, il a dit adieu au théâtre, en versant ses rancunes dans le *Traité*, déjà composé ou qu'il composait alors, *de la disposition du poème dramatique*. Ce n'est pas par crainte d'afficher ses théories, mais pour ne pas

quelles tenant sa partie te fera voir comme, alors que je me suis diverti à cette belle science, j'ai séparément traité la tragédie, la tragi-comédie, la pastorale et la comédie, les unes dans la prétendue règle de vingt-quatre heures, comme poèmes simples, et les autres hors de la même règle, comme poèmes composés. C'est tout ce que mon loisir m'a permis de contribuer à la scène française, qui ne peut avoir que les quatre faces que je te montre. » *Agarite, tragi-comedie dediée à Madame la Duchesse de Nemours, par le sieur Durval. A Paris, chez François Targa...* MDCXXXVI. Avec Privilege du Roy, in-8.

révéler ces rancunes ou pour ne pas brûler définitivement ses vaisseaux (tant d'auteurs ont solennellement dit adieu au théâtre, qui bientôt y sont revenus !) qu'il a gardé l'anonyme en publiant son œuvre. Après quoi, il était difficile de l'avouer tardivement en 1639, et, dans la préface de *Panthée*, il s'est donc contenté d'écrire : si les partisans de la règle de vingt-quatre heures ne s'étaient emparés de la scène et « s'ils n'étaient en jouissance plus de trois ans...., il me serait aisé de mettre ici tout le plaidoyer de partie adverse et d'appuyer de raisons l'opinion contraire que je soutiens ». J'avais vu là une preuve que Durval n'avait pas antérieurement publié de traité en règle ; mais en est-ce bien une, en réalité ? *il serait* d'autant plus *aisé* à Durval *de mettre ici* les deux plaidoyers auxquels il songe, qu'il les avait déjà composés et publiés tout au long auparavant.

BIBLIOGRAPHIE

INDEX

DES OUVRAGES LE PLUS SOUVENT CITÉS.

Ancien théâtre françois ou collection des ouvrages dramatiques les plus remarquables depuis les mystères jusqu'à Corneille... A Paris, chez P. Jannet, 1854-1857, 10 vol. in-16 (Bibl. elzévirienne).

Anecdotes dramatiques contenant... A Paris, chez la veuve Duchesne, 1775, 3 vol. 8° (par Clément et l'abbé de la Porte).

ARNAUD CHARLES. — *Les Théories dramatiques au xvii° siècle. Étude sur la vie et les œuvres de l'abbé d'Aubignac.* Paris, Picard, 1888, 8°.

ARNOULD LOUIS. — *Racan* (1589-1670), histoire anecdotique et critique de sa vie et de ses œuvres. Paris, Colin, 1896, 8° (thèse). — Une nouvelle édition, à la fois diminuée et augmentée, vient de paraître, en 1901, sous ce titre : *Un gentilhomme de lettres au xvii° siècle. Honorat de Bueil, seigneur de Racan.*

AUBERTIN CHARLES. — *Histoire de la langue et de la littérature françaises au moyen âge* d'après les travaux les plus récents. Paris, Belin, 1876, 2 vol. 8°.

AUBIGNAC (D'). — *La Pratique du Théâtre par l'abbé —.* Amsterdam, chez Jean Frédéric Bernard, 1715, 3 vol. in-8.

BAPST GERMAIN. — *Essai sur l'histoire du Théâtre*, la mise en scène, le décor, le costume, l'architecture, l'éclairage, l'hygiène. Paris, Hachette, 1893, in-4°.

BASCHET ARMAND. — *Les Comédiens italiens à la Cour de France* sous Charles IX, Henri III, Henri IV et Louis XIII, d'après les lettres royales, la correspondance originale des comédiens, les registres de la « Trésorerie de l'Épargne » et autres documents. Paris, Plon, 1882, pet. in-8 anglais.

Beauchamps. — *Recherches sur les Théâtres de France depuis l'année onze cens soixante-un, jusques à présent. Par M. de —.* A Paris, chez Prault père, quay de Gèvres, au Paradis, M.DCC.XXXV, in-4° (3 parties avec pagination spéciale).

Becq de Fouquières L. — *L'art de la mise en scène,* essai d'esthétique théâtrale. Paris, Charpentier, 1884, in-12.

Bernardin N.-M. — *Un précurseur de Racine, Tristan l'Hermite,* sieur du Solier (1601-1655), sa famille, sa vie et ses œuvres. Paris, Picard, 1895, in-8 (thèse).

Bizos Gaston. — *Étude sur la vie et les œuvres de Jean de Mairet,* Paris, Thorin, 1877, in 8 (thèse).

Boysse Ernest. — *Le Théâtre des Jésuites.* Paris, Vaton, 1880, in-12.

Breitinger H. — *Les unités d'Aristote avant le Cid de Corneille,* étude de littérature comparée. Genève, Georg, 1879, in-12.

Bricauld de Verneuil E. — *Molière à Poitiers en 1648* et les comédiens dans cette ville de 1646 à 1658. Publié par Alfred Richard avec une notice biographique sur l'auteur. Paris, Lecène et Oudin, 1887, in-8.

Brouchoud C. — *Les origines du théâtre de Lyon.* Mystères, farces et tragédies, troupes ambulantes, Molière. Avec fac-similé, notes et documents. Lyon, Scheuring, 1865, in 8.

Brunet J.-Ch. — *Manuel du libraire* et de l'amateur de livres... 5ᵉ édition. Paris, Didot, 1860-1864, 6 vol. in-8. — *Supplément* par Deschamps et G. Brunet, 1878 à 1880, 2 vol. in-8.

(Bruscambille). — *Prologues non tant superlifiques que drolatiques,* nouvellement mis en veuë. Imprimé à Rouan. M.D.C.XVIII; in-12.

Réimpression de l'édition clandestine de 1609.

(Bruscambille). — *Prologues tant serieux que facecieux.* Avec plusieurs galimatias par le Sʳ D. L. A Paris, chez Jean Millot sur les degré (*sic*) de la grande salle du Palais. Avec privilege du Roy, in-12 (privilège du 27 juillet 1610 au nom du sieur des Lauriers).

BRUSCAMBILLE. — *Les Fantaisies de* —, contenant plusieurs discours, paradoxes, harangues et prologues facecieux, revues et augmentées de nouveau par l'auteur. A Lyon, Jouxte la copie imprimée à Paris. MDCXVIII. (Réimpression A. Mertens, Bruxelles, 1853, pet. in-12.)

    La première édition des *Fantaisies* est de 1612.

BRUSCAMBILLE. — *Facecieuses Paradoxes de* —, et autres discours comiques. Le tout nouvellement tiré de l'Escarcelle de ses imaginations. Jouxte la coppie imprimée. A Rouen, chez Thomas Maillard, demeurant en la cour du Palais. M.DC.XV, in-12.

« Ce troisième essai », lit-on au début de l'épître de *L'Auteur aux lecteurs*.

BRUSCAMBILLE. — *Les Nouvelles et Plaisantes Imaginations de* —, en suitte de ses Fantaisies à Monseigneur le Prince par S. D. L. Champ. A Bergerac, chez Martin La Babille. M.DC.XV. (Réimpression A. Mertens, Bruxelles, 1864, pet. in-12.)

    Un exemplaire que nous avons consulté à la *Bibliothèque Méjanes* d'Aix, et dont le titre, la date, le lieu d'édition seraient absolument semblables si le nom de l'auteur n'y était écrit *Bruscambile*, diffère sur quelques points de la réimpression Mertens. On n'y trouve ni privilège ni achevé d'imprimer. Nous le citons quelquefois avec l'indication : *édition originale*.

BRUSCAMBILLE. — *Les Œuvres de* —, divisees en quatro livres. Contenant plusieurs Discours, Paradoxes, Harangues et Prologues facecieux. Reveu et augmenté par l'Auteur. Derniere edition. A Paris, chez Abraham du Chesne, au ooing (sic) de la ruë des Mathurins, au fer à cheval. M.DC.XIX, in-12.

BRUSCAMBILLE. — *Les Œuvres de* —, contenant ses Fantaisies, Imaginations, Paradoxes, et autres discours comiques. Le tout nouvellement tiré de l'Escarcelle de ses Imaginations. Reveu et augmenté par l'Auteur. A Lyon, Pour Claude Chastellard, 1634, in-12.

BRUSCAMBILLE. — *Peripatetiques resolutions et remonstrances du docteur* —. Aux perturbateurs de l'Estat. A Paris, par Va du cul, Gouverneur des Singes. M DC.XIX, pet. in-8.

    Pourrait être un pastiche de Bruscambille, mais qui, contemporain des œuvres authentiques, aurait à peu près pour nous la même valeur.

BRUSCAMBILLE. — *Pensées facétieuses et bons mots de* —, comédien original. A Cologne, chez Charles Savoret, ruë Brin d'Amour, au Cheval Volant, M.DCC.IX., pet. in-12.

CAMPARDON ÉMILE. — *Les spectacles de la foire...*, documents inédits recueillis aux Archives Nationales. Paris, Berger-Levrault, 1877. 2 vol. in-8.

Caquets de l'accouchée (Les). — Nouvelle édition. Revue sur les pièces originales et annotée par M. Édouard Fournier avec une introduction par M. Le Roux de Lincy. Paris, Jannet, 1855. in-16 (Bibl. elzévirienne).

CELLER LUDOVIC. — *Les décors, les costumes et la mise en scène au XVIIe siècle. 1615-1680*. Paris, Liepmannshon et Dufour, 1869, in-12.

CERVANTÈS SAAVEDRA (MIGUEL DE) —. *Les Nouvelles*, traduites et annotées par Louis Viardot. Nouvelle édition. Paris, Hachette, 1875, in-18.

CERVANTÈS. — *Théâtre de Michel.* — Traduit pour la 1re fois par Alph. Royer. Paris, Lévy, 1862, in-18.

(CHAPPUZEAU). — *Le Théâtre françois divisé en trois livres...* A Lyon, chez Michel Mayer, 1674. in-12.

> Nous avons consulté aussi, et il nous arrive de citer les réimpressions données par Éd. Fournier et Paul Lacroix chez Mertens, 1867, et par M. Georges Monval chez Bonnassies, 1876.

CHARDON HENRI. — *La troupe du Roman comique dévoilée et les Comédiens de campagne au XVIIe siècle*. Paris, Champion, 1875, in-8.

CHARDON HENRI. — *La Vie de Rotrou mieux connue.* Documents inédits sur la société polie de son temps et la querelle du Cid. Paris, Picard, 1884, in-8.

CHARDON HENRI. — *Nouveaux documents sur la vie de Molière.* M. de Modène, ses deux femmes et Madeleine Béjart. Paris, Picard, 1886. gr. in-8.

CORNEILLE P. — *OEuvres.* Nouvelle édition revue sur les plus anciennes impressions et les autographes..., par M. Ch. Marty-Laveaux. Paris, Hachette, 1862, 12 vol. in-8 (collect. des Grands Écrivains).

COURVAL SONNET. — *OEuvres poétiques*, publiées par Prosper Blanchemain. Paris, librairie des Bibliophiles, 1876, 3 vol. pet. in-8.

DAMAS-HINARD. — *Du Théâtre espagnol au siècle d'or.* (3 articles du *Moniteur universel*, 1853 : 1° 27 octobre, p. 1193-1194 ; 2° 1er décembre, p. 1329-1330 ; 3° 8 décembre, p. 1357-1358.)

DANNHEISSER ERNST. — *Zur Chronologie der Dramen Jean de Mairet's (Romanische Forschungen, v).*

DELAMARE. — *Traité de la police...*, 2e éd., Amsterdam, aux dépens de la Compagnie, 1729. 4 vol. in f°.

DEMOGEOT JACQUES. — *Tableau de la littérature française au XVIIe siècle* avant Corneille et Descartes. Paris, Hachette, 1859, in-8.

DESPOIS EUGÈNE. — *Le Théâtre français sous Louis XIV.* Paris, Hachette, 1874, in-18.

(D'ESTERNOD). — Voy. *Espadon satyrique.*

DULAURE J.-A. — *Histoire physique, civile et morale de Paris,* depuis les premiers temps historiques jusqu'à nos jours, contenant... Paris, Ledentu, 1834. 10 vol. in-8.

DU LORENS. — *Les Satyres* du sieur — divisées en deux liures. A Paris, chez Iacques Villery, à l'entrée de la gallerie des Libraires. M.DC.XXIII. Avec Privilege du Roy. in-8.

(DURVAL). — *Panthée* Tragedie. A Paris, chez Gardin Besongne au Palais, à l'entrée de la petite gallerie des Prisonniers, aux Roses vermeilles. M. D. XXXIX. Avec Privilege du Roy. in-4.

EBERT ADOLF. — *Entwicklungs-Geschichte der Französische Tragödie,* vornehmlich im XVI. Iahrundert. Gotha, 1858, in-8.

Espadon satyrique (L.), par le sieur de Franchere, gentilhomme Franc-Comtois. Dedié à monsieur le baron de Roche. A Lyon, par Jean Lautret, marchand libraire. M. DC. XIX, in-12.

✝ FABER FRÉDÉRIC. — *Histoire du théâtre français en Belgique* depuis son origine jusqu'à nos jours... Bruxelles, 5 vol. in-8, t. I, 1878.

FABRE ADOLPHE. — *Les Clercs du Palais.* Recherches historiques sur les Bazoches des Parlements et les Sociétés dramatiques des Bazochiens et des Enfants sans-souci. 2e édition, Lyon, Scheuring, 1875, in-8.

FAGUET ÉMILE. — *La Tragédie française au XVIe siècle* (1550-1600). Paris, Hachette, in-8 (thèse).

FÉLIBIEN (D. MICHEL). — *Histoire de la ville de Paris,* composée par —. Revue, augmentée et mise au jour par *D. Guy-Alexis Lobineau,* tous deux Prêtres Religieux Benedictins, de la congregation de Saint-Maur... Divisée en cinq volumes in-f°. A Paris, chez Guillaume Desprez... et Jean Desessartz... M.DCC.XXV.

FLÉCHIER. — *Mémoires de* — *sur les Grands-Jours d'Auvergne en 1665*. annotés et augmentés d'un appendice par M. Chéruel et précédés d'une notice par M. Sainte-Beuve... Paris, Hachette, 1862, in-18.

FONTENELLE. — *Vie de P. Corneille* avec l'histoire du théâtre François jusqu'à lui. (T. IV des *Œuvres de Fontenelle*. Paris, Salmon, 1825, 5 vol. in-8.)

FOURNEL VICTOR. — *Curiosités théâtrales*, anciennes et modernes, françaises et étrangères. Paris, Delahays, 1859, in-16.

FOURNEL VICTOR. — *Les Contemporains de Molière*, recueil de comédies rares ou peu connues, jouées de 1650 à 1680, avec l'histoire de chaque théâtre... Paris, Didot, 1863-1875, 3 vol. in 8.

FOURNEL VICTOR. — *Le Vieux Paris*, fêtes, jeux et spectacles. Tours, Mame, 1887, in-4.

FOURNIER ÉDOUARD. — *Le Théâtre français au XVIe et au XVIIe siècle*, ou choix des comédies les plus remarquables antérieures à Molière... Paris, Laplace Sanchez, 1871, gr in-8.

> Une édition en deux vol. in-12 contient trois pièces de moins, parmi lesquelles *la Comédie des comédiens* de Gougenot, avec sa notice.

FOURNIER ÉDOUARD. — *Variétés historiques et littéraires*. Recueil de pièces volantes rares et curieuses en prose et en vers. Revues et annotées. Paris, Jannet, 1855-1863, 10 vol. in-16 (Bibl. elzévirienne).

FOURNIER ÉDOUARD. — *La Farce et la Chanson au Théâtre avant 1660* (introduction des *Chansons de Gaultier Garguille* ; voy. ce nom).

FOURNIER ÉDOUARD. — *L'Espagne et ses comédiens en France au XVIIe siècle* (*Revue des provinces* du 15 septembre 1864).

GARNIER ROBERT. — *Les Tragédies*. Treuer Abdruck der ersten Gesammtausgaben (Paris, 1585) mit den Varianten aller vorhergehenden Ausgaben und einem Glossar hgg. von Wendelin Fœrster. Heilbronn, Henninger, 1882-1883, 4 fasc. in-16.

GASTÉ ARMAND. — *La Querelle du Cid*, pièces et pamphlets publiés d'après les originaux avec une introduction. Paris, Welter, 1899, in-8.

GAULTIER GARGUILLE. — *Chansons de* —. Nouvelle édition

suivie des pièces relatives à ce farceur, avec introduction et notes par Édouard Fournier. Paris, Jannet, 1858, in-16 (Bibl. elzévirienne).

GERVINUS G.-G. — *Shakespeare*, 4te Aufl. mit ergänzenden Anmerkungen versehen von Rudolph Genée. Leipzig, Engelmann, 1872, 2 vol. in-8.

GOUGENOT. — *La Comédie des Comédiens*, tragi-comédie, 1633. (Dans l'*Ancien Théâtre françois*, t. IX, p. 305-426, ou dans *le Théâtre français* d'Éd. Fournier, p. 285 à 318. Voy. ci-dessus.)

GREVIN (IAQUES). — *Le Theatre de —* de Clermont en Beauvoisis. A Trèsillustre et Treshaulte princesse Madame Claude de France, Duchesse de Lorraine. Ensemble, la seconde partie de l'Olimpe et de la Gelodacrye. A Paris, pour Vincent Sertenas, demeurant en la rue neuve Nostre Dame, à l'enseigne Sainct Iehan l'Evangeliste, et en sa boutique au Palais, en la gallerie par ou on va à la chancellerie. Et Pour Guillaume Bardé rue Sainct Iehan de Beauvais, devant le Bellerophon. M.D.LXII. avec priuilege, in-8.

GUÉRET. — *Le Parnasse réformé et la Guerre des Auteurs*, par M. —, avocat au Parlement de Paris. A La Haye, chez Jean-François Neaulme, Libraire dans l'Agterom. M.DCC.XVI, pet. in-8.

   Le Parnasse réformé est de 1669 ; *la Guerre des Auteurs anciens et modernes* de 1671.

GUIZOT. — *Corneille et son temps*, étude littéraire. Nouvelle édition, Paris, Didier, 1873, in-12.

GUIZOT. — *Shakespeare et son temps*, étude littéraire. Nouvelle édition, Paris, Didier, 1852, in-8.

HABASQUE FRANCISQUE. — *Documents sur le théâtre à Agen (1585-1788)*. Agen, 1893, in-8.

HARDY (ALEXANDRE) PARISIEN. — *Les chastes et loyales amours de Theagene et Cariclee*. Reduites du Grec de l'Histoire d'Heliodore en huict poëmes dragmatiques, ou Theatres consecutifs Par —. A Paris, chez Jacques Quesnel, ruë Sainct Jacques, aux Colombes près Sainct Benoist. M.DC.XXIII. Avec Privilege du Roy, in-8.

HARDY (ALEXANDRE). — *Le Théâtre d'* —. Erster Neudruck der Dramen von Pierre Corneille's unmittelbarem Vorläufer nach den Exemplaren der Dresdener und der Wolfenbütteler Bibliothek von E. Stengel. Marburg, Elwert, et Paris, Le Soudier, 1883-1884, 5 vol. in-8.

    Reproduit la pagination des éditions originales et nous dispense ainsi d'y renvoyer.

Héroard (Jean). — *Journal de* — sur l'enfance et la jeunesse de Louis XIII (1601-1628) extrait des manuscrits originaux... par MM. Eud. Soulié et Éd. de Barthélemy. Paris, Didot, 1868, 2 vol. in-8.

Histoire de la langue et de la littérature française des origines à 1900, publiée sous la direction de L. Petit de Julleville. Paris, Colin, 1896-1900, 8 vol. in-8.

✕ *Histoire du théâtre françois*; voy. Parfait frères.

Jacob P.-L., Bibliophile. Voy. Lacroix Paul.

Jal A. — *Dictionnaire critique* de biographie et d'histoire, errata et supplément pour tous les dictionnaires historiques d'après des documents authentiques inédits. 2e édition, Paris, Plon, 1872, in-8.

Jarry J. — *Essai sur les œuvres dramatiques de Jean Rotrou*. Paris, Durand, 1868, in-8 (thèse).

Ioyeusetez (les) facecies Et folastres Imaginacions de Caresme Prenant, Gauthier Garguille, Guillot Goriu, Roger Bontemps, Turlupin, Tabarin, Arlequin, Moulinet, etc. Et se vend chez Techener, libraire, tenant sa Boutique place du Louvre, n. 12. M DCCC.XXXIV, 16 vol. pet. in-8 (chaque pièce est paginée à part).

Jusserand J.-J. — *Shakespeare en France sous l'Ancien Régime*. Paris, Colin, 1898, in-12.

Lacroix Paul (Bibliophile Jacob). — xviie siècle. *Lettres, sciences et arts*. France, 1590-1700... 2e éd. Paris, Didot, 1882, gr. in-8.

Lacroix Paul (Bibliophile Jacob). — xviie siècle. *Institutions, usages et costumes*. France, 1590-1700... 2e éd. Paris, Didot, 1880, gr. in-8.

La Mesnardière. — *La poëtique de* Jules de —. A Paris, chez Antoine de Sommaville, au Palais, dans la Gallerie des merciers, à l'Escu de France. M.DC.XXXX. Avec Privilege du Roy, in-4.

La Taille (Jean de), seigneur de Bondaroy. — *OEuvres*

publiées d'après des documents inédits par René de Maulde. T. IV, *comédies*. Paris, Willem, 1879, in-12.

La Taille (Jean de) de Bondaroy. — *De l'art de la Tragedie A treshaulte Princesse Henriette de Cleves, Duchesse de Nevers.* (En tête du volume *Saul le Furieux Tragedie prise de la Bible. Faicte selon l'art et à la mode des vieux Autheurs tragiques.* A Paris, chez Fed. Morel, Imprimeur ordinaire du Roy, ruë S. Jaques à l'enseigne de la Fontaine, M.D.IIC. in-8.)

(La Vallière). — *Bibliothèque du Théâtre François depuis son origine*, contenant un extrait de tous les ouvrages composés pour ce théâtre, depuis les mystères jusqu'aux Pièces de Pierre Corneille ; une liste chronologique de celles composées depuis cette dernière époque jusqu'à présent ; avec deux tables alphabétiques... A Dresde, chez Michel Groell, libraire. M.DCC.LXVIII. 3 vol. in-4. (Par le duc de La Vallière, Marin et Mercier de Saint-Léger.)

Leber C. — *Plaisantes recherches d'un homme grave sur un farceur* ou prologue tabarinique pour servir à l'histoire littéraire et bouffonne de Tabarin. Paris, Techener, 1856, pet in-8.

Lemazurier P. D. — *Galerie historique des acteurs du théâtre français*, depuis 1600 jusqu'à nos jours. Ouvrage recueilli des mémoires du temps et de la tradition... Paris, Chaumerot, 1810. 2 vol. in-8.

Léris (de). — *Dictionnaire portatif historique et littéraire des théâtres* contenant l'origine des différents théâtres de Paris, le nom de toutes les pièces qui y ont été représentées..., 2ᵉ éd. Paris, 1763, in-8.

L'Estoile. — *Registre-Journal...* publié par MM. Champollion-Figeac et Aimé Champollion fils. (Dans la *Nouvelle collection de mémoires pour servir à l'histoire de France...*, par MM. Michaud et Poujoulat.) 1837, gr. in-8.

Lhotte Gustave. — *Le théâtre à Douai avant la Révolution.* Douai, 1881, in-12.

Lisle J.-A. — *Essai sur les théories dramatiques de Corneille*, d'après ses discours et ses examens. Paris, Durand, 1852, in-8. (Thèse.)

Lombard E. — *Étude sur Alexandre Hardy.* (Dans la *Zeitschrift für neufranzösische Sprache und Litteratur...*

hgg. von Prof. D' G. Körting und D' E. Koschwitz. Oppeln und Leipzig. Maske. in 8. T. I, 1880. p. 161-185 et 348-397 ; t. II, 1881. p. 63-72. — Un tirage à part de 34 p., qui a paru chez le même éditeur en 1880, ne comprend pas l'analyse des pièces de Hardy, p. 348-397.)

LOTHEISSEN FERD. — *Geschichte der französischen Literatur* im xvii. Jahrhundert. Wien. Gerold Sohn. 1877-1884, 4 vol. in-8.

MAIRET. — *Silvanire* mit Einleitung und Anmerkungen. hgg. von Richard Otto. Bamberg. Buchner. 1890, in-12.

MALHERBE. — *OEuvres*, recueillies et annotées par M. Lalanne... Nouvelle éd. revue sur les autographes, les copies les plus authentiques et les plus anciennes impressions, et augmentée de notices, de variantes, de notes, d'un lexique des mots et locutions remarquables... Paris, Hachette, 1862, 5 vol. in-8. (Collection des Grands Écrivains.)

MANTZIUS KARL. — *Skuespilkunstens historie*. Andet Bind (Tome II). Middelalder og Renaissance. Copenhague, Gyldendal, 1899. in-8.

MAROLLES (MICHEL DE), abbé de Villeloin. — *Mémoires de —*. Amsterdam, 3 vol. in-12, 1755.

MAUGRAS GASTON. — *Les Comédiens hors la loi*. 2e éd. Paris, C. Lévy, 1887, in-8.

(MAUPOINT). — *Bibliothèque des théâtres*, contenant le catalogue alphabétique des pièces dramatiques... Paris, chez Pierre Prault, quay de Gêvres. M.DCC.XXXIII. in-8.

×MESNARD PAUL. — *Notice biographique sur Molière* ; t. X de MOLIÈRE (voy. ce nom).

MOLAND, LOUIS. — *Molière et la Comédie italienne*. Paris, Didier, 1867, in-12.

MOLAND LOUIS. — *Molière, sa vie et ses ouvrages*, avec une notice sur le théâtre et la troupe de Molière. Paris, Garnier, 1887, gr. in-8.

MOLIÈRE. — *OEuvres*. Nouvelle édition revue sur les plus anciennes impressions,.. par MM. Eugène Despois et Paul Mesnard. Paris, Hachette, 1873-1893, 13 vol. in-8 (collection des Grands Écrivains).

MONTCHRESTIEN. — *Les Tragédies*. Nouvelle édition d'après l'édition de 1604 avec notes et commentaire, par L.- Petit de Julleville. Paris, Plon, 1891, in-16 (Bibl. elzévirienne).

Mouhy (chevalier de). — *Abrégé de l'histoire du théâtre françois* depuis son origine jusqu'au premier juin de l'année 1780 ; précédé du Dictionnaire de toutes les Pièces de théâtre jouées et imprimées, du Dictionnaire des Auteurs Dramatiques, et du Dictionnaire des Acteurs et Actrices ; dédié au Roi. A Paris... M.DCC.LXXX. 3 vol. in-8.

Mouhy (chevalier de). — *Journal du théâtre françois.* 6 vol. in-f° manuscrits. Bibl. Nat., mss. fr. 9229-9235.

Sur cette méprisable compilation, voy. ci-dessus, chap. II, p. 37, et Rigal, *Alexandre Hardy*, p. 688 à 691.

Mugnier F. — *Le Théâtre en Savoie.* Les vieux spectacles, les comédiens de Mademoiselle et de S. A. R. le duc de Savoie, la comédie au collège, les troupes modernes (avec fac-simile). Paris, Champion, 1887, in-8.

(Parfait frères). — *Histoire du théâtre françois*, depuis son origine jusqu'à présent avec la vie des plus célèbres Poëtes dramatiques, un catalogue exact de leurs Pièces, et des notes historiques et critiques. A Paris, chez P.-G. Le Mercier et Saillant, 1745 à 1749, 15 vol. in-12.

Paris ridicule et burlesque au XVIIe siècle par Claude Le Petit, Berthod, Scarron, François Colletet, Boileau, etc. Nouvelle éd. revue et corrigée avec des notes par P.-L. Jacob, bibliophile. Paris, Delahays, 1859, in-16.

Parnasse satyrique (Le) du sieur Théophile suivi du Nouveau Parnasse satyrique. Édition revue sur toutes les éditions du XVIIe siècle, corrigée et annotée. L'an MCCCLXIV (*sic*), 2 vol. in-12.

La première édition du *Parnasse satyrique* est de 1622.

Perrault. — *Parallèle des anciens et des modernes* en ce qui regarde la poesie. Par M. — de l'Academie Françoise. Tome troisieme. A Paris, Coignard veuve et fils, MDCLXXXXII, in-12. (Le tome Ier est consacré aux arts et aux sciences, le tome II à l'éloquence ; 1690.)

Perrin Émile. — *Étude sur la mise en scène.* (Préface des *Annales du théâtre et de la musique*, par MM. Éd. Noël et Edm. Stoullig, 8e année. Paris, Charpentier, 1883, in-12. — A aussi paru à part chez Quantin, in-8.)

Person Léonce. — *Histoire du Venceslas de Rotrou*, suivie de notes critiques et biographiques. Paris, Cerf, 1882, pet. in-8.

Petit de Julleville L. — *Histoire du théâtre en France.* — *Les Mystères.* Paris, Hachette, 1880. 2 vol. in-8.

Petit de Julleville L. — *Histoire...* — *Les Comédiens en France au moyen âge.* Paris, Cerf, 1885, in-18.

Petit de Julleville L. — *Histoire...* — *La Comédie et les mœurs en France au moyen âge.* Paris, Cerf, 1886, in-18.

Petit de Julleville L. — *Histoire...* — *Répertoire du théâtre comique en France au moyen âge.* Paris, Cerf, 1886, gr. in-8.

Puibusque (Adolphe de). — *Histoire comparée des littératures espagnole et française.* Paris, Dentu, 1843, 2 vol. in-8.

Racan. — *Œuvres complètes.* Nouvelle édition revue et annotée par M. Tenant de Latour avec une Notice biographique et littéraire par M. Antoine de Latour. Paris, Jannet, 1857, 2 vol. in-16. (Bibl. elzévirienne.)

Recueil des principaux tiltres concernant l'acquisition de la propriété des masure et place où a esté bastie la maison (appelée vulgairement l'Hostel de Bourgongne) sise en cette ville de Paris, és rües, de Mauconseil, et neufve S. François, faicte par les Doyen, Maistres et Gouverneurs de la Confrerie de la Passion et Resurrection de nostre Seigneur Jesus-Christ, Maison et Hostel de Bourgogne, dés le 30. et penultiesme Aoust 1548. (il y a cette année courante 1632. quatre-vingt-quatre années) au profit de ladite Confrerie, pour eux et leurs successeurs Doyens, Maistres, Gouverneurs et Confreres d'icelle, Chartres et confirmations des Rois tres-chrestiens... Ensemble autres pieces y appartenans, le tout pour monstrer que lesdits Doyen, Maistres, Gouverneurs et Confreres, sont esdits noms vrais et legitimes acquereurs, proprietaires et possesseurs dudit Hostel de Bourgogne... Alencontre des convices, et calomnies theatrales, de Robert Guerin, dict la Fleur, Hugues Gueru, dict Fleschelles, Henry le Grand, dict Belle-Ville, Pierre Messier, dict Bellerose, et autres comediens leurs associez, soy disans comediens du Roy de l'Eslite royale : accusans tres-faussement (sauf correction) lesdicts Doyen, Maistres, Gouverneurs et Confreres, d'estre usurpateurs d'iceluy Hostel de Bourgogne... A Paris, M.DC.XXXII, in-4.

Regnier. — *Œuvres complètes de —*, éd. Pierre Jannet, Paris, Picard, 1869, in-16.

Rigal Eugène. — *Alexandre Hardy et le théâtre français à la fin du xvi⁰ et au commencement du xvii⁰ siècle.* Paris, Hachette, 1890. in-8 (thèse).

Rigal Eugène. — *Le Théâtre de la Renaissance et le Théâtre au xvii⁰ siècle avant Corneille* (dans l'*Histoire de la langue et de la littérature française*, t. III et IV. Voy. ci-dessus *Histoire*...)

Rojas (Agustin de). — *El viage entretenido de* —. natural de la villa de Madrid. Con una exposicion de los nombres Historicos y Poeticos, que no van declarados A Don Martin Valero de Franqueza, cavallero del habito de Santiago. y gentil hombre de la boca de su Magestad. Con Privilegio de Castilla, y Aragon. En Madrid. en la Emprenta Real. M.DC.III. Vendese en casa de Francisco de Robles, in-8.

Rotrou. — *Théâtre choisi.* Nouvelle édition avec une introduction et des notes par Félix Hémon. Paris, Laplace Sanchez, 1883, in-12.

Roy Émile. — *La vie et les œuvres de Charles Sorel, sieur de Souvigny* (1602-1674). Paris, Hachette, 1891. in-8 (thèse).

Royer Alphonse. — *Histoire universelle du théâtre.* Paris, Franck, 1869-1870, 4 vol in-8.

Saint-Amant. — *Œuvres complètes.* Nouvelle édition publiée sur les manuscrits inédits et les éditions anciennes, précédée d'une notice et accompagnée de notes par M. Ch.-L. Livet. Paris, Jannet, 1855, 2 vol. in-16 (Bibl. elzévirienne).

Sainte-Beuve C.-A. — *Tableau historique et critique de la poésie française* et du théâtre français au xvi⁰ siècle. Édition revue et très augmentée suivie de portraits particuliers des principaux poètes. Paris, Charpentier, 1843, in-12.

> L'édition *définitive* publiée chez Lemerre par M. Jules Troubat (1876, 2 vol. pet. in-12) ne contient aucun changement important aux chapitres que nous avons dû consulter.

Sarazin. — *Discours de la Tragedie,* ou Remarques sur *l'Amour tyrannique* de Monsieur de Scudery. A Messieurs de l'Academie Françoise.. (Dans les *Œuvres de Monsieur Sarazin.* A Paris, chez Thomas Jolly, au palais, dans la salle des merciers, à la palme et aux armes de Hollande, M.DC.LXIII, in-12.)

> Publié d'abord en 1639, en tête de *l'Amour tyrannique* et sous le nom de Sillac d'Arbois.

Satyre Ménippée (La) ou la Vertu du Catholicon, selon l'édition princeps de 1594, avec introduction et éclaircissements, par M. Ch. Read. Paris, Jouaust, 1892, in-12.

SAUVAL (HENRI), avocat au Parlement. — *Histoire et recherches des antiquités de la ville de Paris* par M. —. A Paris, chez Charles Moette... et Jacques Chardon... 1724, 3 vol. in-4

SCARRON. — *Le Roman comique*, nouvelle édition revue, annotée et précédée d'une introduction par M. Victor Fournel. Paris, Jannet, 1857, 2 vol. in-16 (Bibl. elzévirienne).

SCHIRMACHER (Dr KAETHE.) — *Théophile de Viau*, sein Leben und seine Werke (1591-1626). Litterarische Studie. Leipzig et Paris, Welter, 1897, in-8.

SCUDERY. — *La Comedie des comediens*, poeme de nouvelle invention par Monsieur de —. A Paris, chez Augustin Courbé au Palais, dans la petite salle, à la Palme. M.DC.XXXV, avec privilege du Roy, in-4.

SCUDERY. — *L'Apologie du Theatre* par Monsieur de —. A Paris, chez Augustin Courbé... M.DC.XXXIX, in-4.

SEGRAIS. — *OEuvres diverses* de M. —. Première partie. Qui contient ses mémoires anecdotes, où l'on trouve quantité de particularitez remarquables touchant les personnes de la cour, et les gens de lettres de son tems. A Amsterdam, chez François Changuion. MDCCXXIII, in-12.

SHAKESPEARE. — *OEuvres complètes*, traduites par Émile Montégut, Paris, Hachette, 1867, 10 vol. in-18.

SOLEINNE. — *Bibliothèque dramatique de monsieur de* —. *Catalogue* rédigé par P.-L. Jacob, bibliophile. Paris, administration de l'Alliance des arts, t. I et II et supplément du t. Ier, 1843-1844, in-8.

SOREL. — *La Bibliotheque françoise* de M. C. —. Premier historiographe de France. Seconde edition. Reveuë et augmentée. A Paris, par la compagnie des Libraires du Palais. M.DC.LXVII, in-8.

(SOREL). — *La Maison des jeux*, où se trouvent les divertissemens d'une compagnie, par des narrations agreables, et par des jeux d'esprit, et autres entretiens d'une honneste conversation. Derniere edition revuë, corrigée et augmentée. A Paris, chez Antoine de Sommaville, au Palais... M.DC.LVII, 2 vol. in-8 (le nom de Sorel figure dans le privilège).

La 1re édition est de 1642.

(Sorel). — *Le Berger extravagant ou parmy des Fantaisies amoureuses on void les impertinences des Romans et de la Poësie.* A Rouen, chez Jean Berthelin, M.DC.XLVI, 3 vol. in-8. La 1re édition est de 1627.

(Sorel). — *La Vraie histoire comique de Francion* composée par Charles Sorel sieur de Souvigny. Nouvelle éd. avec avant-propos et notes par Émile Colombey. Paris, Delahays, 1858, in-16.

Soulié Eudore. — *Recherches sur Molière et sur sa famille.* Paris, Hachette, 1863, in-8 (p. 151 à 165 : *Inventaire des titres et papiers de l'Hôtel de Bourgogne*).

Stiefel A.-L. — *Ueber die Chronologie von Jean de Rotrou's dramatischen Werken* (Zeitschrift für franz. Sprache und Litteratur, t. XVI.)

Suard J.-B.-A. — *Coup d'œil sur l'histoire de l'ancien théâtre français.* (Au t. IV des *Mélanges de littérature* publiés par J.-B.-A. Suard... Paris, Dentu, an XIII (1804) in-8).

Tabarin. — *Les Œuvres de* —, avec les adventures du capitaine Rodomont, la farce des bossus et autres pièces tabariniques... Nouvelle édition, préface et notes par Georges d'Harmonville. Paris, Delahays, 1858, in-12.

Taine Henri. — *Histoire de la littérature anglaise.* Paris, Hachette, 1863, 4 vol. in-8.

Tallemant des Réaux. — *Les Historiettes.* Troisième édition entièrement revue sur le manuscrit original et disposée dans un nouvel ordre par MM. de Monmerqué et Paulin Paris. — Paris, Techener, 1854-1860, 9 vol. in-8.

Théophile. — *Œuvres complètes*, nouvelle édition revue, annotée et précédée d'une notice biographique par M. Alleaume. Paris, Jannet, 1856, 2 vol. in-16 (bibl. elzévirienne).

Ticknor G. — *Histoire de la littérature espagnole*, traduite par Magnabal. Paris, Hachette, 1870. 3 vol. in-8.

Toldo Pietro. — *La Comédie française de la Renaissance* (Revue d'histoire littéraire de la France, 1897, p. 366-392 ; 1898, p. 220-264 et 554-603 ; 1899, p. 571-608 ; 1900, p. 263-283).

Traité de la disposition du poëme dramatique et de la pretendue regle de vingt-quatre heures (Dans Gasté, *la Querelle du Cid*, p. 241-282). Voy. la note viii de l'Appendice.

Trautmann Karl. — *Französische Schauspieler am bayrischen Hofe* (p. 185 à 334 du *Jahrbuch für Münchener Geschichte*, begründet und hgg. von Karl von Reinhardstöttner und Karl Trautmann. Zweiter Jahrgang. München, J. Lindauer, 1888, in-8).

>Cette étude commence par un résumé de tous les travaux antérieurs sur les comédiens français en Allemagne avant 1648.

Tristan l'Hermite. — *Le Page disgracié ou l'on void de vifs caracteres d'hommes de tous temperamens et de toutes professions*, par M. —, gentilhomme ordinaire de la suite de feu monseigneur le duc d'Orleans. 1re partie. A Paris chez André Boutonné, 1667, in-12.

>C'est la deuxième édition. La première a pour titre : *Le Page disgracié... par Mr de Tristan*. A Paris chez Toussaint Quinet au Palais, sous la montée de la cour des Aydes. M.DC.XLIII. Avec privilege du Roy, in-8. (Privilège du 2 juillet 1642, achevé d'imprimer du 28 octobre.) — Une nouvelle édition a été donnée par M. Auguste Diétrich, avec une introduction et des notes, dans la *Bibliothèque elzévirienne* (Paris, Plon, 1898, in-16).

Voltaire. — *Commentaire sur Corneille* (t. XLVIII et XLIX des *Œuvres complètes*. Paris, Lequien, 1821-1826, 70 vol. in-8).

TABLE DES MATIÈRES

AVANT-PROPOS. . . . . I.

CHAPITRE PREMIER
Les comédiens de campagne et leurs poètes.

I. Les comédiens nomades d'aujourd'hui et les comédiens nomades d'autrefois ; utilité d'une étude sur les troupes de campagne à la fin du xvie siècle, p. 1. — II. Sources à consulter ; principaux traits qui distinguent l'existence menée par les comédiens de campagne à la fin du xvie siècle de l'existence menée par eux au siècle suivant, p. 4. — III. Formation, organisation, bonnes fortunes et déboires, valeur intellectuelle et morale des troupes de campagne ; situation défavorable de leurs poètes, p. 8. — IV. Rapports des poètes avec les comédiens ; fonctions et ennuis des poètes dans les troupes de campagne, p. 26. — V. Rentrée de Hardy et de sa troupe à Paris ; comment et dans quel théâtre s'y installent-ils ? Les opinions traditionnelles à ce sujet ; nécessité d'étudier à nouveau l'histoire des théâtres de Paris de 1548 à 1635, p. 31. . . . . P. 1 à 34.

CHAPITRE II
Les théâtres de Paris de 1548 à 1635.

Difficultés de cette étude, p. 35. — I. 1548 à 1598 : la Confrérie de la Passion joue elle-même sur son théâtre de l'Hôtel de Bourgogne, p. 36. — II. 1598 à 1608 : la Confrérie de la Passion loue son théâtre à des troupes de comédiens ; qu'il n'y a pas de théâtre nouveau fondé en 1599 ou 1600, p. 46. — III. 1608 à 1622 : la troupe de Valleran Lecomte à l'Hôtel de Bourgogne ; sa lutte contre les Confrères, p. 53. — IV. Qu'il est impossible pendant cette période de trouver trace d'un « Théâtre du Marais », p. 59. — V. 1622 à 1629 : suite de la lutte entre la troupe de Valleran et les Confrères ; fondation d'un nouveau théâtre par Le Noir en 1629 ; ce théâtre est fixé au Marais en 1634, p. 66. — VI. L'Hôtel de Bourgogne de 1629 à 1635, p. 76. — VII. Conclusion, p. 79. . . P. 35 à 81.

CHAPITRE III

A l'Hôtel de Bourgogne.
Les dramaturges aux gages des comédiens.

Que la vie théâtrale de Paris au début du xviie siècle doit être étudiée à l'Hôtel de Bourgogne : les auteurs, p. 82. — I. Peut-on dire que Hardy ait été le fournisseur de l'Hôtel de Bourgogne ? qu'il a été celui de la troupe de Valleran Lecomte ; histoire de Hardy depuis 1599 ; incidemment, le *Mémoire* de Mahelot, p. 82. — II. Quelles étaient les obligations de Hardy vis à vis des comédiens ; sa fécondité ; qu'il a fait environ 700 pièces, p. 90. — III. Comment était payé Hardy : sa misère, p. 98. — IV. Un poète à gages au temps de Hardy ; Théophile ; un passage du *Page disgracié*, p. 98. — V. Un poète à gages après Hardy : Rotrou, p. 108. — VI. La situation des auteurs s'améliore, p. 109.. . . . . P. 82 à 110.

CHAPITRE IV

Le répertoire de l'Hôtel de Bourgogne.

Qu'il est nécessaire de connaître la nature des œuvres représentées au commencement du xviie siècle et de savoir si elle était la même qu'au siècle précédent, p. 111. — I. La lutte entre le théâtre savant et le théâtre populaire au xvie siècle ; où étaient jouées les pièces savantes ? est-il vrai qu'elles aient paru sur une scène publique, p. 111. — II. Arguments contre cette hypothèse : 1° argument tiré de la nature de ces pièces, p. 117. — III. 2° Arguments tirés de l'histoire des théâtres et des acteurs publics, ainsi que de la mise en scène employée, p. 119. — IV. Conclusions : histoire du théâtre savant et du théâtre populaire au xvie siècle ; genres cultivés à l'Hôtel de Bourgogne ; Hardy y introduit ceux qu'il avait cultivés en province, p. 128. — V. Quels étaient ces genres ? répertoire général des troupes de campagne ; répertoire particulier des camarades de Hardy ; importance de la révolution faite par ce dramaturge, p. 132. — VI. Témoignages contemporains : Hardy a été le restaurateur et même, pendant de longues années, le seul soutien du théâtre français ; apparition et nombre croissant de ses rivaux ; Hardy éclipsé par les auteurs qu'il a suscités et victime de son triomphe, p. 138. . . . . . P. 111 à 144.

CHAPITRE V

Les dépenses et recettes, les acteurs, le public, l'organisation des spectacles.

Objet de ce chapitre ; pourquoi nous ne nous occuperons pas directement du théâtre du Marais. p. 145. — I. Les dépenses des comédiens royaux : location de la salle, procès, employés, etc., p. 145. — II. Les concurrences : troupes étrangères et nomades, représentations de la cour et des collèges, foires Saint-Germain et Saint-Laurent, charlatans et farceurs, etc…. p. 149. — III. Les recettes : prix des places, entrées gratuites, filouteries des portiers, protection insuffisante de la cour et des grands, les *tournées* en province, p. 156. — IV. Misère et immoralité des comédiens, aperçu de leur genre de vie ; leur valeur intellectuelle, p. 166. - V. Les comédiens de l'Hôtel de Bourgogne : Valleran, Vautray, Laporte et sa femme, le trio Gros-Guillaume, Gaultier Garguille et Turlupin, Perrine et les rôles de femmes, Bruscambille, Jean Farine, Gringalet, etc. ; débuts de Bellerose et de sa femme, de la Valliotte et de la Beaupré ; Guillot Gorju et les comédiens enlevés au Marais en 1634 ; disparition des farceurs fameux, p. 170. — VI. Pourquoi, jusqu'à l'arrivée de Bellerose, les comédiens ne sont-ils connus que comme farceurs ? que c'était le public et non les interprètes, qui manquait à la tragédie : comment les acteurs déclamaient et comment ils composaient leurs rôles ; le masque, p. 188. — VII. Les représentations : la périodicité en était-elle aussi régulière qu'on l'a cru ? comment représentait-on les pièces en plusieurs *journées* ? heures des spectacles ; les affiches, et pourquoi les auteurs n'y étaient pas nommés ; la *réclame*, p. 194. — VIII. La salle de l'Hôtel de Bourgogne : sa disposition et son éclairage ; scènes scandaleuses qui s'y passaient ; les spectateurs peints par Bruscambille : filous et laquais ; composition du public ; grossièreté de ses goûts ; les honnêtes femmes n'allaient pas au théâtre, p. 201 — IX. L'organisation des spectacles : le prologue et Bruscambille, la grande pièce, la farce, la chanson et Gaultier Garguille, la symphonie ; combien le milieu était défavorable à la tragédie, p. 216. . . . . P. 145 à 227.

CHAPITRE VI
La mise en scène.

I. Nécessité d'une étude sur la mise en scène ; la mise en scène à la cour et dans les jeux de paume des provinces ; nous allons étudier celle de l'Hôtel de Bourgogne. p. 228. — II. Les costumes : jusqu'à quel point ils se piquaient de couleur locale, p. 230. — III. Que l'irrégularité de Hardy ne vient ni de ses goûts particuliers ni de l'imitation du théâtre espagnol, mais qu'elle lui était imposée par le système décoratif de l'Hôtel de Bourgogne ; or ce système était un legs du moyen âge. p. 233. — IV. La décoration complexe au moyen âge ; simplification qu'avaient dû lui faire subir les confrères de la Passion en la transportant dans leurs salles de spectacle ; que le système décoratif des Confrères était encore en vigueur à l'Hôtel de Bourgogne au commencement du XVIIe siècle : témoignages de Sarazin, de La Mesnardière, de d'Aubignac, de Corneille, du *Traité de la disposition du poème dramatique* ; le *Mémoire des décorations* de Mahelot. p. 239. — V. Etude de la décoration complexe d'après Mahelot ; mise en scène des pièces qui figurent dans le *Mémoire* ; valeur artistique de cette mise en scène : le principe fondamental de la décoration complexe est la juxtaposition des lieux de l'action, mais le principe de leur apparition successive n'est pas inconnu ; emploi des rideaux ; emploi des machines et des *feintes* ; le réalisme dans la mise en scène de l'Hôtel de Bourgogne. p. 247. — VI. Situation faite aux auteurs par la nécessité où ils étaient d'user de la décoration complexe ; est-il vrai que cette situation ait été particulièrement favorable ? p. 259. — VII. Analyse des *conventions* qui résultaient de l'emploi de la décoration complexe : figuration plus ou moins exacte des divers lieux de l'action ; exiguïté des compartiments, et comment le poète expliquait que ses personnages ne s'y tinssent pas ; indépendance et éloignement supposé des compartiments ; combien il était naturel de compter les scènes par les changements de lieu, et s'il est vrai, comme l'a dit Sainte-Beuve, que Hardy ne procède jamais autrement ; quelle était la forme naturelle du drame avec le système de la décoration complexe : liberté pour le lieu, liberté pour le temps (justification des audaces qui ont le plus étonné dans Hardy), liberté pour l'action : ressemblance du drame libre et de la nouvelle. p. 262. — VIII. Histoire de la chute du système décoratif complexe : reproches qu'on lui adressait ; tentatives de Mairet en faveur des règles aristotéliques ; résistance de l'Hôtel de Bourgogne ; comment la fondation d'un nouveau théâtre par Le Noir et Mondory assure le triomphe des classiques ; période de transition et de lutte ;

comment on biaisait dans l'application des règles : *le Cid* ; la décoration complexe définitivement tuée par l'établissement des sièges sur le théâtre ; coup d'œil sur l'histoire de la décoration jusqu'à nos jours. p. 280. — IX. Avantages et inconvénients du système décoratif complexe : est-il vrai que Hardy et Rotrou ignorent souvent où se trouvent leurs personnages ? Qu'à défaut d'unité d'action, il faut au drame libre une forte unité d'impression ou d'intérêt ; rapports du drame libre avec l'épopée et le roman ; ressemblances et différences entre le drame libre de Rotrou et celui de Lope ou de Shakespeare ; ce que devient le drame libre à l'époque classique ; influence du système décoratif complexe sur la tragédie classique elle-même, p. 295. . . . . P. 228 à 307.

APPENDICE

Note I. — La fondation du théâtre du Marais. . . 309
Note II. — Le « mémoire » de Mahelot. Additions et rectifications à l'histoire du théâtre français. 310
Note III. — La tragédie de « Phalante ». 322
Note IV. — Quelques renseignements sur les acteurs les moins connus de l'Hôtel de Bourgogne. 323
Note V. — Un dessin de Huret et les comédiens enlevés au Marais en 1634. 330
Note VI. — « Le Cid » et la rivalité des théâtres. . 335
Note VII. — Le « Recueil des pièces du temps ». . 336
Note VIII. — Le « Traité de la disposition du poème dramatique ». 339

Bibliographie. — Index des ouvrages le plus souvent cités. 343
Table des matières. 359

www.ingramcontent.com/pod-product-compliance
Lightning Source LLC
Chambersburg PA
CBHW050547170426
43201CB00011B/1600